新编21世纪中国语言文学系列教材

西方文化概论

第二版

主 编 曹顺庆
副主编 杨一铎 曹漪那

A Survey of Western Culture

中国人民大学出版社
·北京·

编委会名单

内容简介

本书以六个章节的篇幅，分别从文学、艺术、哲学、宗教、科学、社会生活与习俗等方面对西方文化做了宏观概括和简要介绍。与同类教材相比，本书以理论诠释为铺垫、以历史发展为轴线、以文化史实为依据，夹叙夹议、线索明晰；在概述西方文化之余，本书又辅以中西文化比较以及西方文化大事记等内容，重点突出、繁简适宜；同时，本书文字简明扼要、通俗易懂，图片配置丰富，生动活泼，可读性强，易于教师讲授和学生学习。

本书深入贯彻落实习近平新时代中国特色社会主义思想，始终思考并探究如何用马克思主义理论与方法来观照西方文化，辩证地看待西方文化的贡献及其局限性。

主编简介

曹顺庆　四川大学杰出教授，北京师范大学教授，国务院学位委员会审批的博士生导师；教育部长江学者，国家级教学名师，四川省社会科学界联合会副主席，享受政府特殊津贴专家；国务院学位委员会中文学科评议组成员，国家社会科学基金评委，教育部高等学校教学指导委员会中文学科副主任委员；中国比较文学学会会长，中国古代文学理论学会副会长，中国中外文艺理论学会副会长；马克思主义理论研究和建设工程《比较文学概论》首席专家及主编，《文学评论》编委，《中国比较文学》编委，《中外文化与文论》（CSSCI来源期刊）主编，国际英文刊物 *Comparative Literature: East & West*主编。出版*The Variation Theory of Comparative Literature*（Heidelberg: Springer, 2013）、《中西比较诗学》、《中外比较文论史》、《比较文学史》、《中国文化与文论》等著作20多部，发表学术论文百余篇。主持国家社会科学基金重大招标项目、教育部重大招标项目等多个项目，多次获国家级优秀教学成果奖、教育部高等学校科学研究优秀成果奖（人文社会科学）及四川省哲学社会科学优秀成果奖一等奖。

目录

绪 论

西方文化的渊源与流变

随着全球经济、政治一体化进程的不断加速发展，东西方异质文明间的文明互鉴与文化交流和融合亦获得了前所未有的深入发展。如何在承认文化多元化与文明自主性的基本前提下，探求互识、互证、互补的跨文化对话的新路径，并进而开展积极而卓有成效的东西方异质文明间的文化融通以及世界文化新秩序的重构，不仅是新时期关涉到世界文化建设与发展的核心问题，亦是关涉到新世纪世界和平与发展和人类命运共同体建构的核心问题。中国传统文化自近代以来就不断受到西方文化的猛烈冲击和深刻影响，然而我们知道，要在新世纪真正实现中华民族的伟大复兴，就必须在充分吸收和借鉴西方文化的优秀文明成果的基础之上，真正做到“取其精华，去其糟粕”，并不失时机地使中国文化真正“走出去”。

然而对于西方文化，我们却缺乏系统而深入的探知，对其借鉴、利用之前必须对其熟知、消化、吸收，辨明优劣。而这也是我们今天重新系统梳理与阐释西方文化的主要原因之一，唯有如此，方能通过异质文明间的有效互补与融合，更好地进行中国特色的文化建设，实现我们的强国复兴之梦。然而在走进“西方文化”之前，我们有必要阐明这样一些问题：西方文化的渊源是什么，或者说西方文化的源头在哪里？西方文化的流变或者说其大致的发展演变历程是怎样的？西方文化具有怎样的总体特征？

长期以来，人们基本上认为西方文化与文学的源头来自古希腊，一切文学艺术都来自古希腊。而古希腊本身的文化与文学又是从哪里来的呢？这个问题在中国的外国文学教材中基本上没有被提及和准确解释。不少人认为是古希腊自己产生的，就像智慧女神从奥林匹亚的宙斯的头脑里突然产生一样，古希腊文化与文学也是在古希腊自己内部产生的。更确切地说，一部世界文学史以古希腊为起点，在19世纪以前曾经被认为是天经地义的。实际上，这完全是不正确的，甚至是一种偏见和无知。现在，这种认识应当成为过去；历史事实告诉我们，人类智慧之花的蜜汁，实际上来自东方！人们也常常认为，最早的文明来自吕底亚和赫梯、腓尼基和克里特、巴比伦和埃及；然而我们还必须知道，真正的源头还要古老得多，人类文明最早的曙光，来自苏美尔。中国的外国文学教科书和工具书中很难看到苏美尔文学的内容。这种欠缺对于一般读者和学生来说，是一个很大的遗憾，而对于专业工作者来说则是不能原谅的失职！1956年，美索不达米亚考古专家克雷默（S. N. Kramer）教授出版了富有挑战性的著作：《历史始于苏美尔》。在此之前，亲自从事美索不达米亚城址发掘的功臣伍莱（C. L. Wooley）已经提出如下观点：

> 如果单纯从成就的大小评判人类的劳绩，那么在考虑到年代和环境的因素以后，应该认为苏美尔文化值得推崇。尽管它的成就并不十分卓越，但在对人类历史的影响方面，苏

美尔文化的地位是很高的。它属于人类最早的文化，它的出现照亮了当时还处于原始、野蛮状态的世界。

《吉尔伽美什史诗》（*The Epic of Gilgamesh*）是目前已知世界最古老的英雄史诗。早在4 000多年前就已在苏美尔人（Sumerian）中流传，经过千百年的加工提炼，终于在古巴比伦王国时期（公元前19世纪—前16世纪）用文字形式流传下来。这是一部关于统治着古代美索不达米亚（Mesopotamia）地区苏美尔（Sumer）王朝的都市国家乌鲁克（Uruk）英雄吉尔伽美什（Gilgamesh）的赞歌。虽然这是一部残缺了近1/3的作品，但从余下的2 000多行诗中我们还是能够感受到苏美尔人对他们伟大英雄的崇拜赞美之情。史诗所述的历史时期据信在公元前2700年至公元前2500年之间，比古希腊史诗要早得多。而且，《吉尔伽美什史诗》还影响了古希腊史诗。例如，史诗中比较著名的一段内容是关于水神伊亚要用洪水毁灭人类的故事，这被后人称作诺亚方舟的美索不达米亚版本。希腊有学者认为，有大量的对联（parallel verse）、章节内容都显示了《吉尔伽美什史诗》与《奥德赛》之间的微妙联系。也有一些观点认为《吉尔伽美什史诗》中大洪水章节与《圣经》中的诺亚方舟的故事以及其他古文明关于洪水的记载有渊源关系，认为《圣经》中关于大洪水的部分是从《吉尔伽美什史诗》的记载演变而来。

《吉尔伽美什史诗》也影响了希伯来文化：很明显，希伯来《圣经》中几个关键主题都来自《吉尔伽美什史诗》。早在《圣经》撰写之前的1 000年，这些内容就已在美索不达米亚流行了。

显然，我们必须用文明发展的基本史实来正本清源，才能够真正重塑东方文明自信，进而印证“文明的繁盛、人类的进步，离不开求同存异、开放包容，离不开文明交流、互学互鉴”，从根本上摒除西方文明的傲慢与偏见。众所周知，全世界有四大文明古国，它们都有非常古老而辉煌的文明。四大文明古国是指古代苏美尔/巴比伦（美索不达米亚）、古埃及、古代中国、古印度等四个人类文明最早诞生的地区。人类今天所拥有的很多哲学、科学、文字、文学艺术等方面的知识，都可以追溯到这些古老文明的贡献：四大文明古国都有自己的历法，各个文明都创造了自己的文字，恒河、黄河、两河流域的文明都使用陶轮制陶，埃及和两河流域都较早地计算了圆周率，巴比伦和中国都较早地发现了勾股定理或其实际应用（如中国的“勾三股四弦五”），印度则发明了阿拉伯数字。四大文明古国都有自己的神话传说，都有伟大的文学作品，比如苏美尔史诗《吉尔伽美什史诗》、古埃及的《亡灵书》、中国的《诗经》。总体而言，四大文明古国都是文明独立产生地，有着清楚的文明产生—文字发现—自生文化延续的脉络。然而，四大文明中没有古希腊文明！这并不是学者们的疏漏，更不是学术界的偏见！因为这是事实。为什么古希腊不属于文明古国？根据学术界的研究，因为古希腊文明不是原生文明，不是原创文明，而是在古埃及、古巴比伦文明消失之后，吸收这些文明而形成的次生文明。

主要例证如下：

众所周知，四大文明古国都有自己原创的文字，例如古埃及的象形文字和美索不达米亚的楔形文字，古代中国的甲骨文，古印度的达罗毗荼文。然而古希腊文字并非原创，而是来源于亚洲腓尼基字母。近现代考古学家们在乌加里特古城发现了数以千计的用楔形符号书写的字母文字泥版，学者们还在这里发现了一本被认为是世界上第一本有字母文字表的《识字读本》。腓尼基字母是腓尼基人在美索不达米亚楔形文字基础上将原来的几十个简单的象形字字母化形成的，时间约在公元前1500年左右。现在的字母文字，几乎都可以追溯到腓尼基字母，如希伯来字母、阿拉伯字母、希腊字母、拉丁字母等。腓尼基字母是辅音字母 ，没有代表元音的字母或符号，字的读音须由上下文推断。在西方，8世纪，古希腊人在学习腓尼基字母的基础上，加上元音发展成古希腊字母，在古希腊字母的基础上，形成了拉丁字母。古希腊字母和拉丁字母后来成为西方国家字母的基础，所以腓尼基字母是世界上字母之母。苏美尔文学堪称世界上最早有文字记载的文学，比古希腊的书面文学足足早了2 000多年。从比较文学影响研究的角度来判断，也许世界文学之中再也找不出哪个民族的文学能够像苏美尔、巴比伦文学那样具有如此深广的辐射性作用了。当今新版的《大英百科全书》“西方文学”条目已不再从古希腊文学讲起，而从美索不达米亚文学讲起，便充分表明这种渊源性的辐射作用已经为西方文学史家所珍视。昔日人文教育的两大重心所在——古希腊与古希伯来，用今天的眼光看，便都只是“流”而不是“源”。

说西方文化是流，而不是源头，是我们实事求是的看法，是尊重历史，还历史以原貌，并非要刻意贬低西方文化。西方文化与文学，虽然曾经向东方学习，但是后来居上，取得了辉煌的成就。关于古希腊罗马文化，恩格斯曾指出：“没有希腊文化和罗马帝国所奠定的基础，也就没有现代的欧洲。”① 西方大哲学家黑格尔亦言，一提到希腊这个名字，在有教养的欧洲人心中，自然会引起一种家园之感。这充分表明了作为西方文化源头之一的古希腊罗马文化的巨大价值和历史影响力。如果就古希腊罗马文化分而言之，古希腊文化则无疑又是西方古典文化的源头，而古罗马文化则是西方古典文化的集大成者。

作为西方文化的发源地、西方文明的摇篮，古希腊并不是一个现代意义上的国家的概念，而是一个区域上的称谓，其中就包括古希腊人活动的主要舞台——希腊半岛和爱琴海地区。由于其独特的地理位置、优越的人文和自然环境，西方最早的人类文明——爱琴文明或曰地中海文明在此诞生，它是以克里特岛和迈锡尼为中心的克里特—迈锡尼文化。此后，古希腊文化陆续经历了以《荷马史诗》为中心的“荷马时代”，伴随古希腊奴隶制城邦制而来的“古典时期”，以及古希腊文化广泛传播于欧、亚、非三大洲的“希腊化时期”。通观古希腊文化，其在哲学、文学、雕刻、建筑、绘画、科学等诸多领域均取得了开创性的辉煌成就。哲学上以苏格拉底、柏拉图和亚里士多德三人的哲学思想为代表，西方后世哲学的一些基本概念如唯物主义、唯心主义、辩证法、理念、理性、实体均源自以他们三人为代表的古希腊哲学；西方人理性思辨的思维方式，对自然、真理穷根究底的探知精神，以及通过逻辑建构来探究宇宙万物及人类社会的科学实践模式，无不印有古希腊哲学影响的深刻烙印。古希腊文学的主要成就是神话传说、英雄史诗、戏剧以及抒情诗和寓言，其中以奥林匹斯神系为中心的各种神话传说、史诗、悲剧无疑代表着古希腊文学的最高成就，其所彰显出来的以人为本、肯定人的尊严、颂扬人的伟大的人本主义色彩，世俗化的鲜明文化特质，以及人与神、人与自然、人与命运抗争的永恒母题，无不深刻地影响到了后世的西方文学与文化。其他以古希腊神庙为代表的建筑艺术，以米隆、菲狄亚斯、普拉克西特列斯三大雕刻家为代表的雕刻艺术，拙朴而充满想象力的绘画，以及包括天文、地理、数学、医学、物理等方面在内的诸多科学，它们和上述古希腊哲学、文学一道构筑起了古希腊文化这一雄伟辉煌的大厦。

古罗马文化与古希腊文化一脉相承。如果说古希腊人是西方古典文化的创造者的话，那么古罗马人则是西方古典文化的忠实继承和发扬光大者；如果说古希腊文化对西方古典文化的贡献主要表现在以哲学、文学、艺术为代表的思想文化层面的话，那么古罗马文化对西方古典文

---

① 马克思恩格斯选集：第3卷.2版.北京：人民出版社，1995：524.

化的贡献则主要体现在政治、军事与法律等诸多社会文化层面上。“希腊可称为光荣，人类精神自由创造、自由思想、自由信仰之光荣；罗马可称为伟大，权力、纪律和一致之伟大。”① 政治上，罗马共和城邦制继承了古希腊奴隶制城邦的民主制度，在议事方式、公民机构以及处理问题的一些方式上，兼容并蓄地吸收了古希腊文化的民主精神。而作为一个尚武的民族，军事上的高度发达则进一步催生了古罗马推崇纪律、秩序、务实、功利、责任与国家意识的文化传统，西方文化中的法治、实用主义传统无疑是古罗马文化奉献给西方乃至全人类的最为宝贵的精神财富。

综而论之，作为西方文化渊源之一的古希腊罗马文化“为西方文化搭建了日后发展的框架，奠定了初步的基础。西方人的思维方式、民俗习惯、情趣爱好、个性特征乃至民主务实的作风”②，都与其有着千丝万缕的联系。因此而言，“在希腊和罗马文化的背后，隐藏着丰富的文明源泉和深刻的历史经验。如果没有这些，后世的西方文明是不可想象的”③。

古希伯来文化，又称犹太文化，它是西方文化的另一源头。后来随着基督教的确立与传播，特别是在古罗马皇帝君士坦丁一世的直接推动下，基督教成为古罗马帝国的国教。至此，这一早期由犹太人创立的古希伯来文化迅速地融入了西方文化而成为西方文化的核心，后经中世纪近千年的不断发展和完善，基督教文化遂成为西方文化的重要组成部分。“如果说人本、理性是古典文化核心的话，那么，神本、迷信则是以信仰为基础的基督教文化的主要特质。对于欧洲人而言，基督教是神圣的和崇高的，基督教精神文化具有独特的救赎作用，它们在某种程度上成为解释全部西方文化现象的关键因素之一。”④

在西方文化史上，整个中世纪，即从公元 5 世纪西罗马帝国灭亡至公元 15 世纪欧洲文艺复兴萌蘖这段漫长的历史时期，都是处于基督教文化的绝对统治之下的。在这段时间里，基督教会占据社会的统治地位，神学钳制着人们的思想，迷信与愚昧盛行，先前古希腊罗马文化所开创的理性、以人为本、民主与科学的文化传统受到了严重的压制，损失殆尽，因而中世纪又是“黑暗时代”的别称。然而，以经典文本《圣经》和精深神学思想为核心的基督教文化，却也以其博爱、宽恕、克制、隐忍、自省、救赎、信仰等独特的文化因子，有力地弥补了古希腊罗马文化因过于强调个性、现实而造成的人、人性和人类社会的种种缺憾，从而使得整个的西方文化传统因为这种“二希”文化的有力互补和融合而变得更为圆熟、自信而富有恒久的文化魅力。

以古希伯来文化为源头的西方基督教文化经由中世纪的发展、成熟与完善，对整个后世的西方文化，特别是西方的近现代文化，无疑产生了极为深远的历史影响。诚如英国诗人 T. S. 艾略特所言：“我们的艺术正是形成和发展于基督教中……我们的一切思想也正是由于有了基督教的背景才具有意义。一个欧洲人可以不相信基督教信念的真实性，然而他的言谈举止都逃不出基督教文化的传统，并且必须依赖那种文化才有意义。只有基督教文化，才能造就伏尔泰和尼采。我不相信，在基督教信仰完全消失之后，欧洲文化还能残存下去。如果基督教消失了，我们的整个文化也将消失。”⑤

---

① 桑达克．西方文化史略．台北：华岗出版社，1986：8.
② 叶胜年．西方文化史鉴．上海：上海外语教育出版社，2002：3.
③ 冯广宜，郭继荣．西方文化渊源．西安：西安交通大学出版社，2008：31.
④ 姜守明，洪霞．西方文化史．北京：科学出版社，2004：85.
⑤ 艾略特．基督教与文化．杨民生，陈常锦，译．成都：四川人民出版社，1989：205－206.

在这里需要说明的是，当我们谈论西方文化的渊源时，古希腊罗马文化以及古希伯来、基督教文化仅是其最主要的两大文化源头。但是我们同时还需明白，在这两大文化源头形成的历史过程中，它们还融合吸纳了诸多当时其他地域和民族的优秀文明成果。比如，古希腊文化就充分容纳了小亚细亚人、波斯人、印度人与埃及人的多种文明与先进文化的传统因子；古罗马文化中则承载了除古希腊文化以外的诸多拉丁文化、伊特鲁里亚文化和东方文化的质素；而基督教文化本身就是以犹太文化为代表的东方文化和以古希腊罗马文化为代表的传统西方文化有机融合汇通后的产物。其中，异域的文化传统、其他民族的优秀文明成果就如同一条条涓涓细流，源源不断、悄无声息地融入了西方文化这一滔滔长河之中，因而当我们谈及西方文化的渊源时，它们同样是不可忽视的重要组成部分。

如果说古希腊罗马文化是西方文化史上的第一个辉煌的话，那么，西方文化在经历了近千年的漫长而黑暗的中世纪之后，遂迎来了它的第二个辉煌，即文艺复兴时期的文化。

文艺复兴是公元 14 世纪至 17 世纪之间欧洲新兴资产阶级的一场思想文化运动，其目的就是通过复兴古希腊罗马文化中的理性、以人为本、追求个性自由等方面的人文主义精神，借以反对中世纪的封建专制以及腐朽、黑暗的教会统治，从而创生适应新时代发展的新道德、新思想和新文化。从某种意义上而言，文艺复兴运动就是一场彻底的思想启蒙运动。它虽标榜“复兴古典”，但又绝不是对古典的简单恢复，而更多的则是在对古典借鉴与继承基础之上的创造。西方文化通过文艺复兴运动，破除了中世纪反动、黑暗而落后的发展困境，迎来了继古希腊罗马文化之后的又一次发展的黄金时代。因而，我们可以说，文艺复兴标志着西方现代文化的开端。

文艺复兴时代西方文化的核心特征就是人文主义（humanism），其基本含义就是充分发掘和推崇古希腊罗马文化中的理性、以人为中心的人本主义、科学、民主等一系列的传统文化精神，主张以“人性”反对“神性”、以“人权”反对“神权”，提倡以理性和科学来反对蒙昧主义和神秘主义。就其实质而言，人文主义所追求的就是人性解放，把人从中世纪的封建专制与神学束缚中解放出来，让人在世俗的现实社会中，作为更为健全的人活着。

文艺复兴时期的西方文化摆脱了封建专制和教会神权的桎梏，获得了脱胎换骨般的发展，在文学、哲学、艺术（如绘画、雕刻、建筑）、政治、科学等方面，均取得了辉煌卓著的伟大成就，充分展示了久经压抑后的人类在创造上的巨大能量。文学上，诗歌、戏剧、小说均取得了骄人的硕果，但丁、彼特拉克、薄伽丘、乔叟、拉伯雷、塞万提斯、莎士比亚，文艺复兴时期的文坛，群星闪耀。意大利文艺复兴的“艺术三杰”——达·芬奇、拉斐尔、米开朗基罗，在绘画、建筑、雕刻领域内造诣非凡，是其时艺术上的杰出代表。哲学上，培根是现代唯物主义的鼻祖，而笛卡尔则是现代理性主义的先驱。马基雅维利以其《君主论》成为近代政治学之父，而哥白尼、布鲁诺、伽利略、开普勒、哈维等人，则代表着其时科学上的辉煌成就。文艺复兴时期的文化在他们的整体推动下，终于迈向了一个崭新的高度。

但是，文艺复兴运动只是在一定程度上复兴了理性、张扬了人性、凸显了人本身的生命价值与尊严、重新发掘了“真正意义上的人”的含义，仅是开启了西方反封建反教会的历史进程；而真正彻底揭露封建专制和宗教神学的诸多弊病，进一步深入开启民智、唤醒人心，使西方完全步入理性主义的新时代，则是 18 世纪启蒙运动的鲜明特质和历史任务。启蒙运动是文艺复兴运动的继续和深入发展，这场源于法国先进知识分子的思想解放运动，以“用理性开启民智”为根本目的，为西方资产阶级全面登上历史舞台提供了必要而坚实的思想文化基础；诸如伏尔泰、卢梭、孟德斯鸠、莱布尼茨、洛克、狄德罗等人，在哲学、文学、艺术、政治等诸多领域，均建树非凡。启蒙时期的西方文化，形成了较为系统的资产阶级国家政治学说和社会思想理论，平等、自由、博爱思想广为传播；受其影响，全欧洲人的思想认识和科学文化水平均得到了极大的提高，诸如法国、美国等一些新兴的西方资产阶级国家陆续诞生，人类社会就此步入了一个新纪元。

18 世纪末 19 世纪初，西方文化开始步入浪漫主义时代。作为一种社会思潮，浪漫主义与先前启蒙时期的理性主义相对，它追求个性解放、心灵的自由，宣扬强烈的激情、感觉与想象等非理性的情感因素，宣告与理性主义的彻底决裂；它是西方社会工业化和城市化进程中所产生的诸多内部矛盾在文化上的反映。浪漫主义的特征主要体现在，注重主观理想的表现、强烈个人情感的抒发，热情歌颂大自然、憎恶城市现代文明；在表现手法上则反对古典主义的清规戒律，强调创作上的绝对自由，并主张以审美的标准来代替功利的标准。作为一种文化现象，浪漫主义广泛涉及其时各个文化领域：文学、哲学、艺术（绘画、音乐）、社会学、政治经济学等。

浪漫主义文学分消极和积极两派。消极浪漫主义主张“回归传统”“回归自然”，缅怀过去、逃避现实，歌颂宗教社会和神秘主义，通过优美、恬淡、壮丽的大自然与丑恶、虚伪、混乱的现实的对比，抒发内心对现实社会的强烈不满；其典型代表即“湖畔三诗人”——华兹华斯、柯勒律治、骚塞。而积极浪漫主义则勇于正视现实、抗争现实，描绘现实、批评现实，充满着革命的激情，反映了资产阶级自由民主派的思想情绪；其以拜伦、雪莱、雨果、歌德、席勒、普希金为代表。德国的古典哲学，以康德、费希特、谢林和黑格尔为代表，强调天才、灵感与人的精神力量，夸大主体自我意识；法英的空想社会主义，以圣西门、傅立叶、欧文为代表，通过瑰丽的想象、难能可贵的身体力行表达了对未来美好社会的理想与追求；而古典政治经济学，以亚当·斯密为代表，主张经济自由主义。它们分别代表着哲学、社会学、政治经济学领域内的浪漫主义。其他领域，如贝多芬、舒伯特、门德尔松、肖邦、瓦格纳、大小约翰·施特劳斯等人，将 19 世纪的浪漫主义音乐推向了巅峰，而席里柯、戈雅则为我们呈现了浪漫主义绘画的鲜明特质。

同为西方工业化时期的文化思潮，现实主义是对同时期浪漫主义的反拨。随着西方资本主义的发展与繁荣，贫富对立明显，各种社会矛盾激化，拜金主义盛行，传统的伦理道德严重缺失，这一切问题都迫使“人们终于不得不用冷静的眼光来看他们的生活地位、他们的相互关系”[①]，浪漫主义的那种要么消极回避现实，要么粉饰美化现实，要么憧憬歌颂虚渺的未来的思想和做法，遂遭到了现实主义思潮的不断冲击和挑战并为其所替代。19 世纪中叶源于法国的西方现实主义，强调对现实的真实描写，特别是现实主义文学成就突出。现实主义作家如司汤达、巴尔扎克、福楼拜、左拉、莫泊桑、狄更斯、哈代、果戈理、列夫·托尔斯泰、陀思妥耶夫斯基、马克·吐温等，通过“塑造典型环境中的典型人物”，主要以长篇小说的艺术表现形式，为我们揭示了其时资本主义社会和制度的种种弊端，强烈批判了人们思想和社会现实中的种种黑暗和丑恶的东西。其他，杜米埃、柯罗是现实主义绘画的杰出代表；建筑上则主要体现在西方功用主义（functionism）建筑流派上，该派旨在凸显建筑物外表的实用用途和目的，主张将真正的美蕴藏于实实在在的建筑材料中，而不是诸多华而不实的装饰上。

---

① 马克思恩格斯选集：第 1 卷 . 2 版 . 北京：人民出版社，1995：275.

20世纪以来，西方科学技术的发展可谓日新月异，西方工业化和现代化的进程亦一日千里。但是，两次世界大战和多次全球性的经济危机也使得西方社会和人类文明遭受到了前所未有的打击，在20世纪，人类的存在和发展面临着极为严峻的考验。人们越来越清醒地认识到，科学技术的创新发展、物质财富的极大富有并不能阻止现代工业社会对人性的摧残、异化；人类互相残杀，文明破坏，信仰失落，灵魂孤寂，精神荒芜，西方文化的发展遂进入了一个现代主义与后现代主义的时代。

现代主义，又被称为“创新的传统”[①]；它以非理性主义为其精神内核，主张有意识地、全面而彻底地否定固有的法则、传统与习俗，在表现形式上则强调主观性、随意性、开放性和标新立异。哲学上，叔本华、尼采的唯意志论及悲观主义哲学，萨特的存在主义，孔德的实证主义，维特根斯坦的逻辑实证主义，皮尔士、威廉·詹姆斯和杜威的实用主义，柏格森的生命哲学等，均显示了西方现代主义哲学思潮的多元性、创新性及现代性。其他社会科学领域，以孔德、斯宾塞和韦伯等人为代表的社会学，以斯宾格勒、汤因比为代表的史学，以凯恩斯为代表的经济学，以马林诺夫斯基、博厄斯、本尼迪克特三人为代表的人类学，以及以弗洛伊德、荣格为代表的心理学等，亦成就斐然。

现代主义的文学流派众多，包括象征主义、未来主义、表现主义、意识流、荒诞派戏剧、新小说、黑色幽默、魔幻现实主义等。它们反对客观描写，强调主观真实，具有鲜明的主观性和内向性；其艺术表现手法刻意求新，具有强烈的反传统倾向；其代表作家有波德莱尔、艾略特、马里内蒂、布莱希特、卡夫卡、奥尼尔、乔伊斯、普鲁斯特、福克纳、伍尔芙、贝克特、尤涅斯库、娜塔丽·萨洛特、克洛德·西蒙、海勒、马尔克斯等。现代主义艺术，“通过风格、技巧、材料、题材、意愿的多样性来突出强调主观性”，“变形，色彩自由，空间的新表达方式，从抒情动作或几何中诞生的抽象化，抛弃关闭的形，形的混合，材料的多样化，粉碎种类界限：如此众多的想象来到了对20世纪艺术进行思考的精神之中”[②]。绘画上的印象主义、野兽主义、表现主义、未来主义、立体主义、达达派，均为典型的现代主义艺术，塞尚、梵高、马蒂斯、凯尔希纳、赫克尔、毕加索等人，均是其杰出的艺术家代表。

此期西方科技的发展一日千里，在物理学、原子能、天文学、现代化学生物学、医学、新工具新技术等领域内均取得了令人叹为观止的成就，是人类有史以来所取得的所有科技成果的总和；涌现出了一大批影响和改变人类文明发展进程的科学巨匠：爱因斯坦、普朗克、居里夫人、哈勃、柯塞尔、摩尔根、班廷、诺贝尔、莱特兄弟等。

二战以来，西方发达国家步入“后工业时代”，高端科技迅猛崛起与发展，西方政治经济、社会与文化等各个领域均发生了深刻的变革；而世界的政治经济格局也发生了巨大的变化，旧的殖民体系土崩瓦解，新的国际政治经济新秩序尚待重建。经历了两次世界大战后的西方，此期开始了重新反思西方文明未来发展路径的各种痛苦而艰辛的探索；西方文化遂进入了后现代主义时代。后现代主义不仅反思传统，还反思“批判与反思”传统的“现代主义”；它以解构主义作为其思想基础，批判理性、传统，亦质疑诸种破坏性的非理性与现代性。此期各种理论思潮层出不穷，结构主义、解构主义、西方马克思主义、女权主义、后殖民主义、新历史主义等等，你方唱罢他登场，令人眼花缭乱，并在各个文化领域内特别是文学理论方面，获得了充

① 王佐良，等．欧洲文化入门．北京：外语教学与研究出版社，1992：402．
② 德比奇，等．西方艺术史．徐庆平，译．海口：海南出版社，2000：364．

分展示与阐释；涌现出了诸如海德格尔、福柯、德里达、德勒兹、哈贝马斯、卢卡奇、格林布拉特、萨义德等一批杰出的思想和文论家。

二战以来，西方大众文化，包括爵士、摇滚、迪斯科等流行音乐及电影电视、互联网等传媒文化，亦成为现代西方文化的重要组成部分，发展兴盛起来。

纵观西方文化的渊源及其发展流变史，我们认为西方文化至少具有如下几个基本特征。

第一，具有鲜明的理性至上、探本溯源式逻辑建构的形而上学传统，即我们通常所言的“逻各斯中心主义”。西方文化自古希腊罗马文化开创了“理性”“理性主义”的文化传统开始，中经文艺复兴、古典主义，至启蒙运动时期这种理性至上的文化传统达到巅峰，后来虽然浪漫主义、现代主义在某些程度上背离甚至极力反对这种理性传统，但又各自被紧随其后的现实主义和后现代主义给予了不同程度的反拨，从而始终使得西方这种理性主义的文化大潮滔滔不已。即使漫长而黑暗、充满宗教狂热、非理性的中世纪，也还是出现了理性与宗教交织而生的神学哲学。“尽管西方文化与文论不断有反叛科学性、反叛‘逻各斯中心’思潮的产生，如西方的某些宗教思想、现代的非理性主义，乃至柏格森的生命哲学、弗洛伊德的精神分析理论以及当代解构主义大师们对‘逻各斯中心论’的激烈批判，实际上都未能真正彻底摆脱西方文化那根深蒂固的科学理性的逻辑分析话语系统。”① 这种自古就有的理性主义传统，也养成了西方人重逻辑建构的形而上学传统，他们无论对生活于其间的自然界还是人类社会，都有一种天生的、求根究底式的思维欲求，这种理性思辨，重分析、论证、推理与归纳，正缘于此，西方的哲学与科学也就极为发达。

第二，具有悠久的人文主义传统。西方文化自古希腊罗马文化以来，除去中间的中世纪基督教文化以外，无疑都具有明显的“以人为本”、探求真正的“人性”，追求个人自由、个性解放，渴求民主、平等的人文主义传统。这种人文主义传统始终关注人本身、人的现世生活，关注人类的生存与发展，并对人的精神和灵魂给予了无尽的终极关怀，这是西方文化的显著特征。

第三，具有鲜明的反思与批判倾向。总体而论，西方文化的发展就是由一个又一个的文化思潮推动的：古典主义、基督教文化、文艺复兴、新古典主义、启蒙运动、浪漫主义、批评现实主义、现代主义、后现代主义等。从中我们可以看出，它们的发展演变都是“弑父式”的，即后一种文化思潮的兴起发展、兴盛流行都是建立在对前一种文化思潮的反思、批判与整合、重构的基础之上的。西方文化发展中的这种反思、重估与再建的鲜明倾向，一方面体现了它的自我批判性，从而才能使其获得源源不断的发展动力；另一方面则彰显了它的极大创新性，从而才能使其不断与时俱进，保持着鲜活的文化生命力。

第四，具有独特的发展阶段性特征。西方文化发展的阶段性，不仅体现在古代、中古、近代、现代、当代等方面的历史发展的阶段性方面，更体现在它的发展历程，如前所述，都是由一个又一个的文化思潮构成的，从而形成了一个又一个的独特文化阶段性。当然，虽然有些文化思潮之间并不是明显的前后相继的承接关系，但是这种文化思潮发展的阶段性特征无疑又是十分鲜明的，因此把握这一阶段性特征，我们就能更好地认识和理解西方文化的总体发展流变历程，从而深刻地洞识西方文化的独特内涵及其总体特征。

最后，就西方文化的总体内涵与特征而言，与以中国文化为代表的东方文化有明显的差

① 曹顺庆．道与逻各斯：中西文化与文论分道扬镳的起点．文艺研究，1997（6）.

异，因而相较而言，西方文化也就更具互补性、借鉴性和启示性价值。比如就中西方文化之间的差异而言，西方文化重理性、逻辑思辨，中国文化则更重感性、少理性思辨；西方文化重推理分析，中国文化则更重归结综合；西方文化主张主客二分，因而人与自然、社会趋向对立，而中国文化则讲求天人合一，人与自然、社会追求和谐统一等等。而这些无疑均凸显了西方文化的独特内涵与价值，这也是我们今天重新梳理与审视西方文化的一个重要原因。

第一章

西方文学

【概述】

西方文学是怎样起源的？目前认为主要有两个源头：古希腊罗马文学和以《圣经》为代表的古犹太文学。远在公元前12世纪至公元前8世纪左右，古希腊从氏族公社制向奴隶制社会过渡，史称“英雄时代”或者“荷马时代”，主要文学成就是神话（包括旧神系统、神权更迭、人类的起源）和《荷马史诗》（包括《伊利亚特》和《奥德赛》）。约从公元前8世纪至公元前4世纪中叶，为奴隶制社会形成至全盛时期。其中公元前8世纪至前6世纪被称为“城邦时期”，主要文学成就为抒情诗、散文和寓言。广为流传的《伊索寓言》正是这一时期创作的作品。公元前6世纪至前4世纪是希腊文学的“古典时期”，古希腊戏剧在这一时期走向繁荣，产生了埃斯库罗斯、索福克勒斯和欧里庇得斯三大悲剧诗人。公元前4世纪末到公元前2世纪中叶，被称为“希腊化时期”，主要文学成就为新喜剧和田园诗。柏拉图的《理想国》和亚里士多德的《诗学》也是这一时期的文艺理论著作。公元前146年，古希腊被古罗马灭亡。公元前3世纪中叶至公元前1世纪中叶为罗马共和国繁荣时期，是古罗马文学第一个时期。悲剧和喜剧是其主要文学成就。公元前1世纪末至公元1世纪初为奥古斯都时期，史称罗马文学史上的“黄金时代”。诗歌发展为古罗马文学中成就最高的文学形式。公元17年至130年，罗马进入“帝国时期”，屋大维死后的一百年，史称罗马文学的“白银时代”。抒情诗和史诗逐渐衰落，讽刺诗获得发展。

从公元5世纪到公元13世纪为欧洲中世纪，一般被划分为两个时期：公元5世纪西罗马帝国灭亡至公元8世纪加洛林文艺复兴的“黑暗时代”，以及公元8世纪加洛林文艺复兴至12世纪文艺复兴。在长达近一千年的时期里，基督教思想文化对中世纪文学产生重大影响，教会文学成为正统文学，其主题多为“创世”“原罪”“虔诚”“选民”“拯救”等。英雄史诗、骑士文学、城市文学成为教会文学之外的世俗文学。

公元14世纪初到17世纪的文艺复兴运动，发源于意大利，并影响、波及欧洲其他国家。其核心内容是人文主义。文艺复兴是欧洲文学自古希腊罗马文学之后的又一高峰，使西方文学从神的世界回到了人的世界，以意大利、法国、西班牙和英国成就最大。西方文学的许多重要体裁获得重大突破和发展，如彼特拉克的十四行诗、薄伽丘和乔叟的短篇故事、塞万提斯的《堂·吉诃德》和莎士比亚的四大悲剧等。

启蒙运动是一场资产阶级以先进思想启蒙教育民众的运动，是欧洲文艺复兴之后又一次伟大的思想解放运动。它继承和发扬了文艺复兴以来资产阶级的反封建和反教会的斗争传统，但又与文艺复兴的斗争的程度以及斗争的思想武器不同。启蒙思想家反对王权、神权和特权，努力改变旧制度，建立新体制，将怀疑论、自然神论和无神论作为指导思想，直面现实、善于思考、发动群众、行动坚决。代表人物有法国伟大启蒙主义思想家和法学家孟德斯鸠、作家伏尔泰、思想家卢梭和德国文学史上的泰斗歌德。启蒙主义文学是启蒙运动的一个重要组成部分。它继承和发展了文艺复兴时期文学的现实主义传统，同时具有鲜明的倾向性和战斗性。启蒙作家摒弃了古典主义的清规戒律，创造了一些新的文学形式。内容多取材于人民大众的生活。

浪漫主义作为一种文艺思潮风行于十八九世纪，是欧洲民主革命的产物。浪漫主义文学有“积极”浪漫主义文学和“消极”浪漫主义文学之分。“积极”浪漫主义文学提出自由、平等的口号，坚持民主与民族革命，表现出蓬勃朝气。“消极”浪漫主义文学偏重于自然风光的描写，宣扬“回归自然”，饱含对大自然怀有的深厚感情和对工业化之后产生种种痼疾的城市的极度厌恶。19 世纪也可以说是现实主义的时代。现实主义文学继承了文艺复兴到启蒙运动以来的理性主义传统，强调客观性和真实性，坚持批判性和揭露性，描写普通人的生活，反对对生活的任何歪曲和粉饰。

现代主义文学于 20 世纪 20 年代崛起，30 年代分化，50 年代复兴，60 年代达到顶峰，70 年代进入成年期。现代主义文学的核心内容是表现社会危机与人的异化。异化主题具体表现为四种尖锐对立的关系：人与社会的异化、人与人的异化、人与自我的异化以及人与自然的异化。其内部又分为荒诞派、后期象征主义、表现主义、未来主义、超现实主义、意识流等许多流派，虽然彼此间差距较大，但都带有鲜明的反传统性和实验性，重视主观表现、艺术形象和形式创新。后现代主义诞生于 20 世纪五六十年代，是第二次世界大战之后西方社会中出现的范围广泛的文学思潮，于 20 世纪七八十年代达到高潮，本质上是一种反进化论、反发展阶段论的思潮，其核心是怀疑一切、解构一切。荒诞派戏剧、新小说、垮掉的一代、黑色幽默文学、魔幻现实主义文学可以归入后现代主义范畴。这些流派之间彼此关联不大，但其“反文学”“反理性”和“解构”的本质却是相似的。

第一节
古希腊罗马文学：以人本精神为核心

【本节关键词】

古希腊文学　古罗马文学　人本精神

一、古希腊罗马文学背景概述

爱琴海，蓝色波光潋滟，岛屿棋子般散落。数千年来夕阳令人沉醉，太阳缓缓没入大海，恢宏壮阔，犹如此地所孕育的古希腊罗马文化，虽已湮没在时光和文字中，再次翻阅，令人感动之外依旧感觉惊艳。

（一）古希腊文学历史背景概述

古希腊地处地中海东部中央，地理范围大致包括希腊半岛、爱琴海诸岛、爱奥尼亚群岛和小亚细亚半岛西部沿海地带，通过航海，古代希腊人可以到达埃及、小亚细亚、耶路撒冷和叙利亚、意大利、北非、西班牙南部等地中海—黑海沿岸地区。从地理环境来看，古希腊多山地、丘陵，面积狭小、地形复杂、海岸线复杂，多海湾、海峡、岛屿。多样性的地理条件和狭小的土地，不太适合发展农业，因此，航海与贸易成为必然的选择。

但是，大海神秘莫测，自然界亦威力无比，处于童年时代的初民们便开始通过想象来征服自然，将自然力量形象化，这就产生了神话。而从历史角度来看，古希腊经历了克里特文明、米诺斯文明和迈锡尼文明，时间跨度为公元前 3000 年至公元前 1200 年。而迈锡尼文明的创建者们是印欧语系游牧民族的阿卡亚人，他们对爱琴海区域血与火的征服行为，构成了希腊英雄传说的历史原型。

（二）古罗马文学历史背景概述

古罗马是由意大利半岛台伯河畔一座城市发展起来的文明古国，其进入奴隶制社会的时间略晚于希腊。其来源有不同的传说，其中流传甚广的说法是：由特洛伊战争中埃涅阿斯的后人在台伯河畔所建立。古罗马城的居民为拉丁人。公元前 8 世纪至公元前 6 世纪，罗马的氏族公社逐渐解体并向奴隶制过渡。大约在公元前 510 年，拉丁人联合起来建立起罗马共和国，奴隶制共和政体确立。自公元前 4 世纪开始至公元前 2 世纪罗马不断向外扩张，先后征服地中海沿岸和巴尔干半岛，短短数百年，就崛起成为地跨欧亚非三洲并涵盖地中海区域的超级大国。公元前 1 世纪末，罗马进入帝国时期。公元 3 世纪后，罗马帝国陷入危机，分裂为东、西两个帝国。公元 476 年，西罗马帝国为北方兴起的日耳曼人所灭。

古罗马文化初始阶段质朴粗野，但到了公元前 2 世纪征服希腊后，又反过来深受希腊文化的影响，成为古希腊文化的直接继承者，在融合发展过程中逐渐建立起自己的文化。因此，许多专著常常将古希腊和罗马文化文学联系起来进行探讨。不过，古罗马文化也并非全盘照抄古希腊文化，它融入了理性以及早期因为战争而培养起来的集体意识，所以特别强调国家观念和民族的责任感，崇尚秩序、武力，洋溢着英雄主义的情怀，而这些特点在其文学作品中都一一得以体现。

二、古希腊罗马文学代表作概述

（一）古希腊文学

古希腊文学可见各种自然因素，如山与海，可见希腊初民对于自然的探索。他们发挥无穷的想象力，从自然中创造出自己的神话，创造出一系列各具特色、生机勃勃的神话人物，使希腊文学充满了浓厚的人文气息。当前学界一般将古希腊文学分为如下三个时期。

第一时期：公元前12世纪至公元前8世纪左右是古希腊从氏族公社制向奴隶制社会过渡的时期，史称“英雄时代”或者“荷马时代”，文学成就主要是神话和史诗。希腊神话在希腊原始初民长期口口相传的基础上形成基本规模，后在荷马、赫西俄德等人的作品中得到充分反映。希腊神话的内容是一个广阔浩繁的系统，支脉派系庞杂，传说故事众多，并不完全一致，但赫西俄德的《神谱》将之赋予了家族色彩。而赫西俄德撰写的另一篇长篇叙事诗《工作与时日》，则讲述了人类所经历的金、银、铜、英雄和铁五个时代。

第二时期：约从公元前8世纪至公元前4世纪中叶，奴隶制社会形成至全盛时期。其中，公元前8世纪至前6世纪，氏族社会进一步解体，奴隶制城邦逐渐形成，个人意识逐渐加强，因此，主要文学成就是抒情诗、散文和寓言。抒情诗的代表人物是萨福和品达。而广为流传的《伊索寓言》也是这一时期的作品。从公元前6世纪至前4世纪，是希腊的奴隶制兴盛时期，是希腊文学的“古典时期”，主要成就是悲剧、喜剧和文学理论。特别值得一提的是，戏剧是希腊奴隶制城邦时代鼎盛期的璀璨明珠，涌现的作家以埃斯库罗斯、索福克勒斯和欧里庇得斯三人最为突出。

第三时期：从公元前4世纪末到公元前2世纪中叶，希腊被马其顿控制，亚历山大开始东侵，这是古希腊奴隶制衰亡时期，亦称“希腊化时期”。这一时期文化中心逐渐由雅典移到埃及的亚历山大城，希腊本土文学进入衰落阶段。主要文学成就是新喜剧和田园诗。而由于前一阶段文学的繁盛，这一时期文艺理论也开始发展。代表人物为柏拉图和亚里士多德，文艺理论著作分别为《理想国》和《诗学》。

而从古希腊文学的角度来看，其跨度不能追溯至如此久远的历史。因为，文学史首先是文字史。从现有的考古来看，公元前8世纪《荷马史诗》等最早的希腊文写作出现。《荷马史诗》（《伊利亚特》和《奥德赛》）是希腊神话最早的传世书面文献，也是现存的流传下来的最古老的文学作品。不过，很多学者认为，《荷马史诗》是集体创作，而且时间跨度极大。如朱光潜先生曾如此分析：“《伊利亚特》和《奥德赛》所写的是希腊民族早年时代与晚年时代的两种不同的社会生活和两种不同的英雄人物性格理想，这也说明这两部诗不可能是由某一个诗人在某一个时代里创造出来的。”因此，公元前8世纪这个时间节点还需要继续前移至公元前12世纪。

1. 古希腊神话

数千年来，古希腊神话与《荷马史诗》在西方一直备受推崇，影响深远。古希腊神话以奥林匹斯神系为核心，由神的故事和英雄传说两部分组成。首先，我们来说说神的故事，它包括旧神系统、神权更迭、人类的起源。

古希腊神话中旧神系统讲述创世和宙斯之前的神族。据赫西俄德《神谱》记载，宇宙最初是一片混沌，又称作混沌神卡俄斯（Choas），他孕育生下了地母该亚（Gaea）、艾罗斯（Eros，爱）和塔耳塔洛斯（Tartarus，深渊或地狱），接着在大地底层出现了厄瑞玻斯（Erevus，黑暗）与尼克特（Night，夜），两者结合生出“光明”（Light）与“白昼”（Day）。而该亚没有婚配又生出了天空“乌拉诺斯”（Ouranos）、海洋“蓬托斯”（Pontus）和山脉“乌瑞亚”（Ourea）等。此后，作为主神的乌拉诺斯和自己的母亲该亚一起生下了六男六女共十二个提坦神（Titan）。这些神又彼此结合，诞生了太阳、月亮、星辰等。乌拉诺斯害怕这些强大的子女会推翻自己的统治，故将提坦神都幽禁在地狱，不见光明。地母该亚极为愤怒，出于怜子之心，将最小的儿子克洛诺斯偷偷保护起来。克洛诺斯长大后打败了乌拉诺斯，救出了被囚禁的兄弟，做了天神。他娶了妹妹瑞亚为妻，担心自己会重蹈父亲覆辙，瑞亚每生下一个孩子，他就马上吞进肚子里。瑞亚偷偷将最小的儿子宙斯藏了起来，后者长大后又推翻了父亲的统治，设法让克洛诺斯吐出所有子女。从此，希腊神界进入了以宙斯为首的新神时代，建立起庞大的“奥林匹斯神系”。

奥林匹斯神系［图 1］① 足够称神资格的成员有数百位，不过，主要神祇是与宙斯有血缘关系的 12 位亲属。众神之王是雷电之神宙斯，主管人间和天界。他两个亲兄弟波塞冬主管海洋，哈德斯主管冥界，赫拉是神后，雅典娜是智慧女神，阿波罗是太阳神，阿芙洛狄忒是爱神，赫菲斯托斯是匠神，狄俄尼索斯是酒神，阿瑞斯是战神，缪斯是文艺女神。诸神共同居住在希腊北部的奥林匹斯山上，并像凡人一样上演了一幕幕极具世俗风情的生活剧。

关于人类的起源则是“普罗米修斯造人”的故事。他也是提坦神之一，曾经帮助宙斯推翻克洛诺斯。他从泥土中造出人类，并教授他们各种技艺，还盗来天火，由此惹怒了宙斯。宙斯命令赫菲斯托斯造出了美少女潘多拉，给人类带来各种不幸和灾难，又命令威力神和暴力神将普罗米修斯绑在高加索的悬崖上，让其受尽了折磨。

英雄传说的主角则是半人半神的英雄，源于古老的祖先崇拜观念，半是对历史事件的描述，半是对氏族首领和祖先的想象和赞颂，将之神化。古希腊的英雄传说主角，最著名的有智取美杜莎头颅的忒休斯、建立了 12 件功勋的大力士赫拉克勒斯、寻找金羊毛的伊阿宋等。

2.《荷马史诗》

《荷马史诗》相传由盲诗人荷马所作，他曾写过六部长篇史诗，其中《**伊利亚特**》［图 2］和《**奥德赛**》［图 3］最为有名，也就是我们通常所说的《荷马史诗》。两部作品都取材于特洛伊战争，《伊利亚特》直接描述了特洛伊战争，而《奥德赛》则讲述了希腊英雄奥德修斯在外经历十年磨难方回家的故事。

《伊利亚特》开篇就讲述阿喀琉斯的愤怒：“阿喀琉斯的愤怒是我的主题。”阿喀琉斯是希腊联军最厉害的英雄，但是他与希腊统帅阿伽门农产生了不和。因为阿伽门农霸占了阿波罗祭司的女儿，愤怒的阿波罗将瘟疫之箭射向了希腊联军的营地，士兵们被感染而大批地死去。阿喀琉斯要求阿伽门农立即释放祭司的女儿，可是阿伽门农却提出要以前者最心爱的女仆作为交换。阿喀琉斯大怒，宣布拒绝参战。失去最能战斗的英雄，希腊联军在特洛伊英雄赫克托耳的勇猛进攻下接连失利，一度被围追到了海边。阿伽门农被逼无奈，答应归还祭司女儿，请求阿喀琉斯重新出战，却遭拒绝。阿喀琉斯的好友帕特克罗斯借了他的盔甲，将特洛伊人吓得连连溃逃，可还是为赫克托耳所杀。好友阵亡令阿喀琉斯悲愤欲绝，他重新上阵，狂风般地追逐虐杀特洛伊士兵，并最终与赫克托耳一战。两位最伟大的英雄展开了殊死搏斗，惨烈场面令天神侧目。最终，阿喀琉斯杀死了赫克托耳，报了好友被杀之仇，也奠定了希腊联军胜利的基础。

《奥德赛》有一万两千余行。诗文描述特洛伊战争后，伊大卡国王奥德修斯在海上漂泊 10 年返归故乡的故事。奥德修斯智勇双全，曾出了一个木马计使希腊军队攻入特洛伊城。当希腊联军大获全胜准备乘船返回故土时，一场风暴席卷了奥德修斯所在的船只。不过，因为雅典娜

① 正文中黑体文字配有插图，根据图序进行对应，读者可扫章末二维码查看。后同。——编者注

的眷顾和帮助，他幸免于难。从此，他踏上了艰难的归家旅途，历经千辛万苦：先是海神波塞冬的儿子独眼巨人吃掉了他的伙伴，差点把他吃掉，他刺瞎了独眼巨人的眼睛才得以逃脱；后来又躲过了椰枣，据说那会使路人吃了不再思乡；躲过了女妖塞壬美妙歌声的诱惑；最后还被仙女卡吕普索囚禁在深邃的洞穴中长达 7 年。到了第十年，他终于回到家乡，为了探明真相，他伪装成乞丐，夺回自己的财产，设计惩罚了那些蛮横无耻的求婚人，最终夫妻相认，一家团圆。

3. 古希腊悲剧

世界戏剧史上有三大传统：古希腊、古印度和中国。但是三者比较之下，古希腊戏剧不仅开端最早，影响也最为深远。关于古希腊悲剧的起源，说法不一。流传较广的是来源于对酒神狄俄尼索斯的祭奠，祭奠中的表演就是早期的希腊悲剧。参与游行的人经常身披山羊皮，发出山羊般的叫声，而“悲剧”一词的希腊文本义是“山羊之歌”，如亚里士多德就认为悲剧是从临时口占发展而来，源于“酒神颂歌”。根据历史文献，最早可考的希腊戏剧出现于公元前 534 年春天，酒神祭成为固定的全民节目，悲剧演出及比赛成为酒神节的正式节目，揭开了伟大的悲剧时代，涌现了众多的悲剧家，最有名的是埃斯库罗斯、索福克勒斯和欧里庇得斯。

埃斯库罗斯（前 525—前 456）被称为“悲剧之父”，他奠定了希腊戏剧形式变革的基础。希腊悲剧本是以合唱队为主，后变化为以演员为主、合唱队为辅的形式。不仅如此，他还改革了舞台道具等，创作了三联剧模式。他的作品大部分取材于神话与现实生活，现存作品共 7 部，即《乞援人》、《波斯人》、《七将攻忒拜》、《**被缚的普罗米修斯**》[图 4]、《阿伽门农》、《奠酒人》和《报仇人》，后三部又被统称为《奥瑞斯提亚》，是现存唯一的三联剧。《被缚的普罗米修斯》和《奥瑞斯提亚》可谓是埃斯库罗斯才能最充分的体现。《被缚的普罗米修斯》取自普罗米修斯盗天火给人类的故事，普罗米修斯曾传授人类科学与技艺，并把天上的火种偷取给人类，使之得以延续下去。而宙斯为了惩罚他，将他钉在悬崖之上，想让他屈服从而说出会使宙斯丧失权力的秘密。受尽折磨的普罗米修斯唯有向苍天大地诉说自己的愤怒，并拒绝了说客。该剧情节十分简单，却有尖锐的戏剧冲突。而且剧作者极富才情，作品气势恢宏，庄严豪迈，诗句优美；在人物形象塑造方面很有特色，黑格尔曾说它的悲剧人物具有“雕塑般的性格”。这种庄严崇高的格调，铿锵有力的语言，使得作品发出震撼人心的力量。

索福克勒斯（前 496? —前 406），被誉为“戏剧艺术的荷马”，他突破了抒情诗式的悲剧形式，打破了三联剧的传统形式，而创作独立的悲剧。他增设了第三个演员，使对话在戏剧里占主要地位。同时，他所写的悲剧布局严谨，结构紧凑，性格鲜明。据传，他共写了 130 部剧本，流传下来的仅有 7 部，即《埃阿斯》、《安提戈涅》、《**俄狄浦斯王**》[图 5]、《厄勒克特拉》、《特剌喀斯少女》、《菲罗克忒斯》、《俄狄浦斯在科罗诺斯》。这些作品反映了雅典奴隶主民主政治全盛时期的思想感情。在其代表作《俄狄浦斯王》中，忒拜城突然厄运降临，国王俄狄浦斯从阿波罗的神示得知，是因为前国王拉伊俄斯被杀死，凶手所犯的这一罪行使得城邦蒙难。然而他最终发现，自己当年离开“父母”离家出走，在一个三岔路口杀死的那个骄横无理的老人原来是自己的亲生父亲。他不仅弑父，还因为破解了斯芬克斯女妖之谜，被拥戴为王，娶了先王的遗孀伊俄卡斯忒，生育了两儿两女。最终的真相让母亲伊俄卡斯忒无法承受而悬梁自尽，俄狄浦斯则刺瞎双眼离开忒拜城邦。

欧里庇得斯（前485？—前406），因常与苏格拉底和一些诡辩派哲学家交往，被称为“剧场里的哲学家”。他大约写过92部悲剧和萨堤洛斯剧，现存有《**美狄亚**》［图6］、《特洛伊妇女》、《伊菲革涅亚在陶洛人里》等18部剧。他将目光放在了女人身上，善于描写炽热的情感以及冷酷无情的现实生活。《美狄亚》是欧里庇得斯的代表作，讲述了英雄伊阿宋当年为了索取金羊毛与公主美狄亚发生的情感故事。在伊阿宋必死的情况下，美狄亚出于火热的爱情帮助了他，背叛了自己的父亲，并同他一起私奔远走他乡。可是，伊阿宋却抛弃了她，另娶科任托斯国王克瑞翁的女儿，还帮着国王要把美狄亚和两个孩子驱逐出境。美狄亚决心报复，让两个儿子带上涂有剧毒的金冠和袍子，作为礼物送给国王。结果国王和他女儿惨死，而后美狄亚又亲手杀死自己的儿子，乘龙车而去。美狄亚的复仇惊心动魄，这是西方戏剧史上第一部体现两性冲突对抗的悲剧。

（二）古罗马文学

古罗马一直在引入并借鉴古希腊文化，因此古罗马文学中长时间以来都渗入了古希腊文化的元素，如对神话的直接传承。但是，古罗马文学也有自己的特色：首先在语言上采用了拉丁语；在艺术表现手法上，也更强调均衡，重视语法修辞等。

古罗马文学主要是指从公元前3世纪中叶至公元5世纪下半叶罗马共和国和帝国时期的文学。其文学发展可分为三个时期。

第一个时期：从公元前3世纪中叶至公元前1世纪中叶。

这一时期为罗马共和国繁荣的时期，出现了罗马最早的文学作品，主要是模仿和改写希腊文学。戏剧是这一时期文学的主要成就，有悲剧和喜剧两种形式。著名作家是普劳图斯和泰伦斯，尤其是普劳图斯一生写过130多部剧本。两位作家的喜剧皆从古希腊的新喜剧改编而成，用古希腊的题材来反映罗马人的风俗人情。散文和诗歌也产生了一定的影响，杰出代表为西塞罗和卢克莱修，代表作品有恺撒的《高卢战记》、西塞罗的演讲稿和散文集。本时期为罗马文学“黄金时代”的到来打下基础。

第二个时期：从公元前1世纪末至公元1世纪初。

这一时期为奥古斯都时期，史称罗马文学史上的“黄金时代”。诗歌发展达到高潮，并成为古罗马文学中成就最高的文学形式。代表诗人是维吉尔、贺拉斯和奥维德。维吉尔（前70—前19）是罗马文学史上最重要的诗人，一生有10首牧歌、4卷田园诗以及12卷本的史诗《埃涅阿斯纪》，后者被誉为欧洲文学史上“第一部文人史诗”，将罗马的起源与《荷马史诗》中的特洛伊英雄联系起来。贺拉斯（前65—前8）是罗马著名的讽刺诗人和抒情诗人，也是文艺理论家，是罗马古典主义的创始人。其诗歌作品有《讽刺诗集》2卷，《长短句集》，《歌集》4卷，《世纪之歌》，《书札》2卷；文艺理论著作为《诗艺》。奥维德（前43—公元18）是奥古斯都时期最后一位诗人，因写诗而遭遇了不幸。他的诗歌作品主要有《恋歌》《烈女卷》《爱的艺术》《哀歌》等。他因部分诗歌内容传授引诱以及私通之术，与奥古斯都推行的道德改革政策发生冲突而被流放。他的代表作为15卷的长诗《变形记》，包括大小250多个神话故事，内容广泛，想象丰富，有“神话辞典”之称。

第三个时期：从公元17年至130年。

罗马进入“帝国时期”，屋大维死后的一百年，史称罗马文学的“白银时代”。虽然以罗马为首都的西罗马帝国覆灭于公元476年，但学术界通常仍习惯于将公元2世纪中期（130—150）作为古罗马文学的终点。2世纪中期以后的拉丁语文学被定义为“后古典拉丁文学”，这一时期的拉丁语文学已经开始向中世纪基督教文学过渡，不属于传统意义上的古罗马文学了。“白银时代”，罗马在政治上已经日渐衰落，内部矛盾重重。其文学发展的特点是宫廷趣味日趋浓厚，崇尚花哨文风和滥用修辞，使得文体显得逼挤、臃肿。这一时期成就较高的文学作品主题已从歌功颂德转向愤世嫉俗。影响较大的作家是塔西佗、普林尼、塞内加等。

古罗马文学继承了希腊文学的传统，也有自己的民族特色。总体来看，其文学成就不及希腊，但它对欧洲文学的发展起了承先启后的作用。

1. 《埃涅阿斯纪》

罗马人为西方古代文学所作出的最伟大贡献是维吉尔的《埃涅阿斯纪》[图7]，它是欧洲文学史上第一部个人创作的史诗，叙述罗马历史。当希腊人使了木马计，特洛伊被屠城时，爱神维纳斯之子、特洛伊英雄埃涅阿斯根据赫克托耳的神谕，带领幸存的特洛伊人另寻家园。途中，他与妻子失散，后者去世了，其鬼魂告诉埃涅阿斯要他去台伯河边建立一座新城。所以，维吉尔在此模仿《荷马史诗》的写法：前半部模仿《奥德赛》描写海上的流浪，后半部模仿《伊利亚特》描写战争。全书共分12卷，第一卷说的是埃涅阿斯在海上艰难漂泊，整整7年后终于抵达了迦太基。第二和第三卷是埃涅阿斯自己的叙述。第四卷则描写了狄多的爱情悲剧，主人公拒绝了女王狄多的爱意，狄多自杀。第五到第六卷描写了他为父亲举行葬礼，并到阴间去向父亲的鬼魂询问罗马的未来。第七到十二卷，写主人公抵达了意大利，与当地拉丁部落进行战斗，并取得了胜利。诗人通过主人公的经历事迹，歌颂了罗马建国的艰辛和神圣，以及恺撒和屋大维的功绩。

2. 《变形记》

《变形记》是古罗马著名诗人奥维德的代表作，是由诗体写的神话故事集，共15卷，由250个神话故事组成。全诗结构为：序诗、引子、神的故事、男女英雄的故事、历史人物的故事、尾声。故事大体按照时间顺序，从开天辟地一直写到作者所处时代。作者受到卢克莱修“一切都在变化中”哲学思想和毕达哥拉斯“灵魂轮回”唯心学说的影响，每个故事都在描述一件事——变形：要么化作昆虫鸟兽，要么化作自然景物。全书以恺撒遇刺变为星辰、屋大维建立了统治作为结束。

欧洲文学中的主要体裁如诗歌中的史诗、抒情诗、田园诗，戏剧中的悲剧和喜剧，散文、对话录、传奇、寓言等都是源自古希腊罗马文学。因而，恩格斯曾如此评价古希腊罗马文学的价值：“没有希腊文化和罗马帝国所奠定的基础，也就没有现代的欧洲。”[①]

三、人本精神的源头

古希腊罗马文学形态多样，主题丰富，洋溢着人类童年时期的纯真与美好。古希腊初民创

① 马克思恩格斯选集：第3卷.2版.北京：人民出版社，1995：524.

作出那些神灵和英雄，不正是对人之为人的寻求以及思考吗？在人类童年时期，生产力低下，人们无力与自然抗衡，但是他们并未妥协。那些无所不能的神和英雄，不正是他们所追寻的理想化的自己吗？而那些神话传说中，神性与人性的和谐统一，应是人类发展的终极目标，也表现出古希腊罗马文学中所闪烁的人本精神。古希腊罗马文学既描绘出欧洲原始社会和奴隶社会中人的生活状态，同时也隐藏着古希腊罗马人对于人类和生命的思索和疑惑，不断寻求人的自我完善，肯定了人的世俗生活以及个体生命价值，被视为文艺复兴时期人本主义精神的源头。古希腊罗马文学中人本精神主要映射在以下几个方面。

（一）“人化”的神

首先，希腊神话的神是群体形象，古希腊神话的群神系统称为奥林匹斯山系，它有十二大天神，以宙斯、赫拉为首，其次还有厄洛斯、缪斯九女神、命运三女神等小天神。他们形象迥异，性格不一，各有各的特点，构成了奥林匹斯山的等级社会，是人类社会的折射，反映了古希腊人民对于人类社会的思考。

其次，古希腊神话的神的形象每个都不是一元的理想化“完神”，这是希腊神话一个非常显著的特点，即神人同形。他们不仅能力超常，形象也非常美丽，他们就是古希腊人理想中的人的模板，突出了希腊人对于美和艺术的追求。同时，神的形象是复杂、立体、多侧面的，他们已经高度人格化，没有简单的好坏之分，他们还具有人性的各项弱点，即“神人同性”。他们从不顾及那些社会道德和人伦纲常，也不压抑自己的欲望。诸神不仅有七情六欲，要谈情说爱，还爱慕虚荣，好色妒忌。如宙斯有七位老婆，第一个是智慧女神墨提斯，大洋神俄刻阿诺斯之女。第二个老婆是正义女神忒弥斯，十二提坦神之一，按辈分是宙斯的姑妈。第三个妻子也是俄刻阿诺斯的女儿，即容貌出众的欧律诺墨。第四个妻子既不是提坦神族，也不是大洋神族，而是他自己的姐妹——掌管丰收的谷物女神德墨忒尔。接下来宙斯找的是十二提坦神之一——记忆女神摩涅莫绪涅。宙斯的下一个目标是提坦神的女儿、以温柔知名的勒托。赫拉是宙斯的第七个妻子，同时也是最终被公认的宙斯正妻。除此之外，他还勾引了不少人间女子，生下私生子。而天后赫拉熟知丈夫对自己的不忠，也从不掩饰她的愤怒与嫉妒，她密切注视着丈夫的一举一动。她常常破坏宙斯的偷情，嫉恨每一个与她丈夫有亲密关系的人，并且利用她的权力和地位，残忍地惩罚那些女人。如宙斯为了瞒过赫拉而把情人伊娥变成了母牛，后为赫拉所识破，对伊娥加以迫害。赫拉命令百眼巨人阿耳戈斯负责看守着伊娥，不但不能让她逃跑，更不许宙斯找到她。后来宙斯为了解救伊娥，派赫耳墨斯将阿耳戈斯杀死，释放了伊娥。为了褒奖阿耳戈斯的忠诚，赫拉一点都不浪费地将阿耳戈斯的眼睛全部点缀在她的圣鸟孔雀的羽毛上。随后赫拉还派出大牛虻去叮咬伊娥，使她被迫逃离希腊，赫拉的骄傲任性和善妒可见一斑。正因为这样，赫拉、雅典娜、阿芙洛狄忒她们之间也才可能为纷争女神厄里斯那个**“不和的金苹果”**［图 8］而展开争斗，从而引起特洛伊之战。

诸神之首尚且如此，遑论其余神祇了。他们都贪图眼前的享受与现世的快乐，除了神力与长生之外与人几乎没有区别。

（二）不屈的抗争

人类开始征服自然改造自然的举动引起了诸神的不满和恐慌，并在与人类的大集会中警告人类要安于命运的统治，不应有任何的主动精神。普罗米修斯在分配祭物时，将动物的骨骼堆成巨大的一堆，而将肉留给人类，试图欺骗宙斯，这引发了宙斯的怒火，拒绝给人类火。普罗米修斯从阿波罗的太阳车上盗得天火送给人类，这极大地加速了人类改造自然的速度，刺痛了宙斯的神经，他与诸神创造出美丽的潘多拉送往人间散播数不清的痛苦和折磨，并严惩代表人类权益和意志的普罗米修斯，将后者锁在高加索的绝壁上并饱受鹫鸟啄食内脏之苦。这折射出人对神的反抗意识和人对于自身的关注。

而人与命运的抗争在古希腊罗马文学中的一幕幕命运悲剧中被渲染到了极致。俄狄浦斯不屈从于命运的安排，却受到了命运无情的捉弄并弑父娶母。最后他自愿流放，弄瞎双目，就是在感叹命运的不公，也表明了其对于命运之罚的蔑视。从这里我们看到了古希腊罗马文学中积极向上的因素，即人的力量的可敬可畏。一方面通过挫折和苦难体现了人的存在，另一方面又通过反抗和挣扎升华了人的价值，随之深化了该时期文学的人本精神。

（三）感性的此岸生活

美国学者伊迪丝·汉密尔顿在比较古希腊文化精神与基督教文化精神之不同时曾说：“建造帕特农神殿是因为胜利的喜悦，是为了展示人类的美丽、力量和光荣……”古希腊罗马文学执着于追求力量、美、光明、知识，肯定人性以及人的情感和价值，充溢着非理性的热烈情感。这些情感真挚自然，自由奔放，毫不功利。古希腊史诗处处流露出对于人类创造的美的歌颂，如《伊利亚特》第 18 卷，描写火神赫淮斯托斯为阿喀琉斯打造盾牌的诗行，充满了活力。史诗对于人类、对于现实世界抱着无比的热爱，使得其基调乐观稳健。又如在著名的金苹果之争中，特洛伊王子帕里斯在财富、智慧和美这三者之中，选择了美，从而诱发了特洛伊战争，这便是古希腊罗马文学所展现出来的童真与坦率。他们向往自由奔放的感情，美狄亚的故事便是典型。伊阿宋是英雄人物，美狄亚对他一往情深，不惜背叛父亲出走他国，并与他共同战斗。可伊阿宋却移情别恋，要娶新妇，美狄亚于是绝情到底，毒死公主，杀死亲生儿子，逼得伊阿宋拔剑自刎。她的爱浓烈纯粹，她的恨酣畅淋漓，这种非理性的激情得到了作者和读者们的同情，也折射出尼采所宣称的酒神精神。

希腊人民对于自由、个性、爱情、幸福的追寻不仅具有非理性的特点，还具有世俗性的特色。他们不迷恋神和神的生活，而是为了现世的幸福而努力，不为了神而牺牲眼前的幸福。古希腊文学中不宣扬彼岸观念，而是强调今生，珍视此岸的生活。如阿喀琉斯就发出了“与其为地府里的君王，不如做人间的奴仆”的哀叹。他对生命以及现世生活的热爱和珍惜可见一斑。

古希腊罗马文学经历了 1 000 多年的历史，创造了丰富的文学形式，表现了多样的主题，在思想和艺术上都具有首创的性质。它孕育了后世欧洲文学发展的各种因素，充溢着人类童年时代的自由、乐观和想象特质，并为后来文艺复兴的人文主义精神埋下了伏笔。

第二节
中世纪文学：以宗教文学为正统

【本节关键词】

中世纪　加洛林文艺复兴　宗教　英雄史诗　骑士文学　基督教思想文化

一、中世纪印象

中世纪的起始时间计算方法众说纷纭。历史学家布朗曾说："欧洲的版图是在战争的铁砧上锤炼出来的。"① 因此最通俗的说法是中世纪由 476 年西罗马帝国灭亡开始计算，直到 1453 年东罗马帝国灭亡截止，历时千余年。史学界常将欧洲封建社会时期，即公元 5 世纪至 17 世纪中叶，划为中世纪。而文学界常见的划分方式则是从公元 5 世纪到公元 13 世纪为中世纪，而公元 14 世纪到公元 17 世纪，由于文学思潮等各个方面发生了巨变，被单独称作"文艺复兴时期"。

人们提到中世纪，脑海中浮现的第一个形容词是"黑暗"。然则这上千年的时光上承罗马之覆灭，下启文艺之复兴，有学者将之视为欧洲的封建时代。虽然较之古希腊罗马文学繁盛时期，书本学习枯萎了，但机械农业等兴盛了，社会在稳步前进。随着宗教战争、海外贸易等，欧洲崛起为新的强盛力量。随着外来侵略的减少，社会稳定下来，人们的关注点开始从物质转向精神。古典文化、日耳曼传统再加上基督教神学的共同作用促生了独特的欧洲文明。欧洲的通俗语言以及政治体制都在演进与发展，大学也开始创建。因此，中世纪的形象不仅有黑色，也有一抹抹亮色。

从中世纪文学的角度来看，虽然前面提到了三种要素的影响，但是基督教神学则成为当之无愧的决定性的影响因素。中世纪文学以宗教文学为正统，是建立在基督教之上的。基督教最关注上帝与人的关系，认为上帝是本真。这直接影响到了中世纪文学观念，从古希腊罗马时代根据周边世界进行写作的世俗的人本意识，转变成上帝绝对主宰的"上帝决定论"。这种观点也影响了 10 世纪以前的中世纪欧洲文学，早期的中世纪文学文本几乎都是在赞美上帝，否定自我。而中晚期的中世纪文学则重视人性，开始发掘人自身的价值。

二、文学创作分期

正因为中世纪形象复杂，不宜用单一的字眼形容或者描述，故而在此就文学创作方面的特

---

① Brown，R. A. The Origins of Modern Europe. London：Constable，1972：93.

色对之进行阶段划分，以便能对之有客观的认识。

(一)“黑暗时代”(公元5世纪西罗马帝国灭亡—公元8世纪加洛林文艺复兴)

这段历史才是中世纪最黑暗的时期，原因如下：(1) 统一的罗马帝国分裂成众多小国家，而战乱又导致贫穷。(2) 精神文明随着希腊与西罗马帝国的沦陷而衰落，大量民众不能读书识字，甚至包括国王，如查拉曼大帝。这一时期少量的文化人大多是神甫祭司等。(3) 视古代文化和世俗文化为洪水猛兽，极力打压摧毁。在众人看来，这一时期文化凋零，野蛮愚昧。

尽管土壤贫瘠，文学还是形成了其独特景观，即修道院文学。修道院文学是彼时产生的唯一书面文学，文字为拉丁文，文学类型包括拉丁语散文和韵文作品。拉丁语散文主要分为以下类型：(1) 用拉丁文翻译的《圣经》文本和古代著作等作品。(2) 修道士们创作的神学阐释性作品，如“伪狄奥尼修斯”的部分著作。(3) 修道士创作的史传类作品，其中代表性的著作为《法兰克人史》。而拉丁文韵文作品则涵盖了用拉丁语创作的诗歌，如凯德蒙的《凯德蒙组诗》(其中有《但以理书》《出埃及记》等)。这一特殊时代的修道院文化对后世最大的影响是修道院成为文化的中心，修士们抄写整理《圣经》以及古代学术典籍，留下了古代文明的火种。这一时期的文学主要宣扬对上帝的爱，由于奥古斯丁宣扬“性就是罪恶”，在中世纪欧洲奉行修士独身制和苦修制，因而中世纪欧洲文学笼罩在禁欲主义的阴影下。

(二) 公元8世纪加洛林文艺复兴—12世纪文艺复兴

史学家们通常认为加洛林文艺复兴始于8世纪下半叶，这要归功于法兰克国王查理大帝的统治。他促进并巩固了封建制度，崇尚基督教，关注扶持教会，并取得了教皇的支持。他建立了西欧教育机构的前身——修道院学校，随之出现了图书馆。这些学校用拉丁文传授“七艺”，对学生不区分贫富贵贱。此外，他还对拉丁文字进行改革，因此这个时期又被称为“书写时代”，今天的欧洲语言如英语、法语等都有拉丁文的印记。他还鼓励人们抄写整理希腊罗马文化和文明，学术气氛十分宽松，促进了民族文化与古典文化以及宗教文化之间的融合。

经过了数百年的发展，到公元11世纪后，随着欧洲封建制度的确立和稳固，经济开始繁盛，欧洲文学也走向了繁荣时期，决然不复此前的“黑暗”景象，甚至有学者如查尔斯·霍默·哈斯金斯提出了“12世纪文艺复兴”的概念。这几个世纪是“宗教剧”发展的时期，“宗教剧”包括叙述《圣经》或者教史中所发生故事的“神秘剧”、宣扬圣徒行为的“神迹剧”以及规范宗教道德的“道德剧”，代表作家有女作家罗斯维莎。这几个世纪也是传记文学继承延续的时期。作家们的笔墨主要着眼于圣徒与著名君主。其中圣徒传的繁盛是由于宗教传播兴盛，创作有点模式化的特点，一般采用第三人称叙事，内容则多记述圣徒如何苦修，拒绝诱惑，将一生敬献给上帝并显示神迹的故事，如属于东正教的《鲍利斯和格列勃传》等。这几个世纪还是宗教诗歌泉涌的时期，正如哈斯金斯所盛赞的：“12世纪是一个伟大的时代，很可能是宗教诗歌的巅峰时代。”此间最负盛名的是拉瓦丹的伊尔德贝，他担任过勒芒的主教，创作了一首拉丁文“连体诗”(two-sided poem，两侧对照诗)，专门歌颂赞美罗马，被传颂多时。

不过，当时更多的则是佚名的宗教诗。这几个世纪也是修道院书信体文学破土而出的时代。这些情书揭示了宗教情侣们对于上帝和异性的爱，也让后人了解并同情这些著名的宗教情侣，如约尔丹与狄安娜、阿贝拉尔与海萝丽丝等。这一时期欧洲文学生机勃勃，种类繁多，宗教的印痕依然清晰可见，13 世纪的经院哲学已然埋下了思辨的伏笔。但是，世俗文学也如火如荼地在发展，人性的光辉已在闪耀。

三、代表文类及作品

（一）英雄史诗与骑士文学

1. 英雄史诗

英雄史诗是用诗歌形式书写民间传说，描写对象则为欧洲历史早期和中期部落或者氏族的生活以及著名历史人物。因此，英雄史诗也分为早期和后期。早期的代表作为《贝奥武甫》《埃达》等，主要歌颂部落英雄。而后期的史诗则成于中世纪中期，彼时封建国家已经建立，因此开始树立国家民族意识，歌颂爱国主义或者英雄主义，这一时期的代表作为《熙德之歌》、《萨迦》、**《尼伯龙根之歌》**［图 9］和《特里斯丹和绮瑟》等。

《贝奥武甫》这个故事是由盎格鲁-撒克逊人带到英国的，成于公元 8 世纪左右，不过所记录的事情发生在 6 世纪。全诗用古英语写就，长 3 000 来行，押头韵，每行诗分为两个半行，各有两个重读音节。诗歌主人公来自瑞典，其英雄事迹发生在丹麦。贝奥武甫是 6 世纪的一个历史人物，出身为瑞典南部高特族的贵族。全诗分为两个部分：《鹿厅》和《屠龙》。《鹿厅》写贝奥武甫渡海到丹麦，替丹麦人消灭盘踞“鹿厅”的巨妖及其母亲。《屠龙》描写老年贝奥武甫的事迹。有一条火龙因为看守的宝物被盗而发怒，喷火祸害乡里。年迈的贝奥武甫为民除害，率众前去斩杀火龙，在一名侍从的帮助下杀死了它，但是自己也因身负致命伤而牺牲。诗歌以其葬礼结束。其独特之处在于，将事实和传说混合在了一起。而且虽然不是宗教诗歌，但是里面有明显的基督教的影子。再就是使用了大量的隐喻语，如大海用“鲸鱼之路”来描述，而国王是“颂赏金环的人”等。因为巨怪在诗中被称为该隐的后代，因此贝奥武甫与怪物的斗争不仅是造福民众，更代表了上帝对邪恶的惩罚。

《尼伯龙根之歌》是德国古代的英雄史诗，作者不详。有说创作于公元 791—792 年，但现行版本则是由某个奥地利作家重新编撰的，成书于 1190—1200 年。全诗共9 516行，分为上下两部。上部描述了尼德兰王子西格弗里德如何杀死巨龙，并获得它所看守的尼伯龙根宝藏，成为大勇士的故事。他听说勃艮第国王巩特尔的妹妹克琳希尔德十分貌美就前往求婚，而国王要求他帮助自己娶到冰岛女王。他在隐形盔的掩护下，帮助国王娶到了冰岛女王布伦西德，而自己也如愿迎娶意中人。下一部则描述布伦西德得知了自己婚姻的真相，派心腹哈根刺中西格弗里德未被龙血沐浴到的肩胛骨。而克琳希尔德为了给亡夫复仇，不惜远嫁匈奴国王，在匈奴王的宫殿里举办宴会邀请全家人参加，然后杀死了兄长和哈根，最后自己也被杀。在文学史上，《尼伯龙根之歌》颇具地位，人们称其独特的体例为“尼伯龙根”体，便于民间行吟诗人的咏唱，每节四行，每行一个停顿，极富节奏感。

这些中世纪英雄史诗反映了如下特征：首先，在斗争中体现出来的不再仅仅是肉体的胜利，还包括精神的和心理世界的追求。其次，出现了“自我反省”，在史诗中对英雄人物的行为进行深刻剖析评判，如《贝奥武甫》结尾处对于贝奥武甫的死及其价值进行了深刻的反思，认为如果他不去靠近毒龙，那么就会安全，而今虽然获得了宝藏，但是付出了惨痛的代价。这与基督教的“原罪”意识如出一辙。最后，它们凸显了基督教精神对于英雄人物的影响。

2. 骑士文学

骑士文学是骑士制度的产物，体现了欧洲特别是西欧封建贵族阶级的精神面貌和理想，是欧洲中世纪世俗文学之一。创作多以“忠君护教”和“行侠仗义”为线索，内容主要是关于骑士的冒险生活和浪漫爱情故事的，展现骑士文学的三大主题：历险、宗教和爱情。

骑士文学的体裁主要分为骑士抒情诗和骑士传奇。骑士抒情诗最早在南方普罗旺斯盛行，内容多为歌唱骑士英雄事迹以及爱情故事：“牧歌”是骑士追求牧羊女；“破晓歌”是11—13世纪骑士文学的一种，尤以法国南部普罗旺斯的破晓歌为精华所在。这一类诗歌多描写骑士与贵妇之间幽会，在黎明破晓之时难分难舍的场景。此外还有对话和辩论诗，以及情歌、夜歌和怨歌等。法国北方的抒情诗则有踏舞歌、短歌和赞歌等。北方抒情诗的特点是将典雅的爱情与战争结合起来，而南方抒情诗则将爱情与战争分开。骑士传奇是由叙事体诗歌演变为散文体而形成的，骑士叙事诗多以亚瑟王及其圆桌骑士为描写对象。时间为12世纪中叶至13世纪中叶。分为三个系统：古代系统、不列颠系统和拜占庭系统。最有代表性的是不列颠系统，其中心人物是不列颠国王亚瑟王。

《罗兰之歌》［图10］既可归为法国中世纪史诗，但是因为主人公是一名骑士，故也可纳入骑士文学的范畴。作者佚名，最古老的版本写于1100年前后，以咏唱的方式流传。史诗用诺曼语写成，共291节，4 002行，每行10音。史诗描写8世纪时，查理大帝四处征战，有12个侍卫立下了汗马功劳，其中最重要的就是骑士罗兰。主人公罗兰是法国国王查理大帝的重臣之一。史诗内容大致分为三部分：第一部分写查理大帝在西班牙与阿拉伯人作战，阿拉伯首领马尔西遣使求降，派了罗兰的继父加奈隆去谈判。结果，加奈隆出使那里后就叛变了，与马尔西订立了卖国条约。第二部分写查理大帝带兵回国，罗兰带兵掩护后路。途中，罗兰遭袭，高傲的罗兰以为不是中计，不愿吹响号角，结果奋战身亡。第三部分则写查理大帝为罗兰报仇，将加奈隆处死。这实则是基督教徒与异教徒的一场战争。当时，由于查理大帝对于基督教的推崇，“原罪”说已经深入人心，伟大如罗兰，也拼死一战以赎罪。他临死前向着西班牙方向祷告：“上帝，我祈求你，以你的善良，将我的大小罪过加以原谅，一切罪过从我出生的时光，直到最后的死亡。”

《特里斯丹和伊瑟》［图11］是流传最广的骑士叙事诗之一，取材于大不列颠凯尔特人的传说。内容主要讲述的是：康瓦尔王马尔克派外甥特里斯丹到爱尔兰为其迎接公主金发伊瑟到自己的王国成亲。公主的母亲为新人准备了一种能让彼此相爱的魔汤，却被特里斯丹与公主误饮，两人产生了爱情。伊瑟虽然嫁给了马尔克，但是仍与特里斯丹深深相爱。国王发现后，对他们进行了种种迫害，却依然无法将有情人分开。后来，特里斯丹娶了白发伊瑟为妻，后者因嫉妒故意放出假消息，骗他说未能找到金发伊瑟，特里斯丹含恨而终，而金发伊瑟也在他尸体旁边自刎而亡。这一作品反映了骑士应该如何在君王与爱人之间做出选择的主题，也反映了爱情高于生死的思想。

从这两部作品可以看出，骑士文学无论内容如何，从叙事学角度看都是“立约—履约—奖赏—违约—惩罚”的形式，强调义务和责任。真正立约的实际上是骑士精神。若恋人之间的忠诚与“忠君”的义务产生矛盾，就玷污了一个真正骑士的名誉。中世纪的英雄们认为，战争应该具有崇高的目标，如为上帝而战。骑士文学的“契约型”结构，其实是社会制度变化的产物，影射了早期混乱变动的历史格局慢慢走向稳定，发展到了封建社会。

（二）城市文学

不同于宗教文学从中世纪伊始便开始发展，城市文学约形成于公元10世纪。当时西欧各国由于手工业、农业的分工和商业的发展，产生了城市，并由此诞生了市民阶级。而城市又使得大学教育的非教会化有了可能，对突破宗教思想的束缚产生了关键作用。12世纪时，大量的“异端”活动和思潮涌起。这些都是城市文学得以发芽成长的土壤。城市文学多为民间创作，主要类型为韵文故事、戏剧和诗歌等。由于法国城市出现较早，其城市文学也尤为发达。“韵文故事”便是法国当时最流行的城市文学类型，以辛辣的讽刺和生动的语言取胜。后世流传甚广的《列那狐的故事》和《玫瑰传奇》都是法国城市文学的代表作。

1.《列那狐的故事》

这部优秀的法国民间文学代表作品由27段意思既独立又有所关联的诗歌组成，形成于12至14世纪，由多位作者历时一两百年整理成形。各组诗都以主人公列那狐代表市民阶级，以狮王影射国王，以狼和熊影射权贵，以驴影射教士，鸡、兔等小动物则代表了平民。全文以列那狐与灰狼伊桑格兰的斗争为主线，大约为3万行。作品讽刺了愚昧的君主、贪婪的权贵和教士等，以隐喻的方式讽刺了当时的社会现实，揭露了专制、贪婪与虚伪等现象，展示了中世纪人们的生活状态。作者还充分肯定了思考和智慧的价值，这与当时宗教所推崇的服从意识是相左的。正如作家通过列那狐之口说：“你不能以力气称雄，就得凭计谋取胜，反正得强过人家。”这反映了个人意识的觉醒，可看出文艺复兴的萌芽。

2.《玫瑰传奇》

该作品分为上下两部，由两位作者先后撰写。上部大约成书于1235年，有4 000多行，作者是名为吉约姆·德·洛里斯的法国诗人；下部有19 000余行，作者是名为让·德·麦恩的民间诗人。上部以洛里斯自己的爱情经历为题材，采用了隐喻的手法，自己化身“情人”在梦中游历一座大花园，里面的玫瑰则为其爱上的贵族女子，虽然有“美貌”“喜悦”等帮助他接近“玫瑰”，但是也遭遇了种种阻挠，如“恶口”的恶语相向，“嫉妒”设置障碍将“玫瑰”囚禁，并派“危险”“恐惧”等来看守，“情人”不得不离开花园。40多年后出现了下部：“情人”经过努力，通过“爱情”克服了上述障碍，终于获得了“玫瑰”。从思想上来看，该作品还是属于骑士文学中对于贵族女子典雅爱情的追寻，但是，其对于梦幻、隐喻、象征等艺术手法的成功运用影响了后世文学。

（三）教会文学

教会僧侣用拉丁文写就，体裁主要是圣徒传、宗教叙事诗、赞美诗、祈祷文、圣经故事、宗教剧等。写作特色主要是采用大量的隐喻以及象征，用以宣传基督教教义。在公元 5 世纪到公元 10 世纪，几乎是欧洲唯一的书面文学。其主题多为“创世”“原罪”“虔诚”“选民”“拯救”等。主要内容是赞美上帝的权威，歌颂圣徒的德行，宣扬禁欲主义和来世主义思想。

但丁

教会文学包括以下几种：（1）史传。以格雷戈里（539—594）的《法兰克人史》以及特德巴尔·德·韦隆完成于 11 世纪中期的法国叙事诗《圣徒阿列克西斯行传》为代表。（2）宗教剧。以欧洲中世纪最早、最有影响力的贵族修女诗人罗斯维莎（935—1002）创作的《加里卡纳》为代表。（3）中世纪书信体文学。以阿贝拉尔与海萝丽丝的五封情书为代表，这些情书反映了教会中不同的声音，是勇气和爱情的代名词。（4）经院哲学著作。以托马斯·阿奎那的《神学大全》为代表，该书被誉为“中世纪天主教官方思想体系的百科全书”，虽为神学著作，但深刻影响了中世纪文学创作。（5）宗教诗歌。取得成就最大的是被恩格斯誉为“中世纪的最后一位诗人，同时也是新时代的最初一位诗人”的阿利盖利·但丁（1265—1321），他用意大利语创作的《神曲》长达14 000多行，分为《地狱》《炼狱》和《天堂》三个部分。作品想象力丰富，气势恢宏，文字优美，通过象征和隐喻的手法表现了作者对现实的不满，强调了人的自由意志，肯定了人和人性，反映了中世纪意大利的社会图景和重大历史事件，可视为中世纪文学的终结和文艺复兴的曙光。

四、基督教思想文化对中世纪文学的影响

西方中世纪是以上帝为本体的宗教信仰时代，虽然欧洲中世纪文学基本格局体现了贵族、教会和平民的三种风格，但基督教是中世纪文学的主旋律。中世纪文学的特点便是深受基督教思想的制约，各种文化领域和文学现象无不打上了基督教思想的烙印。这是由于公元 5 世纪西罗马帝国被入侵的“蛮族”占领，而这些征服者的文明处于低级阶段，没有系统的文字，在各族文字形成的阶段，基督教传教士将《圣经》翻译成各族的方言，并将《圣经》融入其文学萌芽中。宗教对中世纪文学的影响如下：

第一，“上帝决定论”影响到了文学，与此前古希腊罗马文学反映生活不同，较长一段时间，中世纪文学都非常直接地再现基督教的教义。如宗教文学中的传记、诗歌要体现对于信仰的虔诚，修道院书信体则体现对于异性的情以及对于上帝的爱，英雄史诗中教义的影响也随处可见，骑士文学则是信奉上帝与追求个人情欲和价值的统一。它也从古希腊文化中汲取养分，如英雄观念，并构建了符合基督教教义的英雄观，救世主耶稣就是其中之一。

第二，文学主题方面，都是与基督教紧密关联，如原罪、地狱、天堂、上帝、魔鬼等。创作内容方面，也主要涉及宗教故事、上帝神迹、圣徒传教故事等。教士们意识到要增加信徒不是光进行说教就可以了，使用形象化的手段使文化层次较低的民众接受更为重要。文学较赤裸

裸的说教更能打动人心，通过对上帝、耶稣和圣徒们的赞颂，对人世间苦难和悲剧的揭示，对救赎与永生的追寻，民众们更能体会原罪之深重与信仰之不可或缺。当然，由于社会制度的变革，在封建制度和封建国家地位稳固的基础上，也出现了其余阶层的文学，如骑士阶层和市民阶层的文学。这些文学作品在一定程度上背离了基督教的禁欲主义，肯定了尘世和人的价值、意义。不过，这改变不了中世纪文学深受基督教影响的大背景。

第三，创作手法方面，多采用象征、隐喻、夸张、讽刺、梦幻等修辞方式。现实世界与灵性世界相互交织，以感性的方式提取出理性的终极存在。文学从古希腊罗马文化追求欲望的“理性”转变为“神学理性”。这实则也体现了基督教的二元对立思维模式。中世纪文学大部分都在反映灵与肉、上帝与魔鬼、天堂与地狱、感性与理性等两种对立要素的矛盾。而这主要来自新柏拉图主义，其创始人普洛提诺继续发展了柏拉图主义，提出了“太一”说。“太一”是绝对的、无限的，能超越一切存在和一切思维，它就是神，是精神的源泉，“理性”从中溢出，并进而流溢出“灵魂”乃至“物质世界”。而“物质世界”离“太一”最远，也最黑暗，这为中世纪宗教神学中“天国”与“尘世”、“灵”与“肉”的对立提供了理论依据。这些哲学宗教观念的发展直接影响到文学的表现形式。

总之，欧洲中世纪文学产生于特定的历史背景，在多重文化的作用下演变发展。其中占据统治地位的是教会或者宗教文学，思想上号召人们逆来顺受，艺术层面上也表现出概念化与神秘化。同时，也出现了与之迥异甚至与之对立的骑士文学与城市文学，这反映出封建贵族、市民阶级与教会阶层之间的不同诉求，也预示着教会上千年来对于思想与文化的垄断终将被打破，新的时代终将来临。

第三节
高歌人文主义的文艺复兴时期文学

【本节关键词】

文艺复兴　人文主义　人文主义文学

一、壮阔的时代狂潮

公元 14 世纪初到 17 世纪初在欧洲发生了一场资产阶级思想文化运动——文艺复兴。它发源于意大利，并影响、波及欧洲其他国家。为何这场运动从意大利萌芽？因为 1453 年东罗马帝国灭亡，大批学者携带古代手抄本涌入意大利。而自 14 世纪以来，欧洲各国进入了中世纪向近代过渡的时期，封建制度不再符合新兴资本主义的利益要求。这些新兴的阶层在诸如圈地运动、海外贸易、侵略掠夺等活动中一夜暴富，开始在社会生活中要求更高的地位。繁盛、富强的社会生活现实开始摒弃封建封闭的教会思想，在精神文化领域也提出了新的标准。同时，随着人们对于自然的发现和科技的发展，如哥白尼的“日心说”、造纸印刷术、地理大发现等都开阔了人们的视野，提高了民众的心智。对人和自然的再认识刷新了人们对于“神”的认识，为了反教会、反旧文化，他们意欲建设新文化。而“文艺复兴”的英文“renaissance”意为“再生”“复活”等，在此指复兴古希腊罗马文化。这实则是社会制度发展变革的必然要求，是新兴资产阶级的要求，他们打着“复古”的旗号，并非纯粹复古，而是为了建立资产阶级的新文化。其目的是反抗压制束缚人性的封建制度和教会，颂赞人性与自我。因此，文艺复兴的核心内容是人文主义（humanism）。白璧德曾探讨过人文主义这个词的拉丁词源 humans，意为“信条”和“规训”，但是在文艺复兴初期，对于意大利的人文主义者而言，该词意味着反抗，“是一种从中世纪的极端走向另一极端的疯狂反弹”。在一定程度上，它代表着“个人主义”，宣扬自我的张扬放纵。到了后来，人文主义成为一种精神、原则和态度，指的是对个人存在的关怀，对人的尊严和个性的宣扬，普及人文教育，挣脱宗教的桎梏。

综上，“人文主义”的特征如下：（1）它其实是一种对人生的态度，即以“人”而不是以“神”为中心，解放人和人性，倡导人权，推崇人的精神和肉体之美，歌颂人的智慧和力量，认为人是“宇宙的精华，万物的灵长”。如布洛克是如此总结的：“神学观点把人看成是神的秩序的一部分，科学的观点是把人看成是自然秩序的一部分，两者都不是以人为中心的，而与此相反，人文主义集中焦点在人的身上，或从人的经验开始。”① （2）认为人生而平等，反对阶级和等级观念；强调现世的幸福，反对禁欲主义和来世观念。（3）推崇理性，认为应该发展科学，不断探索。

人文主义作为文艺复兴时期进步文化的指导思想，也直接反映到了文学创作中，因此，这一时期欧洲各民族的新兴文学不妨称为人文主义文学。以下为文艺复兴时期西欧多个国家的民族文学概貌及其代表性的作家和作品简介。

二、欧洲各民族文学代表作家作品

（一）意大利文学

14 世纪是意大利文学的转折点，但丁作品中所蕴藏的人文主义开始繁盛。人们通过追本溯源，从古希腊罗马文化中发现了一个璀璨的新世界，涌现了彼特拉克、薄伽丘等著名的文艺复兴先驱，此后又出现了安琪罗·波利齐亚诺、卢多维克·阿里奥斯托、托夸多·塔索等人文主义作家。

1. 彼特拉克与《歌集》

彼特拉克（1304—1374）是意大利诗人和学者，被誉为“人文主义之父”。出生于阿雷佐城，临近文艺复兴发轫之地佛罗伦萨。他父亲是佛罗伦萨的律师，期望他继承衣钵，但他却偏爱古希腊罗马文学。彼特拉克生活阅历丰富，当过神甫，出入过宫廷教会，曾获得诗人桂冠，与薄伽丘交好。他用拉丁语写过许多诗歌和散文，主要作品有《阿非利加》《歌

---

① 布洛克．西方人文主义传统．董乐山，译．北京：三联书店，1997：233.

集》等。

但丁的作品中留下了其所仰慕的贝雅特丽齐的倩影，而彼特拉克的《歌集》则倾诉对一名叫做劳拉的女子的深情。《歌集》共366首诗，包括两个部分——《圣母劳拉之生》和《圣母劳拉之死》。1327年，23岁的彼特拉克在某个教堂与已为人妇的劳拉偶遇，被她的端庄妩媚之风姿俘虏，此后便一往情深。他只能将这番深情写进诗歌中，《歌集》中的诗大部分是此类爱情诗。这些诗歌都采用十四行诗的形式，促进了这种诗歌形式的发展，形成一种新诗体，被称作“彼特拉克体”，这种诗体由14行诗组成，通常每行为五个节拍，常见的押韵组合形式为abbaabba（前八行）+cdccde/cdcdcd/cdedce（后六行）。诗人描写了在这场无望的爱情中他的甜蜜、忧伤以及劳拉死后他的思念与悲痛，表现了诗人对于现世幸福的追寻和向往。同时，他的贡献还在于他在《歌集》中最早提出了“人学”与“神学”的对立概念，认为要凭借直接的研究探索而非神示获得真理，因此，他又被誉为第一位人文主义者。

2. 薄伽丘与《十日谈》

乔万尼·薄伽丘（1313—1375）出生于佛罗伦萨富商之家，曾在大学任教，与但丁、彼特拉克合称“文学三杰”。他一生著作等身，体裁多样，包括小说、十四行诗、史诗和叙事诗等，如《菲洛柯洛》《菲索拉诺的仙女》等，但是最为世人称道的还是《十日谈》。该书成于1351年，又被誉为“人曲”，与但丁的《神曲》比肩。《十日谈》主要讲述佛罗伦萨“黑死病”爆发期间，10个年轻人到乡村避难，共待了10天，每天每人讲一个故事，共100个故事，故得此名。每一天故事的主题不尽相同：第一天是讽刺教会；第二天描述的多是开头波折但是结局完美的故事；第三天是关于人的智慧的，描写那些聪明人如何达到自己的目的；第四天是悲惨的爱情故事；第五天是结局美好的爱情故事；第六天是赞扬口才与机智；第七天和第八天主要是些捉弄人的故事；第九天尽描述些有意思或者有噱头的故事；第十天的故事稍显正统，有点故作高雅。这种故事会的形式揭露了意大利社会的生活现实，塑造了各类人物形象，如国王、骑士、僧侣、商人、农民、手工业者等。这是欧洲文学史上第一部现实主义巨著。其内容大多是男欢女爱，尤其是讽刺教会人士的伪善，反对宗教禁欲主义，主张“幸福在人间”，肯定人和人性。

（二）法国文学

法国从15世纪开始了资本主义的原始积累，为对抗贵族势力，王权与资产阶级联盟，建立了法兰西学士院，传播古希腊罗马文化以及意大利的人文主义思潮，出现了具有人文主义倾向的“七星诗社”。该诗社由六位诗人和他们的老师多拉组成。他们的诗歌歌颂爱情和生活，反对基督教的禁欲主义。再就是涌现了以拉伯雷为代表的具有民主倾向的人文主义作家，他们从民间文学中汲取养分，继承了中世纪法国市民文学中的反封建精神。这一时期蒙田开创了随笔这一新的散文文体，拓展了艺术形式。

1. 拉伯雷与《巨人传》

拉伯雷（1494—1553）是法国著名人文主义作家，少年时期被送往修道院学习拉丁文和经院哲学，成为一名修士。但是他喜欢研究古代文化，多才多艺，四处游历，涉猎学科极广，成了一名非常博学的人文主义者。

《巨人传》是拉伯雷耗时20多年才完成的讽刺小说，也是法国最早的长篇小说。全书共分为五卷，通过讲述两个巨人即卡冈都亚和他儿子庞大固埃的故事，揭示法国社会的矛盾。第一卷讲述巨人国王卡冈都亚的出生以及成长经历，描述他在人文主义教育下全面发展，后来在修士的帮助下打败侵略者。第二卷则描述他儿子庞大固埃的出生与接受教育的故事，庞大固埃在巴黎求学碰到了巴汝奇，战胜了蒂普索德。第三卷则是关于巴汝奇的婚姻问题以及他们为此而四处游历的故事。第四和第五卷则继续描写他们的游历过程以及获得神瓶的艰辛。内容上取材自中世纪民间传说，采用象征主义手法，歌颂人的价值，肯定世俗社会。作品采用了讽刺的艺术手法，其中的三代巨人在近乎狂欢的气氛中追求知识、智慧、真理、正义，从而完善自身，反映了法国人文主义者追求真理的独特路径。小说中德廉美修道院可看做作者的人文主义理想国，而其创建者约翰修士则具有典型的人文主义思想：爱吃喝，爱看姑娘，想干什么就干什么，这与基督教的禁欲主义迥异。

拉伯雷

2. 蒙田与《蒙田随笔》

米歇尔·埃康·德·蒙田（1533—1592）出生于法国新贵族家庭，自小学习拉丁语，阅读古希腊罗马作品，后来担任过法院顾问、市长等，后辞官。他曾四处游历，后潜心写作，创作了三卷本的《蒙田随笔》，开创了"essay"这一新的文学形式。《蒙田随笔》描写作者自己的生活经历和思想观念。在三卷共107章的作品中，他坦白而诚实地探讨了不同主题，可归纳为他对于以下问题的认识：宗教与战争、教育、自身经历与性格、以人为本。文中他既反对封建迷信、巫术偏见，批判教会和古典权威，又提倡人文主义的教育思想。不过，作为文艺复兴后期作家，他深受怀疑主义思想的影响，认为绝对真理无法认识，人只可以探索部分真理。在他看来，人是渺小的，是"可悲又可鄙的生灵，甚至不能主宰自己"（《为雷蒙·塞邦辩护》）。因此，他的人文主义思想具有一定的复杂性和模糊性。

蒙田

（三）西班牙文学

西班牙的文艺复兴运动开始得较晚，这是由于西班牙国内长期存在民族矛盾——与摩尔人的斗争，同时，天主教势力庞大，与王权勾结。甚至到了16世纪初，其文学传统依然以骑士文学为主。其文艺复兴的繁盛时期为16世纪末17世纪初，主要体现在小说和戏剧两个方面。小说方面的代表作家为塞万提斯，戏剧则以洛伯·德·维加为代表。而小说的成就还体现在其新型文学体裁上——16世纪中叶出现了"流浪汉小说"，如最早出现的此类小说是《小癞子》。

米格尔·德·塞万提斯·萨维德拉（1547—1616），文艺复兴时期西班牙著名小说家、剧作家和诗人，出身于西班牙没落贵族家庭，一生命运坎坷，59岁才发表《堂·吉诃德》。该书

塞万提斯

是文学史上第一部现代小说，分成两部写就。小说中，没落贵族吉哈诺因沉醉于古代骑士小说的情节，将自己代入作品中，给自己取名堂·吉诃德。他相中了邻村的挤奶姑娘，于是找出一副破烂不堪的盔甲，再加上一匹瘦马，便像古代骑士一样身披盔甲、骑上“战马”踏上骑士为爱和正义奋斗的冒险之旅。第一次出行因受伤而失败。第二次他说服邻村农夫桑丘做侍从，继续当游侠。途中他将风车当做巨人，将羊群当做敌军，将苦刑犯当做受害骑士，将酒囊当做巨人头，闹出很多荒诞可笑的事情，被当做疯子装在笼子中送回家。第三次游侠经历中，桑丘当上了“总督”，堂·吉诃德为了实现其改革的理想，历尽磨难。临终前他最终醒悟，承认自己不是游侠骑士，并对代表封建时代特色的骑士小说深恶痛绝。因此，塞万提斯又被称为“骑士文学终结者”，而且他的人物刻画和读者视角具有现代散文的特质。

该作品通过堂·吉诃德的目光，再现了西班牙社会的全景，塑造了数百个不同职业、不同身份的人物，其人物刻画和读者视角对现代小说影响深刻。主角行为虽然荒唐，但是其精神是高尚的，其理想是正义的：消除社会罪恶，伸张正义。同时，他的思想也具备人文主义者的素质，如对于自由和平等的诠释。

（四）德国文学

德国的文艺复兴运动与宗教改革息息相关。在16世纪初，德国掀起了声势浩大的宗教改革运动，涌现了马丁·路德、伊拉斯谟、胡腾等著名文学家，他们对罗马教廷和天主教会口诛笔伐，揭露批判其贪婪腐败，具有浓厚的宗教色彩，代表作品有胡腾的《蒙昧者书简》(1517)、马丁·路德翻译的《圣经》等。

马丁·路德出身于农民家庭，但是接受过大学教育并受到了人文主义者的影响。后成为一名神学教授，专门研究《圣经》，并发现罗马教廷所宣扬“教义”的问题，决定还基督教精神的本来面目，所以开始着手翻译《圣经》。此前，《圣经》作为基督教的最高典籍，在德国只有拉丁文本，普通民众根本看不懂，而教会就成为代言人。路德将《圣经》翻译成德语，让信徒可以自己阅读从而了解教义规范自己的行为。他的译本无论是从宗教改革的角度还是语言文字发展的角度来看，都影响深远。为了传播自己的观点，他还将自己的观点印在传单上，散发出去，形成了一种“传单文学”。在这一实践中，他写了大量的政治散文，如《论基督徒的自由》等。文章气势磅礴，鼓舞人心。

马丁·路德

（五）英国文学

英国文艺复兴运动也与其国内形势息息相关。随着14、15世纪农奴制的瓦解和圈地运动的开展，英国资本主义发展迅猛。而随着英国在1588年击败西班牙舰队夺得海上霸权，其国力更是强盛一时。因此，英国人文主义文学可谓欧洲人文主义文学的巅峰，涌现了以乔叟、斯宾塞等为代表的诗人，以莎士比亚、马洛等为代表的剧作家，以托马斯·莫尔为代表的小说家，以培根为代表的散文家。

1. 乔叟与《坎特伯雷故事集》

杰弗雷·乔叟（约1343—1400）生于伦敦富裕酒商之家，做过王族侍童，参加过英法百年战争。他博览群书，多次前往法国与意大利，受到了意大利文艺复兴三杰的影响。他被誉为“英国诗人之父”，也被称为“英国现实主义文学的鼻祖”，主要作品有《特洛伊拉斯和克莱西斯》、《声誉之堂》和**《坎特伯雷故事集》**［图12］等。他的贡献包括：将中古英语中的部分方言变成了文学语言，以及采用了十音节双韵诗体——后来发展成“英雄双韵体”。《坎特伯雷故事集》被称为“英国社会生活的百科全书”，用伦敦方言写就，采用了大故事套小故事的框架式结构，这与《十日谈》类似，但不同的是，乔叟是用诗歌而非散文写了24个短篇故事。大故事即总序交代了背景：某个春天，一群朝圣者30余人住进了旅店，“我”和旅馆主人也加入了他们的朝圣之旅。为了排遣途中寂寞，大家采取了讲故事的形式。而小故事则是由朝圣队伍中不同身份的人物如僧侣、骑士、随从、律师、农民等来讲述，展现了14世纪英国社会的方方面面。故事大致分为传奇、虔诚、道德教育、滑稽故事、寓言等几类，其主题是主张自由恋爱，赞美幸福婚姻，肯定女权。他还揭露教会的虚伪嘴脸，烘托人性和人生之美。

2. 莎士比亚的诗歌与戏剧

威廉·莎士比亚（1564—1616），出生于富裕的小农场主之家，经历丰富，做过屠宰工、书童、律师的书记员、教师助手和家庭教师，并于1590年开始了写剧生涯。终其一生，莎士比亚共创作长诗2篇、十四行诗154首、戏剧37部，其中戏剧包括喜剧（12部）、悲剧（约11部）、历史剧（10部）和传奇剧（4部），被后世誉为“英国戏剧之父”，是欧洲文艺复兴的一座丰碑。

在莎士比亚的创作中，艺术成就最高的是悲剧。这些悲剧包括**《哈姆雷特》**［图13］、《奥赛罗》、《李尔王》、《麦克白》、《罗密欧和朱丽叶》、《雅典的泰门》、《特洛伊罗斯与克瑞西达》、《泰特斯·安德罗尼克斯》、《裘力斯·凯撒》、《安东尼与克莉奥佩特拉》以及《科利奥兰纳斯》等。其中《哈姆雷特》《奥赛罗》《李尔王》和《麦克白》又被称为“四大悲剧”，《哈姆雷特》则是莎士比亚悲剧创作的最高成就。

莎士比亚悲剧中的主人公基本上为贵族或者王族，如麦克白和李尔是国王，哈姆雷特是王子，奥赛罗是大将，罗密欧与朱丽叶也出身名门望族等。而最后的解决都是以这些贵族或者帝王之死终结，他们的毁灭更令人震撼。从中，读者可以发现理想与现实的冲突决裂，如哈姆雷特所受到的人文主义教育在现实中却遭遇到了人性的卑劣与自私，在与权势、私欲的斗争中，这些人文主义者开始怀疑一切，满腔希望与理想化为绝望与毁灭。通过刻画这些悲剧人物，作者展示了人文主义理想与社会罪恶、残酷现实、人性中的利己主义等之间的矛盾。用悲剧表述人文主义思想的发展以及其间受到的各种阻力，体现了新旧交替时人文主义理想与社会现实之间的种种矛盾，体现了作者对于人的更深层次的思索与反省。

三、人文主义时期文学的特点

由上，文艺复兴时期文学作品的特点可归纳如下。

第一，文学主题上，反教会反封建，反社会黑暗，反对禁欲主义和来世观念。相较于前面中世纪文学通常描述来世生活，此时的文学主题肯定现世生活和享乐，认为追求幸福与自由快乐是人的天性与权利。

第二，文学形象上，摆脱了中世纪时期以歌颂神为主的创作传统，转而直接描述现实生活中的世俗人物。人文主义作家们将现实生活场景中的一幕幕写进了作品中，描绘出各种性格丰满的形象，如阴险的君王、忧郁的青年、滑稽的骑士、机智的少女等，开始关注小人物的命运。

第三，文学语言上，由于此时欧洲各国建立中央集权的君主政体，人们的民族情怀和意识高涨。该时期文学具有民族性，创作者们多使用方言或者民族语言，如法国巴黎周边的语言、德意志的高地德语、英国的伦敦语等进行创作。如法兰西的“七星诗社”提出了建立统一的民族语言的主张，马丁·路德为德意志民族语言的统一和规范也做出了贡献。各国都形成了用民族语言创作的民族文学传统。

第四，文学形式上，出现了新的文学形式，如随笔。某些文学形式如十四行诗、框架式短篇小说等在这段时间取得了辉煌的成就。原有的体裁如抒情诗、戏剧等得以发展成熟，比如悲剧与戏剧的界限被打破、世俗生活与人物进入了作品等。

第五，文学表现方式上，出现了更自由灵活的创作方法，摒弃了中世纪教会文学的晦涩风格，如象征、梦幻等，转而采用现实主义的创作手法，以便形象地塑造社会生活的方方面面。

文艺复兴时期文学就像一棵枝繁叶茂的大树，以古希腊罗马文化和希伯来文化为养分，发掘个性，推崇博爱，从而结出了累累硕果，并成为欧洲近代文学的开端。到 17 世纪初，这场历经约 300 年的文艺复兴运动才到尾声。文艺复兴运动击溃了中世纪神学的枷锁，解放了人们的创造力，反映了新兴阶级乐观向上的精神面貌，出现了一批文化巨人，产生了无数的文学精品，一改西方文学的落后面貌，揭开了欧洲近代文学的序幕。

第四节
狂飙突进的启蒙运动时期文学

【本节关键词】

启蒙运动　理性主义　启蒙思想家　启蒙主义文学

18 世纪是继 17 世纪之后欧洲各国资产阶级和广大人民反封建制度的斗争空前激烈的时

期。推翻封建制度已成为时代的要求，爆发大规模资产阶级革命已成为历史的必然，代表是1789年爆发的欧洲资本主义制度与封建制度之间的大决战——法国大革命。当时，法国虽然仍是一个封建专制的国家，但资产阶级已成熟壮大，进行彻底革命的时机日益成熟，法国也在这一时期取代英国成为欧洲文化中心。历来每次大革命之前，一个思想准备阶段往往是必不可少的。大革命爆发之前，在法国就掀起了一场轰轰烈烈的思想解放运动——**启蒙运动**［图14］。这是18世纪资产阶级斗争的先导，也是继文艺复兴之后欧洲爆发的第二次声势浩大的反封建、反教会的思想解放运动，带来了欧洲近代史上的第二次文化高潮。但它的意义远远超出了文化领域，成为一场更为广泛和深入的反封建、反教会的政治运动。启蒙运动主要以哲学、政治思想、文学、历史和艺术等形式表现出来，用当时先进的资产阶级思想武装了民众，为即将到来的法国大革命做了充分的思想和舆论准备，故被称为“启蒙运动”。

一、启蒙运动的历史背景

正如历史上其他的思想解放运动一样，启蒙运动的发生、发展也是具有其深刻的政治、经济和思想根源的。

（一）18世纪初的法国的政治和经济

正处于封建社会崩溃时期的18世纪的法国，封建制度的腐朽及由此引起的各种社会矛盾完全显露出来。特别是在路易十四和路易十五统治时期，封建统治者专横跋扈、纵情淫欲、挥霍无度，人民生活在水深火热之中。当时的法国社会存在着严重的等级制度，分为教士、贵族和平民三个等级。只占全国2 500万人口1%的前两个等级，却控制着国家大部分的土地，把持着国家政权，享有种种特权。而由资产阶级、城市平民和广大农民组成的第三等级的平民，不仅要负担各种苛捐杂税，而且在政治上也没有丝毫的权利可言。故第三等级与一、二等级之间的矛盾日益尖锐。

18世纪的法国仍然是封建的农业国，但当时资本主义经济已经得到了相当程度的发展。许多资本主义性质的手工工场在城市中已经出现，尤其以纺织、冶炼、采矿、造船等行业资本主义经济的发展最为迅速。随着资本主义工商业的发展，新兴的资产阶级力量成长并迅速壮大，迫切需要扫除各种障碍，进一步发展资本主义经济。而当时仍处在封建专制统治下的法国，资本主义经济的发展受到了严重制约，资产阶级的发展受到了封建专制的种种束缚和限制。比如，国内关卡林立，据统计，光是南部运往巴黎的商品沿途就要征收多达14次关税，更别提新技术的应用和新产品的开发。资产阶级只有纳税的义务，却没有任何政治权利，必然要求推翻封建制度，自由地发展资本主义。在反封建、反教会这一点上，资产阶级与城市平民和广大农民的要求是一致的。而启蒙运动就正是资产阶级反封建、反教会的政治斗争在思想意识形态领域的反映。

（二）启蒙运动的思想渊源

启蒙运动继承了文艺复兴以来，特别是17世纪英国资产阶级革命以来的光荣传统，把反封建、反教会的思想解放运动又推进到了一个新的、更高的阶段。如果说 16 世纪是文学和艺术复兴的时代，为宗教改革营造了一种浓郁的信仰主义氛围，那么 17 世纪则是哲学和科学兴盛的时代，代表一种清新的理性主义精神。17 世纪理性主义的生长表现为一种普遍的怀疑精神和经验立场，前者代表那个时代哲学家和科学家的基本原则，后者则是他们共同的出发点。长期以来，基督教的信条或经院哲学的教条都是建立在超理性的信仰和形式主义推理之上的，理性主义与此背道而驰，近代哲学和科学却把经验（包括外在经验和内在经验）作为其出发点。基于经验观察，实验的方法被确立为最基本的研究方法，理性则被当作判断一切真假正误的唯一标准。从世俗社会层面来看，各国统治者出于加强国力和增长财富的考虑，也普遍对科学持有赞许的态度。于是，17 世纪科学领域中所取得的成就可谓琳琅满目，人类的视野在宏观和微观两个方面都得到了极大的拓展。

当 17、18 世纪的知识分子们通过各种科学研究和哲学批判来进行理性的启蒙时，一般社会民众却也通过文学艺术等感性形式的教化实现了观念变革。17 世纪教育的发展和印刷术的普及，使大量的通俗文学作品进入了平民百姓的阅读视野。当时的文学艺术，无论是古典主义悲剧还是巴洛克艺术，都充满了对人间生活和人性力量的赞美，明显地继承了文艺复兴时期的人文主义风格，为一般民众所喜闻乐见。同时，科学理性给西方社会带来了两个重要信念，即自然秩序和天赋人权观念。自然科学的发现使人类开始重新考虑自己在宇宙中的地位。哥白尼的“日心说”动摇了人在宇宙中的中心地位。但科学的力量又使人在自然界面前变得日益强大，增强了人类的优越感。自然秩序和天赋观念这两种信念的结合，带来人性的觉醒，使人类确立起对进步和幸福的信心。

自然神论 17 世纪源于英国，是普遍流传于西欧各国知识分子中间的一种理性信仰，它并不反对基督教的上帝和耶稣，但是却对上帝的本质和耶稣的寓意进行了合乎理性的解释，是理性在近代开始要求自己的独立权利时披着的一件宗教形式的外衣。17 世纪的自然科学尤其是牛顿的机械论世界观与自然神论之间有着密切的联系。古典主义可以看作是继意大利文艺复兴运动之后对优美的希腊罗马文化的第二次复兴高潮，它所推崇的一些基本原则，都是对希腊罗马时代的古典文化风格的一种理想化的阐释和发挥。古典主义者大力崇尚理性原则、讲究人性尊严的文化精神，无疑是对中世纪推崇信仰主义、强调神性尊严的文化传统的坚决反叛，孕育了近代的启蒙思潮。

此外，启蒙运动还深受中国古代文化，特别是儒家文化的影响。从 16 世纪开始，西方的许多传教士就来到中国，在中国从事传教活动，同时也不可避免地又通过著述、翻译等方式，将中国的许多优秀文化遗产介绍到西方。于是，在西方，特别是 18 世纪初的法国掀起了一股东方文化热。西方的许多启蒙思想家曾研究过中国古代文化，特别是儒家文化。儒家文化就本质上来说是世俗文化，其中实行仁政、崇尚伦理道德、君主纳谏、选贤任能、科举考试选拔人才等主张，都具有许多不同于欧洲中世纪基督教文化的特征。中国的儒家文化中还有大量的无神论思想，都与基督教神学所宣扬的神权统治理论背道而驰，从而成为他们能够吸取大量养料的反封建、反教会的思想武器。但应该看到的是，启蒙思想家们并不是照搬中国文化，而是根据自己的需要加以取舍，为了达到利用的目的，他们甚至不惜按自己的理解歪曲中国古代文化，使之为资产阶级政治服务。

启蒙运动就是在这样的政治、经济和思想文化背景下发生和发展起来的，成了几乎贯穿整个 18 世纪的一场有广泛群众基础的波澜壮阔的思想解放运动。与文艺复兴比较，启蒙运动有如下特点：首先，斗争的程度不同。文艺复兴并不反对整个教会和整个封建制度，仅仅针对教会和封建制度的个别腐朽现象。启蒙运动则把矛头对准了整个教会和封建制度。他们公开提出彻底推翻教会和封建专制，建立资产阶级共和国，并提出天赋人权、主权在民、自由平等博爱、三权分立等主张。其次，斗争的思想武器不同。文艺复兴的思想武器是“人文主义”，而启蒙运动的思想武器则是“理性主义”。“理性”这一口号在启蒙运动时期，在反封建、反教会的斗争中起到了重要的作用。启蒙思想家们认为，理性应作为衡量一切的尺度，而宗教和封建制度都是违背自然、违反人性的，都应归于非理性，所以缺乏存在的理由和依据，应该予以推翻和取缔。

（三）18 世纪的法国启蒙运动

18 世纪的法国虽然在社交礼仪和文学艺术方面引领着欧洲的新潮流，但是在宗教信仰方面却极其保守顽固。在这种情况下，18 世纪法国启蒙运动必然要把矛头首先对准封建专制制度和它的精神支柱——天主教会势力。启蒙思想家提倡用理性而非外界权威来判断一切事物，揭开了笼罩在基督教信仰之上的神圣光环，断定基督教乃至一切宗教都是欺骗和愚昧的结果。启蒙运动是法国大革命的前夜，它在政治上、思想上和理论上为西方后来的经济社会高速发展奠定了坚实的基础，对整个西方近代文明产生了深远的、关键的影响，最终使法国走进现代文明发达国家行列。

声势浩大的法国启蒙运动一经兴起，就具有鲜明的特点。

首先，虽然各个启蒙思想家之间存在着具体的分歧和争论，但在反对封建专制统治与反动的教权势力上，他们的锋芒指向十分明确，即反对王权、神权和特权，努力改变旧制度，建立新体制。他们利用各自研究的领域，积极宣传“理性”与科学，高唱“理性”的赞歌，向往“理性的王国”，提倡用理性作为衡量一切的唯一尺度，始终把主攻目标对准封建专制与天主教会。他们还强调只有科学才能使人正确认识自然，破除宗教迷信，彻底消灭旧制度，实现美好的自由、平等、民主的新社会。

其次，启蒙思想家思想一致。他们都有着基本相同的哲学理论——将怀疑论、自然神论和无神论作为指导思想。虽然哲学家在启蒙思想家中只占少数（他们大多为自然科学家、历史学家、经济学家和文学家），但他们的思想和理论却在启蒙运动中起到了主导作用，几乎所有的启蒙思想家都奉行大体一致的哲学信仰，作为在启蒙运动的不同发展阶段中批判宗教神学的有力武器：怀疑论是启蒙运动准备阶段的思想先导，自然神论则是启蒙运动发展阶段的思想武器，而无神论则把启蒙运动推向更高的成熟阶段。正是在这种哲学思想的指导下，启蒙运动才能经久不衰，具有强大的生命力。

最后，启蒙思想家都直面现实、善于思考、发动群众、行动坚决。他们深入社会进行观察，对封建社会的种种弊端进行独立思考并展开无情抨击，提出了理想社会的宏伟蓝图，并以实现之为己任。他们以人民自居，除了出版专门的学术、理论著作外，还出版了普及性的通俗读物，而且运用小说、戏剧、诗歌等文艺作品让更多的下层群众了解新观念，帮助群众改变旧观念，接受新思想。这些思想家，往往不畏强暴，常常冒着上断头台、坐牢和被流放的种种危险。

启蒙运动虽然有种种共同的特点，但在具体如何改变封建制度上，却存在着不同程度的差别，反映出各派思想家的不同政治主张。

二、启蒙主义思想家的学说

文艺复兴运动使西方社会摆脱了封建教会的统治，并且产生了早期资产阶级思想的萌芽。但人文主义精神主要是一种向希腊人文精神的回归号召，在文艺复兴的人文主义思潮中，西方还没有产生一种新的精神能够取代它。文艺复兴之后，封建君主专制仍然是欧洲主要的政治形式，直到启蒙主义兴起，才出现了资本主义早期思想。但这种基督教清教徒的“宗教伦理”只是一种宗教伦理，无论其性质还是作用，都不可能左右整个社会生产与人类生活的发展。新的社会形态的建立，仅有宗教的伦理还不够，还要有与其经济和科学技术发展相适应的思想体系。这个思想体系就是18世纪启蒙主义思想体系。

在启蒙主义思想的推动之下，形成了全欧洲的启蒙主义运动，而启蒙主义思想家则在这场盛况空前的思想解放运动中扮演了重要的角色。他们是欧洲历史上最大的思想家群体之一，其杰出代表人物包括伏尔泰、卢梭、孟德斯鸠、亚当·斯密、康德等。他们的学说虽然各自不同，但主要观念却是一致的，都提倡理性精神、科学方法、民主制度等。从思想观念上说，他们认为人类可以掌握世界，人可以为自然立法，人类社会是发展和进步的，而不是循环与重复的；他们的精神主体是批判性的，也就是对宗教与封建专制的批判。从方法论上说，启蒙主义以实证主义与形而上学相结合，以批判和建立相结合。启蒙主义者所处的时代是一个批判的时代，一切事物都无法逃脱这种批判，无论宗教还是西方文化的旧传统都无法逃脱这种受批判的命运。但同时，启蒙主义思想家也建立起对未来社会及文化的规划，被人称为“启蒙规划”，有破有立，更表现出启蒙主义是一种比较全面的思想体系。从经济领域来说，启蒙思想家亚当·斯密为现代经济奠定了理论基础，成为真正的资本主义经济理论鼻祖。他指出，人类行为的中心是自我利益，如果社会经济活动的原则是以自身的利益为准绳，这种活动就有了坚实的基础。他还指出资本最大的秘密是对利润的追求。他把前人的论述加以系统化，构成了一个有机的体系，成为启蒙主义的社会经济的大纲。在社会制度方面，启蒙主义思想家卢梭和孟德斯鸠等人对西方有重要影响。卢梭主张的民主政治和社会契约论都对现代西方哲学思想有开拓性贡献。孟德斯鸠所提出的三权分立思想已经成为现代西方国家体制与政治体制建立的基本原则。

（一）法国伟大启蒙主义思想家和法学家孟德斯鸠

孟德斯鸠（1689—1755）是启蒙运动的主将之一，是近代资产阶级“国家”与“法学理论”的奠基人。他出生于法国南部波尔多的一个贵族世家，年轻时曾担任过律师和波尔多地方法院的庭长，后来曾经周游欧洲各国。他曾在英国逗留两年，受到洛克等人的深入影响，对资产阶级革命之后的君主立宪制进行了详尽考察，对他以后提出进步的政治思想有重大的影响。孟德斯鸠知识渊博，对政治、经济、法律、历史、文学等诸多方面都有较深的造诣。代表作主要有《论法的精神》《波斯人信札》《罗马盛衰原因论》等。

《论法的精神》是孟德斯鸠耗尽毕生精力写成的一部巨著，堪称资产阶级“国家与政治学说”的奠基之作，是他为未来的资本主义政治制度所设计的宏伟蓝图。《波斯人信札》是孟德斯鸠早年的一部文学作品，由160封书信组成。内容是作者虚构的两位波斯贵族，他们周游欧洲各地之后，在法国巴黎将自己的所见所闻写成书信寄回波斯国内。孟德斯鸠借波斯人之口，尖锐地抨击了路易十四的残暴专制统治，揭露了巴黎社会种种丑恶的社会现象；他还对基督教会作了无情的批评，斥责教皇专横荒淫、僧侣们贪婪无度。他甚至对《圣经》提出了怀疑和批判。

（二）法国18世纪最有声望的作家伏尔泰

伏尔泰（1694—1778）是启蒙运动的另一位泰斗，也是一位多才多艺的作家，他的著作涉及文学、哲学、史学、政治学等。伏尔泰出生于巴黎一个公证人家庭，原名叫弗朗索瓦-马利·阿鲁埃，伏尔泰是他的笔名。伏尔泰自幼聪明过人，有“神童”之称，3岁时就能背诵法国作家拉·封丹的寓言诗。16岁的伏尔泰从中学毕业后，就立志要当一名“伟大的诗人”。后因诗作讽刺封建权贵，触怒了当权者，数度被捕入狱，并被驱逐出境。

在宗教上，伏尔泰的思想是最为光辉、最为激进的。他对天主教进行了猛烈的抨击。他指责教会是“罪恶的根源”、教会的历史是“一连串胡作非为，抢劫谋杀的历史”、教皇是“两足禽兽”等。最能体现伏尔泰政治思想的作品是《哲学书简》（又称《英国书简》）和《哲学辞典》。他反对封建专制制度，反对特权等级，认为人人都应该享有言论、出版和信仰的自由。伏尔泰以文学作为启迪民智、反对封建制度和封建愚昧主义的思想武器。他创作了50多个剧本，其中有20多部悲剧。他师从高乃依和拉辛，遵奉“三一律”，也受到莎士比亚的影响。其剧本多以批判封建专制政体、反对封建贵族和教会为宗旨。著名的悲剧有《俄狄浦斯王》《布鲁特》《穆罕默德》《梅罗珀》，喜剧有《放荡的儿子》《纳尼娜》等。作为诗人，他享有“史诗诗人”的盛名。主要作品有史诗《亨利亚特》、叙事长诗《奥尔良的少女》等。另外，他继承了拉伯雷的幽默讽刺传统，用诙谐的语言来叙述荒诞不经的故事，用以讽刺现实和阐明寓意深刻的哲理，开创了一种新的文学体裁——哲理小说。比较著名的哲理小说有《查第格》《老实人》和《天真汉》，这些作品深刻揭露和控诉了万恶的封建统治和教会。

（三）启蒙主义小资产阶级民主派的思想家卢梭

卢梭（Jean-Jacques Rousseau，1712—1778）是启蒙运动的另一位主将，与同时代的其他思想家相比，他的政治思想更为激进，影响也更为深远。卢梭生于日内瓦一个法裔钟表匠家庭。他的创作活动大多数是在法国完成的。最初主要从事戏剧创作和文艺评论，后来结识了狄德罗，受其影响，开始从事社会政治问题的研究。其代表著作包括：关于社会政治问题的《论人类不平等的起源和基础》《社会契约论》、小说《爱弥儿》、自传体文学名著《忏悔录》等。

卢梭

《忏悔录》全书分为两部，共12章。主要内容是通过卢梭自己的坎坷一生反映社会对人的某种残害和压迫。在作品中，卢梭讲述自己“本性善良”，古代历史人物又给了他崇高的思想，但是他孩童时代的遭遇、入世后社会对他的虐待、他耳闻目睹的种种黑暗与不平、社会环境的恶浊以及人与人之间关系的不平等，使他受到了侵染和损害。他在作品中还指出社会存在着“强权即公理”的不平等现象。在这部被称为“文学史上的奇书”的著作中，卢梭把自己作为人的标本来剖析，他把自己的灵魂真诚地、赤裸地呈现给读者，其坦率程度是史无前例的。由于作品中所体现出的个性自由的精神，该作品被视为19世纪浪漫主义文学的先兆。

（四）德国文学史上的泰斗歌德

约翰·沃尔夫冈·冯·歌德（Johann Wolfgang von Goethe，1749—1832）是18世纪后期和19世纪初期德国启蒙运动的主要代表作家，也是德国最伟大的民族诗人、德国文学史上的泰斗。他写下了大量优秀的诗歌、戏剧和小说，继承和发展了德国文学的成果，把德国文学推向了一个前所未有的高峰，为后世德国文学的进一步发展乃至整个欧洲文学的发展作出了巨大的贡献。

歌德

歌德出生于美因河畔法兰克福一个富裕的市民家庭。父亲是一位不得志的法学博士。母亲是法兰克福市长的女儿，一位典型的贤妻良母，富于幻想，爱好文学，常给歌德讲神奇优美的童话故事，是歌德的启蒙老师。1765年，16岁的歌德遵父命入莱比锡大学学习法律，不久转向学习和研究文学、艺术和自然科学。他1770年进入斯特拉斯堡大学继续学习法律，次年获得法学博士学位。斯特拉斯堡是德国“狂飙突进”运动的策源地，歌德在这里接受了大量的进步思想，对他影响最大的是“狂飙突进”运动的领袖和理论家赫尔德。歌德向赫尔德学习民间文学方面的问题并从事民歌的收集工作，从而使他摆脱了宫廷文学的影响。歌德在斯特拉斯堡大学求学期间还深受法国启蒙思想家伏尔泰、卢梭等人的影响，为他投身“狂飙突进”运动做了思想准备。这期间歌德同一位牧师的女儿弗里德里克·布里翁彼此相爱，为此创作了优美的抒情诗，这些作品有《相逢与离别》《五月之歌》《野玫瑰》和《湖上》等。这些诗歌风格清新、感情真挚、语言生动、节奏鲜明，富有浓郁的生活气息，开创了德国诗歌的黄金时代。

1771年，歌德从斯特拉斯堡大学毕业，获得了法学博士学位，在法兰克福任律师，但他把主要精力用在文学创作上。在1772年至1775年之间，他完成了一系列重要作品，有历史剧《葛兹·冯·伯利欣根》(1773)、书信体小说《少年维特之烦恼》(1774)、长诗《普罗米修斯》(未完成)、诗剧《浮士德》初稿等。这些作品表现了作者对封建社会的不满和反抗，体现了“狂飙突进”运动的反叛精神。尤其是《少年维特之烦恼》出版后，在国内外引起强烈的反响，致使他声名大噪。《少年维特之烦恼》是他“狂飙突进”时期最重要的作品，取材于现实生活。主人公维特是当时德国进步青年的代表，出身市民阶级，才思敏捷、渴望自由，希望施展自己的才能，对社会有所贡献。然而他高傲的人格和独立的见解为当时社会所不容。一个偶然的机会，他爱上了一个名叫绿蒂的纯朴少女，但她已经订婚，经过激烈的思想斗争，他离开了绿蒂。他被迫回到令他憎恶的社会后，最终失去了生活的勇气而轻生自杀。维特自我毁灭是他为社会所不容的必然结果，也是他对那个令人窒息的社会进行的消极反抗。歌德通过这个叛逆者与周围环境之间的矛盾，对当时德国的丑恶现实进行了深刻的批判。

从 1794 年起，歌德同席勒交往，密切合作，促进了德国古典文学的发展和繁荣，也给他自己带来“一个新的春天”。两人共同写了 400 多首警句诗《赠辞》，讥笑了当时德国社会上的市侩作风，对文坛鄙陋、庸俗的现实进行了无情的批评。随后他们两人又竞赛似的合写了一系列的叙事谣曲，写出了《掘宝者》《神和舞伎》等一批优美歌谣。同时他们两人也都各自写出了许多重要的作品。歌德的长篇小说《威廉·迈斯特的学习时代》（1795—1796）、叙事诗《赫尔曼与窦绿苔》（1797）、诗剧**《浮士德》**［图 15］的第一部就是在这一时期完成的。这是歌德一生中又一个新的创作丰收期。

歌德晚年过着隐居生活，孜孜不倦地进行创作。他晚年还对中国文学怀有浓厚兴趣，阅读了《好逑传》《玉娇梨》《花笺记》等中国小说和诗歌的译本，大为赞赏，甚至在 1827 年模仿中国诗歌的风格，写了 14 首题名为《中德四季晨昏杂咏》的抒情诗。这种东西文化交流大大拓宽了歌德的文学视野，使他成功预见到“世界文学”的即将形成，因此他提出了“世界文学的时代已快来临”的著名观点，对后世的世界文学发展和比较文学研究而言意义深远。在歌德生命旅程的最后几年，他终于完成了历时数十年之久的两部名著：《威廉·迈斯特》和《浮士德》。前者用了 50 年，后者用了 60 年。诗剧《浮士德》是歌德的代表作，是他一生艺术创造的结晶。这部杰作与《荷马史诗》、但丁的《神曲》、莎士比亚的《哈姆雷特》并列为欧洲古典文学四大名著，在世界文学史上享有崇高的地位。《浮士德》分两部，共计 12 110 行。歌德从斯特拉斯堡大学时代开始构思，到临终前不久才完成，几乎用了他毕生的心血。歌德把它视为自己一生的“重要事业”。《浮士德》取材于德国 16 世纪民间传说。浮士德原型本来是一个追求世俗享受、把自己的灵魂出卖给魔鬼的术士，但歌德在作品中把他塑造成一个富有进取精神的德国先进知识分子形象，讲述了他一生经历的书斋生活、爱情悲剧、政治活动、美的追求和改造大自然等五个阶段。长篇小说《威廉·迈斯特》是歌德一生创作中地位仅次于《浮士德》的重要作品。它是德国文学史上第一部教育小说。全书分为《学习时代》（1795—1796）和《漫游时代》（1829）两卷。小说下卷《漫游时代》主要表现了歌德乌托邦的社会理想和教育主张。书中他强调人人平等，不分贵贱，每个人都需要具备劳动精神，为集体福利而劳动。在教育方面则要求理论与实践相结合，培养一专多能的人才。然而，下卷不仅艺术成就不及上卷，而且他所说的乌托邦理想实际上就是回避资产阶级革命、调和阶级矛盾的产物。歌德这种创作上的局限性，正好反映出他思想上充满着矛盾。尽管这样，也丝毫不会减少歌德对世界文学的巨大影响。

三、启蒙主义文学的基本特征

启蒙主义文学是近代欧洲文艺复兴、人文主义文学、古典主义文学之后另一种重要的资产阶级文学。它在推翻封建统治、建立资本主义社会的斗争中起了重大的历史作用。它具有如下特征：启蒙主义文学继承和发展了文艺复兴时期文学的现实主义传统，通过典雅的现实生活细节来表现社会关系和刻画人物形象。启蒙主义文学是启蒙运动的一个重要组成部分，而且有些启蒙文学的作者就是启蒙运动的思想家和社会活动家，他们把文学作为抨击封建制度和宣传革命理想的思想武器，因而启蒙文学不可避免地具有鲜明的倾向性和战斗性。启蒙主义文学扩大了文学艺术的范围，创立了新的文学形式。为适应斗争的需要，启蒙作家摒弃了古典主义的清规戒律，创造了一些新的文学形式，如哲理小说、正剧、游记体讽刺小说、书信体小说等等。最后，在艺术上，启蒙文学注意选用了人民群众的语言和通俗的形式。较之文艺复兴时期的作品，启蒙主义文学带有更多的哲理性和分析性。

第五节 浪漫与现实：工业化时代的西方文学

【本节关键词】

工业革命　浪漫主义　现实主义

一、工业文明时代与三次工业革命

工业文明是现代社会中具有代表性的社会生产形态，更准确地说是现代文明的代表。世界工业化的历史大致可以分为三个阶段，被称为三次工业革命。第一次工业革命的时间是从 1769 年开始，这一年英国的阿克莱特水力纺纱机的发明，标志着英国工业革命开始，以 19 世纪 30—40 年代机械工业的出现为结束。

从 19 世纪 60 年代起，新的一轮工业化热潮再度席卷世界，被称为“第二次工业革命”，也有人称之为“电力时代”或“钢铁时代”。这两种称呼一个是从动力角度，一个是从生产材料角度来看待这一时代的。从动力角度看，电力取代了蒸汽机成为时代的主要能源与动力，即从“蒸汽机时代”向电力时代进步。从生产材料与工业生产主要品种看，钢铁工业取代了棉纺等工业，从“棉花时代”向“钢铁时代”前进，生产力与生产资料获得明显进步。在社会政治领域里，从自由资本主义国家向垄断资本主义国家转化，新的世界帝国开始形成。

第二次世界大战后，世界科学技术与经济发展出现新的态势。20 世纪 40 年代末期开始了“第三次技术革命”，也被称为第三次工业革命。与以往的工业或产业不同，这是一次综合性的科学技术的全面飞跃。它所代表的不仅仅是科学发明应用于工农业生产的实践，更重要的是，它既是科学革命也是产业革命，在这场革命中，科学首次真正成为社会生产发展的主要推动力。先是美国，然后是西欧国家与日本、苏联等国家中的核能源、电子技术与空间技术等高科技取得突破性进展，这些科学技术成果反过来对国家经济起了巨大的推动作用。人类社会生活实现了质的飞跃，家庭与社会生活开始走向现代化，各种家用电器取代了人工服务，即使是发展中国家，其物质性消费也迅速增长，交通运输日益发达，出行更加方便。最重要的是体现着人的精神的现代化，人的心理状态与价值观念不断革新，保持优秀传统与追求新生事物相结合，以科学精神对待生活。

二、工业革命时代的浪漫主义情怀

浪漫主义作为一种文艺思潮风行于十八九世纪，当时正值工业革命开展得如火如荼之时。工业革命不仅带来了生产技术上的革命，同时带来了社会性质的变革，财富的生成方式也发生了质的改变。于是，人们一边享受工业革命所带来的胜利果实，一边看到了资本主义性质的社会给人们带来的残酷现实。面对理想与现实的巨大差别，亲眼看见工人阶级所受到的残酷压榨，于是这个时期的英国作家有的远离世俗、用浪漫的手法描写自然风光，有的用浪漫的手法来映射社会，于是，英国浪漫主义文学产生了“积极”浪漫主义文学和“消极”浪漫主义文学之分。同处在欧洲工业革命轰轰烈烈的展开和法国大革命爆发及失败这两个大背景下，“消极”浪漫主义者变得有些迷茫，对世界失去信心，在作品中表达出一种失落感。而“积极”浪漫主义者看到的是工业革命的胜利带动了唯物主义的繁荣，同时他们也看到了在这场变革中工人所遭受的压迫，所以更多地提出自由、平等的口号而没有像“消极”浪漫主义者那样置身事外。

工业革命以后，新兴的资产阶级思想与陈旧的封建意识在思想领域发生猛烈碰撞，同时大革命提倡的“自由、平等、博爱”，又推动了人们个性解放和感情抒发的需求，于是，人们在资本主义的物欲横流中对权力与财富的理想图景充满了憧憬，但现实却又不免让他们悲观失望，让他们不得不发出人生虚幻、命运坎坷的感叹，并陷入失望、苦闷和极度迷茫之中。在这种背景下，“消极”浪漫主义文学作家便选择偏重于自然风光的描写，宣扬“回归自然”，把自然当作一种神秘精神力量或理想境界的象征，和资本主义文明与现实划清界限。于是，他们的作品中饱含对大自然怀有的深厚感情和对工业化之后产生种种痼疾的城市的极度厌恶。他们认为大自然能够启迪人性中博爱的情感，融入大自然可以使人找到真正的价值。尽管这些作家时不时流露出伤感甚至病态的情绪，但这种伤感与病态并不是反动的，也并不是一无是处的，它们是作者对现实无奈和失望之后产生的对美好事物的憧憬。“消极”浪漫主义的文学家笔法细腻，诗句娓娓动听，都是具有极高的鉴赏价值的。比如，当时著名的诗人彭斯所著的《苏格兰方言诗集》，就从民歌中吸收了养料，风格清新刚健、语言通俗、音调响亮，歌颂了农民的淳朴、勤劳、善良，成为“消极”浪漫主义文学的代表之作。又如，布莱克的**《天真之歌》和《经验之歌》**[图 16]充满了对生活和革命的热情。前者以“羔羊”为典型，书写出了一个温柔仁爱的理想世界；而后者以老虎为典型，表达了对黑暗社会现实的强烈不满。

与“消极”浪漫主义不同，“积极”浪漫主义文学的思想和文字与当时的历史发展趋势相吻合。“积极”浪漫主义文学所宣扬的战斗意识和政治倾向是与时俱进的。“积极”浪漫主义文学者宣扬了工业革命后不断渗透的资产阶级思想，同时也抨击了工业革命所表现出来的种种弊端。他们从民主主义立场抑或从留恋旧制度的立场出发，以人道主义为武器，抨击封建制度或资本主义的罪恶现象。“积极”浪漫主义文学身负沉重历史责任，将强烈的抒情与鲜明的政治倾向相结合，将讽刺应用到了前所未有的极致。“积极”浪漫主义文学者们具有崇高伟大的精神，向往着壮丽的事业，却因黑暗的时代而窒息。他们文章中的巨浪、高山、雄鹰、瀑布、雷雨等象征了他们粗犷的力量和不羁的狂放。“积极”浪漫主义文学代表人物雪莱的长诗《伊斯兰的起义》是一部混合着神话幻想和现实的魔幻现实主义的杰作，描写了革命与专制的大搏斗。序曲中蛇与鹰的搏斗象征着自由与专制、善与恶的斗争，结果两败俱伤。一个象征自然与爱的精灵的少女，将象征自由的蛇救起并治好他的伤，使他能重上战场。“积极”浪漫主义文学作家中，拜伦的成就最高，他作为浪漫主义的一代宗师，创作了大量抒怀诗、驳论诗、讽刺诗、故事诗、诗剧和长篇叙事诗等，将英国浪漫文学推向了顶峰，也对世界的文学发展影响深远。

作为当时时代精神与社会现实的写照，19 世纪英国浪漫主义文学生动地展现了当时社会各个阶层的现实生活，它随着资产阶级的民主运动兴起而兴起，到 19 世纪 30 年代，又随着资产阶级革命运动的衰落而走向谷底。浪漫主义思潮紧随时代变革而发展，并达到高潮，为后世留下了宝贵的非物质文化遗产。它从民间传说故事等形式中提取大量生动的素材，在很大程度上丰富了文学艺术形式的表现手法，也为后来的现代主义文学题材奠定了基础。

三、工业革命时代的现实主义文学

19 世纪现实主义文学是随着近代城市发展、市民阶层兴起和针对古典主义的贵族艺术而出现的一种“普通人”艺术，它产生在资本主义确立和发展时期，是城市文明的产物。它的一个突出特点就是对城市生活现象与心理的描绘。城市文明是由工业化带来的，现实主义的产生深受工业化的影响，现实主义就不可避免地打上了工业化时代的烙印。“现实主义”，又称为“写实主义”，是文学的基本创作方法之一，侧重如实地反映现实生活，客观性较强。它提倡客观地、冷静地观察现实生活，按照生活的本来样式精确细腻地加以描写，力求真实地再现典型环境中的典型人物。福楼拜的小说《包法利夫人》（1857），被看作是第一部现实主义小说，福楼拜被奉为现实主义大师。

福楼拜

工业化带来的后果，对现实主义作家产生了很大的影响，在作品中如实地反映这些现象就成了现实主义文学的主要表现内容。比如，巴尔扎克终生为债务所迫成就了他的《人间喜剧》，其中描写出法国社会的各种贪欲。狄更斯从小当过童工的穷苦经历，就为他描写城市下层人的贫困和悲惨生活提供了宝贵的素材。左拉的作品反映了法国工人的生活。哈代表现了英国宗法制社会在工业化过程中的衰落。陀思妥耶夫斯基刻画了城市小人物的病态心理和双重人格。

巴尔扎克

现实主义文学有如下特征：

（1）现实主义文学强调客观性和真实性。现实主义叙写人情风俗史，就必然要客观、真实地描绘社会生活。客观性是现实主义的一个基本特点。司汤达提出“文艺应像一面镜子”，福楼拜主张“取消私人性格主义”，左拉认为文学要具有“科学真理的精确性”，契诃夫也说“按生活的本来面目描写生活，它的任务是无条件的、直率的真实”。以上都说明现实主义主张作家像一面镜子那样客观真实地反映现实，不流露自己的主观情绪，也试图不让自己的个人性格影响到对事物的描绘。他们像科学家那样不动声色、不带个人好恶地去观察和记录事实。为了客观地反映现实生活，现实主义作家反对浪漫主义的主观性，抵制和排斥想象力。正如左拉所说的"我坚持降低想象力的地位，因为我因此看到了现代小说的基本特点"，"作家整个努力方向是以现实铲除想象"，想象力在现实主义作家眼里不再是小说家重要的才能。

（2）现实主义文学坚持批判性和揭露性。现实主义作家基本上不存在浪漫派作家那种热情，他们抛开浪漫派作家对现实社会的各种主观幻想，他们直面现实，深刻地揭露社会黑暗，冷静地分析社会问题，尖锐地批判社会罪恶，以理性主义和批判精神指出社会问题的症结。比如，法国现实主义揭示了新旧政治力量之间的斗争和人与人之间的金钱关系，英国现实主义揭露了劳资矛盾，俄国现实主义矛头指向农奴制及其残余，美国现实主义对虚伪的民主自由进行了谴责。这些对社会中最本质问题的揭露与批判，对资本主义制度的怀疑，对广大人民要求民主改革的斗志的激发，是具有进步作用的。

（3）现实主义文学描写普通人的生活。现实主义文学抛弃了古典主义文学专门描写伟大人物或伟大事迹的传统，有意识地以城市普通人及他们的现实生活作为表现对象，描写中下层社会小人物。针对浪漫主义的夸张，福楼拜提出了"不要妖怪，不要英雄"的口号，他作品中的人物都是普通的医生、小资产阶级妇女等。狄更斯也是写小人物的大家，他的作品也描写了这些普通人的个人奋斗和与命运抗争的沉沦升迁。在俄国现实主义作家中，写"小人物"甚至被作为一个正式口号提出来。果戈理的《外套》表现的也是小人物的生活。即使他们没有直接表现下层人物的现实生活，他们所描写的上流社会的各种人物也是城市的普通人，而不是伟大的人物和英雄。例如，司汤达笔下的于连，是生活中随处可见的典型，是法国"20万个于连之一"（司汤达语），福楼拜笔下的包法利夫人至少在"20个乡村中哭泣"（福楼拜语）。也有些现实主义作家既描写了上层社会的资产阶级、贵族，也描写了下层社会的小人物。总的说来，都是表现普通人的生活与命运。现实主义作家热衷于对普通人的描写表明了当时广大人民的民主力量的兴起。

（4）现实主义作品描写典型环境。现实主义描写普通人，特别注意人与社会环境的关系，再现典型环境中的典型人物，是现实主义文学塑造人物的一个特点。巴尔扎克说："不仅仅是人物，就是生活上的主要事件，也要用典型表达出来。"（《人间喜剧》前言）托尔斯泰也总是让作品中的人物根据自己的逻辑在一定环境中行动。他说："人物自己按照他们的性格做着所要做的事情，也就是说由于人物的性格及境遇而引导出来的结局是从其本身来的。"值得我们注意的是，现实主义作品虽然注重环境描写，反映了社会生活的一些本质问题，但因受机械唯物主义的影响，只注意环境对人的作用，而忽视了人对环境的改造作用。

（5）要求细节的真实，这是现实主义的又一个特点。现实主义作品通过细节描写，增强形象的具体性，再现社会生活的真实面貌。这些细节描写包括社会生活细节、人物活动细节、物质经济细节等。法国现代学者娜塔丽·萨洛特在《怀疑的时代》中就说道："在那全盛时代，小说人物真是享有一切荣华富贵，得到各种各样的供奉和无微不至的关怀。他什么都不缺少，从短裤上的银扣一直到鼻尖上的脉络暴露的肉瘤。"现实主义小说的细节描写让小说人物高居于读者和作者之上，成为两者共同关注的对象。比如下文对高里奥的一段肖像描写就是现实主义文学细节描写的一个典型：

他越来越瘦，腿肚子掉了下去；从前因心满意足而肥胖的脸，不知打了多少皱褶；脑门上有了沟槽，牙床骨突了出来。他到圣·日内维新街的第四年上，完全变了样。六十二岁时的面条商，看上去不满四十，又胖又肥的小财主，仿佛不久才荒唐过来，雄赳赳气昂昂，叫路人看了也痛快，笑容也颇有青春气息；如今忽然像七十老翁，老态龙钟，摇摇摆摆，面如死灰。当初那么生气勃勃的蓝眼睛，变了黯淡的铁灰色，转成苍白，眼泪也不淌了，殷红的眼眶好似在流血。

——《高老头》

（6）现实主义文学坚持人道主义精神。在19世纪，现实主义作家以人道主义作为揭发批判资本主义罪恶的思想基础和进行文学创作的出发点。他们根据人道主义观点，分析和评判一切社会关系和阶级关系，认为人性是普遍存在的，把人性中的善与恶作为评论事物的标准，把人性的博爱作为人类的最高理想。现实主义作家运用人道主义武器评判社会时，一方面揭露社会黑暗，一方面企图通过改良主义改善下层人民生活，革除弊端，调和阶级矛盾，达到改造社会的目的。这些作家的思想观点虽不同，但都坚持人道主义。

第六节 现代与后现代：20世纪迄今的西方文学

【本节关键词】

现代主义　后现代主义　反理性　解构

一、现代主义文学

现代主义是20世纪上半期西方诸多具有反传统特征的文学流派的总称。其主要特征表现为反对古典的艺术传统。在题材上和技巧上，它力求新奇，标新立异；在精神上，作家们着力发掘的不是外在的客观世界，而是自己贫乏而空虚的内心世界，因此作品常常带有歇斯底里的疯狂特质。他们排斥巴尔扎克式的批判现实主义，认为它呆板、单调、机械，崇拜奥地利的病理学家弗洛伊德的精神分析学，主张描写梦境和人的下意识或潜意识领域，追求表现人们在一瞬间所感受到的“神秘的抽象的王国”。这种鼓吹反现实主义、主张作家任意妄为和疯狂表现自我内心的文艺思想，被西方学者笼统地称为现代主义思潮。而这一时期产生的西方现代主义文学，则是对20世纪许多艺术观点和方法并不完全一致的文学流派的一个统称，也被称为现代派文学或现代文学。现代主义文学有广义和狭义之分。广义的现代主义文学主要指20世纪出现的反传统、追求先锋精神、有理性文化和一种悖逆倾向的文学流派；而狭义的现代主义文学则是对20世纪二战以前出现的非理性文学流派的总称。在本书中，我们所说的西方现代文学特指1890—1950年间流行于欧美各国的一种国际文学思潮。在纵向上，它前承古典主义文学、浪漫主义文学和现实主义文学，后接后现代主义文学；在横向上，它又包括象征主义文学、表现主义文学、未来主义文学、意识流文学、意象主义文学和超现实主义文学六个分支流派。

(一) 现代主义文学产生的社会根源

1880 年前后，西方主要国家逐渐进入了迅猛的经济发展和国际扩张阶段，尤其以英、法、德三国为最。工业化和城市化的进程随之加快，人们的生活得到极大的改变，尤其是引起了传统农业社会的人际关系结构的变化。19 世纪以前田园牧歌式的乡村风光，被充斥着钢筋水泥的巨型城市取代，人们的价值观、世界观、宗教信仰等都受到激烈的冲击和碰撞。20 世纪是知识爆炸的时代，科技发展使生产力得到解放，相继经历了蒸汽时代、电力时代、电子时代和后工业时代。在物质条件改变的同时，人逐渐沦为产品的奴隶，即人被异化了。普遍的疏离感、陌生感和孤独感充斥着人们的心灵，“非人化”元素就由此日益显露出来。1914—1918 年的第一次世界大战，对现代主义文学产生了重大影响。战争彻底摧毁了欧洲社会岌岌可危的旧秩序和旧宗法。同时，战争给整个欧洲带来的巨大灾难，也致使敏感的文学家和艺术家们对资本主义的价值体系和伦理体系产生严重的怀疑，甚至由此滋生了反叛情绪。再加之 1917 年爆发于俄国的十月革命，马克思的思想使资本主义价值体系遭到了进一步的质疑，许多现代主义文学家都直接或间接地受到些影响，致使这种情绪一跃成为一种重要思潮。

在整个 19 世纪，达尔文的进化论和牛顿的力学体系统治着欧洲科学界，在其影响下，实证性、理性主义等观念成为引导文艺发展的主流观点。现代物理学在 20 世纪初产生，尤其是爱因斯坦相对论的诞生，极大地动摇了古典物理学的物质宇宙观。而后，电子论、控制论和信息论等创新理论相继诞生，进一步摧毁了传统的形而上学观点，极大地影响了科学界。同时，科学的发展在一定程度上也不可避免地影响了文学和艺术的发展。典型的例子之一就是未来主义文学，它作为现代主义文学的重要流派之一，就是诞生于新科技发展的直接影响之下。

在哲学与艺术领域，尼采“重估一切”的极端主张，对德语世界的表现主义文学产生了深远的影响；奥地利精神病理学家弗洛伊德的精神分析学理论，引导文学家深入开掘潜意识和无意识领域的研究，直接影响了意识流小说。对现代主义文学影响较大的还有法国哲学家亨利·柏格森，他的直觉主义理论在一定程度上奠定了整个现代主义文学的理论基调。此外，康德的不可知论、荣格的集体无意识理论和克罗齐的直觉美学理论，也对现代主义文学的发展产生了不同程度的影响。基于艺术和文学具有密切的亲缘关系，整个 20 世纪现代主义文学的发展都和现代艺术的发展相辅相成，以塞尚、高更和梵高为代表的现代艺术的第一批大师主张用粗犷的线条、鲜明的色彩来表现“主观化了的客观”。20 世纪现代主义艺术几乎是处处与现代主义文学同步前进的，有时候甚至汇合成一个分支流派，比如超现实主义这一流派就同时包含了绘画、雕塑和文学。

(二) 现代主义文学产生的思想根源

如果我们说，社会经济的空前发展和科学技术的巨大进步是现代主义文学产生和发展的社会土壤，国际政治格局的变化、世界大战的爆发是现代主义文学产生和发展的催化剂，那么，各种非理性主义哲学和现代心理学就成了现代主义文学的理论基础。现代主义文学也从传统文学中继承和借鉴了某些元素。现代主义文学可以看作是19世纪传统的浪漫主义文学向唯美主义文学的转变、现实主义文学向自然主义文学的转变。以王尔德为代表的唯美主义文学，是浪漫主义文学随欧洲民族民主革命的低落而蜕变的产物。它继承了浪漫主义对社会现状的不满，却丧失了浪漫主义的批判与重建精神，遁入象牙塔，主张“为艺术而艺术”。这一观点直接影响了一大批以法国象征主义作家为代表的现代主义作家。而以左拉为代表的自然主义文学，则是19世纪在欧洲盛极一时的现实主义文学蜕变的产物。它强调对外界现实的模仿，侧重描绘遗传和环境对人的决定性影响、病态事物和烦琐细节，它连接了现实主义文学和现代主义文学。西方现代主义的思想核心表现为非理性。理性思想在西方世界持续了2 500年，世界的绝对存在得以确立，人类通过理性来认识世界是在亚里士多德和柏拉图的认识中发展起来的，而到了中世纪的奥古斯丁以及以后的康德等都是理性主义。康德的哲学思想所包含的非理性因素，即只能认识理性的现象无法认识其本质，将理性主义推向了顶峰。此外，叔本华、尼采、柏格森等人的非理性认识，都侧重哲学方面的研究，而弗洛伊德主要研究人的精神和心理疾病，侧重心理学研究，有大量临床经验和经历，也就是他著名的精神分析学说。

叔本华

叔本华（1788—1860），德国哲学家，唯意志论哲学的创始人。他所开创的唯意志主义及生命哲学学派对近代的学术界、文化界影响极为深远。叔本华不同于他同时代的费希特、谢林、黑格尔等取消物自体的做法，他继承了康德对于现象和物自体之间的区分，并认为它是可以透过直观而被认识的，并且将其确定为意志。叔本华认为，意志是独立于时间和空间的，它同时亦包括所有的理性与知识，我们只能通过沉思来摆脱它。他强调意志，反对理性，认为意志既是宇宙意志又是人的意志。生命意志是世界的基础，万物的动力。生命意志是第一位的，但充满神秘感，无法处在人们的控制之下。希腊哲学思想意志在探索世界的本原是什么，怎样认识世界，亚里士多德意志利用理性的思想来探索这个问题。叔本华把他著名的悲观主义哲学与此学说联系在一起，认为被意志支配最终只会带来虚无和痛苦。他对心灵屈从于器官、欲望和冲动的压抑、扭曲的理解启发了日后的精神分析学和心理学。主要理论著作有《作为意志和表象的世界》《论自然中的意志》《伦理学中的两个基本问题》等。

尼采（1844—1900），德国哲学家，唯意志论的集大成者。他的权力意志论继承了叔本华的观念，但又有所发展。他们都强调意志是万物的本原，但不同的是，尼采认为这种意志并非单纯的生命意志，而是有目的和意义的。在他的超人哲学中，他认为超人是权力意志的化身，是人类的救星，超人是人上人，超人与人的区别就像是人与猴子的区别。超人是制定法则的人，但不需要遵循法则。而猴子是小丑的现实再现，是笑料，丑态可以使人满足本质的心理。尼采认为普通人要遵循超人的意志，按照超人的意志去做。尼采不仅深深影响了后来的存在主义，他的影响还涉及解构主义、后现代主义、解释学等。尼采所提出的“上帝已死”成了存在主义的中心论点：如果没有上帝，那么就没有必然的价值或道德律；如果没有必然的价值或道德律，那么人类应该如何自处？其主要著作有《悲剧的诞生》《善恶的彼岸》《道德的谱系》和《权力意志》。

尼采

亨利·柏格森（1859—1941），法国著名的哲学家，西方反理性主义的重要思想家，1927年诺贝尔文学奖得奖者，以优美的文笔和颇富吸引力的思想著称。他的直觉主义颠覆了理性主义的认识论。他认为人的生命是意识之“绵延”或意识之流，是一个整体，不可分割成因果关系的小单位；“绵延”是自由地创造意识，其向上的运动创造精神，也创造生命的形式，因此生物的进化过程也就是意识的创造过程，而物质则是“绵延”停滞或削弱的结果，“绵延”也是一种心理过程，是离开物质的没有相对静止的绝对运动。理性的认识方法不能认识绵延的事物而只能用直觉主义来研究绵延的事物。直觉没有任何先入为主的框架和认识方法，因而是认识变幻莫测的世界的最佳方法。比如，中国的禅宗思想中的“顿悟”和天人合一的思想都是典型的直觉主义思想。柏格森的主要著作有《形而上学导论》《创造进化论》《生命与意识》。

弗洛伊德

西格蒙德·弗洛伊德（1856—1939），奥地利心理医生、著名心理学家。弗洛伊德的主要观点及对文学艺术的贡献如下：（1）三重人格结构理论。在其晚年作品中，弗洛伊德提出心理可分为三部分：本我、自我与超我（id，ego，and superego）。本我即本质的我。潜意识的本我代表思绪的原始程序，即我们最为原始、属满足需求的思绪。“id”为弗洛伊德根据乔治·果代克的作品所建。弗洛伊德认为本我是快乐的我，本我处于一种非理性状态，不受任何社会道德和社会关系的影响，不受社会条件的限制，他认为这种快乐的我代表人的本能欲望。同属潜意识的超我则代表社会引发生成的良心，以道德及伦理思想反制本我。超我是道德化了的本我，处在人格的最上层，是一种理想化了的人格体现。超我的行为和本我没有任何直接关系，没有本我的特点，已看不到本我的直接需求。自我处在人格的中层，是一个现实化了的本我。在现实社会生活中，人类要实现本我，就必须依据这种现实条件采取现实认可的形式，因此大部分属于意识层次的自我则存在于原始需求与道德或伦理信念之间，以此平衡。健康的自我具有适应现实的能力，以涵纳本我与超我的方式，与外在世界互动。这三个系统错综复杂，交互作用，从而产生各种行为和思想。本我要求自我满足其欲望，超我则要求自我将欲望压抑下去，自我则调和两方面，依照现实环境采取适当措施。弗洛伊德极为关注这三部分之间的动态关系，特别是三者间产生冲突的方式。（2）俄狄浦斯情结（恋母）和厄勒克特拉情结（恋父）。弗洛伊德认为，在不同发展阶段，人会固着于特定欲望客体：初为口欲期（如婴儿因哺乳产生的快感），继之以肛欲期（如小儿控制肠道产生之快感），随之为性器期，随后是潜伏期，最后性器官成熟后就会达到生殖期。孩童固着性欲于母亲，即所谓恋母情结，或性欲固着于父亲，即所谓恋父情结，但因此欲望有着禁忌的本质，故而必须予以压抑。比如莎士比亚的《哈姆雷特》就表现出一种很复杂的俄狄浦斯情结。（3）梦的理论。弗洛伊德认为“梦是一种在现实中实现不了和受压抑的愿望的满足”。他更大胆地认为这些实现不了和受压抑的愿望多半是和“性”有关的。梦是一种潜意识的活动，由于人的心理防卫机制压抑人的本我愿望，被压抑的愿望在潜意识的活动中并不会直接表达于梦中，而是通过扭曲变作象征的形式出现，故梦都是象征的。弗洛伊德认为梦是由“显梦”及“隐梦”所组成的。前者是梦的表面形式，像经过扭曲与伪装的“密码”，以表现隐梦。弗洛伊德认为梦可以使睡者的内心渴望满足。另一个是睡者的求生机制，借着在梦中重新经历生命的创痛来保护自己。文学艺术与梦有许多共同之处。首先，梦表现的是人被压抑的欲望。而文艺也是被压抑的本能冲动的升华，具有梦境的象征意义。其次，梦的显示方式与显示思想之间的关系同文学作品的形式与意义之间的关系一样，都是通过伪装成象征的手段表现其意义的。再次，释梦的方法与文学批评类似，都是为了实现并揭示其潜在的意义。梦是一种复杂的结构，不能靠理性结构和逻辑思维来完成，梦的呈现可能是一个个意向，而不是人类的思维方式。他的主要著作有《梦的解析》《图腾与禁忌》《精神分析引论》和《精神分析引论新编》等。如今他的理论的大部分细节已经被心理学界抛弃，但其理论的框架和研究方式深深影响了后来的心理学发展，而且对哲学、美学、社会学、文学、流行文化等都有深刻的影响，弗洛伊德因此被世人誉为“精神分析之父”。

（三）现代主义文学的基本特征和流派

现代主义文学虽然是一个由多种流派组合而成的文学思潮，但总体上还是有基本一致的特征的。

1. 异化意识

现代主义文学的思想特征表现为荒诞的世界里异化的人的危机意识。任何事物离开自己的本质走向反面就叫异化。人自己创造的东西反过来成为压迫人的力量也叫异化。异化概念是沿着黑格尔的精神异化（整个世界是精神异化的过程）、费尔巴哈的宗教的异化（人创造上帝却拜倒在上帝脚下）到马克思的经济异化（人创造商品却成为商品的奴隶）的轨迹而发展的。现代派文学是西方资产阶级知识分子精神危机的自我表现，深受唯心主义和非理性主义思潮影响，具有虚无主义、神秘主义、悲观主义、个人主义的色彩。它们的共同主题是表现现代人的困惑，反映西方资本主义世界的全面危机，深刻反映资本主义社会中人与社会、人与人、人与自我、人与自然四种基本关系的尖锐对立，表现异化这一重要主题。（1）人与社会的异化。人创造了社会，社会反过来成为压迫人的力量，由此出现了一系列异化人的现象。人本来是一个个独立的个体，在创造了社会之后，就要建立人与人之间的社会契约，失去了独立的自然人的行为，形成资本主义社会的契约关系。如在卡夫卡的小说中，社会就像一个强大而又无形的魔掌，掌握着个人的命运，个人成了软弱无力、惶惶不可终日的“甲虫”。现代主义作家对社会的这种批判，反映出人性的变形和个人对社会及意识形态的不信任与反抗。（2）人与人的异化。现代社会的复杂性和不稳定性使人与人无法进行深层次的沟通。在现代社会中，人只是过客，依靠名片与他人交往，根本无法进行心的交流，这当中的人与自己已被分离开。更有甚者，现代主义文学展示的常常是一幅幅人与人之间充满敌意的可怕图画，如斯特林堡的《鬼魂奏鸣曲》描写的是人与人的彼此残杀。（3）人与自我的异化。现代心理学揭示了自我的不稳定性、不可靠性和无意义性。在机械主义和分工体制下，现代人自我丧失和个性丧失。现代社会中，人需要套上各种面具，扮演更多的角色。人有不同的身份就要戴上不同的面具，在这些面具中穿梭，导致人的分裂和心灵的疲惫，人还要依据不同的角色呈现不同的面具，这最终会导致人与面具的冲突。人与面具的冲突导致自我的丧失，现代人依据面具生活也丧失了自我。面具，既指自我心理上的面具，也指自我有意地将面具套到自己头上。当赋予或被赋予某种面具时，人只能戴着面具生活而不是作为一个完整真实的人生活。如伍尔芙的小说《海浪》中，六个人物从不同角度讨论着“自我是什么”的问题。又如，美国黑人作家埃里森《隐身人》的主人公因找不到自我而成为他人看不见的“隐身人”。(4) 人与自然的异化。从文艺复兴开始到 19 世纪，西方人集中精力征服自然，但到 19 世纪末自然被征服后，却反过来成了压迫人的力量。19 世纪后期欧洲的自然是一种水泥自然，完全由人来雕琢，人工的自然已经割裂了人与自然的联系，割裂了天人合一。这种自然生成之后改变了我们的情趣心态，自然已经改变奴役了我们。如艾略特的《荒原》就描写了物质世界使人的精神世界毁灭的可怕情景。又如，奥尼尔的《毛猿》表现了物质文明发达的现代社会使人的价值等于甚至低于禽兽。这些都表明了人与自己的生存环境的对立，说明人被物质世界制约而走向异化。(5) 人与语言的异化。语言操控了我们，程式化的语言使人成为语言的囚犯。我们已经陷入了语言的圈套，多数情况表现为不是我在说话而是话在说我，或者在某种环境下我只能这么说而不是应该这么说。

2. 荒诞感

荒诞原是用来指音乐上的不和谐音。哲学上指个人与其生存环境的脱节，人既不是世界的主人，也不是社会的牺牲品，他对外部世界无法理解，他的任何行为和喜怒哀乐都对外部世界不起任何作用，即永远不被外部世界理解，世界只是冷漠，人等同于局外人。荒诞意识具体表现为：(1) 宇宙存在的荒诞。宇宙不具有任何目的存在，只是偶然的存在。(2) 人的存在的荒诞。人来到世界上也不具有任何先天的目的和意义。生命只是一种偶然。(3) 文学作品中情节荒诞。人物形象荒诞和语言荒诞，最突出地表现在卡夫卡、萨特、加缪和尤涅斯库的作品中。现代主义文学都强调表现“现代意识”，它的中心就是危机感和荒诞感，通过非理性的极度夸张的形式将现实与非现实糅合在一起，寓严肃于荒诞。

3. 后期象征主义

象征主义于 19 世纪末 20 世纪初出现在法国，在欧美广泛流行，继而在 20 世纪 20—40 年代形成具有国际性影响的后期象征主义流派。后期象征主义继承并发展了前期象征主义的传统，使象征主义更趋完美，内涵更深广，更富有现代主义的特征。它仍然着重表现难以直接描述的复杂多变的内心活动。它借助意象，用暗喻、烘托、渲染等手法，把思想还原为知觉，使抽象的思想外化。它坚持以象征暗示的方法表现内心“最高的真实”，既反对过多强调主观精神走向过分抽象化，也反对过于强调客观事物的具体形象而走向平淡无味，同时又反对前期象征主义的隐晦艰深，主张情与理、主观与客观、有限与无限的统一，从而形成了自己的独特个性。后期象征主义走出个人的情感世界，努力表现社会的与时代的总体精神。现代主义文学普遍运用隐喻的神话式象征，追求艺术的深度模式。它对未知领域进行诗性的揣摩，将最内在的、最深刻的心灵体悟转化为认识的对象，因此它的价值就不在于对象本身而在于它所含的内在体悟。在创作手法上，现代主义作家不注重对社会生活的表象作直观的再现，而往往用非纪实性、时空颠倒与变形、结构错乱等手段，构建一个象征性的神话式艺术世界，以揭示生活中更深刻、更广泛的意蕴。如在艾略特的《荒原》中，就是用古代繁殖神性能力丧失而造成的土地荒芜、庄稼枯死来建构一个象征体“荒原”，全诗大量运用人类学、神话学、圣经故事和西方古典名著故事，形成一个庞大的象征框架。叶芝的著名诗作《驶向拜占庭》就以游历拜占庭来象征精神的探索，表达了对物质文明的厌恶与对西方世界精神与理性复归的企盼之情。诗的象征意象坚实而明朗，物质意象和观念意象和谐统一，富有哲理性。此外，普鲁斯特、里尔克、乔伊斯的创作也是通过不断的阐释和发掘，使读者获得审美的享受。现代主义文学借助象征隐喻的神话模式，使文学对生活的描写从表象走向本质，从表层走向深层，从现实走向超现实，从所指走向能指，形成一种文学艺术的深度模式。

4. 表现主义

表现主义于20世纪初产生于德国，而后蔓延到欧美各国，是一个具有广泛影响的现代主义文学流派。表现主义文学善于透过事物的外层表象展现内在的本质，从人的外部行为揭示内在的灵魂；善于直接表现人物的心灵体验，展现内在的生命冲动。表现主义的流行是对注重外在客观事实描写的现实主义和自然主义的反叛，它的反叛精神对其他现代主义流派产生了直接而深远的影响。表现主义的代表作家除了奥地利的弗朗茨·卡夫卡和美国的尤金·奥尼尔外，还有瑞典的奥古斯特·斯特林堡（1849—1912），奥地利的格奥尔格·特拉克尔（1887—1914）、弗朗茨·韦尔弗（1890—1945），捷克斯洛伐克的卡雷尔·恰佩克（1890—1938）等。斯特林堡是表现主义戏剧的代表，他的创作从现实主义走向自然主义，又从自然主义走向表现主义和象征主义。他的《鬼魂奏鸣曲》（1907）让死尸、鬼魂和人一起登场，以荒诞的情节、离奇的舞台形象，揭示现代西方社会人与人之间的巨大隔膜和欺骗性。恰佩克是一位科幻小说家和戏剧家。他善于用虚构的情节和戏剧冲突，揭示现实中的矛盾，通过动物或某种幻想的形象来讽刺社会生活中的丑恶现象。他的科幻小说《鲵鱼之乱》（1936）运用虚幻、讽喻、象征等多种手法，描绘了法西斯势力的发展过程，表现了作者对人类命运的担忧和鲜明的反法西斯立场。小说把幻想与现实巧妙地结合起来，在讽刺性的夹叙夹议中阐发主题。

5. 未来主义

未来主义是20世纪初从意大利流传到欧洲各国的现代主义文学流派。它否定传统文化，主张彻底抛弃艺术遗产和传统文化；歌颂机械文明和都市混乱，赞美“速度美”和“力量”；主张打破旧有的形式规范，用自由不羁的语句随心所欲地进行艺术创造。未来主义有明显的文化虚无主义倾向，但它的创新性试验却丰富了文学创作的艺术表现手法。意大利的菲利普·托马索·马里内蒂（1876—1944）是未来主义的创始人和理论家。他在1909年发表的论文《未来主义宣言》是这一流派诞生的标志。他提出了一整套反传统的理论，在文学创作的方法与技巧上提出了标新立异的主张，如“毁弃句法”“消灭形容词”“消灭副词”“消灭标点符号”等，还主张在文学中模拟音响，插入数学符号，引进“声响、重量和气味这三要素”，尽情发挥“自由不羁的想象”等。在马里内蒂的倡导下，意大利未来主义迅速发展。马里内蒂在剧本《他们来了》中实践了自己的理论主张。全剧无情节、无人物、无高潮，总共才几百个字，三四句台词。该剧对后来的荒诞派戏剧有较深影响。马里内蒂以后参与法西斯党活动，成了墨索里尼的帮凶。法国的阿波利奈尔（1880—1918）是一位从浪漫主义转向未来主义的诗人。他尝试把诗歌创作同绘画、音乐、声响结合起来，并借鉴立体主义绘画的技法，创立了“立体未来主义”。他的代表作《醇酒集》（1913）努力摆脱传统诗律的束缚，重视诗歌内在的节奏和旋律，开辟了现代诗的结构变化。俄国诗人马雅可夫斯基（1893—1930）的一些早期创作也属于未来主义的作品，如《穿裤子的云》（1913）等。赫列勃尼科夫（1885—1922）也是俄国未来主义的重要诗人。

6. 超现实主义

超现实主义是两次世界大战期间从法国流行到欧美的现代主义文学流派。超现实主义是从达达主义发展而来的，它试图将文艺创作从理性的樊篱中解放出来，使之成为一种自发性的心理活动过程，以表现一种更高更真实的“现实”，即“超现实”。超现实主义文学一般具有下列特征：强调表现超理性、超现实的无意识世界和梦幻世界；主张用纯精神的自动反应进行文学创作，广泛使用“自动写作法”和“梦幻记录法”进行创作，具有晦涩艰深的风格；追求离奇神秘的艺术效果。超现实主义对后来的荒诞派、黑色幽默和魔幻现实主义产生了重大影响。法国的安德烈·布勒东（1896—1966）是超现实主义的创始人和理论家。1919 年，他与苏波合作写了第一部超现实主义的小说《磁场》，探索了“自动写作”的经验与方法。随后，他于 1924 年发表《第一号超现实主义宣言》，提出了超现实主义的理论主张。他提出的所谓“自动写作”，就是在创作时排除一切理性的道德考虑和审美选择，不受事实、逻辑的约束，记录下头脑在自在状态下的感受、幻想和直觉，使潜意识摆脱现代文明和传统的束缚随心所欲地外泄出来。代表作《娜佳》（1928）就是按照超现实主义手法创作的小说。小说写作者与娜佳相遇，向“我”揭示了超现实世界，这个超现实世界就是作者浮光掠影地写出的一些记忆。作品中没有连贯的情节、鲜明的形象，充满了意象与文字的自由组合，思绪跳跃，集中体现了“自动写作”的特色。法国的路易·阿拉贡（1897—1982）和保尔·艾吕雅（1895—1952）也是超现实主义的重要作家。

7. 意识流小说

意识流小说是 20 世纪二三十年代流行于英、法、美等国的一种现代主义文学流派。意识流作家热衷于挖掘人的潜意识，大量采用“内心独白”“自由联想”的手法，表现人物意识“自然”流动状态，力求开掘人物心理的复杂性，扩大心理描写的范围。意识流小说不重视描摹客观世界，而着力于表现人的意识流程，从而打破了传统小说的叙事模式和结构方法，用心理逻辑去组织故事。在创作技巧上，意识流小说大量运用内心独白、自由联想和象征暗示的手法，语言、文体和标点等方面都有很大的创新。意识流的创作方法以后被现代作家广泛采用，成了现代小说的基本创作方法之一。英国的詹姆斯·乔伊斯（1882—1941）和美国的威廉·福克纳（1897—1962）是意识流小说的杰出代表。法国的马塞尔·普鲁斯特（1871—1922）是意识流小说的先驱。长篇巨著《追忆似水年华》（1913—1922）是普鲁斯特的代表作。全书小说把“消逝的时光”与“重现的时光”交织在一起，将人物的主观意识、印象、感觉乃至潜意识活动连成一体，传统的物理时间被心理时间取代。小说摈弃了传统小说的结构形式，没有完整的情节发展和典型人物性格，主要以回忆和梦幻的表现方式展示主人公的内心世界。这部小说是普鲁斯特“主观真实论”的最成功的实践。英国女作家弗吉妮亚·伍尔芙（1882—1941）也是意识流小说的重要代表。她致力于小说形式的革新与探索，认为文学应描写人的内心世界和个人感受。她在运用第三人称的间接内心独白表现人物意识方面，取得了突出成就。《墙上的斑点》（1919）是她的第一部意识流小说。作品写一个妇女把墙上的蜗牛当成一个斑点，并由这个斑点产生了种种联想。《达罗威夫人》（1925）和《到灯塔去》（1927）是她成熟的意识流小说。

二、后现代主义文学

后现代主义诞生于20世纪五六十年代，本质上是一种反进化论、反发展阶段论的思潮，其核心是怀疑一切、解构一切。后现代思想必须拆解一切预设模式，但“怀疑一切”的预设不可拆解，从这一前提出发，一切“刚才”“当下”的都是“过去”，都要受到怀疑和挑战，这就是现代主义的真精神。后现代主义强调多样化、异质形和多元主义。

后现代主义文学是第二次世界大战之后西方社会中出现的范围广泛的文学思潮，于20世纪七八十年代达到高潮。无论在文艺思想还是在创作技巧上，后现代主义文学都是现代主义文学的延续和发展。它吸纳了西方现代主义的观念和技巧，通过新的价值取向与传统伦理道德观念发生决裂，反映现代生活中的情感享受、物质追求和底层人们生活的合理性，其中先锋小说更趋向于人本主义的描写，追求人格平等。与通常意义上的思潮、流派不同，后现代主义文学既不是指称一个具体的作家或批评家的群体，也不存在被广泛认同的纲领和宣言。而且，后现代文化也是一种没有中心的多元文化，容忍各种不同的标准，主张“持续开发各种差异并为维护差异性的声誉而努力”。正是出于这个原因，后现代主义文学内部分支流派众多，各种思潮并存，很多后现代作家和批评家的自我理论体系本身就存在矛盾之处。

（一）后现代主义文学理论来源

（1）现代西方哲学中的反形而上学倾向。现代西方哲学认为形而上学的命题是假命题或没有意义的命题，或者干脆绕开形而上学的问题大谈其他问题，或者认为形而上学问题是本身就无法解开的问题。

（2）维特根斯坦的后期语言哲学。哲学的混乱和争论皆源自对语言的误解，源自哲学家说了不可说的东西。因此，哲学就是澄清问题的活动，它的根本任务就是把能用命题和语言说明的与不可说的东西划分开来。这就是西方哲学史上著名的“语言转向”。

（3）尼采的非理性主义和非道德主义观点。尼采要打倒一切偶像，摧毁西方几千年的哲学传统，即对在二元对立中思维的传统进行价值重估。尼采抬高意志，贬低理性，宣扬非理性主义。尼采把是否有利于“提高权力感”作为衡量真理和区分善恶的唯一标准。

（4）海德格尔对西方哲学的激烈批判及其关于“存在”“语言”的学说。海德格尔要否定包括尼采和马克思在内的一切持有二元对立的形而上学思维的哲学。他认为对“存在”应该“理解”，理解的实质是人的自我理解；“语言是存在的家”。这样，海德格尔就瓦解了传统哲学观念与实在、主体与客体对立的二元论，大大启发了后现代主义者的理论建构。

（5）解释学的发展对传统哲学的冲击。解释学反对传统哲学对本体、本质的追问，否认中心、整体性、认识性、客观性，强调主体对事物、对象的解释和理解，注重从主体出发而发生的主体与对象的意义关系；否认传统哲学对一元论、事物的客观性和意义的确定性的强调，主张多元、主观和不确定。

（6）法兰克福学派、存在主义以及文本主义的影响。法兰克福学派对现代科学、启蒙遗产及现代西方工业文明的批判，存在主义对人的生存的孤独性、虚无性及不确定性的强调，以及文本主义关于“一切事物都是文本”的观点等，也都从不同的方面，如批判现代性、解构主体性、颠覆客观性等，为后现代主义的产生提供了理论来源。

（二）后现代主义文学基本特征

（1）彻底的反传统。后现代主义文学不仅仅反“旧的”传统，对于现代主义文学试图建立的“新的”传统也彻底否定。在后现代主义者眼中，文学和艺术应该是建立在对现有秩序的解构的基础之上的。后现代文学不依托任何死去的或活着的理论。在体裁上，对传统的小说、诗歌和戏剧等形式乃至“叙述”本身进行解构。因此，后现代主义文学是一种“破坏性”的文学，即某种意义上的“反文学”。

（2）摈弃所谓的“终极价值”。后现代主义者认为一切传统意义上的崇高的事物和信念都是从话语中派生出来的短暂的产物，不值得“真诚”“严肃”地对待。客观世界和人自身都被异化了，历史失去了方向和意义，社会体系不可改变。后现代主义作家不愿意对重大的社会、政治、道德、美学等问题进行严肃认真的思考，他们不仅无视对这些问题的关切，甚至无视这些问题本身。他们不再试图给世界以意义。

（3）后现代主义文学崇尚所谓“零度写作”，反对现代主义关于深度的“神话”，拒绝和排斥孤独感、焦灼感之类的深沉意识，将其平面化。在后现代文学中，写作消失了内容，而转向“写作”自身。作家仅仅把话语、语言结构当作自己为所欲为的领地，写作成为一种纯粹的表演和操作。

（4）后现代主义文学蓄意打破精英文学与大众文学的界限，出现了明显的向大众文学和“亚文学”靠拢的倾向。有些作品干脆以大众的文化消费品形式出现，试图模糊文学与非文学的界限。

（三）后现代主义文学的流派

后现代主义文学的写作原则和风格出现了两种十分不同的发展走势。一种是摈弃现代文学的艰深的文学实验，从通俗文学、科幻小说、美国西部小说以及其他一些被看成是亚文学的体裁和作品中汲取养料，试图填平精英文学和大众文学之间的鸿沟，代表流派包括美国的“垮掉的一代”和拉美的魔幻现实主义等。另一种则是继续推进现代主义文学实验并超越它，代表流派包括荒诞派戏剧等。从总体上看，到目前为止共有六个流派可以归入后现代主义范畴。这些流派之间彼此关联不大，但其“反文学”“反理性”和“解构”的本质却是相似的。

（1）荒诞派戏剧：第二次世界大战后首先产生于法国，而后流行于西方各国，是存在主义文学在戏剧领域的变体，对西方戏剧的发展产生了巨大影响。代表人物有欧仁·尤涅斯库、塞缪尔·贝克特、让·热奈、阿瑟·阿达莫夫、哈洛·品特、爱德华·阿尔比等。

（2）新小说：20世纪50年代形成于法国，严格地说只是一个松散的俱乐部式的文学团体，主张打破传统小说模式，进行激进的语言实验，颠覆传统的小说架构。总体上影响力不大，基本局限于法国一国。代表人物有娜塔丽·萨洛特、阿兰·罗伯-格里耶、米歇尔·布托尔、克洛德·西蒙等。

（3）垮掉的一代：第二次世界大战之后出现于美国，是一群松散结合在一起的年轻人，对社会公认的一切价值都抱有背道而驰的态度，往往以颓废、堕落、犯罪、纵欲来表达自己的观点，成为战后美国本土产生的最具影响力的文学流派。代表人物有拉美的杰克·克鲁亚克、艾伦·金斯堡、威廉·博罗斯、格雷戈里·柯尔索等。

（4）黑色幽默文学：20世纪六七十年代产生并流行于美国的文学流派。受存在主义影响很大，主张用表面上轻松、调侃、玩世不恭的幽默态度来叙述沉郁甚至可怖的故事，从而产生荒诞不经的喜剧效果，是以喜剧形式上演的荒诞的"悲剧"。代表人物有约瑟夫·海勒、小库尔特·冯尼古特、托马斯·品钦、约翰·巴斯等。

（5）魔幻现实主义文学：20世纪三四十年代形成于拉丁美洲，60年代以后达到顶峰，产生了许多世界级文学大师。传统的魔幻现实主义文学将拉美土著民族的传统观念和现代化进程融合，特别注重在作品中引入神秘和荒诞的元素，却又不违背现实主义原则。魔幻现实主义文学主要流行于拉丁美洲，但一些欧洲作家的作品也被归入魔幻现实主义范畴。代表人物有拉美的加西亚·马尔克斯、阿莱霍·卡彭铁尔、胡安·鲁尔福、米格尔·安赫尔·阿斯图里亚斯，还有苏联的博加科夫等。

【本章小结】

古希腊罗马文学前后经历了1 000多年的历史，孕育了整个欧洲文明。在这一时期，古希腊出现了流传最早的文学作品《荷马史诗》和流传最广的《希腊神话故事》，也拉开了世界戏剧史的序幕，留下了《被缚的普罗米修斯》《俄狄浦斯王》等对后世影响深远的优秀悲剧作品。古罗马文学中渗入了古希腊文学中的神话等元素，也融入了自身的特色，与古希腊文学共同奠定了欧洲文学的基底。古希腊罗马文学作品大多以人与神祇、普通人与权贵的故事展开，表达了人对于自身处境以及对人与神祇之间的关系的想象。这个时期的作品，体现了人对神祇的期望和想象，神祇有着与普通人一样的行事和生活方式、优缺点，体现了身处奴隶制社会的人对于权力和自由的渴望；同时也反映了这个时期的人不甘于奴隶制社会的支配，想要与命运进行抗争的精神，以及对幸福自由生活的向往。

文学界将公元5世纪到公元13世纪划分为中世纪，这是一个承接古希腊罗马文明的时期。自公元476年西罗马帝国灭亡起，欧洲的文学创作经历了约300年的"黑暗时代"，修道院文学是彼时产生的唯一书面文学。随后8世纪至12世纪，因法兰克国王查理大帝推动的文化教育而产生的加洛林文艺复兴，为后来14世纪的欧洲全面文艺复兴奠定了坚实基础。随着封建制度的发展和文化教育制度的逐步普及，中世纪时期的欧洲出现了英雄史诗、骑士文学、城市文学及教会文学等不同类型的文学作品。而作为中世纪文学主旋律的基督教，通过传教士将《圣经》翻译成各种语言，将《圣经》题材融入文学创作中，其宗教思想从各方面深入渗透到文学作品里。

作为文艺复兴时期的核心思想，人文主义肯定人的价值、尊严和能力，强调现世幸福，推崇理性，直接影响了该时期人文主义文学的创作。在人文主义发祥地意大利，人文主义文学涌现了彼特拉克、薄伽丘等著名的文艺复兴先驱。随后，"七星诗社"的出现意味着人文主义文学在法国初具雏形，拉伯雷、蒙田等作家继承和发展了人文主义的思潮。相对而言，人文主义文学在西班牙起步较晚，塞万提斯和洛伯·德·维加对该时期的小说和戏剧有着突出的贡献。

与此同时，德国掀起宗教改革运动，涌现了马丁·路德、伊拉斯谟等著名文学家。在14世纪，人文主义文学开始在英国崭露头角，代表作家有乔叟等。到了16世纪末17世纪初，人文主义文学在英国迎来了繁荣时期，以文学巨人莎士比亚为代表。文艺复兴时期的欧洲文学汲取了古希腊罗马文化的养分，以人文主义思想为内容，奠定了近代欧洲文学的基础。

启蒙运动是资产阶级反封建、反教会的政治斗争在思想意识形态领域的反映，主要通过哲学、政治思想、文学、历史和艺术等形式表现出来，强调理性主义精神，用当时先进的资产阶级思想武装民众，以理性之光驱散愚昧的黑暗，这为后来的法国大革命和欧洲资产阶级革命做了充分的思想和舆论准备。这一时期涌现的启蒙思想家以怀疑论、自然神论和无神论为指导思想，直面现实，善于思考，发动群众，行动坚决。同时，各派思想家对启蒙主义思想体系有着不同的建树。启蒙主义思想家卢梭主张的民主政治和社会契约论对现代西方哲学思想有开拓性贡献。孟德斯鸠所提出的三权分立思想已经成为现代西方国家体制与政治体制建立的基本原则。伏尔泰以文学作为启迪民智、反对封建制度和封建愚昧主义的思想武器，对天主教进行了猛烈的抨击。受到法国启蒙思想家的影响，德国文学家歌德投身于“狂飙突进”运动，进一步对德国的丑恶现实进行了深刻的批判。相对于文艺复兴时期的人文主义文学而言，启蒙运动时期的启蒙主义文学对推翻封建统治和建立资本主义社会起了重大的历史作用。

浪漫主义思潮风行于18—19世纪，此时的工业革命正开展得如火如荼。浪漫主义文学家感受到工业革命给人们与社会带来的重大影响，并对此持有不同的态度。其中，以彭斯与布莱克为首的“消极”浪漫主义者厌恶工业文明对人性的冲击，对世界失去信心，宣扬“回归自然”。与之相比，雪莱、拜伦等“积极”浪漫主义者则肯定了工业文明对唯物主义的推动作用，并喊出“自由、平等”的口号。浪漫主义文学从19世纪30年代后走向衰落，而随着近代城市发展、市民阶层兴起，西方国家涌现出包括福楼拜、巴尔扎克、托尔斯泰在内的一大批现实主义作家。现实主义文学在题材上受到浪漫主义的影响，具有强烈的批判色彩，强调客观性和真实性，着重描写普通人生活与典型环境，表现出人道主义精神。

现代主义文学是对20世纪众多艺术观点及方法不完全一致的文学流派的统称，具有反传统、非理性的特征。它的思想植根于叔本华与尼采唯意志论、柏格森反理性主义以及弗洛伊德精神分析理论，其作品透露出异化意识与荒诞感。后期象征主义、表现主义、未来主义、超现实主义与意识流均为现代主义文学的分支，代表人物主要有叶芝、卡夫卡、伍尔芙等。后现代主义文学是对现代主义文学的延续与发展，只不过态度更激烈、彻底，核心为怀疑一切、解构一切。后现代主义文学受到尼采非理性主义、海德格尔“存在”与“语言”学说、存在主义、文本主义等理论的影响，摒弃“终极价值”，崇尚“零度写作”，表现出彻底的反传统态度。后现代主义文学的主要流派包括荒诞派戏剧、新小说、垮掉的一代、黑色幽默文学、魔幻现实主义文学，代表人物有贝克特、克鲁亚克、品钦等。

【思考与练习】

1. 结合历史背景，试述古希腊文学作品中悲剧盛行的原因。
2. 分析《被缚的普罗米修斯》中的人本主义精神。
3. 简述基督教思想对中世纪文学的影响。
4. 试比较骑士文学和中国古代武侠小说的异同。
5. 简述文艺复兴时期人文主义文学作品的基本特征。

6. 试举例分析莎士比亚的作品是如何体现文艺复兴时期的人文主义思想的。
7. 试比较“消极”浪漫主义与“积极”浪漫主义的异同。
8. 简述现实主义文学的特征。
9. 试析现代主义文学中的异化意识。
10. 简述后现代主义文学的基本特征。

【拓展阅读】

1. 汉密尔顿．希腊罗马神话．余淑慧，译．北京：中信出版集团股份有限公司，2017.
2. 戈德希尔．阅读希腊悲剧．章丹晨，黄政培，译．北京：三联书店，2020.
3. 汤普逊．中世纪经济社会史：上册．耿淡如，译．北京：商务印书馆，1961.
4. 布姆克．宫廷文化：中世纪盛期的文学与社会．何珊，刘华新，译．北京：三联书店，2006.
5. 纳尔特．欧洲文艺复兴的人文主义和文化．黄毅翔，译．上海：上海三联书店，2018.
6. 第根，等．文艺复兴以来的欧美文学史．谢钟湜，译．北京：人民出版社，2015.
7. 王佐良，何其莘．英国文艺复兴时期文学史．北京：外语教学与研究出版社，2018.
8. Rudy. Literature and Encyclopedism in Enlightenment Britain：The Pursuit of Complete Knowledge. Houndmills，Basingstoke，Hampshire，England：Palgrave Macmillan，2014.
9. 希梅尔法布．现代性之路：英法美启蒙运动之比较．齐安儒，译．上海：复旦大学出版社，2011.
10. 徐新．西方文化史：从文明初始至启蒙运动．北京：北京大学出版社，2002.
11. 拉斯顿．浪漫主义．上海：上海外语教育出版社，2009.
12. 詹姆逊．现实主义的二律背反．北京：外语教学与研究出版社，2018.

扫码查看本章图片

第二章
西方艺术

【概述】

西方艺术起源于史前时期，滥觞于古埃及时期，而后伴随西方文明发展繁荣，贯穿于宗教、政治、经济、文化生活的方方面面。按照时间序列，可将其划分为古希腊罗马艺术、中世纪艺术、文艺复兴时期艺术、巴洛克艺术、19世纪艺术以及20世纪艺术。本章将按照上述时期划分，重点介绍西方艺术流派的发生、发展和延续，结合艺术家和艺术作品，展示和分析艺术风格的生成与演变。本章的学习需要把握两个要点：一是要重点把握时代巨匠及其代表作品，进而形成对各个时期的艺术风格的具体印象；二是要注重分析作品的形式（艺术技法）与内容（主题对象），从而甄别各个时期、各种流派艺术的继承与演变。

第一节 在继承中创新的古希腊罗马艺术

【本节关键词】

“古风的微笑”　古希腊雕刻的三个时期　神庙建筑　古希腊剧场　古希腊瓶画　古罗马建筑　浮雕　古罗马壁画

古希腊、古罗马是欧洲文化的发源地，在雕刻、建筑、陶瓶和壁画等方面都创造了辉煌的成就，对欧洲文化的发展产生了深远的影响，正如恩格斯所说：“没有希腊文化和罗马帝国所奠定的基础，也就没有现代的欧洲。”①

希腊人创造“人”的意识逐步觉醒的文化。罗马人虽然以武力征服了希腊，但是却被希腊文化征服。希腊人为探求知识与美的平衡而创造神明；罗马人把从希腊文明中汲取的智慧用于建构人间的天堂。从古希腊到古罗马，“古典艺术”的内涵日渐丰富，汇聚成西方艺术的源头。

---

① 马克思恩格斯选集：第3卷．2版．北京：人民出版社，1995：524.

一、古希腊艺术

希腊使人首先想到古典美，今天在艺术史上常提到的“古典”一词，在西方文化里有专门指向古希腊、古罗马文化的意思，而我们现在称为“爱琴文化”或“克里特—迈锡尼文化”的时期，其实是希腊文明的源头，是催生希腊艺术的土壤。

古希腊著名的《荷马史诗》曾描述过希腊与特洛伊战争，这一传说在 19 世纪末 20 世纪初先后吸引了德国考古学家施里曼和英国学者伊文思来这一带进行考古发掘，他们发现了迈锡尼文化遗址、米诺斯王宫遗址以及大量的文物。这些发现说明：克里特文化是爱琴文化的源头，迈锡尼文化是克里特文化的继承，而季克拉基斯群岛则是希腊文化最早的起源地。

在人类历史上，希腊人首先挣脱了巫术的桎梏，发现智力是人类的特权。他们把万事万物降到了人的尺度，按照自己的形象创造神，孕育出“神人同形同性”的神话体系。在这个体系中，智力、想象力和史诗结为一体。原始宗教出于恐惧，希腊神话却是人自信心的写照。它把原始时代迷乱的传说改写为人类掌握自身命运的史诗。马克思说：“希腊神话不只是希腊艺术的武库，而且是它的土壤。”正是这一片土壤，将希腊艺术培育成人的艺术。古希腊人体雕像从僵硬古拙到舒展自如的风格演变，形象地书写了一部人类在大自然中挣扎、苏醒、成熟并获得自信的历史。温克尔曼将古希腊艺术的审美品格概括为“无论就姿势还是就表情来说，希腊艺术杰作的一般优点在于高贵的单纯和静穆的伟大”，在其所指之处，存在着人的尊严。

古希腊艺术可追溯到荷马时期（前 12 世纪—前 8 世纪），因为其美术遗物主要是带几何纹饰的陶器和几何造型的随葬小雕刻品，该时期也被称为“几何风格时期”。但我们通常把古希腊艺术划分为古风（前 7 世纪—前 6 世纪）、古典（前 5 世纪—前 4 世纪）和希腊化（前 3 世纪—前 1 世纪）三个发展时期。

（一）古希腊雕刻

从公元前 7 世纪起，希腊雕刻历经古风，走向古典，在技术上日益精进，在美学上不断成熟，反映了人类童年时期最伟大的艺术活力。

1. 古风时期：古风的微笑

公元前 7—前 6 世纪，由于受埃及、美索不达米亚、克里特等地艺术的影响，希腊雕刻多为向宗教奉献而作，在造型上采用埃及正面律，人物直立，动作僵硬。脸上统一挂着微笑的表情，称为**“古风的微笑”**［图 1］。这微笑如同“快乐的象形文字”，其背后是人自觉为人的欣喜——大自然再也无法用变幻无常的面孔来吓唬他们了。在这两个世纪中，人体造型呈现出一条清晰的变化线索，最初双腿并立，然后将一条腿探出，最后把重心落到一条腿上，身体松弛下来，变化为“歇站式”的希腊造型，好像他们一步步解除了对陌生世界的恐惧。

人们从保存下来的属于古风时期的男女人像的雕刻中，可以窥见人类幼年时代的文明成就。**古风时期的男子人像雕刻**［图 2］主要是青年全身裸体立像，希腊人称为“库罗斯”（意为“小伙子”）。这些雕像在人体比例和肌肉质感方面都接近于真实的人体，面部表情开始生动起来，现出笑容。不管何种身份和职业的人物都用这种微笑表现，成为当时统一的时代风格。

2. 古典时期：和谐美的范本

古典时期的建筑和雕刻以明晰而充满生气的形式，凝聚着雅典公民社会的价值观，传达了希腊思想中的理性精神。雕刻作品依托公共建筑，维持着纪念性与装饰性的平衡，最大限度地发挥出造型艺术表现人的完美、创造与和谐的能力。古典风格历经三个阶段，由发展走向成熟，最后产生分化。

古典初期的雕刻仍未完全脱离古风残影，严谨有余，活泼不足，所以被称为“严肃的样式”，其中主要表现在神庙雕刻上面。最早摆脱古风限制的雕刻家是米隆，他的作品将运动的灵活性注入人体，创造了古典样式的最早范本。这个时期的另一件名作**《路德维希的宝座》**［图 3］代表了古典初期和盛期过渡阶段的抒情风格。这是在一个石头座椅上刻下的浮雕，因为被意大利人路德维希发现而得名。椅子背面描绘阿芙洛狄忒从水中诞生，造型简练而松弛，线条和动态回荡着音乐般的旋律。

古典盛期的雕刻作品气势恢宏并且充满阳刚之气，被称为“崇高的样式”。这种崇高不是靠规模而是靠比例取得的。因为雅典不像东方专制帝国那样把艺术用作“重威”的道具，建筑和雕刻并非按帝国的规模而是按城市的规模来设计的，不需要虚张声势。不论是神庙中的艺术还是其他公众场合的艺术，都朝着“人”这个中心目的，以合情合理的规模体现出“人”的尺度。

法国美术史学家伊波利特·丹纳曾经说，希腊人表现人体还有一种全民性的艺术，更适合风俗习惯与民族精神的艺术，或许也是更普遍更完美的艺术，这就是雕塑。人体雕刻艺术是古希腊雕刻艺术之冠。

公元前 5 世纪中期，希腊雕刻技术有了质的飞跃，能够把人体的关节和动势再现得真假难辨。雕像各部分开始围绕多个轴心转动，再也不像过去那样沿着一条垂直线呆板地伫立着，自如的动态表明人性表现再也不必受到造型的排挤。

3. 希腊化时期：自然主义的合唱

随着马其顿亚历山大的东征，希腊艺术被传播到广大的东方，并在帝国分裂出的一些城市国家中蔓延，影响远及印度河流域。这个时期被称为“希腊化时期”（即希腊艺术的传播时期）。

在向东传播的过程中，希腊艺术形成了几个海外中心，分布在小亚细亚地区及爱琴海的大小岛屿之中，如罗德岛和埃及的亚历山大里亚。在这些地方，希腊雕刻将其高超的写实技术用于表现人类的各种情态，汇成自然主义的大合唱，无论是幼年和老年、生与死，还是欢笑与悲伤、柔情与放纵，统统有丰富的表现。

同古典时期雕塑相比，希腊化时期的艺术风格多样，既有同古典艺术接近的风格，如**《米洛的维纳斯》**［图 4］等一系列的维纳斯雕像，也有体现这一时期的生死搏斗和美丑相争的时代精神，如渗入了悲剧性风格的**《拉奥孔》**［图 5］等。希腊化时期，由于希腊本土雕塑传统深厚，它依然成为希腊雕刻艺术的中心。

在古典时期象征着至高无上权威的宙斯和城邦保护神雅典娜，在艺术中已经不占据主导地位，象征爱与美的维纳斯则逐渐登上艺术的宝座，许多姿态各异、模仿普拉克西特列斯的“优美的样式”造型接续出现。古希腊的艺术家们从人的生活出发，肯定人生，赞美人的美丽，赋予了人的肉体和精神以崇高而十全十美的理想，把人提高到神的高度。人们通过希腊化时期的雕塑家们对维纳斯的创造，可以看到充满人性的女神的永恒的艺术魅力。

（二）古希腊建筑

为了表达对神明的敬畏，希腊人从古风时期起就开始以浓厚的兴趣建设**神庙**［图 6］，使得神庙建筑成为古希腊建筑艺术的主要部分。希腊神庙并非后世的基督教堂，而是众神的行宫，是他们偶尔来巡视和居住的地方，无须营造神秘气氛，其造型是单纯而节制的。祭神活动一般只在神庙外举行，神庙内放置神像，用作神的栖身之地，所以建筑师不太看重内空间的处理，而把重点放在外观设计上。可见在希腊观念中，功能性建筑尚无发展空间。

1. 神庙建筑的基本结构

希腊神庙的原型是一种被称为“麦加隆”的住宅建筑。它被迈锡尼贵族用于接待客人，属木结构的梁柱体系。门前有浅浅的柱廊，由两根柱子支撑起坡度很大的屋顶。当这种样式被用来建造神庙时，建筑师用石头代替了木头，并突出柱子的作用，日渐增多的圆柱发展到把整个建筑围成一圈，希腊神庙由此奠定了它的基准样式——圆柱式。

古希腊建筑前后发展了三种柱式：古风时期产生了多利克式和爱奥尼克式，流行时间贯穿于整个古典时期。前者主要流行于希腊半岛中部和南部，以及意大利南部、西西里岛；后者主要流行于小亚细亚沿海和爱琴海诸岛。到古典后期，伯罗奔尼撒半岛的科林斯城邦又出现了一种柱式，称为科林斯式，在希腊化时期甚为流行。

古希腊建筑中的三种柱式

三种柱式皆有凹槽，但前少后多，依次递增。多利克式柱身较粗，无柱础，柱顶只有一个方形顶板。爱奥尼克式柱身变细，最显著特征是柱头上有向外张开的大涡卷饰，有柱础。科林斯柱式是在爱奥尼克式建筑的基础上发展起来的，柱身更纤细，装饰更华丽，柱头以形似倒钟和花篮的毛莨花叶饰为特征。神庙建筑的这几种柱式，清晰反映了古希腊建筑由阳刚到秀美、由朴素到华丽、由单纯到精致的变化线索。这也正是希腊造型美学演变的基本途径。

2. 古希腊剧场

古希腊人很早就开始修建剧场，剧场既用于看戏，也用于举行各种比赛和公民集会。剧场规模大，实用性强，在希腊公共生活中的地位仅次于神庙。这些剧场大都背靠山坡修建，因势造型，半圆形的观众席逐排升高，并有放射性的通道。表演区位于剧场中心平地，其后有化妆间和道具间。伯罗奔尼撒半岛东北部沿海，以医神阿斯克勒庇俄斯为保护神的埃庇道鲁斯城邦，公元前 4 世纪中期兴建了围绕阿斯克勒庇俄斯神庙的庞大建筑群。其中的**埃庇道鲁斯露天剧场**［图 7］全部用大理石建成，中心舞台直径达到 20.4 米，堪称古典后期希腊建筑中最壮观的作品。

（三）古希腊绘画

古希腊的社会历史、民族特点和自然条件深深地影响了它的艺术形成和发展。与东方各国不同的是，古希腊没有组成统一的、政治高度集中的奴隶制专制国家，在各城邦国家中，占主导地位的是奴隶制民主政治；希腊的神话是希腊艺术的宝库，“神人同形同性”的观点成为促进艺术与生活息息相通的有利因素；温和的气候加之航海贸易，以及每四年一次的奥林匹克运动会等，都对希腊艺术产生了强大的推动力，使希腊艺术呈现出异彩纷呈的面貌。在建筑上，产生了希腊人认为最完美的圆柱式神庙建筑，形成了三种柱式风格：古朴严谨的多利克式、精巧秀美的爱奥尼克式和富于装饰色彩的科林斯式。在雕刻上，产生了两种不同的类型：一种是“伸展的风格”，人体的手臂和腿向四方伸开来；另一种是“整块的风格”，坚实而闭拢，人体的手脚和身体之间不留有空隙。希腊人表现人体的方法直接影响到罗马及后世的西方艺术的发展。

古希腊已经发展有蜡画、湿壁画、镶嵌画等绘画形式。通过文字记载，可知绘画曾十分繁荣。但由于历史变迁，壁画和其他独立的绘画作品几乎荡然无存。幸运的是，古希腊各时代均有大量的陶瓶留存至今。绘在陶瓶上的图画为今人提供了了解希腊绘画艺术的直接资料。

希腊瓶画的历史相当漫长，可追溯到克里特和迈锡尼时期，也贯穿了整个希腊艺术的发展历程。公元前8—前5世纪，希腊瓶画先后出现了四种风格样式：东方风格、**黑绘式风格**［图8］、红绘式风格和白底线描式风格。其中黑绘式和红绘式流传甚广，影响甚大。

二、古罗马艺术

希腊在公元前146年被罗马吞并，从此以后，古代世界的文化中心就从希腊转移到了罗马。罗马的历史可追溯到公元前8世纪，公元前5世纪以前的罗马处于氏族部落时期，以后经历了共和国时期（前509—前27）和帝国时期（前27—公元1453），帝国时期的罗马地跨欧亚非三大洲。

罗马人尽管以武力征服了希腊，却自觉地被希腊文化征服。罗马人是希腊艺术的崇拜者和模仿者。在对希腊发动战争的过程中，他们不忘把大量希腊艺术品和希腊匠师带回国，无论是共和制还是帝制的罗马，都在灿烂的希腊艺术中窥见了一种可与其不断扩大的地盘相匹配的文化梦想。这使得罗马艺术首先是模仿希腊艺术的产物。但由于不同的社会环境和民族特点，罗马艺术也有其不同于希腊美术的独特之处。

罗马人不像希腊人那样富于想象，他们没有创作出像《荷马史诗》那样现实和幻想交织在一起的神话故事。罗马人是一个冷静、务实的民族，他们的艺术没有希腊艺术那样的浪漫主义色彩和幻想的成分，而更多表现出写实和叙事性的特征。

罗马艺术风格不像希腊那样单纯，它的渊源复杂，既受了伊特鲁里亚美术的影响，又吸收了希腊、埃及和两河地区文化教育的养分。在同一时期，罗马帝国各个不同地区艺术风格各有所异，除了以罗马城为中心的帝国正统艺术以外，帝国各行省还存在着各种地方风格。

希腊艺术主要用于敬神，围绕神庙、祭祀和纪念活动进行创作，带有理想化的色彩。罗马人的艺术则大多是以给帝王歌功颂德、满足罗马贵族奢侈的生活需要为目的。希腊人创作了古代世界最伟大的雕塑艺术，使罗马人望尘莫及，但罗马人在肖像雕刻艺术方面却有独特的成就。希腊雕刻强调的是共性和民族精神，而罗马人要求的是个性特征鲜明的肖像，艺术家不仅要满足外形的逼真，而且要注重人物个性的刻画。

（一）古罗马建筑

我们知道，早在公元前1世纪，恺撒就成了共和外衣下的罗马独裁者。恺撒热爱排场如同热爱权力，他指定了一套建设罗马城的计划，梦想这座城市具有帝都般的风采，可惜壮志未酬身先死。屋大维建立帝制后，继续为装点权力的荣华而推行一种名为“奥古斯都式”的帝国艺术。以后至少200年中，历届罗马皇帝前赴后继，鼓励采用希腊范例，不断为“奥古斯都式”增添内容。其结果是在历史上形成了“希腊—罗马”艺术大综合的景观。

罗马艺术首先通过城市和建筑显示出来，并偕同装扮建筑和城市的雕像，把一种宏大壮丽的罗马风格推广到帝国各地，至今，在欧亚非的昔日罗马帝国疆土内，还能见到被岁月风霜剥蚀过的罗马时代光荣的废墟。

罗马人致力于市政工程的建设——道路、桥梁、水道、公共浴场、广场、剧场和竞技场等，这些建筑都极好地反映了罗马人热爱世俗享乐的风气。古罗马还有专门为帝王评功摆好和追逐排场而设计的纪念性建筑——凯旋门和纪功柱。它们一半是建筑，一半是雕刻，纯粹用于宣传，无实用功能。凯旋门曾经遍布帝国各地，一般横跨路口，可容行人和车辆通过，经常见证罗马军队出征和凯旋。其建筑形制前后经历了从一跨式到三跨式的演变。建于奥古斯都时期的**提图斯凯旋门**［图9］是早期凯旋门中最精美的作品。而建于312年的君士坦丁凯旋门则是圆柱、小拱门、立像、高浮雕结合的造型，堪称三跨式凯旋门中最豪华的范例。纪功柱为炫耀皇帝的战功而设，是一根直指苍穹的高大圆柱，柱顶一般立有一尊皇帝的雕像。柱身有饰带环绕，饰带上刻着图画。罗马城如今尚存的**图拉真纪功柱**［图10］乃是第一座纪功柱。

古罗马建筑广泛采用埃及人、伊特鲁里亚人曾经用过的拱券结构，并综合运用多利克式、爱奥尼克式和科林斯式等希腊柱式，进行系统性的多层叠加，创造了古代世界最早的多层建筑。对柱式的安排显示了罗马人的美学鉴赏力：多利克式、爱奥尼克式、科林斯式被自下而上依次安排，取得了基础稳定、轻重得宜的视觉效果。

罗马人学习伊特鲁里亚人的技术，用石灰石和火山灰合成灰浆，并在奥古斯都时代发展出一种慢干的混凝土技术，引起了古代建筑技术的革命性变化。从此，人类造出了比过去任何一个时候都高和宽的建筑。

有了技术上的可能，罗马建筑首次明确了建筑的功能性概念，要求客体为空间服务，从而在实体和空间的关系上看出与希腊建筑的区别。罗马人既用拱券和圆顶系统充实了西方古典建筑的语言，也首次将“实用、坚固、美观”作为基本尺度输入建筑学概念，使建筑获得了清晰定义。如果说古希腊建筑好像是用建筑技术构造的雕刻，古罗马建筑才称得上是恰如其分的建筑，它们造型宏大、使用方便，取得了实用和审美的平衡。

在建筑上罗马人取得了独特的成就，他们在技术上首先开始运用三合土，在结构上广泛采用各种拱券，在建筑类型上比希腊更为丰富。希腊主要是神庙和剧院建筑，而罗马除了这些之外，还有各种类型的实用性和纪念性建筑。罗马人在建筑空间处理、节约材料、耐久实用和美观等方面都作了有价值的探索，为以后西方的建筑艺术奠定了基础。

（二）古罗马雕刻

罗马人保留了伊特鲁里亚人为死者翻制面模的风俗，受此影响，肖像雕刻得到特别重视，也从整体上赋予了罗马雕刻一种自然主义色彩。由于有希腊技术的帮助，罗马雕刻将真实再现对象的能力发挥得淋漓尽致。

罗马肖像雕刻留下了形形色色的人物形象，从帝王到平民，各阶层的人物应有尽有，无不生动逼真。虽然希腊雕刻为罗马雕刻提供了技术支持和灵感源泉，但罗马雕刻更注重情感表现和戏剧性效果，这应当是与罗马帝国的理想相匹配的。

浮雕是罗马雕刻中最引人注目的部分，既用于装饰建筑也用于装饰石棺，具有史诗般的容量、磅礴的气势和戏剧化的氛围，并在技术上有所发展。帝国初期修建的奥古斯都和平祭坛，以皇室、元老、功臣和受检阅的士兵队伍组成祭祀行列，颇有希腊神庙饰带浮雕的风味，但人物分层排列及环境表达却可见透视的意图，这是罗马浮雕的艺术水平。

（三）古罗马绘画

古罗马绘画保留了希腊绘画的形式，湿壁画和镶嵌画留存较多。罗马人喜欢用壁画来装饰室内墙画。这些画幅制巨大，往往占满整堵墙壁。画面有边，边框有花纹。画中填满底色，常画有建筑，并用阴影和直观性透视表现立体感和空间感，造成一种“幻影式风格”，以幻觉的空间扩大了实际的空间。

三、古希腊与古罗马艺术特点比较

古希腊和古罗马是欧洲文明的发源地。它们当时的势力范围，远远超出现在希腊和意大利的地理范围，影响到欧亚非三洲。古希腊的历史，最早可以上溯到爱琴文化时期（约前3000—约前1100），但它最繁荣的时期是公元前5世纪至公元前4世纪中期，史称“古典时期”。古希腊最著名的雕刻与建筑，就产生在“古典时期”及以后的“希腊化时期”。公元前146年，古希腊为罗马所灭。

古罗马的历史可以追溯到公元前8世纪—公元前6世纪的“伊特鲁里亚时期”，以后经历了“共和国时期”“帝国时期”，以“帝国时期”最为强盛。古罗马的雕刻、建筑名作多产生于“帝国时期”。

古希腊、古罗马雕刻，特别是古典时期和希腊化时期的雕刻，其共同特点是追求一种和谐的理想美。它的突出成就集中体现在人像（包括神像）雕刻，特别是人体雕刻上。古罗马的雕刻，其成就集中体现在肖像雕刻上，其特点是既写实而又个性化。

总体来说希腊艺术与罗马艺术与他们的民族精神有直接关系。

希腊人不劳动、有人服侍、生活简朴、对物质生活无过多需求，因而生活优裕从容、充满闲暇。闲暇时光，他们关心国事，致力于公共事务和战争，注重身体锻炼，进行特殊教育，练就了最结实、最轻灵、最健美的身体。希腊艺术题材主要是运动员和神。神是希腊理想美的最高典范，如米洛斯的阿芙洛狄忒、胜利女神等都是希腊人心目中最完美的形象。

罗马是个金戈铁马的帝国，讲究的是权力与征服。罗马人崇拜希腊艺术，罗马艺术是希腊艺术的延续。但是罗马的民族精神造成了罗马艺术讲求实际、强调功利的特点，他们追求外貌真实，强调个性及内心的表达。

古希腊理想美的原则有以下几个。

（1）单纯：反对烦琐与浮华，强调主题突出，手法洗练。

（2）合理：合乎自然，真实客观，合乎美的规律。

（3）端庄：艺术形象庄重典雅。

（4）和谐：希腊艺术的最高典范，是单纯、合理、端庄等因素的有机结合。

古代罗马文化有两个重要的源头：伊特鲁里亚文明和希腊文明。因为这个原因，古罗马艺术与古希腊艺术有异同点。

（1）希腊人重理想，艺术中喜欢抽象、概括的理念，富于想象；罗马人不同于希腊人，罗马人较现实，讲究实际，喜欢具体实在的东西，没有充满理想的史诗，其艺术以写实和叙事性为主要特点。

（2）希腊艺术主要用于敬神，围绕神庙和祭祀、纪念活动进行创作，带有理想的色彩；罗马艺术大多是给帝王歌功颂德和满足罗马贵族奢侈的生活需要。罗马人本来就有崇拜祖先的习俗，他们忙于为死者作雕像并收藏在家中，遇新葬礼时把列祖列宗的雕像都拿出来参加仪式，以逼真和表现个性为主。

（3）希腊人创造了古代世界最伟大的雕塑艺术；罗马人在肖像雕刻方面有独特成就。希腊雕刻强调的是共性和民族精神；罗马要求的是个性特征鲜明的肖像，不仅外形逼真，而且注重人物个性的刻画。

（4）希腊艺术是理想主义的、简朴的、强调共性的、典雅精致的；罗马艺术是实用主义的、享乐的、强调个性的、宏伟壮丽的。罗马人在建筑技术上首先开始运用三合土，结构上广泛采用拱券，类型上更丰富。罗马有各种类型的实用性和纪念性建筑，比如市场、广场、澡堂（公共交际场所）、运动场、竞技场、**斗兽场**［图 11］等。另建有碑林，将罗马法记于其上。水利工程以水道、喷泉做得最好。巴西利卡（法庭）后来变成基督教堂。公寓房子、一般澡堂内有嵌画居室内，地上也有嵌画，壁上则画建筑图，以增加空间感。

（5）希腊人在民主自由和激烈竞争的环境中不仅发现、孕育和创造了美，也创造了神，在希腊人的心目中，最完美的人就是神，因此希腊人尊重人，把人提高到神的高度加以肯定，神和人是同形同性的。希腊人把强健的身体看成是一切善与美的本原，而把希腊神话视为艺术的精神本原，所以希腊艺术成就主要表现在神与人合一的雕刻和神庙建筑上。古希腊男子在体育锻炼时是赤身裸体的。这既有利于锻炼出健美有力的身体，又自然而然地培养出一种能够以坦荡无邪的态度去看待裸体形象，并且自觉地、热烈地追求人体美的风气。正是这样一种特殊的社会风尚和由此产生的特殊的审美观念，决定了古希腊的人像雕刻往往采取裸体的形式，并且在表现人体美上达到了一个难以比拟的高度。而古罗马神像很少，裸体更少。

第二节
以宗教为主题的中世纪与文艺复兴时期艺术

【本节关键词】

早期基督教艺术 “巴西利卡式” 拜占庭艺术 镶嵌画 罗马式教堂 哥特式现实主义 乔托 马萨乔 波提切利 达·芬奇 《蒙娜丽莎》 米开朗基罗 《大卫》 拉斐尔 《西斯廷圣母》 尼德兰艺术 《麦洛德祭坛画》 德国艺术 北欧哥特式体系 法国艺术

一、中世纪艺术

中世纪是处于古希腊罗马与文艺复兴两座文明高峰之间的历史低谷，被称为“黑暗的一千年”。中世纪艺术依附基督教而发展，基督教文化占据绝对的统治地位，教会垄断了知识，这一时期的艺术也就自然带有浓烈的宗教色彩。在中世纪，一切造型艺术的最终目的都必须服从于宗教。基督教美术的作品不注重客观世界的真实描绘，而强调所谓精神世界的表现。在内容上，它以宣传基督教的教义和讲解《圣经》的故事为宗旨；在形式上，它以一种非写实的、平面化的象征风格竭力营造宗教情绪和气氛。教皇们把艺术当作在文盲充斥的社会中宣传教义的有效手段，他们认为对于目不识丁的教徒来说，图像无疑是解释教义和圣事的理想媒介。基督教艺术成了中世纪艺术的代名词，因此也有人将欧洲中世纪艺术称为基督教艺术。尽管如此，中世纪的艺术仍然是丰富多彩的，是多种文化源流的汇合，并为近代欧洲文化艺术的发展奠定了基础。

基督教起源于中东，当它作为一种文化形态在欧洲确立时，也带来了东方的一些文化特征。同时，对古罗马的文化传统，尤其在建筑、雕刻和绘画等样式的吸收上，也有一个漫长的融合改造的过程。最后，基督教在地中海沿岸确立之后，在向西欧扩展的过程中，又吸收了当地的文化成分，即所谓“蛮族艺术”，产生了一些新的样式，到公元10世纪前后，才形成了相对统一的基督教艺术风格。因此，欧洲中世纪艺术不能单纯理解为宗教艺术，而是在东方文化、古希腊罗马文化传统和“蛮族”文化的基础上融合而成的基督教艺术。

（一）早期基督教艺术

早期基督教艺术的主题来自《圣经》，形式上为象征手法所主宰，充满说教性质和概念化色彩，用以训诲文盲教徒皈依教门。公元1—4世纪，基督教艺术处于从模仿“希腊—罗马”样式的不成熟作品向表达宗教需要的艺术形式过渡的时期，标志着艺术支持教会的开始以及基督教图像学的形成。

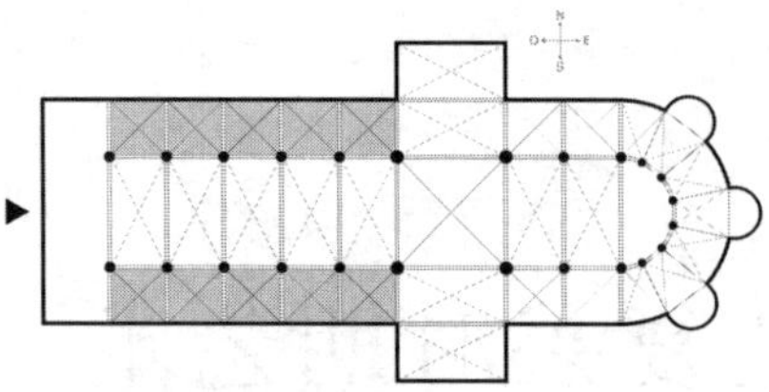

"巴西利卡式"

《米兰敕令》颁布后，礼拜仪式转入公开，但由于罗马帝国缺乏财力，无力给教会太多资助，教会就借用现有民用公共建筑，添上祭坛和耳堂，改造成一种丁字形布局的教堂，称为"巴西利卡式"，奠定了基督教教堂的基本样式。

早期教堂采用镶嵌壁画来装饰墙面和天顶。这些用染色碎石、陶片以及彩色玻璃镶嵌的马赛克，具有斑斓的色彩效果和明确的象征含义。例如，蓝色象征天国，红色象征圣爱，白色象征圣洁，金色象征神圣。同时放弃了古罗马绘画的那种表现三度空间的努力，采用平面构成的方式处理形象。壁画中大量出现对耶稣事迹的描绘，如"基督降生""基督受难"等。

（二）拜占庭艺术

公元 330 年，君士坦丁大帝迁都拜占庭，即今天土耳其的伊斯坦布尔，改称君士坦丁堡。公元 4 世纪，罗马帝国一分为二，分为东、西罗马帝国。君士坦丁堡就成为东罗马帝国的国都，东罗马帝国史称拜占庭帝国，一直存在至 1453 年。

拜占庭的建筑主要继承罗马风格，早期教堂建筑主要沿用罗马陵墓圆形或者多边形的平面结构和万神庙式的圆形穹顶。穹顶结构被加以变化，形成由大小不同的穹顶连续构成开阔高大的内部空间的特殊样式。到拜占庭帝国的中后期，四边侧翼相连的希腊十字平面取代了圆形、多边形的形式，成为教堂布局的主要模式。穹顶沿用下来，成为控制内部空间和外部形象的主要因素。**圣索菲亚大教堂**［图 12］混合了东方和西方、过去和未来的结构，是一个气魄雄伟的混合建筑，从中能充分体会到圆顶在宗教建筑中的心理功能。

镶嵌画在拜占庭艺术中占有特殊的地位，这种以小彩色玻璃和石子镶嵌而成的建筑装饰画成为教堂内部装饰的主要形式。它最早出现在公元前 3000 年苏美尔人的艺术中，当时使用的是小块石膏，在古希腊罗马则使用大理石。拜占庭镶嵌画以玻璃为主要材料，这是因为它能反射出强烈的光彩，好像是小型的反射镜一样排列在一起形成一片非物质的闪光幕帘，达到一种虚无缥缈的效果。这一时期最著名的镶嵌画在意大利拉文纳的圣维他尔教堂。教堂的主祭坛上方是**《荣耀基督》**［图 13］，两边描绘着皇室成员参拜基督的行列：一边是**《查士丁尼大帝及随从》**［图 14］，一边是**《狄奥多拉皇后及其随从》**［图 15］；皆为平面效果，人物被有意拉长，样子庄严而近于刻板；色彩和明暗被简化到不能再简的程度。

（三）罗马式艺术

"罗马式"艺术是 10—12 世纪盛行于欧洲的一种宗教艺术风格，随 11 世纪的朝圣热潮而兴起。它基于古罗马和叙利亚艺术，采用古罗马的拱顶和梁柱结合的建筑体系，并用大量"纪念碑式"雕刻来装饰教堂，将建筑和雕塑结合为一体。

"罗马式"概念的含混性意味着罗马式艺术与加洛林文艺复兴、奥托王朝艺术有着千丝万缕的联系。此外，罗马式艺术还有许多不太明显的外来影响：古希腊时代的古典艺术、早期的基督教、伊斯兰教、拜占庭和克尔特—日耳曼的传统。所有这些风格在 11 世纪最终完全融合在一起。

罗马式建筑由巴西利卡式演化而来，但是把丁字形布局改为拉丁十字形，并且广泛运用拱券和交错扶壁系统。教堂为石质屋顶，壁厚窗小，配有塔楼，形似城堡。后来，塔楼逐渐被固定于西面正门两侧，成为罗马式建筑的标志。著名建筑实例有英国达勒姆大教堂、**意大利比萨大教堂**［图 16］等。罗马式艺术复兴的另一个显著特征就是石雕的复兴。罗马式教堂广泛使用雕塑装饰，在教堂正立面通常有一块半圆形凹进去的空间，俗称“拱角板”，这里往往安装一块最大的浮雕构图，取材于《最后的审判》，将基督的审判、罪人的乞怜、魔鬼的张狂，交织成世界末日的景象，从而宣示着教会的权威。

罗马式教堂以沉重的石头、威严的拱顶、厚厚的墙壁、小小的窗户和牢狱似的光线建起了一座禁锢人性的囚笼，罗马式雕刻以纠缠的构图、运动的节奏、扭曲的形象、惊惧的情感渲染着令人恐惧的激情，从而将一种宗教性的表现主义气质赋予罗马式艺术，并将其整个营造成悲观的艺术。

（四）哥特式艺术

“哥特式”一词原来是意大利文艺复兴学者对从 12 世纪和 13 世纪到其所处时代之间的一种艺术风格的蔑称，他们贬其为“蛮族”哥特人的劣等风格。其实，哥特式艺术代表了欧洲中世纪的最高成就。罗马式渲染了宗教悲观的方面，哥特式却表现了基督的仁慈和圣母的柔情，是一种乐观主义的宗教艺术。宫廷恋爱的观念和“十字军”传奇，通过哥特式的风格，为基督教艺术带来了从未有过的世俗性。

哥特式艺术开始于法国巴黎及其附近的地方，确切说开始于 1140—1144 年间路易七世重修圣德尼教堂之时。圣德尼教堂表明了一种新的建筑风格，从本质上区别于罗马式建筑：首先，哥特式建筑具有轻盈纤细的结构，而罗马式教堂有着沉重的拱顶和结实而厚重的墙壁，其稳定性取决于足够厚实的墙壁，以支撑各种各样的压力和应力；其次，在罗马式建筑中窗户总是很小，而哥特式建筑的窗户尺寸大大增加，允许空前规模地采用彩色玻璃画。

最著名的哥特式建筑是法国的**巴黎圣母院**［图 17］。教堂建于 1163 年，平面布局中强调长度轴心。窗户和室内的采光以及所有形体瘦长的造型灯创造了一种显著的哥特式风格。教堂内部的所有细节都充满着上升直线，这样室内空间也相应具有哥特式风格所有“向上高升”的感觉。表现手法也自觉模仿自然形象，追求感情表现，形成所谓“哥特式现实主义”。

哥特式建筑的窗户又多又大，导致哥特式建筑产生了另一个重要特征，即教堂内部的彩色玻璃画——窗孔镶嵌着小块染色玻璃，基本色调为红蓝紫三色，通过光线折射，产生光彩夺目和超世神秘的效果。哥特式建筑装饰着许多雕刻品，这些雕刻尽管仍然附身于建筑，但体感浑厚的造型却跃跃欲试地宣告着雕塑脱离建筑构件的趋势，为恢复古代圆雕开辟了道路。同时，众多的雕像把哥特式教堂变成了内容浩繁的百科全书。

二、文艺复兴时期艺术

14 世纪下半期到 16 世纪末，是欧洲从封建社会向资本主义社会过渡的时期，黑暗的中世纪在日趋崩溃，新生的资本主义生产关系逐渐形成。新的资本主义经济在封建体制内部的萌芽，必将产生与之相适应的意识形态，引起思想和文化体系的变革。当新兴资产阶级还没有能力建立自己的政权时，为了在物质和精神两个方面摆脱封建专制的枷锁，他们首先在思想文化领域进行变革，制造舆论，动摇旧的精神体系，这就形成了一个气势磅礴的革新运动，史称"文艺复兴"。文艺复兴时期的艺术是形象的人文主义。虽然建筑、雕塑和绘画仍然需要宗教提供立身之所，但是以人为本的观念却为之提供了源泉。艺术既作为反映现实的镜子，又追求理想美的表达。艺术家以博学多才而受到称赞，他们在创造"第二自然"的过程中实现了科学与艺术、真与美的平衡。

在人文主义思潮的影响下，艺术创作发生了相应的变革，显示出鲜明的时代特征。艺术已经不再是宗教神学的奴仆，在题材上开始描绘世俗的人和人的现实生活，即使是宗教神话题材，也注入了人性和人的思想感情，把神变成世俗的人；在表现手法上提倡面向自然，以造化为师，对自然加以理性的解释，引进科学的成就塑造艺术形象，透视学和解剖学成为文艺复兴美术造型的两大支柱。这一时期的美术家往往集工匠、科学家、建筑家、画家于一身，这是一个产生巨人的时代，无数优秀的艺术家宛如灿烂群星出现在欧洲的上空。

（一）文艺复兴时期意大利艺术的辉煌

提到意大利的艺术，我们首先想到的是文艺复兴。如瑞士的布尔克哈特在其《文艺复兴时期的意大利》和《意大利的文艺复兴》二书中认为：文艺复兴是意大利的时代，使世界和人的发现成了可能。文艺复兴之所以始于意大利，是由先决条件决定的：意大利位于欧洲南部，有着比较悠久的文明和文化艺术渊源，地理和文化上都是古代罗马的继承者，从某种意义上说，罗马人的文化就是意大利的文化。

1. 早期文艺复兴的绘画

14、15 世纪，意大利绘画是有发展的，代表画家有乔托、马萨乔、波提切利等。**乔托**［图 18］作为文艺复兴的先驱，不在于他跟拜占庭风格做了最终的决裂，而在于他发明了一套直接观察自然、再现客观现实的绘画实验方法，在于他的实验精神，在于他精心开创的早期的科学时代。乔托的艺术创作对 14 世纪意大利文艺复兴的影响极大，被文艺复兴的大师推崇，包括后来的大师马萨乔、达·芬奇、米开朗基罗等人都继承了乔托的艺术，为绘画领域的拓展做出了贡献。可以说，正是因为有了这位艺术先驱，才有了文艺复兴的辉煌成就。马萨乔是乔托艺术的继承者和追随者，他是最早在画面上自由地运用远近法、透视法来处理三度空间关系的。《圣三位一体》就采用了透视法，此画是文艺复兴的代表作之一。

波提切利以其秀逸的风格、明丽绚烂的色彩和流畅的线条，在文艺复兴诸家中独树一帜，被推崇为意大利文艺复兴前期的大师。**《维纳斯的诞生》**［图 19］是波提切利的代表作，表现的是神话中代表爱的女神维纳斯从大海中诞生的场景，这幅画的绘画风格在当时颇为与众不同，不强调以明暗法来表现人体造型，而更强调轮廓线，使得人体有浅浮雕的感觉，而且极符合其装饰作用。画面中的女神肌肤洁白，金发飘逸，无愧为完美的化身，但脸上又挂有淡淡的忧愁。

2. 盛期文艺复兴三杰

（1）达·芬奇。

达·芬奇［图 20］是盛期文艺复兴美术的创始人，没有人能超越他所到达的高度。他在绘画方面具有卓越的成就，虽然真迹留下来的不多，却一直是后人学习的楷模。达·芬奇注重明暗，对于色彩则退而求其次，画面色彩不鲜艳，而是沉着稳重，有时倾向单色。其代表作有《最后的晚餐》、《岩间圣母》、**《蒙娜丽莎》**［图 21］，其中又以《蒙娜丽莎》最负盛名，它代表了达·芬奇最高的艺术成就。达·芬奇在人文主义思想影响下，着力表现人的感情。在构图上，达·芬奇改变了以往画肖像画时采用侧面半身或截至胸部的习惯，代之以正面的胸像构图，透视点略微上升，使构图呈现金字塔形。

（2）米开朗基罗。

米开朗基罗·博那罗蒂，1475 年 3 月 6 日出生于意大利佛罗伦萨柏里斯镇，是意大利文艺复兴时期伟大的绘画家、雕塑家、建筑师和诗人，是文艺复兴时期雕塑艺术最高峰的代表。他一生追求艺术的完美，坚持自己的艺术思路。他的作品以人物“健美”著称，即使女性的身体也描画得肌肉健壮。他的雕刻作品《大卫》举世闻名，最著名的绘画作品是梵蒂冈西斯廷教堂的《创世记》天顶画和壁画**《最后的审判》**［图 22］。他于 1564 年在罗马去世，他的风格影响了几乎三个世纪的艺术家。小行星 3001 以他的名字命名来表达后人对他的尊敬。

（3）拉斐尔。

拉斐尔在短暂的 37 年生命中创作了近 300 幅画，其中以描绘圣母的画幅占绝对优势，所以人们习惯上把拉斐尔与娇美柔顺的**圣母形象**［图 23］联系在一起。他完成了很多不朽杰作，享有罗马教皇梵蒂冈宫廷画家的最大荣誉，几个世纪以来，被人歌颂为最伟大的天才画家。就外观来看，拉斐尔是一位无怀疑、无苦涩的诗人和画家，而且具有极为敏捷的超人才华。他好像轻而易举地就把文艺复兴时期新柏拉图主义的艺术理想予以形象化了。在他短暂的艺术生涯中，他凭借那种洗练的画技和高深的艺术修养取得了不俗的成就，就算与比他长寿很多的达·芬奇和米开朗基罗相比，不论在质量方面，还是在数量方面，他的成就也都不遑多让。果戈理说，拉斐尔是一位崇高的艺术神化创作大师。他天才地吸收了达·芬奇的艺术精华和米开朗基罗苍劲有力的创作风格。瓦萨里认为，拉斐尔的画中人物“与其说是用颜色和线条构成，倒不如说是用血和肉组成”。

（二）文艺复兴时期的非意大利艺术

文艺复兴时期的欧洲，除了意大利在文化艺术诸方面成为先导者以外，在欧洲阿尔卑斯山以北的各个国家和地区，以城市为中心也逐渐出现了新文化、新艺术的曙光。首先是尼德兰取得了跟意大利性质不同但是具有同等价值的成就。德国和法国紧随其后，造就了第一流的艺术大师，成为又一个繁盛之地。

1. 尼德兰艺术

尼德兰濒临北海，又是莱茵河的入海口，很早就成为欧洲西北部水陆交通和贸易中心之一。14 世纪以后，这里手工业、毛纺业迅速发展起来，许多城市也随之兴起，经济和文化逐步发展繁荣，成为继意大利之后的又一个欧洲文化艺术中心。

尼德兰的主要艺术成就是绘画，这种绘画细腻的作风同神秘的宗教情绪和地方色彩相融合，形成独特的风格。

当意大利文艺复兴展开之时，尼德兰人本着同样的人文主义思潮，直接关注世态人情，将日常生活融入绘画之中。他们同意大利人互相切磋，相得益彰。正是这时，尼德兰相继出现了一批闻名遐迩的绘画大师，他们的绘画那细腻的手法、独特的透视、明快的色彩、丰富而神秘的寓意构成了尼德兰艺术的传统。

早在14世纪末15世纪初，尼德兰就出现了几位忠于自然、致力于发展写实风格的艺术家。这些艺术家中首推雕刻家克劳斯，他的雕刻名作是一个十字架的基座，被称为“摩西井”。它上面刻有6个比真人还大的先知形象，这些形象具有不同于当时呆板风格的真实感。

15世纪尼德兰文艺复兴时期的真正奠基者，是一位被称为佛莱蒙大师的人，据推断，他可能叫罗伯特·康平。他的代表作是《麦洛德祭坛画》，这是一幅三叶祭坛画，大约作于1425年。在这幅作品中我们可以看到一种穿透画面的空间感，一种现实世界的真实反映。这在尼德兰绘画中实属首创。画幅中间描绘的是受胎告知的内容，两旁左幅是捐助人的像，右幅是木匠约瑟在做鼠夹。由于画家还没有完全科学地掌握透视学，所以画中的透视显得有些夸张，似乎在向前倾斜，不太稳定。罗伯特·康平这时已开始使用油彩作画。

2. 德国艺术

德国艺术属于北欧哥特式体系。当文艺复兴美学已经上升为原则，为欧洲其他国家所普遍接受时，后期哥特式仍在此保持着魅力。德国艺术主要在建筑上体现出成就，设计师们最初在原有哥特式建筑的基础上增添具有文艺复兴建筑风格的构件与装饰，如古典柱式、山墙、雕像等。具体代表建筑有海德堡城堡和海尔布隆市政厅。17世纪始，德国陆续受到意大利北部文艺复兴思潮的影响，吸取了其开朗、宏伟的风格，并将民族特色融入其中。

德国的文艺复兴建筑具有一定的地域差异性。由于处在欧洲中心，德国西边的文艺复兴思潮受到法国的影响，南部受到意大利的影响，而北部则因气候寒冷多采用高坡屋顶和大窗户的设计。另外，建筑材料的不同，也导致建筑装饰风格上呈现出各自不同的特点。北部地区大多选用砖料作为建筑材料，其他地区则采用石材和木材。同样是文艺复兴建筑，因生活环境及时代心理等多种因素的不同，自然呈现为各具特色的清晰表现。如果南方意大利文艺复兴风格以追求和谐为美的标准，那么位于北方潮湿环境的德国则突出表现一种强烈有力的充满奇异思想的真实性。在建筑物的装饰方面，它所呈现出的则是一种荒诞的艺术特点。

3. 法国艺术

15世纪时，政治、宗教动乱和英国入侵使法国分裂为三部分：英国占领下的北部地区；以第戎为中心，以佛兰德斯为领地的勃艮第；太子查理偏安一隅的布尔日。法兰西君主们几乎无一例外地喜爱和庇护艺术，终使佛兰德斯文艺复兴浪潮沿塞纳河南下，并在第戎、里昂、阿维尼翁扩展开来。作为哥特艺术的故乡，法国早就在建筑上赋予宗教艺术最崇高的表现力，此时，尽管对意大利文艺复兴的成就如痴如醉，艺术家们却能不忘传统，熔法国、佛兰德斯、意大利艺术的动人之处于一炉，创作自己的杰作。

勃艮第最出色的雕刻家斯吕特（1350—1406）在无畏者菲利浦陵上表现出非凡的才能，尚波莫尔修道院正门上的《供养人与圣母子》、该院群雕《六先知》都是他慷慨激昂之作。深刻的心理描写使他成为15世纪艺术写实主义潮流的主要代表。

图尔的雕塑家们完成了从复兴向古典的过渡，柯隆波（1431—1512）的《圣乔治屠龙》以及他在南特大教堂和弗朗索瓦二世陵的雕像，都以不失高雅的强劲力度表明，这位艺术家不仅具有高度表现力，而且追求人物形象的完美。

第三节
巴洛克：古典主义时期的形式主义

【本节关键词】

巴洛克风格　巴洛克建筑　贝尔尼尼《大卫》　巴洛克音乐　歌剧　清唱剧　康塔塔　亨德尔《弥赛亚》　巴赫《创意曲》　巴洛克绘画　卡拉瓦乔《基督下葬》　鲁本斯《强劫留西帕斯的女儿》《仙女和森林之神》

一、社会背景

有人称欧洲的17世纪是一个危机的时代，也有人认为它是一个伟大的时代，可谓见仁见智。但毫无疑问，17世纪上承文艺复兴，下启18世纪的启蒙运动和浪漫主义运动，处于两个伟大的全欧思想文化运动之间，是一个充满变革的时代，封建社会面临解体，资本主义正在兴起。此时欧洲各国社会面临重重矛盾，主要体现在资产阶级和封建贵族、倡导宗教改革的新教和罗马天主教、资产阶级和广大民众之间的矛盾。虽然各国发展态势并不平衡，但总体而言，资本主义已经萌芽并逐渐强大起来。第一个资本主义国家在荷兰建立。英国继续保持海上霸权并最终建立了资本主义社会。法国实行高度集中的专制制度，确立了君主专制政权，严重阻碍了资本主义的发展，但借助地中海到北欧过境贸易而赚取大量商业资本。新兴资产阶级为了维护自身的利益，要求在思想和精神上打破中世纪以来的神学观，改变原有的各种封建制度。同时，封建贵族也试图通过艺术作品的创作来显示自己的财富和权势。因此，封建贵族和新兴资产阶级追求极度奢华的生活，讲究盛大奢侈的排场、注重壮丽高贵的风格成了其生活中的一部分，并延伸至建筑、绘画、雕塑、音乐、文学、服饰等各个领域。“巴洛克风格”便在这样的社会背景下应运而生。

二、巴洛克的定义及特征

关于“巴洛克”（Baroque）一词的来源和含义，有几种代表性的说法。一种说法认为它源于葡萄牙语“Barroco”或西班牙语“Barrueco”，原义指“不圆的珍珠”。此种说法的依据可追溯到1563年刊行的卡尔西亚·达·奥尔塔的《愚人的对话和印度的药品》一书，其中“关于珍珠·马尔卡林”一章有这样的句子：“不能吃，不美观，在污水中生成的巴洛克。”另一种说法认为它来自意大利语“Barocco”，有怪诞、变形、令人目眩之义，后进入法语，再转而进入英语。17世纪末叶以前，用于艺术批评，18世纪用于贬斥17世纪出现的那些缺乏古典主义均衡性的作品和违反古典艺术标准的艺术风格。① 贝洛里（Bellori）将其视为“一种堕落瓦解的艺术”。巴洛克由是成为一种源起于16世纪的意大利，而后在17、18世纪流行于欧洲各国的艺术形式。其在意大利、西班牙、法国、英国、德国、荷兰、佛兰德斯等地的表现形式略有不同。在天主教势力占统治地位的意大利和佛兰德斯，受到宗教势力支配的巴洛克风格占主要地位；在君主专制、王权至上的法国，古典主义风格为主流；而在资本主义比较发达的荷兰和英国，则流行现实主义的市民艺术。② 人们通常将17世纪称为巴洛克时期。随后，“巴洛克”风格逐渐式微，在法国发展为“洛可可”（Rococo）艺术风格，并对之后的浪漫主义和现代主义产生了深远的影响。

人们总是将巴洛克风格与繁复、精致、奢华等词联系在一起，但对到底何为巴洛克却似乎找不到现成一致的答案。瑞士批评家海因里希·沃尔夫林（Heinrich Wolfflin）可视为对“巴洛克”这一艺术风格进行理论研究的重要代表。在其《文艺复兴与巴洛克》一书中，“巴洛克”一词被规定为：“运用动势——不管是实际的（如波形的墙面、喷射形状不断变化的喷泉），还是含蓄的（被描绘成充满活力的动作或有动作趋势的人物）；力图表现或暗示无穷感（伸向地平线的道路，展现无际天空幻觉的壁画，运用变换透视效果使其变得扑朔迷离的镜面手法）；强调光在艺术作品构思中的效果及其造成的最终影响；追求戏剧性、夸张和透视效果；不拘泥于各种艺术形式之间的界限，将建筑、绘画、雕塑等艺术形式融为一体。”③

与之前的文艺相比，巴洛克风格具有以下特点。首先，与古典主义艺术注重理性、严肃等截然不同，巴洛克风格注重华丽、繁复、精致，视觉上具有强大的冲击力，追求空间感和立体感，富有动感和激情。其次，巴洛克风格体现出较强的宗教性，宗教题材在巴洛克艺术中占有重要位置。巴洛克的产生与罗马天主教反宗教运动紧密相连，它是维系天主教权威与中心的重要手段。文艺复兴将“人”从神学的牢笼中解放出来，笼罩在欧洲文明之上的神圣的宗教光环渐渐褪去，宗教日趋世俗化。文艺复兴高潮阶段，甚至出现了一些支持和赞助文艺复兴运动的教皇。④ 为了应对现状，罗马教廷在16世纪中叶前后多次召开特兰托宗教会议，寻求巩固宗教权威的途径。因此，注重宗教题材的巴洛克艺术成为一个不错的选择。不过，受到文艺复兴以“人”为本的思想的影响，在为宗教目的服务的前提下，巴洛克风格同时具有强烈的浪漫主义色彩与享乐主义色彩。最后，巴洛克风格具有艺术创作形式与手段的综合性。巴洛克风格重视各种艺术形式的融通性与综合性，将建筑、雕塑、绘画、文学、服饰、戏剧、音乐等艺术形式有效结合起来，以打破各种艺术形式之间的界限。总之，如沃尔夫林所言，从文艺复兴时期的艺术到巴洛克艺术的发展，具有从线性到绘画性、从平面到立体、从封闭的形式到开放的形

---

① 李当岐．巴洛克时期的西方服饰文化．装饰，2012（5）.

② 许国彬．西方文化精要．广州：华南理工大学出版社，2009：275.

③ Hanak. The emergence of Baroque mentality and its cultural impact on western Europe after 1550. The Journal of Aesthetics Art Criticism，1970：315.

④ 陈钦庄．基督教简史．北京：人民出版社，2004：219.

式、从分散到统一、从对象的绝对明确性到相对明确性的变化等特征。巴洛克风格将艺术创作者从艺术形式的一端引向截然相反的另一端，实现了艺术形式的极大创新与突破。

一方面，在巴洛克艺术中，截然不同的艺术风格之间相互对抗、竞争，又相互影响、借鉴，如理性主义与神秘主义、封建贵族君王崇拜与中产阶级平民趣味、天主教国际主义与新教民族主义、宗教正统性与思想自由等，这些原本是对立不可调和的，却能在巴洛克这同一时空中得到暂时性的妥协并存。另一方面，诸多完全不同甚至截然相反的要素，会原封不动地集结在同一作品中。如建筑的宏大结构与精雕细琢的局部装饰；绘画中强烈的明暗对比、光影对比、色彩反差；音乐中音的高与低、速度的快与慢、力度的强与弱以及音色的不同，两种对比声的交替——合唱对合唱、独唱声对合唱声、乐器声对歌唱声及器乐组之间的相对，不连续音对连续音，以及受阻的和音与流畅的多声部音的相对等等。①

这样一种风格在 17 世纪欧洲达到全盛时期，萌发于建筑，随后蔓延至音乐、绘画、服饰、文学、雕塑等各个领域，多少呈现出巴洛克的美学特征，即“注重内心世界的发掘，偏重于激情非理性，反对规则和绝对意义等”②。

三、巴洛克建筑

巴洛克建筑风格是在 17—18 世纪意大利文艺复兴建筑的基础上发展而来的，随后很快遍及欧洲各国。巴洛克建筑风格起源于教堂的建造。由焦孔莫·维尼奥拉和焦孔莫·波尔塔设计建造的罗马耶稣会教堂成为巴洛克教堂的原型。③ 巴洛克风格的代表性建筑作品有圣·卡洛尔教堂、罗马圣彼得大教堂的华盖、西班牙巴塞罗那的神圣家族大教堂、威尼斯圣玛利亚教堂、罗马波波洛广场等。主要建筑雕刻艺术家包括贝尔尼尼（Giovanni Lorenzo Bernini，1598—1680）、马代尔诺（Carlo Maderno，1556—1629）、波罗米尼（Borromini，1599—1667）、瓜里尼（Guarino Guarini，1624—1683）等。例如贝尔尼尼以其富有动感的雕塑而闻名，将雕塑、绘画和建筑等艺术形式糅为一体，其代表作品有《大卫》［图 24］、《阿波罗与达芙妮》、《圣德蕾萨祭坛》等，有“巴洛克大师”之称。他于 1624—1633 年间完成的圣彼得大教堂内的青铜华盖（baldacchino）高达 29 米，盖顶由 4 根螺旋形铜柱支撑，前方半圆形栏杆上点有 99 盏明灯，下方 26 米处为大祭坛，制造材料来自万神庙的屋顶，整座华盖气势雄伟非凡。贝尔尼尼的建筑雕塑风格对后来的达·科尔托纳、C. 拉伊纳尔迪等建筑家影响颇大。

巴洛克建筑从追求夸张怪异的手法过渡而来。罗马耶稣会教堂被视为第一座巴洛克建筑。巴洛克建筑的特点为追求动感和自由的表现手法，多用曲面和椭圆形，与传统僵化的古典主义形成鲜明的对照。欧洲各国的巴洛克建筑风格体现出各自的特点。比如意大利的巴洛克建筑富丽堂皇，装饰丰富，色彩鲜明，展示了教皇当局雄厚的财政实力。德国的巴洛克建筑更多凸显出简约典雅的特点，与其内部繁复的装饰形成强烈对比。而西班牙的巴洛克建筑则更凸显出其自由奔放的特点。“巴洛克风格的建筑和雕塑较之文艺复兴时期的作品更具有动态感，就像贝

① 田静．巴洛克时期人文环境对艺术的影响．文艺研究，2006（10）．

② 舍斯塔科夫．美学史纲．樊莘森，等译．上海：上海译文出版社，1986：57－58．

③ 朱虹．在基督教文化视域中重读巴洛克．云南民族大学学报（哲学社会科学版），2012（3）．

尔尼尼的《大卫》一样；文艺复兴时期的建筑和雕塑更注重静态感，即使它如米开朗基罗的《大卫》那般紧凑有力”[①]，并且注重对称和稳重。“外部与内部绝对一致，从建筑的任何一侧看，其外观都是相同的。无论在内部还是在外部，每根线条都受到一股整齐的合力的制约，正是这股合力促成了此类建筑最显著的特征：静止和安宁。十字形教堂的四臂对称，稳若泰山。从圆顶射下来的光线均匀地倾洒在建筑的每个角落，一切都处于一种完成的状态、一种完美存在之中。”[②] 但这一切在巴洛克建筑中都被颠覆。建筑的内外部不再一致，椭圆代替了圆形，凹凸面取代了平面，动态顶替了静态，完满变成了未完成和不确定。相对于集中式平面而言，“纵向式教堂与圆顶的结合是暗示运动感的最有效方法：当观者走近教堂时，就像着了魔似的被引向前方，朝着从圆顶上散落下来的光走去。也正是当观者向前时，圆顶才以一种真正的巴洛克精神逐渐呈现在观者眼前”[③]。

四、巴洛克音乐

巴洛克音乐是指巴洛克时期独特的音乐形式与风格。尽管有学者对将 17 世纪欧洲音乐的各种形式与发展概括为巴洛克音乐持有很大异议，但毫无疑问，这一时期音乐的发展在一定程度上受到了其他艺术形式的影响，体现出一定的巴洛克风格，在音乐内容、形式、演奏媒介等方面与之前的文艺复兴时期相比都有较大的创新和突破。比如这一时期的声乐逐渐显现出了其自身独特的艺术特征，即作品的节奏和节拍变得比较灵活、自由，声乐的织体逐渐转向主调；音乐内容也较之前大胆了很多，人文主义在此得到了充分体现；且创作素材变得日益丰富，神话故事、宗教内容、世俗生活等都在作品中得到了体现。[④] 这是巴洛克时期欧洲各国音乐发展的一个总体特征。但由于各国社会环境不同，这一时期音乐的发展亦有所不同。意大利以歌剧的发展为主要特征。歌剧最早起源于意大利，后传入法国，并与宫廷艺术相结合而得到进一步发展。除此之外，器乐在意大利也得到了很大的发展，并对后来欧洲器乐的发展产生了深远的影响。法国这一时期音乐在封建君主制度的压力下，带有较强的宫廷性质与古典主义倾向，追求感官享受。德国则以宗教性的音乐体裁为主，并出现了著名的音乐艺术家巴赫（1685—1750）。

欧洲各国这一时期的音乐发展虽然体现出各自的特点，但从音乐发展的历时层面而言，具有一定的相通性，它们相互影响和借鉴。这为欧洲古典浪漫音乐顶峰时期的到来铺平了道路，架起了通向未来的桥梁。[⑤] 这一时期音乐呈现出以下特点。首先，内容题材的广泛性。这一时期的音乐既涉及宗教内容，又涉及民众生活，既修饰富丽堂皇的宫廷生活，又描绘清新自然的田园风光，既关注社会政治，又关注神话娱乐，基本上涵盖了一切主题和内容，涉猎极广。其次，音乐体裁上的创新。很多声乐形式都在这一时期诞生，其中最具代表性的有歌剧、清唱剧、康塔塔，还有协奏曲、奏鸣曲、变奏曲等其他形式的声乐。歌剧在这个时代诞生了，宗教

---

① 梅因斯通，等．剑桥艺术史：2：17 世纪、18 世纪．钱乘旦，译．北京：中国青年出版社，1994：30.

② 沃尔夫林．文艺复兴与巴洛克．沈莹，译．上海：上海人民出版社，2007：83.

③ 同②84.

④ 刘俊娜．巴洛克时期声乐艺术的特征．大舞台，2014（7）.

⑤ 谢萍，王月明．巴洛克音乐艺术风格探析．求索，2005（3）.

音乐也摆脱之前刻板生硬的风格变得更加世俗化，更加具有旋律性，二者开始出现大型化与戏剧化的趋势。器乐的高使用率也成为巴洛克时期音乐的重要标志。[①] 具有较强宗教性的清唱剧和康塔塔此时已基本发展成熟。康塔塔也被后人称为大合唱。最后，音乐技巧形式上的突破与变化。这一时期音乐注重对比性和戏剧性的呈现，不管在音节强弱还是在情感的铺垫与表现方面。音乐的节奏旋律自由流畅，有一气呵成、浑然一体之感，同时注重使用低音和主音。这一时期的代表音乐艺术家包括斯卡拉蒂、维瓦尔第、亨德尔、巴赫等。亨德尔（1685—1759）的清唱剧《弥赛亚》《力士参孙》《犹大·马加比》等多取自《圣经》，从侧面描写了英国人的社会生活。另一位巴洛克音乐巨匠巴赫的作品体裁多样，作品内容兼具现实性和宗教性，思想情感深刻丰富，主要作品包括《创意曲》《勃兰登堡协奏曲》等。至于西班牙杰出的复调音乐作曲家维多利亚，“宗教热情、虔敬的精神及禁欲主义的特征，使他的音乐作品同阿维拉的特蕾莎的文章、埃雷拉的建筑和埃尔·格列柯的绘画一样达到了天主教神秘主义的巅峰”[②]。

五、巴洛克绘画

17 世纪欧洲的绘画也体现出明显的巴洛克特征，通常被称为巴洛克绘画。17 世纪之前，“模仿法”始终在规范着艺术和确定它的本质，人们一直沉浸在理性的分析中，追求稳定均衡，追求清晰，摈弃含糊，迷恋事物的表象；而巴洛克艺术唤起的是非理性的觉悟，它使艺术的革命性和精神性都得到了升华。[③] 之前的“模仿法”不再占据主导的地位。这一时期的绘画在色彩、透视、明暗等方面都有很大的突破。它振奋、热烈、生机勃勃，出于人的表现本能，违背理性思维原则，直接引导人们的思维透过物象进入本质，比古典主义更能使观众亢奋；绘画作品开始从追求实体的真实转变到追求视觉的真实，这在西方绘画史上是一个重大突破。[④] 而且艺术家们注重色彩及物体质感的再现：“到了巴洛克时期，在这种对素描与构图重视的基础上，艺术家在色彩和表现手法方面进行了更为大胆的探索；他们喜欢对物体进行具有重量感的描绘，以传达出某种真实有力的画面效果。”[⑤] 这一时期著名的绘画艺术家有意大利画家卡拉瓦乔（1571—1610）和佛兰德斯画家鲁本斯（1577—1640）。

卡拉瓦乔是巴洛克早期绘画的代表。他的绘画中尤其注重展现下层人民的生活现状，揭示出社会的丑陋、教会的阴暗、贵族的虚伪以及人民的苦难生活。他一生宁愿放弃丰衣足食的优越生活，用他的画笔与社会的不公作斗争用他的绘画颠覆各种神圣的形象。他的绘画是他所见所闻所思的真实写照。他把阴暗法引入绘画，并且擅长在绘画中呈现生动活泼的画面。卡拉瓦乔对后世许多著名的画家都产生了深远的影响，例如美国画家道格·奥尔森等。许多艺术家对卡拉瓦乔表现出了崇高的敬意。同名电影《卡拉瓦乔》便是以其传奇的一生为模板拍摄而成。他的大多作品以宗教为题材，其中代表作品包括《圣马太的灵感》、**《基督下葬》**［图 25］、《圣母之死》等，其他类型的作品包括《胜利的爱神》《女仆者》等。

鲁本斯可谓巴洛克绘画的杰出代表。他的作品篇幅巨大、形象饱满、气势宏伟、奔放热

① 朱丹辉．迈向动感：17 世纪巴洛克艺术的时代精神．美苑，2014（2）．
② 弗莱明．艺术与观念．宋协立，译．西安：陕西人民美术出版社，1992：412．
③④ 李晖．从“事实”走向“真实”：浅析巴洛克艺术风格．文艺研究，2008（1）．
⑤ 同①．

情，作品的爆发力和戏剧性极强，例如《强劫留西帕斯的女儿》。鲁本斯将意大利的华美、佛兰德斯式的明晰和光感巧妙地糅合在一起，感官的愉悦与宗教感同步发展，从而创造出乐观、脱俗、充满活力的风格。[①] 鲁本斯尤其擅长人物的刻画，在他的画笔下，人物生动活泼，极富动感，加之色彩的映衬，整幅画栩栩如生。例如**《仙女和森林之神》**［图 26］中，周围的阴影在金色的夕阳光线下将人物凸显出来，儿童、青年、妇女在树下玩耍，左侧辽阔的远方又让整幅画显得非常开阔，画面和谐温暖。而《幼儿基督与约翰及二天使》则近距离刻画出四个天真可爱的孩子，孩子们无邪的眼神足见画家细致深厚的功底。鲁本斯的其他代表作品包括《爱之源》《复活》《末日审判》《亚马逊之战》《下十字架》《银河的起源》等。

第四节 流派纷呈的 19 世纪艺术

【本节关键词】

新古典主义 《荷拉斯兄弟之誓》《泉》 浪漫主义 欧仁·德拉克罗瓦 莫扎特 现实主义 巴尔扎克 居斯塔夫·库尔贝 《画室》 让·卡米尔·柯罗 《孟特芳丹的回忆》 印象主义 克劳德·莫奈 《印象·日出》 阿希尔·克劳德·德彪西 象征主义 波德莱尔 《恶之花》 古斯塔夫·莫罗 《俄狄浦斯和斯芬克斯》 保罗·高更 《雅各与天使搏斗》 戏剧 莫里斯·梅特林克

一、新古典主义

新古典主义（Neoclassicism）源于 18 世纪欧洲的建筑设计，是对之前巴洛克主义和洛可可主义的一种反叛，希望通过模仿古希腊、古罗马的艺术理念，恢复端庄高雅的古典艺术特色。新古典主义推崇艺术的理性，主张排斥主观情感的体现，注重严肃、崇高的精神，追求艺术的完整与和谐性。新古典主义并非一味地模仿和追随，其“新”在于其借助古典主义的艺术形式和题材，结合现实内容，以满足当下的现实需求。18 世纪下半叶法国的资产阶级为了取得革命斗争的胜利，需要从意识形态上给民众灌输反封建的思想，号召人们起来为革命献身。古代希腊罗马的英雄成了资产阶级所推崇的偶像。在这样的历史环境下，产生了借用古代艺术形式和古代英雄主义题材的新古典主义。[②] 新古典主义对文学、音乐、雕塑、建筑及美术等领域都有明显影响，其代表人物包括巴利、卡诺瓦、富拉克斯曼等。

新古典主义绘画发端于法国大革命之前，应资产阶级的需要而产生形成，在欧洲其他国家

① 许国彬．西方文化精要．广州：华南理工大学出版社，2009：275.

② 赵立平．新古典主义美术的概念与特点．文艺研究，2006（11）.

也有一定的影响。其代表艺术家包括维安、大卫、安格尔、斯塔布斯等。大卫和他的学生安格尔是新古典主义绘画最杰出的代表。新古典主义美术由大卫到安格尔是一个转折，在内容上由革命的、与时代相关的事件转向了脱离现实的神话和纯艺术的表现；在形式上由严格的古典主义风格走向了带有华丽东方色彩的古典主义。[①] 新古典主义绘画重视理性的再现，追求画面的完整性和庄严感，注重人物外形轮廓的塑造和刻画，以真实地再现艺术对象；强调素描的重要性，排斥在绘画中使用色彩，甚至认为“只有素描才是真正的艺术”。这些特点在大卫和安格尔的创作中都有明显的体现。大卫的**《荷拉斯兄弟之誓》**[图 27] 中呈现的是势力不均衡的两派人物的对抗。势力较弱一方的后面还有低着头的三位妇女和两个孩子。画面的主题非常明确，画中红色外衣的人物神情镇定，动作决绝有力，为了祖国和革命的胜利宁愿牺牲个人的生命。整幅画充满了高贵庄严的气氛。大卫运用素描的技巧将人物形象勾勒得非常形象清晰，将人物刚毅质朴的精神面貌刻画得非常深刻，并且素描光影的熟练运用一定程度上补偿了色彩运用的不足与单调。大卫的另一代表作《拿破仑一世加冕大典》中的众多人物在他的笔下显得惟妙惟肖，尽显其高超的艺术创造能力和特色。大卫的学生安格尔继承了他的很多创作特色，比如对素描的重视，但略有不同，其中之一便是安格尔非常重视绘画中人物的完整性与立体感。再者，他对线条的重视超过了任何画家，其人物肖像的风格典雅华贵，包括《德赛夫人》、《贝尔登像》、**《泉》**[图 28] 等。他的代表作《泉》花费了三十多年的时间创作完成，将古典美与女性身体之美完美结合，表现了清新绝俗的纯净之美，是西方美术史上描绘女性身体之美的杰出代表之一。大卫和安格尔等新古典主义美术家虽然各自的侧重点有所不同，但他们所遵循的风格大体是一致的，“都以神话和严肃的历史题材创作了一批作品，在构图上强调完整性，强调素描和轮廓，减弱色彩对比。这一系列特征说明新古典主义艺术必须从理性出发，艺术形象的创作崇尚古希腊的理想美；注重古典艺术形式的完整、雕刻般的造型，追求典雅、庄重、和谐，同时坚持严格的素描和明朗的轮廓，极力减弱绘画的色彩要素”[②]。在其他艺术领域，新古典主义也在艺术形态上实现了一定的突破，在雕刻上以浅浮雕为主要表现形式，在音乐上试图摆脱情感的主观性，而在装饰艺术上也尽显古典的气质，并出现了三种倾向，“更大的房屋、图画式的广告和煤气灯照明。它们的设计完全体现了新古典主义的风格”[③]。

二、浪漫主义

浪漫主义（Romanticism）作为与现实主义相对的一种文艺思潮，古已有之，《诗学》中“按照人应有的样子来创作”便是很好的例证。浪漫主义于 19 世纪席卷欧洲各国，是新兴资产阶级个性表达的需要。德国的唯心主义和空想社会主义为其奠定了理论基础。浪漫主义借助想象、夸张等技巧，使用热情奔放的措辞，注重个人情感的抒发和内心世界的刻画，强调艺术家创作的自由和天才灵感以及人性的解放。这是浪漫主义的总体特征。但它在不同的国家和艺术家身上又表现为积极浪漫主义和消极浪漫主义之分。积极浪漫主义者敢于面对现实，用热情斗

---

① 赵立平．新古典主义美术的概念与特点．文艺研究，2006（11）．

② 王鹭．新古典主义绘画的当下解读．艺术评论，2013（5）．

③ 汪洋．新古典主义装饰．世界美术，2005（1）．

志揭露社会的黑暗和不公，同封建势力作斗争；而消极浪漫主义者面对令人不满的现实则选择逃离现实，怀念过去。例如消极浪漫主义在当时的德国和19世纪初的法国尤为盛行。马克思在当时一针见血地指出了德国消极浪漫主义的特征，“一切现实的东西都模糊了，而一切正在模糊的东西都失去了轮廓。对当代的责难，捉摸不定的模糊的感情，缺乏自然性，全凭空想编造、现有的东西和应有的东西之间完全对立、修辞学上的考虑代替了富于诗意的思想”，并且消极浪漫主义者企图借助革命以回到美好的过去，英国的柯勒律治、法国的夏多布里昂等都是消极浪漫主义的代表。但后期由于社会形势的变化和个别作家如德国海涅的努力，积极浪漫主义在这些国家占据了主导地位。

浪漫主义虽然起源于文学创作领域，但其不仅反映在文学领域，还在绘画、音乐、雕塑等艺术领域有明显的表现，形成了浪漫主义画派和音乐。浪漫主义绘画试图从绘画的学院派及古典主义中脱离出来，追求创作的大胆自由，主要有以下特征。首先是艺术对象的具象性与艺术手法的多样性。浪漫主义画家反对运用抽象的表现手法，同时借助比喻、象征、夸张等技巧，主张将艺术形象生动地描绘出来，例如对绘画中对比手法的重视和运用。雨果在其《克伦威尔》序言中就提出“对比的原则”：他“认为自然中所有的事物都是两种不同要素在对比中表现出来的，如雄伟与秀婉、高尚与卑下、至美与至丑、文明与野蛮、人性与兽性、光明与黑暗。这个宣言标志着浪漫主义与古典主义的彻底决裂”[①]。其次强调艺术创作者的个性与情感的表达。浪漫主义画家排斥共性，高度张扬个性，反对将艺术对象千篇一律地表现出来。为此，他们强调光和色彩的大胆运用，减弱素描在绘画中的地位，注重刻画人物的精神面貌，以此流露出创作者对现实的强烈不满。情感是艺术家创作的灵感源泉，他们认为“艺术家应当把感情从一切理性法则中解放出来；反对古典主义学院派的条条框框和冷冰冰的、矫揉造作的作风，认为在绘画中色彩和激情比形体和理性更重要”[②]。法国画家欧仁·德拉克罗瓦（1798—1863）为浪漫主义绘画的重要代表。他在绘画中注重灵感的作用，大胆运用想象力和象征等各种艺术手法，同时受到东方异域情调的影响，以最大限度地展现其绘画的细腻性和情感的饱满性著称。他的作品包括《但丁之舟》《自由引导人民》等。他的代表作**《希阿岛的屠杀》**［图29］取自土耳其士兵血洗希腊小岛的现实题材，通过运用明显的色彩对比，即前景中土黄色和背景中暗灰色的对比结合，加上对于人物在侵略军铁蹄践踏下惊恐表情的细致刻画，以及人物不同形态所呈现出来的画面动态感，将绘画者对人们苦难的同情与对屠杀者的强烈憎恨表露无遗。

浪漫主义音乐的某些元素虽然在18世纪的音乐中早已出现，但现在人们还是将19世纪时期产生于欧洲的具有独特风格的音乐视为浪漫主义音乐。浪漫主义音乐在音乐形式、题材及创作手法上都实现了很大的突破，创作了无数优秀的音乐作品，培育了许多杰出的音乐家，包括莫扎特、海顿、贝多芬、韦伯、肖邦等。虽然每个音乐家的创作特色因人而异，并且浪漫主义音乐很难用几个简单的词语来概括，但它们还是表现出一定的共性。概而言之，主要有以下几点。首先，和其他浪漫主义艺术形式一样，注重情感的表达。没有任何一个时代的音乐能够像19世纪的浪漫主义音乐那样热衷于情感的表现。[③] 其次，重视民间音乐。浪漫主义音乐是在欧

---

① 《外国美术史及作品鉴赏》教材编写组．外国美术史及作品鉴赏．北京：高等教育出版社，2007：237.

② 彭亚，黄斌．外国美术史．开封：河南大学出版社，2003：176.

③ 邢维凯．情感艺术的美学历程．上海：上海音乐出版社，2004：103.

洲民族解放运动的背景中产生的。对民族命运的关切、对祖国的热爱和思念都贯穿于音乐家的创作中，这在肖邦等流落他乡的音乐家身上都有明显的体现。最后，浪漫主义音乐家并未彻底抛弃传统的音乐形式，还坚持运用交响曲等形式。

三、现实主义

现实主义（Realism）与浪漫主义是西方艺术史上最为重要的两种文艺思潮。现实主义作为一种文艺运动源于19世纪的法国，在欧洲各国资产阶级革命胜利的社会背景下发展起来。西方现实主义的源头可以追溯到古希腊罗马时期，其表现手法上不同程度地借鉴吸收了之前的启蒙运动和浪漫主义。但不同于浪漫主义注重想象和情感抒发，现实主义力求艺术创作的逼真性与准确性，强调再现现实的本来面目，注重理性而排斥理想主义和情感表现。作为文学领域最常见的概念之一，"现实主义"一词最早出现于米勒的著作中。现实主义文学是西方文学史上最重要的文学流派之一，并产生了一大批现实主义作家，例如巴尔扎克、福楼拜、萨克雷、莫泊桑、狄更斯等。巴尔扎克更是自称为"法国社会的书记员"，并且将其影响不断扩大至其他艺术领域，比如现实主义画派就是在这样的影响下产生发展起来的。

现实主义画派主张尽力展现客观世界，细致入微地刻画人物和生活，注重塑造典型环境中的典型人物。现实主义画派的首要特征便是追求真实性，要求画家再现生活的真实面目，而不去描绘精神幻想层面的画面。再者，注重细节的描绘。要真实地再现艺术家的所闻所见，细节的把握是其成功的关键，由此才能刻画出惟妙惟肖的人物面貌。它是艺术家根据现实生活的原来特征和具体场景，精确、真实、客观地描写，重视揭露现实生活黑暗面或自然本质特征的一种创作方法。① 居斯塔夫·库尔贝（1819—1877）是现实主义画派的奠基人。尽管他的画作《画室》在当时遭到了展览方的拒绝，但他自己举办的画展却受到了年轻一代的拥护，并由此引发了一场关于现实主义的论战。他在绘画中注重展现社会底层人民在新社会形势下的苦难生活，具有一定的现实批判性。库尔贝在发掘社会现实生活中不被人重视的美和纯朴的外光技术方面也为后来的画家们起到了引导作用，他的作品表现为自始至终的现实主义审美取向、表现主题的绘画技巧、多元的创作题材。② 其《画室》是现实主义绘画的杰出代表作之一。作者处于画面的中心位置，左右两边展现了全然不同的两个世界。左边为外面世界日常生活的展现，既有养尊处优的达官贵人，有艺术家，也有生活于苦难之中的下层人民。右边呈现的则是作者自己日常生活中所交往的人。作者画板前面的儿童、旁边的模特和后面的石膏像尤其引人注目。作者通过人物的精心选择和细腻刻画，使整幅画具有很深的寓意，每个人物后面蕴藏着一种象征意义，例如儿童象征着未来和希望，仿佛是作者生活的现实世界的再现。"象征寓意在库尔贝的《画室》中还有着更为丰富的体现。左边戴绿帽子和拿吉他的人代表浪漫主义，报纸上的骷髅象征着压制思想自由，衣衫褴褛的妇女代表贫困，还有犹太人、神甫、商人、贫民、猎人、农民、妓女等等，这些都体现了画家对社会现实的揭示。"③ 他的其他代表作品，诸如

---

① 赵武广．19世纪法国现实主义绘画的特性探究．济南：山东师范大学，2013.

② 张继超．浅谈19世纪法国现实主义绘画．美术大观，2008（12）.

③ 同①.

《奥尔南的葬礼》《库尔贝先生，您好》《采石工》等都体现了他高超的现实主义绘画技巧。

让·卡米尔·柯罗（1796—1875）为现实主义绘画的又一杰出代表。他尤擅长风景绘画，其画笔触柔和，色彩明亮，画面清新透明。从他的画中可以感受到法国优美的自然风光，田野、山林、海水等构成一幅风景优美的自然图，真实地呈现在眼前，充满诗情画意，体现了他所信奉的“大自然先于一切”的理想信念。同时，他也擅长肖像画的创作。《戴高帽子的男孩》将乞讨儿童的悲惨现状刻画得淋漓尽致，尽显批判现实主义色彩。在后来的创作中，柯罗将作品的抒情性与自然风景和谐地融合在一起，更显其绘画中诗的特质。**《孟特芳丹的回忆》**［图30］便是其中的代表作。画面中右边的大树占据了绝大部分空间，左边干枯的树下三位年轻的姑娘正在采拾树上和地面的果实；树旁的湖水清澈见底，倒映出远方朦胧的山峰；树枝和树叶在微风中同时向左倾斜，耳边似乎响起瑟瑟的树叶声。整幅画充满清新自然的诗意美，但又不失真实感，给人一种身临其境的感觉，仿佛还能听到湖水流动的潺潺声，闻到大自然中花草的芳香和清新甜美的空气，犹如仙境一般，而左边那棵弯曲的小树为画面增添了几分柔弱的感觉，平添了几分抒情性。柯罗一生创作作品无数，不同时期又呈现出不同的风格和特色。他不仅描绘风景，还将其中蕴含的美诗意地呈现在观众面前。他的其他作品包括《夕阳》《罗马竞技场》《沙特尔大教堂》《睡眠中的狄安娜》等。他超凡的笔触将大自然和人物魔幻地呈现在人们的眼前，为人们创造了一个极富诗意的世界，对后来绘画史的发展具有深远的影响。

四、印象主义

印象主义（Impressionism）源于19世纪下半叶的法国，所涉及的领域包括美术、音乐、文学等。其名称源于对《印象·日出》等类似绘画风格的调侃——被称为“印象派”，因此，印象主义也被称为“印象派”。此艺术流派的画家试图突破古典主义的种种清规戒律，同时也尝试克制如浪漫主义般在绘画中过多表露情感。他们的绘画创作不再以题材内容为中心，而是将重心转移至诸如色彩和线条等表现元素上，以创造出一种强烈的视觉效果。当时科学发现，尤其是物理科学的发展表明，物体颜色与照射在它身上的光线及其反射的光线有很大的关系。“印象派”艺术家们受其影响，尤其注重绘画中色彩的自然变化，并将其置于具体的氛围中表现出来。

印象主义是西方艺术史上重要的绘画艺术流派，其代表画家包括莫奈、马奈、毕沙罗、雷诺阿等。他们试图突破古典传统的绘画规则，努力摆脱学院派的限制，艺术家主观感受的表现成为绘画的重要目标。他们突破了传统的绘画模式和色彩观念，创立了以光源色和环境色为核心的现代写生色彩学，建立起一套新的色彩观和绘画表现手法，并引出新印象派、后印象派等艺术流派，由此影响到整个艺术观念的转变，最终促使现代艺术产生。[①] 爱德华·马奈（1832—1883）为印象派的先锋人物，对印象派的形成起到了决定性的作用，其作品《草地上的午餐》在当时受到了不少致力于打破传统古典绘画模式的年轻艺术家的追捧。他在绘画中率先摒弃明暗法，选择从自然光线的角度再现现实生活和风景人物。克劳德·莫奈（1840—1926）是印象派的主要代表。他和雷诺阿合作完成的作品《青蛙塘》成为印象派诞生的标志。

---

① 葛佳平，董绪文．解读印象主义．美术报，2004－12－04．

印象派的一个显著特征便是善于抓住瞬间的视觉感受，这点在莫奈创作中表现得尤为突出，他试图将稍纵即逝的美景定格于其绘画作品中。为此，他抛弃很多细节性的元素，比如阴暗、轮廓等。其代表作**《印象·日出》**［图 31］描绘了一个雾气缭绕的港口清晨：河面上泛着小舟，远处依稀可见微弱的日光。小舟及港口处的景色模糊不清，毫无轮廓感，一切仿佛是色彩在空气中的随意流动。但他对光和色的精准把握将清晨港口一瞬间的视觉效果有效地传达出来，使画面呈现出一定的动感。

印象主义音乐产生于 19 世纪末 20 世纪初的法国，此时是转向现代音乐的重要过渡期。印象主义音乐试图超越现实而更多地关注音乐中感觉的传达。“印象主义音乐将音响与音色作为其追求的目标，认为音乐艺术只能以暗示或者提供一种意象的手法来表现其魅力，主张用织体、色彩和力度来取代由浪漫派音乐家完善了的调式原则、和声进行规范和音乐结构模式，因而形成了印象主义音乐所特有的一种纤巧、稀薄、朦胧、飘逸的音乐风格”[①]，在曲式编排、结构、节奏、音色、乐器等方面都有很大的创新。德彪西和拉威尔是印象主义音乐的代表人物。阿希尔·克劳德·德彪西（1862—1918）为印象主义音乐的领军人物，其作品《牧神午后》以象征派诗人马拉美的诗歌为底本，“描写一个牧神在炎热的阳光下，昏昏欲睡时产生的种种幻觉”[②]，传达出一种梦幻朦胧的细腻感，为此音乐流派的代表之作。

印象派之后出现的新印象派开始于 19 世纪 80 年代，主张将印象派的技巧与科学研究和实践相结合，其代表人物为修拉。由于其色彩技巧的创新和特色，该派又被称为“点彩派”。除分色技法外，新印象派还试图把色彩、线条的表现性与情感的特质结合起来，并概括提炼为一种科学的法则。[③] 后印象主义使印象派在突破传统的道路上又向前迈进了一步。这一流派的艺术家给予形式很高的重视，强调将主观情感融入艺术客体中，而不再单一追求光和色彩在艺术创作中的作用，其主要代表包括梵高、塞尚等。

五、象征主义

象征主义（Symbolism）为 19 世纪末出现于法国等欧洲国家的一种文艺思潮，与当时的自然主义运动相对。诗人让·莫雷亚斯在其发表的《象征主义宣言》中首次使用此名称，标志着此艺术流派的诞生。象征主义艺术家包括诗人波德莱尔、音乐家瓦格纳等。象征主义强调主观印象，重视个人情感的抒发，通过怪异神秘的形象表达内心的感受。例如象征主义派的先驱波德莱尔在其代表作《恶之花》中，通过奇特怪异的意象塑造将压抑痛苦的病态之感表现得淋漓尽致。象征主义追求一种艺术上的模糊性，让人在似懂非懂的状态中体会艺术作品背后所蕴含的深意，反对在创作中如实地反映客观现实，强调直觉、神秘、以丑为美的病态感，作品中多充斥着一种压抑的情绪，有很强的主观唯心主义倾向。象征主义与自然主义所主张的纯客观截然相反，它不注重客观世界的描写，而是重视通过暗示、象征、夸张等手法再现主观世界。象征主义早在浪漫主义时期就有所发展，与消极浪漫主义有某些相似之处。

---

① 马晓鹃．印象主义音乐产生原因之我见．齐鲁艺苑（山东艺术学院学报），2002（4）.

② 于润洋．西方音乐通史．上海：上海音乐出版社，2001：323.

③ 杨金鸥．印象主义运动：由传统走向现代．南京：南京师范大学，2002.

象征主义起源于诗歌领域，后对绘画、戏剧等艺术领域的创作都有很大的影响。象征主义绘画致力于表现主观世界而不重视外在客观世界，通过运用隐喻、想象等技巧揭示一种似是而非的梦幻感和虚无缥缈感，有时甚至晦涩难懂。象征主义绘画大师包括莫罗、夏凡纳、雷东、高更、克里姆特等。法国画家古斯塔夫·莫罗（1826—1898）为象征主义绘画的领军人物，其绘画的题材多取自《圣经》等宗教和神话故事。其代表作**《俄狄浦斯和斯芬克斯》**［图 32］取自希腊神话，画面描绘了斯芬克斯和俄狄浦斯问答的场景。莫罗对色彩和光的到位把握，使斯芬克斯邪恶怪异的形象与俄狄浦斯俊朗的面容在暗淡背景的映衬下形成鲜明的对比，暗示着一种善与恶的较量，具有较强的象征意味。在莫罗的大多数作品中，女性都被赋予一种邪恶的性质。此外，他的绘画中还带有明显的东方情调，充满了神秘的气息。他的绘画中融合了古典主义、浪漫主义及象征主义的特征。他的其他代表作品包括《莎乐美》《独角兽》《命运女神和死亡天使》等。保罗·高更（1848—1903）是象征主义绘画的另一重要代表。《绘画中的象征主义：保罗·高更》的作者阿尔贝·奥里埃高度肯定和赞扬了高更在象征主义绘画中的地位和成就。高更敢于在艺术上突破自己，曾言："没有任何一个人教给我什么，我知道的东西的确是很少的，但我宁愿这不多的东西属于我自己。谁能知道，这为数不多的东西，被别人利用之后，不会变成一种伟大的事物呢？一个运动的出现是经过了多少世纪的创造。"① 高更的代表作品有《裸体习作》《黄色的基督》《美丽的恩琪拉》等，而其创作的**《雅各与天使搏斗》**［图 33］更被视为象征主义绘画的宣言之作。高更的绘画注重和谐平衡的构图，不太重视色彩的对比，画面具有很强的几何图形感。《雅各与天使搏斗》以宗教为题材，描绘的是农妇们在牧师布道时眼前出现的幻象。画面由搏斗场面、农妇以及树下的牛三部分组成，利用大小比例使画面呈现出很强的透视感，并用红色、白色、黑色三大主色将画面有效地分离开来，以红色背景下天使与雅各的搏斗来衬托农妇们幻觉中的模糊感，同时凸显画面的层次感，总体上给人一种非常真实的错觉。这一切都得益于"高更的平面化却冲击力极强的构图表现"②。

象征主义的影响在 19 世纪末扩展至戏剧领域，其主要代表为梅特林克、易卜生等。诺贝尔奖获得者莫里斯·梅特林克（1862—1949）在象征主义戏剧中的地位举足轻重，在戏剧实践及理论上都有着深刻的见解。梅特林克的戏剧不在于表现人物的曲折经历或奇特幻想，而是呈现人物内心情感的变化，因此他的戏剧通常被称为"静态戏剧"。他认为戏剧创作应摆脱现实世界，通过刻画人物的内心变化而非外在行动，揭示隐藏在生活表象后面的神秘的真实，人们应该静心领会这种真实。他认为"存在着成千上万比激情的法则更为有力更为神圣的法则；但是，与一切不可抗拒的事物一样，这些法则是沉默、慎重、移动缓慢的。因此只有在微光中才能看见它们，只有在沉思的宁静的时刻才能听见它们"③。梅特林克创作题材多以宗教、生死等话题为主，更增添了几分神秘主义的气息。他的代表作品有《盲人》《青鸟》《蚂蚁的生活》等。虽然梅特林克的创作并非十全十美，但是"对于整个西方现代主义戏剧理论史而言，梅特林克的象征主义理论还是极具开拓性的——后来的表现主义戏剧就从其中汲取了神秘主义和非理性元素。在西方戏剧创作家群体中，叶芝、王尔德都不同程度上受教于梅特林克的象征主义戏剧，而斯特林堡曾明确承认自己是梅特林克的'信徒'"④，由此可见其所产生的深远影响。

---

① 高更．高更给妻子和友人的信．马兰格，编；闵希文，译．北京：东方出版社，2001：281.

② 赵葳菁．画他之所梦：高更的象征主义绘画艺术．上海：上海师范大学，2010.

③ 梅特林克．谦卑者的财富：智慧与命运．孙莉娜，高黎平，译．哈尔滨：哈尔滨出版社，2004：44.

④ 李泽涛．象征主义戏剧艺术探究：以易卜生、梅特林克和奥尼尔为个案．西安：陕西师范大学，2011.

第五节
创新与怪诞：20 世纪的西方艺术

【本节关键词】

解构性　技术性　立体主义　毕加索　《格尔尼卡》　表现主义　瓦西里·康定斯基　《即兴曲（峡谷）》《论艺术的精神》　未来主义　翁贝特·波丘尼　服饰领域　建筑领域　达达主义　马塞尔·杜尚　超现实主义　布列顿　《超现实主义与绘画》　萨尔瓦多·达利　《记忆的永恒》　波普艺术　汉密尔顿　安迪·沃霍尔

一、20 世纪西方艺术的特点

20 世纪的西方社会经历了两次世界大战，战后，经济迅速发展，科学技术突飞猛进，人类文明也随之迈入了崭新的阶段。流派纷呈的 19 世纪艺术在西方艺术史上创造了前所未有的艺术表现形式。然而，越来越多的艺术家试图在此基础上有所突破，以期以不同的方式来展示现实和传达情感。西方艺术史的发展历经了以下四种艺术观念："再现艺术、表现艺术、形式艺术和观念艺术四种，每一种艺术观念都试图从不同角度对艺术进行本质的把握，每一种艺术观念都适合解释特定样式的艺术。"[①] 再现艺术论将艺术视为再现现实世界的工具和手段，认为艺术的终极目标是要通过模仿最大限度地再现现实世界。再现艺术论从古希腊时期的柏拉图、亚里士多德等哲学家开始一直在西方艺术界占据着重要位置。艺术处于服务现实世界的次要地位，亦步亦趋。例如在古典时期空间透视法的运用就是旨在建立一个逼真的世界。古典时期，审美形式的鲜明特征就是利用透视所制造的空间感，力图还原事物的客观真实性，再现性的艺术形式占统治地位。[②] 表现艺术论认为艺术家借助艺术这一形式来表达情感，强调艺术家自身的个性与独立性，比如浪漫主义时期的艺术家被视为天才。作为情感的表现，真正的艺术与上述一切毫不相干，真正的艺术家尽力解决表现某一情感的问题。[③] 形式艺术论则注重艺术的形式表现，回归到艺术本身进行思考，注重艺术的纯粹性。艺术的形式与内容分离，注重艺术的形式元素，例如线条、色彩、布局等。形式可脱离主题，内容只是根据形式的需要而选择。观念艺术论的核心是强调艺术家在新时代的创新以及对传统的否定和突破。此四种艺术观念在不同时期的西方艺术中发挥着重要的作用。作为 20 世纪的现代西方艺术，其创作倾向与特点中体现出来的艺术观念则更趋向于后两种。虽然颇受争议，但是这些新的艺术形式还是获得了很大的成功。因此，20 世纪的西方艺术可谓精彩纷呈，现实主义、现代主义和后现代主

---

① 王拥军．西方艺术观念的历史变迁．艺术百家，2005（4）．

② 曹晖．论西方艺术的视觉形式与主体性．文艺研究，2012（7）．

③ 科林伍德．艺术原理．王至元，陈华中，译．北京：中国社会科学出版社，1985：117．

义等艺术流派并行发展，构成了独特的艺术景观。尽管20世纪的各艺术流派，包括表现主义、原始主义、立体主义、象征主义、存在主义等有其各自的独特性，但还是呈现出共同独特的艺术特征。

首先，20世纪的西方艺术体现出很强的解构性。西方现代派艺术是对古典艺术规则的"解构"。中古时期和文艺复兴时期所注重的艺术品的完整性与统一性原则被打破，艺术家们尽其所能追求艺术创作上的新奇，达达主义的反艺术便是很好的例证。兴起于第一次世界大战的达达主义，旨在颠覆欧洲旧有的文化秩序，将艺术从神坛上拉回普通生活中，将生活中的日用品改造成艺术品。艺术的创新甚至体现在"以丑为美"上。从某种意义上来说，整个西方现代艺术活动是对视艺术为美好现象的载体这种传统艺术观念的一场策反，某种程度上也正如大多数人所言，西方现代艺术也可以称为"丑怪艺术"。①

其次，对形式的重视。20世纪的西方艺术观趋向于形式艺术论，将形式置于高于内容的位置。并且认为形式本身就是内容，色彩、光线等形式元素具有和内容一样的意义。不少艺术理论家还将对形式的注重进行理论上的建构，例如卡西尔提出了"形式理性"的概念。其中最为人所熟悉的应为克莱夫·贝尔（1881—1964）所提出的"有意味的形式"："对于圣索菲亚教堂和沙特尔主教堂的玻璃窗、墨西哥雕刻、一只波斯碗、中国地毯、乔托在曼图亚的画，以及普桑、弗朗切斯卡和塞尚的杰作，它们共有的品质是什么？只有一种回答是可能的——有意味的形式。在每一件作品中，激起我们审美情感的是一种以独特方式组合起来的线条和色彩，以及某些形式及其相互关系。这些线条和色彩间的相互关系和组合，这些给人以审美感受的形式，我称为'有意味的形式'。"②"有意味的形式"基本上颠覆了古典时期的再现艺术观，强调艺术形式的审美特性，为后来的印象派等奠定了坚实的理论依据，是对"为艺术而艺术"的口号的积极回应。这一时期的西方艺术追求艺术的自由性和非功利性，趋向于将艺术与社会、历史分离开来。

再次，以艺术家或作品为主导，注重对人内心世界的挖掘与开发，过分追求艺术的感性层面，注重艺术的情感表现，依靠直觉体现；或者走向另一端，过分注重艺术的理性层面。"法国柏格森的独特情感说、意大利克罗齐的抒情表现说、英国瑞恰兹的情感语言说、美国阿恩海姆的情物同构说、奥地利的弗洛伊德的情结说、英国的贝尔和弗莱的情感塑形说、德国卡西尔和美国苏珊·朗格的情感符号说、法国杜夫海纳的情感先验说"③ 都是注重艺术情感的理论例证。而另一方面，"苏珊·朗格将艺术情感内容加以理性化，强调情感内容的普遍性和人类性抽象特点。她又将艺术形式加以理性化，认为符号形式是一种'逻辑形式'或'概念性形式'，蕴含着人类的情感概念意义和'理性思维价值'"④。在作品层面，注重主客体的交融，突破了传统的主客体二元模式。同时强调艺术创作的无意识和潜意识。正如弗洛伊德所言，"艺术创作也如梦一样，是无意识欲望在想象中的满足"。

最后，较强的技术性。科学技术的发展也在一定程度上改变了艺术地位、创作与传播的模式。"20世纪30年代，德国思想家本雅明（1892—1940）发表了《技术复制时代的艺术作品》《摄影小史》，把摄影和电影作为现代艺术来进行理论分析，结果遭到诸多批评……本雅明敏锐

① 刘军．现代西方艺术的异化现象．美术学报，2013（4）．

② 贝尔．艺术．薛华，译．南京：江苏教育出版社，2005：3-4．

③④ 黄南珊．领尽风骚的情感精灵：20世纪西方艺术情感理论扬榷．学术交流，1996（1）．

地发现了现代艺术的一个新特质，那便是技术。”① 例如在电影的拍摄、后期制作、特效镜头等方面，人的主体性受到了技术的极大挑战。技术的飞速发展还促使艺术创作中异化现象的产生与发展。科技经济的发展、生活方式和审美趣味的改变，愈发使人感受到现实生活的焦虑、空虚和迷茫，成为艺术家们创作的灵感来源与主要题材。“在现代主义作品中，人被抽象化了，人物往往成了现代主义者所崇拜的哲学观念的化身。人是荒诞，人是生之绝望的体现。人不是走向精神的新的建设和更新，而是日渐变为一种变态、破烂不堪的东西……人被分解为心理因素、无意识、本能冲动，从而也被阉割了其社会本质，人失去了自身的完整。”② 此外，这一时期的西方艺术还体现出如下特点。例如注重作品的开放性与不同读者对同一作品的不同阐释；在艺术流派上，强调多元共存发展，漠视权威，“我们无法期望出现一个主流思潮以便汇合其他流派，相反每种艺术思潮都有消失的危险”③；将艺术品视为自足的客体实在，“在现代西方哲人眼中，艺术作品虽然是人的思维的产物，可它已从观念的客体升腾为实在的客体，不属于人的观念对现实的模仿，不属于人创造出来的第二自然，相反，一首诗、一件作品的完成就意味着一个崭新的真实世界被创造出来……每个人面对一部作品也就是面对一种生活，并从这具体作品中可以看到整个世界和人生”④ 等。

二、20 世纪西方主要艺术流派

（一）立体主义

立体主义（Cubism）于 20 世纪初起源于法国，是西方艺术史上一个重要流派，对后来的表现主义、未来主义等产生了很大的影响，由著名艺术家乔治·布拉克和毕加索创立。立体主义起源于绘画和雕塑，通过使用变换不同的几个视角、线条等呈现出二维空间感的特色。艺术家将不同视角的物体形象绘置于一幅画中重新组合，呈现出错综复杂的破碎感。它向观众展示了一个完全不同于现实世界的画面。立体主义的发展主要经历了以下三个阶段。第一阶段为 1907—1909 年的早期立体主义，也称为塞尚时期，法国印象派画家塞尚对立体主义产生了深远的影响，甚至有人声称“谁理解塞尚谁就理解立体主义”。他使用富有凝聚力的绘画方式，其作品深刻影响并革新了 20 世纪美术，特别是 1895 年首次个人展和 1907 年作品的官方回顾展，他对物体体积感的追求和表现，为“立体派”开启了思路。⑤ 第一阶段的代表画家为布拉克和毕加索，后者的《亚维农的少女》被视为立体主义绘画创作的标志。第二阶段为 1909—1912 年的分析立体主义时期，其主要代表为胡安·格里斯。最后阶段为之后几年的综合立体主义时期，此时的客观物体在绘画中不再是重点，而是转向关注如何运用抽象的结构形式将具体的物象表现出来。

---

① 辛楠．技术复制时代的艺术理论：对 20 世纪西方艺术理论的另一种解读．人文杂志，2009（6）．

② 钱中文．现实主义和现代主义．北京：人民文学出版社，1987：21．

③ 罗建平．感觉的打碎和超越：二十世纪西方艺术特质论．社会科学，1995（7）．

④ 张澜．现代西方艺术的审美进向．学习与探索，1993（2）．

⑤ 王昕．立体派的创始人——乔治·布拉克和帕布罗·毕加索．数位时尚：新视觉艺术，2013（2）．

立体主义的艺术大师首数毕加索（1881—1973）。毕加索出生于西班牙，是当代最具创造力的艺术家，涉猎极广，在雕塑、版画等领域创作了无数优秀的作品，其绘画代表作品包括《亚维农的少女》、**《格尔尼卡》**［图 34］等。毕加索一生的创作大致可分为充满忧郁的蓝色时期、陷入爱恋时的粉红色时期、黑人时期、分析立体主义时期以及综合立体主义时期。其创作中不刻意追求任何艺术理论与规则，而是任凭想象和激情大胆创新，在不同风格之间自由穿梭，其代表作《格尔尼卡》中结合了立体主义、现实主义与超现实主义的表现手法。作品以二战时期的一场轰炸为背景，表现了创作者对战火的痛恨。整幅画由单调的黑、白、灰三色构成，人、马、牛、残肢等各种支离破碎的物象散落于画面上，令人不安与恐惧。画中间的动物张开嘴嘶吼的样子，仿佛能使人听到人们痛苦的嘶喊与呻吟，由此深刻揭示出战争对人性的残害和对社会的破坏。“它向观众传达的情感，与毕加索投入其中的情感同样地强烈。也许只有在发生这种融合的情况下，艺术家才能在有效传达的同时，创造出伟大的艺术。”① 立体主义的另一位杰出艺术家布拉克的影响也非常深远。他与毕加索一起创立此流派，立体主义这一名称便源于他的作品名。他将数字、拼贴等技巧引入绘画，影响了毕加索，其代表作品包括《单簧管》《二重奏》《曼陀铃》等，尤其擅长静物画与风景画。

（二）表现主义

表现主义（Expressionism）是现代西方艺术的重要流派之一，20 世纪初起源于德国，开始于绘画等领域，后传播至文学、音乐、建筑、雕塑等领域，不注重对客观事物的模仿，旨在通过夸张扭曲的形象表达艺术家内心焦躁不安的情感。表现主义尤其注重艺术家自身视角的呈现，以表达情感和知觉，体现出明显的表现艺术观。20 世纪表现主义艺术在其主要发源地的德国经历了以下几个阶段。首先是桥社时期，代表人物包括黑克尔、米勒等。他们注重主观情感的表达，试图在创作中融入生活。其次是 1911 年建立的青骑士社，代表人物包括表现主义绘画大师康定斯基等。这一社团的艺术作品具有很强的非理性和抽象特征。最后是于 1923 年出现的新客观社，代表人物包括格罗斯、迪克斯等。与前两个社团有所不同，新客观社主张细节性的刻画，旨在揭露丑恶黑暗的现实。埃米尔·诺尔德（1867—1956）为德国表现主义的先驱，特别注重色彩的音乐性及艺术的原始性本质，其代表作品有《最后的晚餐》《群童中的基督》《基督与罪人》等。

表现主义最先源于绘画领域，被视为抽象主义艺术鼻祖的俄国艺术家瓦西里·康定斯基（1866—1944）为表现主义绘画的主要代表，代表作品有《乐曲》、**《即兴》**［图 35］《构图 2 号》等。组画《秋》《冬》采用抽象的线条与色彩来表达季节的变化。“康定斯基认为，艺术不是从现实，而是从主观想象出发，应该抛弃物质转向精神，而精神世界不是表现在一般的形体中，而是表现在圆形、三角形、菱形和梯形中。这些形体是表达精神世界最简洁的符号，《黑方块》（1923）是康定斯基理论的具体表现。”② 其作品《即兴曲（峡谷）》便体现出他强烈的表现主义色彩。整幅画由不规则的几何图形和错杂的色彩堆砌而成，给人一种错乱、恐惧、压抑的感

① 盖多．艺术作为自传：毕加索的《格尔尼卡》．许春阳，译．世界美术，2007（3）．

② 张荣生．俄国画家康定斯基．外国文学，2009（4）．

觉，毫无现实的踪影，而是现实世界在艺术家想象和感受中的呈现。康定斯基不仅是最先以抽象形式表现情感和想象的画家之一，还是不断将实践上升至理论层面思考的艺术家，《论艺术的精神》《关于形式主义》《点、线、面》等著作是其阐述艺术理论的主要代表。在其代表作《论艺术的精神》中提出了“无物象绘画”概念，“认为这种艺术形式源于艺术家在试图摆脱外在物象的束缚、寻求表现自我精神世界时的一种内在需要；在此基础上，康定斯基指出，抽象艺术有着比具象艺术更为自由、更为广阔的表现空间”①。他认为优秀的艺术家应该试图让图形、色彩等形式与人的内心情感建立紧密对应的联系。形式本身就是具有传达情感功能的内容。此外，他将音符与色彩相对比，认为两者在创作上具有类似的效果。他还将其部分作品命名为音乐的名称。“在他看来，用色彩来展现音乐中的心灵震荡的效果，并直接达到精神深处，是那些只将眼光盯着客观世界的艺术家们所不具备的能力。这是一种直接倾听和再现‘内在声音’的能力。”②

（三）未来主义

20世纪初的西方艺术还出现了未来主义（Futurism）这一艺术思潮。未来主义起源于20世纪初的意大利，还发展至英国、俄国等其他国家。未来主义艺术家在各个领域实行其艺术主张，包括文学、绘画、雕塑、戏剧及室内设计等。未来主义对后来的超现实主义、装饰艺术等产生了很大的影响。未来主义艺术家对技术、现代工业等情有独钟，喜欢年轻和暴力，认为人类科技的发展征服了自然，高度赞颂科技文明。此外，未来主义还赞成战争，主张男权主义。其发起人马里内蒂将未来主义称为“一次反文化、反哲学的运动”。宣言、作品和展览是未来主义运动的三个要素。③ 在意大利诗人马里内蒂发表《未来主义的创立和宣言》后，《未来主义绘画宣言》《未来主义建筑宣言》《未来主义服饰宣言》也随后发表。

翁贝特·波丘尼（1882—1916）是未来主义画派的主要代表，于1910年发表了《未来主义绘画宣言》，主张绘画表现“现代生活的旋涡——一种钢铁的、狂热的、骄傲的、疾驰的生活”，强调物体的运动和变化。其代表作包括《美术馆里的骚动》《城市的兴起》等。除了未来主义艺术家的创作外，其重要意义还在于“促进了大家对我们时代的典型事物的一种新的感受，如对机械的感受；促进了大家对现代人最切身的事物的感受，如对速度的感受”④。再者，服饰和建筑领域也呈现出明显的未来主义特征。例如在服饰领域，“它号召人们废除传统暗淡的色彩、呆板的线条，代之以色彩鲜明、线条富有运动感的新服饰”⑤；服装设计理念的着眼点在于未来，比如对太空等题材的青睐，注重造型的立体化，呈现出机械化的特色，并配合使用一些譬如金属等具有特殊质感的材料，打造出强烈的未来感。圣·埃利亚（1888—1916）为未来主义建筑的领军人物，强调将现代工业成果运用到建筑中去，通过使用新材料来最大限度实现建筑的功能性。在建筑的装饰方面，他认为“唯一的装饰是它的线条和凸出部分的

① 万小平．抽象与情感：康定斯基的艺术．文艺研究，2007（7）．
② 李于昆．康定斯基：抽象艺术的先觉者．西南民族大学学报，2005（3）．
③ 吴昊．对未来主义的再认识．美术，2011（2）．
④ 里德．现代绘画简史．刘萍君，译．上海：上海人民美术出版社，1979：60．
⑤ 吴琼．解析未来主义服装设计特征．大舞台，2013（6）．

固有的美，以它机械简单、非常丑陋而美”[①]。现代主义的建筑师们基本上采用了他的这种观点。

（四）达达主义

达达主义（Dada）为20世纪初产生于法国等欧洲国家的一种艺术流派。“达达”一词源于法语，原指“摇木马”，有“糊涂、无所谓”之义。几个流亡于苏黎世的青年随意翻开一本词典，碰巧翻到此词，便将其作为团体的名称。达达主义由此得名，由此可见此艺术流派所倡导的随意性。达达主义最明显的特征便是其反抗性与否定性，包括反政府、反艺术、反传统、反审美、反道德等，反对一切现有标准和既有模式。达达主义艺术家“一方面破坏着现存的秩序和制度，另一方面也涉及了人的创造行为的一个未知领域”[②]。达达主义者追求艺术的随意性和虚无性，主张破坏一切，揭示了第一次世界大战后人们内心的恐惧与迷茫。二战之后，随着许多新的文艺思潮的产生，达达主义逐渐式微。虽然达达主义在西方艺术历史中持续时间较短，也未发展成为一种成熟的文艺思潮，其解构性大大超过建构性，并未留下具有建设性的艺术理论，但正是由于其极端的破坏性与毁灭性，它为后来众多的现代主义及后现代主义艺术流派的产生奠定了一定的基础。

达达主义的悖谬在于它虽然极力提倡反艺术，但它自身却成了一种独特的艺术。达达主义的代表人物众多，包括马克斯·恩斯特、罗尔·豪斯曼、让·克罗蒂等。马塞尔·杜尚为达达主义主要代表之一，对第二次世界大战之后的西方艺术有着深远的影响，其代表作包括《蒙娜丽莎》《泉》等。杜尚将一小便池作为艺术品起名为《泉》，并将其送至美国纽约展出，却由于其超前的艺术观念遭到了艺术展举办方的拒绝。杜尚借用此作彻底否定了过去人们对艺术的界定与认识，将艺术品从神圣的位置上拉下来，拉回人们的日常生活中。生活中任何现成品都可以作为艺术品，都具有潜在的艺术审美性。“达达主义的作品最直接地表现出了创作者对于世界的直观认识和他们对美的理解：一方面反映了他们对社会生活的观察和体验；另一方面运用物质媒介材料和技艺手段将这种审美认识表现出来，使其物化。”[③] 杜尚的行为颠覆了人们传统的艺术观，是对博物馆和美术馆等专业艺术场所中所摆设的艺术品的极大否定与讽刺，旨在“取消美，取消艺术的趣味”[④]，突破艺术的底线，其本质是反艺术。

（五）超现实主义

超现实主义（Surrealism）源于达达主义，并受到19世纪浪漫主义和象征主义的影响，由作家布列顿和阿波利奈尔发起的艺术运动，于20世纪二三十年代流行于欧洲各国，甚至日本等亚洲国家。“超现实”一词由作家阿波利奈尔首用。布列顿《超现实主义与绘画》是超现实主义的重要宣言。此艺术流派深受弗洛伊德的精神分析法的影响，注重人类潜意识心理世界的刻画，以再现最真实的客观世界。它记录人们的思想，不受任何道德和规则的限制。超现实主

---

① 朱红文．对一种现代性的哲学批判：西方现代主义设计的风格和问题．浙江社会科学，2003（1）．

② 易英．西方20世纪美术．北京：中国人民大学出版社，2004：187．

③ 刘洋．达达主义及杜尚作品中的艺术理念．国际美苑，2008（10）．

④ 王瑞芸．通过杜尚：艺术史论笔札．北京：中国人民大学出版社，2004：37．

义企图超越现实，排斥理性的作用，而转向人类内心世界和潜意识活动，将意识与潜意识交织在一起，打通梦幻与现实，其理论基础为弗洛伊德的精神分析法和柏格森的直觉主义。超现实主义者所指的“超”并不是超自然，而是超出直接现实，能被我们的无意识和感官在非常敏感的状态下感知的东西。他们把弗洛伊德对梦的解析和自由联想作为自己艺术创作的动因，强调从人本身来解释人，艺术活动从研究个人的主客体参数转到对心理“底层”的研究。[①]

超现实主义虽然持续时间并不长，却产生了重要的影响，包括文学、音乐、美术等领域，形成了超现实主义风格的绘画、摄影、电影、服装等。超现实主义代表人物包括作家路易·阿拉贡、布洛东，画家马格里特、米罗、阿尔普等。西班牙画家萨尔瓦多·达利（1904—1989）为超现实主义画派的重要代表，深受弗洛伊德精神分析法的影响，多使用象征手法，将扭曲变形的物体组合，以展示其感受到的无意识中的世界。他认为“应该像个狂人那样去作画，让作品从幻觉中涌现出来”[②]，其代表作**《记忆的永恒》**体现了其鲜明的超现实主义风格：怪诞、神秘、非理性。画面的重心为三只柔软的钟表，分别挂在树枝、平台边缘和怪物的背上，象征时间在其流逝中仿佛已停止下来，再现了时间在创作者潜意识中的形象，具有强烈的梦幻感。再配置暗淡的背景色，整幅画让人有种疲惫不堪的错觉。将人们熟悉的意象钟表放入一个奇特陌生的背景中，并对其形象加以适度扭曲，造成一种似真非真的感受，这也许就是超现实主义风格所认为的梦幻与现实结合的世界才是最真实的世界，一个超越现实的梦幻世界。软表是不合情理的、幻想的、异端的、扰人的，它使人哑口无言，使人慌乱……它毫无意义、混乱、疯狂——但对于超现实主义者来说，这些形容词是最高的赞誉[③]，这正是他们的追求所在。

（六）波普艺术

波普艺术（Pop Art）又称流行艺术（Popular Art），是20世纪中期兴盛于美国的一种现代流行文化。这一名称首次被英国艺术评论家罗伦斯·艾伟提出。汉密尔顿于1956年举办“这就是明天”的展览，展览作品《是什么使今天的生活如此美丽》中出现的“Pop”一词，使这部作品成为波普艺术的代表之作。由于其继承了达达主义部分精神，因而又被称为新达达主义。

波普艺术具有以下特征。首先，艺术表现形式的具象性。波普艺术家反对艺术中的抽象化倾向，要求艺术创作直面生活和世界。不同于20世纪初的抽象艺术流派要求艺术再现人们内心世界的趋向，波普艺术家将艺术创作的中心转而向外，认为日常生活中的一切物体都具有潜在的艺术价值。破瓶子、旧汽车、电视电话等经过一定再包装和重新组合都可以是艺术品，因而与达达主义类似，波普艺术走向了反艺术的极端。其次，艺术接受者的大众化。波普艺术借助现代化的传媒手段，使艺术传播达到前所未有的程度。科技的发展为艺术的大众化提供了便利的条件，使艺术品的大量复制成为可能。艺术作品的可机械复制性在世界历史上第一次把艺术作品从对礼仪的依附中解放出来。[④] 人们比以往有更多的机会接触、欣赏甚至创作艺术品。艺术品也由此变得更加低廉和普及。再次，艺术表达内容的浅显性、通俗性和讽刺性。波普艺

---

① 张健．弗洛伊德精神分析学说与超现实主义．装饰，2005（7）．

② 王红媛．超现实主义．北京：人民美术出版社，2000：14．

③ 王端廷．从现代到后现代．北京：中国人民大学出版社，2005：88．

④ 本雅明．摄影小史　机械复制时代的艺术作品．王才勇，译．南京：江苏人民出版社，2006：58－59．

术的题材和内容多贴近生活，消除了以往艺术流派中艺术与大众之间的距离。内容多以表达现时、新奇的事物为主，一定程度上缺乏历史的深度，多迎合大众的审美趣味。虽然波普艺术在艺术形式、所选材料和技巧上也有一定的创新，但通常都较浅显，多注重艺术的娱乐功能。同时，在其浅显易懂中还呈现出一定的讽刺性，对各种社会现象予以辛辣直接的批评。波普艺术的领军人物当数汉密尔顿，他是现代西方最具影响力的艺术家之一。他创作了第一件最有代表性的波普艺术品，其他代表作品包括《顿悟》《烟灰缸》《Lux 50》《批判的笑脸》等。西班牙画家安迪·沃霍尔（1928—1987）是波普艺术中最具代表性的画家。他的作品具有很强的重复性，没有过多的感情表达与技巧的渲染，色彩单调，内容单一，并将大众传媒中的图画运用到绘画创作中，传达出一种空虚空洞的感觉，其代表作品为《玛丽莲·梦露》。

【本章小结】

总的来看，西方艺术发展历程，是一个对各种题材、手法不断探索的过程，也是一个理性和感性交替主导的过程。古希腊罗马时期，艺术家们在描摹现实之外，还加入了自身对理想美的理解，不断彰显人文精神；黑暗的中世纪，艺术变得刻板，题材极为单一，神性代替人性；文艺复兴时期，人文精神回归，故事性、人文性增强，并在艺术作品中反映出人生、社会等深刻主题；巴洛克时期，崇尚动感与冲突、光影的强烈对比，寓意性、戏剧性渐显；18 世纪晚期至 19 世纪，新古典主义引领理性主义复兴，浪漫主义强调个性、心灵的自由，写实主义转向对现实的描绘，印象主义注重内心表达，渐渐走向抽象；20 世纪时期，立体主义注重解构和重组，表现主义注重内心情感抒发，未来派注重表达时间和运动，抽象主义注重形式与色彩本身意义的表达，达达主义表现荒诞和无意义的，超现实主义在弗洛伊德理论影响下关注无意识的……西方艺术在理性和感性的交替中，书写了辉煌的艺术篇章。

【思考与练习】

1. 什么是哥特式现实主义？
2. 浪漫主义的总体特征是什么？
3. 20 世纪表现主义艺术在其主要发源地德国经历了哪几个阶段？
4. 请简要论述古罗马艺术与古希腊艺术之间的异同点。
5. 请简要论述波提切利的绘画风格。
6. 请简要论述巴洛克艺术风格。
7. 请简要论述象征主义流派。
8. 从纵向上来看，西方艺术发生了怎样的演变？
9. 请简要论述 20 世纪西方艺术的特点。

【拓展阅读】

1. 曹庆辉．二十世纪西方艺术．石家庄：河北教育出版社，2003.
2. 陈燃．简明希腊史．济南：山东文艺出版社，2018.
3. 蔡芯圩，陈怡安．用年表读通西方艺术史．上海：上海交通大学出版社，2018.
4. 贡布里希．文艺复兴：西方艺术的伟大时代．李本正，范景中，编选．杭州：中国美术学院出版社，2000.

5. 麦克迪，等．西方艺术简史．柯平，译．上海：上海人民美术出版社，1986.
6. 夏正伟．古希腊罗马艺术文化．上海：上海大学出版社，2013.
7. 德比奇，等．西方艺术史．徐庆平，译．海口：海南出版社，2000.
8. 姚冬青，等．西方文学艺术概论．长春：吉林人民出版社，2014.

扫码查看本章图片

第三章
西方哲学

【概述】

哲学源于人类对其生活世界的思考，它是人们对世界的认识最集中的表现形式，也最能反映相应的历史时期内人们对自身和世界认识的深广度。正因为这样，通常我们在研究某一历史阶段的文化时，都会深入了解其哲学方面的成就。本章依据西方哲学的发展脉络，把这一发展历程分为古希腊罗马哲学、近代哲学、现代哲学三部分，并分别对其进行讲述。

第一节
古希腊罗马：西方哲学的创始与第一个高峰

【本节关键词】

水本原学说　数本原学说　原子唯物论　理念论　伊壁鸠鲁派　斯多葛派

一、希腊哲学的萌芽和发展及其特点

“哲学”一词最早是由古希腊哲学家毕达哥拉斯（Pythagoras，约前 580—约前 500）提出来的，在希腊语当中是“爱”和“智”的意思，因此也有学者将哲学解释为“使人聪慧的学问”。而古希腊这个为世人留下众多文化瑰宝的民族，是世界上为数不多的拥有自己独立完整的哲学体系的民族。古希腊哲学作为西方哲学的源头，是指欧洲希腊罗马奴隶制社会时期（约前 6 世纪—5 世纪）的哲学，是随着奴隶制的确立而逐渐发展起来的，是希腊文化当中最为后人所称赞的部分。西方哲学不但始于古希腊，而且恰恰是在希腊罗马奴隶制社会时期取得了发展中的第一次高峰。从总体上看，我们将希腊哲学的产生和发展分为三个阶段。

第一阶段：萌芽时期——自然哲学（约前 6 世纪—前 5 世纪中叶）。

这一时期的希腊哲学最为显著的特征在于，它是在希腊宗教和希腊神话的基础上产生的，是人们第一次从理性的角度出发对自然界中的客观存在进行探索，并开始以已经获取的经验为依据来研究和还原客观世界的本质。例如，被称为“哲学之父”的泰勒斯（Thales，约前

624—约前 546）提出的哲学命题“万物始于水，又复归于水”，第一次以理性的方式解释了世界“本原”的问题，它立足于长期观察的生活经验——万物生存离不开水，将多种现象归纳还原成本质。这就意味着希腊哲学开始脱离神话，趋向理性思维，并始终围绕着对世界万物的本原、演化等自然哲学问题的研究展开。其原因在于，哲学家们从一开始就将哲学问题的落脚点放在希腊的创世神话上，并将神话中创世的“神”提升为哲学当中世界万物产生的原因，即“本原”。因此，世界本原的问题就顺理成章地成为第一个哲学命题，例如，泰勒斯“万物始于水”的观点恰恰就是由希腊神话“海洋之神”而来。此外，阿那克西美尼提出了“气本原说”，赫拉克利特则提出“火本原说”等等，这些都可以看作古希腊人对世界本原探求的例证。

这一时期的哲学家对世界本原这一哲学问题的解决方式也有其固有的特点，他们将世界看作是本原通过自身的变化而逐步生成的过程，正如亚里士多德所说：“那些最初从事哲学思考的人，大多数只把物质性的东西当作万物唯一的本原。万物都由它构成，开始由它产生，最后又化为它（本体长存不变，只是变换它的属性），他们认为这就是万物的本原。”①

此外，我们不应当把古希腊哲学的产生准确定位在某一个时间段，甚至仅仅将其确立在泰勒斯提出第一个哲学问题之时。事实上，古希腊哲学早已隐藏于希腊神话当中，经历了漫长的生长期，只待时机成熟便会现身于世人面前，呈现出一种有迹可循的哲学思想。

第二阶段：中期——社会哲学（前 5 世纪中叶—前 3 世纪上叶）。

这一时期，由于雅典地区的社会经济文化得到了空前的发展，古希腊哲学逐步从对自然的研究转向对人类、对社会的研究，并出现了人类历史上第一个完整的形而上学体系。**智者学派**［图 1］的出现是这一转折的重要标志，他们认为对自然的研究不能引导人们走向崇高的道德境界，因而自然哲学的研究结果没有价值。如果说初期自然哲学研究的问题是“什么是自然”“世界如何产生”，这一时期哲学家们则将研究的重点转向“什么是人类”“人类的思想及行为”。

公元前 5 世纪至公元前 4 世纪，古希腊进入发展的鼎盛时期，在以强大的经济基础为支撑的前提下，人们开始对人和人类社会进行思考，开始思考生活的目的，以及如何进行自我完善等问题。苏格拉底说：“我知道，自己一无所知。”柏拉图说：“不知道自己的无知，乃是双倍的无知。”他们认为无知即罪恶，知识是美德的基础，理性是人灵魂的本质。古典时期的哲学家将人的理性归结于对“善”和“公正”的不断追求，并将“理性”视为人性的本质。而在社会思想方面，以柏拉图提出的“理想国”为代表，他认为理性和道德在社会关系中起决定作用，唯有如此才能实现社会公正。柏拉图将人分为三个等级：第一等级，国家的统治者哲学家；第二等级，国家的保卫者武士；第三等级，国家的劳动者和供养者农民、商人、工人等体力劳动者。不难看出，柏拉图是将唯心主义学说运用到社会政治领域中，试图建立一个虽然存在贵族特权阶级，但社会关系依然和谐的理想国度。柏拉图哲学对后世哲学影响深远，以至于当代分析哲学家怀特海说：“欧洲哲学的概貌由柏拉图哲学的一系列注脚构成。”②

需要说明的是，古希腊哲学虽然已经取得了很大发展，却依然无法完全摆脱脱胎于希腊神话的出身。哲学家以“善”“美德”来引导人们的行为，也不过是用哲学的语言描述希腊神话中“命运”决定论的思想，并没有完全抹去神话中神秘诡异的神祇、命运的色彩。

第三阶段：晚期——伦理性和宗教性哲学（前 3 世纪中叶—5 世纪）。

---

① 亚里士多德．形而上学．吴寿彭，译．北京：商务印书馆，1959：4.

② Whitehead. Process and Reality. New York：Free Press，1979：39.

它包含了希腊化时期和罗马时期的哲学思想。这是一个社会极度不安定的时期，希腊城邦的覆灭，罗马人和马其顿人漫长的政权斗争，使世人对安定幸福的生活充满了渴望。在前人对自然和人的思考的基础上，这一时期希腊哲学家将研究的重点转向伦理、人性、道德等方面，认为人类对哲学的不断追求最终还是要回归到人类自身，因此无论是伊壁鸠鲁派、斯多葛派还是怀疑派，抑或其他同时期的众多学派，其哲学思考都有着明显的伦理倾向。例如，伊壁鸠鲁（Epicurus，前341—前270）主张人生性趋于快乐，快乐是最高的幸福，是至善；此外，他还认为人们在肉体上取得的快乐远不如精神快乐，鼓励人们在不纵欲有节制的前提下勇敢地追求快乐。斯多葛派的学者则认为，人们应该顺应自然规律，不能改变自己既定的命运，出于理性的考虑，即出于对“共同法”和“正确理性”的考虑，人们应对自身进行禁欲，如此才能更好地生存下去。

由此可见，在希腊化时期和罗马时期，伦理学已经成为各个研究的核心内容。它们致力于解决人生而为何、如何实现人生价值等问题。因此，这一时期的哲学能被社会各阶层接受，并渗透进政治、艺术、宗教等其他领域。事实上，这些原本出于为民众更好地认识世界、改造世界提供指导的哲学观点，在那个特定的历史时期并没能造成预期的积极的社会影响。以伊壁鸠鲁的主张来说，鼓励人们追求快乐的学说，最后蜕变成了对贵族和特权阶级追求奢靡享乐生活的论证。因此，晚期希腊哲学的伦理向度在于让哲学回归对人类精神的指导和关怀，但事实上，它早在民众当中失去了积极的作用，这就意味着希腊哲学已由盛转衰。不过，古希腊的伦理哲学却为后来基督教哲学的出现埋下了伏笔。

有学者认为，正是晚期的希腊哲学趋向伦理化的特点，才使哲学有机会与宗教相互交融，宗教才有机会借助哲学的力量，逐步形成自己的理论体系。罗马时期，很多哲学流派都将宗教纳入其思考的范围，由此可见，晚期希腊哲学拥有浓重的宗教色彩，并且多表现为神秘主义，斯多葛派就是这当中的代表学派，它早在希腊化时期就尝试以理性的哲学来对宗教迷信加以维护，其创始人芝诺更是有言：“好人是敬神和敬畏神的人。”因此，我们说希腊哲学正如它最初源于宗教一样，最终又回归了宗教。

晚期希腊哲学虽然是希腊哲学三个阶段中历时最久、影响地区最为广泛的，但由于思辨性和深度的缺乏，它对后世的影响远远小于初期和古典时期的哲学。即便如此，晚期希腊哲学依然有其存在的价值，并对后来整个西方哲学的发展有着不容小觑的导向作用。

古希腊罗马人在数百年间创造的文明，特别是其在哲学方面所取得的成就，某种程度上是我们后世任何时代、任何民族都无法超越的。他们热爱智慧、不断追求真理、追求灵魂的自由和人生的意义。总体而言，古希腊哲学经历了前苏格拉底哲学、苏格拉底—柏拉图—亚里士多德哲学、亚里士多德之后的诸派哲学三个历史阶段，成就了西方哲学史上第一个高峰。哲学家们扮演着政治家、艺术家、神学家等不同的角色，在社会生活中发挥着重要的作用，并向后世展示出那个时代令人叹为观止的精神文化成就。

从希腊哲学的发展历史来看，尽管其派系众多，哲学家数量可观，哲学思想也是各有特点，但从整体上呈现出“追求真理、崇尚理性、重视人本”的特点，同时这也是希腊哲学精神的精要。

首先，热爱智慧、追求真理是希腊哲学之所以能够产生的根本。希腊人毕达哥拉斯创造的“哲学”一词，源于希腊文 philosophia，由 philos（爱）和 sophia（智慧）两个词语构成，为“爱智慧”的意思。由此可见，古希腊的哲学家们终其一生研究哲学，是因为他们将追求至高的爱（灵魂层面的自由）和至大的智慧作为人生的目标。因此，哲学精神的核心应该是不断求知的欲望，也正是出于这种强烈的求知欲，早期哲学家才通过对自然界诸多现象的探索，积极地探求世界和万物的本原，并对这些终极问题提出了众多的解释。正是这种求知的精神影响了一代又一代的哲学家，他们在不断的探索和追问中获取知识，最终促成了希腊哲学的成形和发展，并推动着西方哲学不断向前发展。

其次，崇尚理性、不断探索是希腊哲学的核心精神。希腊哲学与希腊神话和希腊原始宗教同源，但是古希腊哲人并不满足于用幻想的方式去认识和解释世界，而是试图以理性代替神话的幻想，以经验获取的知识代替想象，来解释世界和自然。因此，即便早期的哲学家无法完全摆脱浓厚的神话和宗教色彩，他们依然尽力倚重理性，用从经验中获取的知识来说明客观世界，试图通过现象看到本质。

最后，以人为本，注重人和人自身价值的实现。希腊哲学的这一特点集中体现在古典时期的哲学中，但纵观整个希腊罗马时期的哲学思想，我们就会发现其最终目的都是服务人类。由此我们说，整个希腊社会都很注重人的价值，就如普罗泰戈拉所言："人是万物的尺度，是存在者存在的尺度，也是不存在者不存在的尺度。"这句话说明，人们的主体意识增强，认识到了自我、主体的存在及其存在的价值。也正是出于这一原因，晚期的希腊哲学才会将善恶等伦理问题作为其核心议题，并从人的需要出发，鼓励人们追求快乐、享受幸福，突出人的价值在哲学思考中的地位。关于这个问题，一位古典文化学者这样评价："全部希腊文明的出发点和对象都是人，它从人的需要出发，它注意的是人的利益和进步，为了求得人的利益和进步，它同时既探索世界也探索人，通过一方探索另一方。"① 在整个希腊文明中，包括文学、体育、艺术等诸多方面，无不焕发着强烈的人本主义精神色彩。此外，在古希腊罗马时期，科学与哲学是不可分别而论的两个学科，因此当时许多人同时拥有哲学家和科学家两个身份，科学知识本身是哲学理论的组成部分，这就构成了希腊哲学的另一个特点——哲学与自然科学不分离。

以下是对古希腊哲学发展不同阶段的主要派系和其代表性的人物的简要介绍。

二、古希腊哲学主要派系及代表人物

（一）米利都学派

泰勒斯

米利都学派产生于小亚细亚的米利都，是古希腊哲学初创阶段前苏格拉底哲学的一个学派，被誉为西方哲学的开创者，代表性的哲学家有泰勒斯、阿那克西曼德、阿那克西米尼等。泰勒斯不满足于用原始神话来解释世界，转而重视现实，用从经验中获取的事实来解释客观世界的现象。这种从对现象的归纳和总结出发，从而得出解释世界的知识的思想，也即早期哲学的雏形。然而，泰勒斯的思想并没能完全脱离希腊神话而独立存在，这一点从他以海洋之神为原型提出的"万物始于水"的哲学观点中就能看出来。

① Bonnard. Greek Civilization. London：George Allen and Unwin Ltd，1957：29.

米利都学派提出的哲学问题是“万物的本原是什么”，他们研究物质世界的本质，认为世界上的所有物质都可以还原成其原始的物质。泰勒斯用非常朴素的形式提出了哲学中“第一性”的问题，也就是哲学的基本问题。而其后的阿那克西曼德则否定了泰勒斯“万物始于水”的理论，他认为“万物的本原是无限者”，这种更为抽象化的思维是比泰勒斯将万物本原看作一种固定形态更具有普遍性和一般性的哲学概括。由此不难看出，米利都学派关于世界本原问题的探索是建立在猜测的基础上的，虽然未能完全摆脱宗教神话的束缚，但是他们第一次试图以理性的思维去解决问题，用自然说明自然，为之后哲学的发展开辟了一条新的道路。

（二）毕达哥拉斯学派

古希腊哲学家毕达哥拉斯，同时也是数学家和美学家，受自然哲学家阿那克西曼德和阿那克西米尼的影响，其思想有一定的唯物主义倾向。毕达哥拉斯从数的角度出发，将非物质的抽象的数看作是宇宙的本原，宇宙则是数及其关系的和谐体系。故而毕达哥拉斯学派认为“万物的本原即为数的本原”，这种具有明显的数学精神的哲学思想对后世数学和自然科学的研究做出了重大的贡献，也正是这种数本原哲学的发展，促使历代哲学家去探索数的规定性和数量的关系，从而使数学更接近一门纯粹的学科。但也正是把一般性的概念当作万物起源的这种客观唯心主义给后来的科学以及哲学造成了一定的消极影响。

毕达哥拉斯

“和谐”是毕达哥拉斯学派的另一个重要思想。这种和谐是指数的和谐，他们认为和谐能产生美，而美则体现在合理的数量关系当中。他们还将这种美感扩展到了许多领域，他们研究在建筑、雕塑等艺术领域如何才能取得美感，最终提出了“黄金分割”定理；以和谐的思想去观察宇宙天体，认为宇宙是一个球体，否定神创说，提出和谐天体理论，认为宇宙是一个有秩序的世界，而不是由神的意志来决定的。虽然毕达哥斯拉学派从数的角度对世界所做的解释过于牵强，但是他们所提出的和谐天体理论却对后来天文学的发展产生了深远的影响。

（三）爱非斯学派

赫拉克利特（Heraclitus，约前530—前470）是古希腊著名哲学家，是爱非斯学派的创始人。柏拉图曾对其“对立统一学说”和“一切皆流”的观点给予了高度的评价，恩格斯也如是评价：原始的朴素的但实质上是正确的世界观，是由赫拉克利特第一次明白表述出来的。由此可见，赫拉克利特在西方哲学发展史上占有重要的地位。以其为代表的爱非斯学派认为世界万物都处在不断的运动、变化当中，即所谓的“一切皆流”。赫拉克利特认为眼睛是比耳朵更可靠的见证，也就是说人们直观地以感觉从经验中得出世间万物的运动变化。据此，赫拉克利特写下了许多短小的发人深省的具有哲理的名言，诸如：永恒的是无永恒的运动者，暂时的事物暂时地运动着；人不能两次踏入同一条河流；等等。此外，赫拉克利特的“对立统一学说”认为，事物之间的对立普遍存在，而且在事物的内部也存在相互对立的两个方面，正是这种对立面之间的相互斗争促使事物不断地运动和变化。赫拉克利特说：不同的声调创造最美的和谐；

在圆周上起点和终点是重合的。这些无不显露出辩证法的痕迹，因此我们将赫拉克利特视为辩证法的奠基人。

（四）原子唯物论学派

原子唯物论学派由古希腊哲学家德谟克利特（Democritus，前460—约前370）创立。德谟克利特认为世间万物都是由原子和虚空构成的。所谓“原子”，即atoms，意思是不可分离，而原子本身是不可见的、坚固的、不可摧毁的微小颗粒，并通过形状、大小以及排列方式的变化构成世间万物，是一切物质组成的基本成分和基本单位。虚空（vacuum），是指事物内部原子之间的缝隙。德谟克利特认为事物内部的原子之间如果没有一定的空隙，那么事物将无法运动。继德谟克利特之后，伊壁鸠鲁、卢克莱修进一步发展了原子唯物论，并在卢克莱修时期取得了最高的成就。卢克莱修以辩证法的思维解释虚空与原子的关系，他在《物性论》一书中提到：“哪里是虚空，哪里就没有物体；物体存在的地方，则完全不存在虚空。”这里所说的物体是指原子。卢克莱修将原子和虚空之间的结构关系实景化，使其更加形象和具体。

原子唯物论以早期的唯物论为基础，不再将事物的本原看作是某种特定存在的事物——比如米利都学派将水看作万物的本原——而将没有任何特殊性的原子视作万物的本原，这既符合事物多样性，又兼顾贯穿了唯物论的基本精神。仅从对世界本原的解释这一点上来看，原子唯物论已经取得了很大的进步。但从今天来看，原子唯物论虽然试图去解释事物存在的多样性问题，却并未真正解释一切事物存在的最为普遍的内在特征问题。但原子唯物论的大胆创新，仍然使其成为西方哲学史上第一个严整的哲学体系。

（五）苏格拉底—柏拉图

苏格拉底（Socrates，前469—前399）和柏拉图（Plato，前427—前347）是师生，他们的哲学思想存在着一定的继承关系，因此习惯上将这两位哲学家的思想放在一起进行对比研究。需要注意的是，苏格拉底本人并没有著作流传于世，其思想主要由他的学生柏拉图等人著述传世，因此我们说后世所认识的苏格拉底事实上是他人眼中的苏格拉底；而柏拉图作为苏格拉底的学生，也不可避免地成为苏格拉底思想的继承者和发展者。

苏格拉底和柏拉图生活在希腊战乱时期，整个希腊社会发生了巨大变化，并逐渐由强盛走向衰弱。正是这种巨大的变动对当时社会思想领域造成了巨大的冲击，促使哲学家们开始研究如何拯救即将覆灭的希腊城邦哲学。因此苏格拉底和柏拉图的哲学观点不同于早期的自然哲学，他们认为，比起研究万物本原这种超出自己能力之外的问题，他们更应该将研究的重点放在人和社会上。

苏格拉底的基本哲学思想是“认识你自己”和“美德即知识”。“认识你自己”是德尔菲神庙里雕刻的一句话。与早期的哲学家不同，苏格拉底首次把哲学第一性的问题转向对人的研究，扭转了古希腊哲学思考的方向，强调人存在的价值。他认为人首先要清楚自己在世界中所处的位置，承认自己的无知，即“自知自己无知”，并不断地追求“智慧”，这体现了苏格拉底强烈的批判精神。他认为的智慧，是一种只有神才可以到达的高度——全知全能，是人所不能及的，而人所能及的“知识”则是介于“无知”与“智慧”之间，所以只有意识到自己的无知，才会去追求智慧获取知识，最终得到灵魂的净化。苏格拉底哲学的另一个研究重心是道德问题，即“美德即知识”。他倾其一生就是为了教人为善，最终获得真正的幸福。这一点与他所说的“认识你自己”相通，即所谓的人在不断追求智慧的过程中，获得知识和真理。同时，他还强调“美德即知识，知识即美德，无知即是作恶”。苏格拉底把知识作为基础的道德标准，在一定程度上遏制了对神旨的盲目跟从，提高了对人们道德行为上的要求。但是，把道德和知识等同，在逻辑上却显得过于牵强。

如果说是苏格拉底将哲学思考的焦点放到人身上，那么真正推动其发展的则是柏拉图。柏拉图的“理念论”是西方哲学史上首个理性主义哲学体系，他在继承其师苏格拉底的哲学思想的基础上，继续推崇理性，并进一步研究了人的理性的问题，提出“理念”的哲学概念。他认为世界万物的外在变化无端，但内在的“理念”是不变的。他在《理想国》一书中这样写道：“我们又曾说过，有一个美本身、善本身，以及一切诸如此类事物本身；相应于上述每一组多个的东西，我们又都假定了一个单一的概念，假定它是一个统一者，而称它为每一个体的实在。”① 比如，当我们说“水果”时，事实上我们没有指明某个特定的种类，比如“苹果”“香蕉”，而是说任何水果。因此在柏拉图看来，理念有其独特性，它区别于事物而独立永恒存在，人不能直接用感官去感知它，但可以通过理性把握它。此外，柏拉图试图通过“灵魂不朽说”来教人追求至真至善，他认为人只要在道德上达到至真至善的境界，灵魂就可以脱离肉体去往本体世界。而柏拉图式的爱情就是“灵魂不朽说”指导下的一种高道德境界，柏拉图认为真正的爱情是脱离了肉体欲望的纯粹的心灵感触。柏拉图的“灵魂不朽说”为基督教理论的形成打下了基础。

总之，苏格拉底和柏拉图是为西方哲学乃至整个人类哲学的发展做出巨大贡献的大成之家，即便当时苏格拉底被冠以“蛊惑青年、不信国教、崇奉新神”的罪名，并最终**被处死**［图2］，但也不能抹去他哲学思想的积极作用。事实上，苏格拉底正是用自己的死向世人宣告了他对于追求真理的执着。

（六）亚里士多德

亚里士多德（Aristotle，前384—前322）曾受教于柏拉图，后因与柏拉图的哲学观点不同而离开师门。亚里士多德是一位百科全书式的学者，他一生著作丰富，且涉及学科领域广泛，包括逻辑学著作《工具论》等，科学著作《气象学》《植物学》《动物的形态》等，美学著作《诗学》等，以及哲学著作《伦理学》《形而上学》等，马克思称之为“古代最伟大的思想家”②。

亚里士多德坚持唯物主义的世界观，他认为哲学研究的对象应该是真实存在的客观世界，而这个客观世界的存在不以人的意志为转移，这个客观世界与柏拉图只能被理性理解的“理念”相对立。亚里士多德的形而上学大致经历了三个阶段，其思想的发展集中表现在《范畴》《物理学》《形而上学》三本著作当中。他在《形而上学》一书中对其形而上学思想做出了清楚的表述：“有一门学问，它研究‘实是’之所以为‘实是’，以及‘实是’由于本性所应该有的

① 柏拉图．理想国．郭斌和，张竹明，译．北京：商务印书馆，1986：246.
② 马克思恩格斯全集：第23卷．北京：人民出版社，1972：447.

禀赋。这与任何所谓的专门学术不同，那些专门学术没有一门普通地研究实是之所以为实是。……既然我们是在寻取最高原因的基本原理，明白地，这些必须是禀于本性的事物。”①因此，我们认为亚里士多德关于形而上学的研究其实是对实体的研究，也正是这种实体理论使亚里士多德的形而上学理论与柏拉图的区别开来。

(七) 伊壁鸠鲁派

伊壁鸠鲁派处于希腊城邦破灭、马其顿和罗马相继当政的时期，是后亚里士多德哲学的代表学派之一。由于所处时代的特殊性，当希腊城邦不复存在，人作为一个群体的意识也就被冲淡，人开始更注重个体自身。这种社会历史的变化也深刻地体现在这一时期的哲学思想当中。伊壁鸠鲁作为该学派的创始人，正是基于这点将哲学的研究重点放在伦理学上，这就是古希腊哲学后期的最明显的特征——伦理化。伊壁鸠鲁认为哲学应该是非政治的、重个体的科学，这也是该学派能够快速被贫苦大众接受，并能在地中海地区传播五六百年的原因。

该学派鼓励人们摆脱对神旨、宗教、死亡的忌惮，积极追求个体的自由，追求快乐和幸福，认为人自己就能满足自身的各项需求，并不需要向神祈祷。此外，人还应该控制自己的欲望，既不能一味地追求享乐，也不能放弃追求幸福和快乐的权利。

当然，也正是这种“快乐主义”的观念，使伊壁鸠鲁派哲学备受争议。比如伊壁鸠鲁本人的一句话“肚子的快乐是一切善的开端和根源，连智慧和修养也必须归因于它”，就一直遭到哲学界的抨击，部分学者认为这句话的意思是，只有肉体上不痛苦，精神上才可能取得快乐。这显然是对其哲学思想的误解，事实上，伊壁鸠鲁想表达的是饮食作为人最基本的、最自然的需求和欲望，应该得到满足并给人带来快乐。故而，该学派将美德与快乐联系起来，建立了一套道德行为准则，教导世人若想得到快乐，就必须学会自我克制，懂得知足，有度地追求幸福生活。虽然该学派的伦理化哲学经常被误认为是享乐主义的化身，但不可否认的是，在那样一个时代，正是这种大众的哲学深刻改变了古典哲学的走向，为人类哲学的发展开启了新的篇章。

(八) 斯多葛派

斯多葛派是古希腊罗马时期重要的哲学流派，代表人物有芝诺、克雷安特、巴内修、塞涅卡、奥勒留等，其哲学思想立足于赫拉克利特的火本原学说，其“自然法思想”更是在西方哲学史上占有重要的位置。所谓自然法，是指宇宙万物得以持续存在的内在秩序和法则。人作为宇宙万物之一，就应该顺应这种秩序和法则，于人而言，这种秩序和法则就是人的本质——理性。只有按照理性生活，遵从自然，才能实现自己的人生目标，获得幸福生活。此外，是否顺从自然法则而生存也被作为判断善恶的标准，依从自然理性而生活就是善，反之则是恶。对此，芝诺如是说：“至善就是明显地依照自然而生活，也就是依照道德而生活，因为自然引导我们走向道德。”也就是说斯多葛派认为自然法是具有普遍性的、正面的、积极的存在，他们将“自然法”与“道德”等同起来，建立了一套能够对人的行为起规范作用的行为准则，并且

---

① 亚里士多德．形而上学．吴寿彭，译．北京：商务印书馆，1959：56.

使这种行为准则高于一切外在的禁锢，包括不同身份、地位、阶级的人平等地归于自然法的约束。由此我们可以看出，斯多葛派主张的自然法思想，其最终目标不过是试图为人类追求快乐和幸福生活提供一个人人平等的社会环境，尽管在当时那个时代难以实现，但他们的思想中初露的"人人平等"的思想，即便是现在来看也足以撼动我们的心灵。

古希腊哲学因其不可磨灭的璀璨光芒而闻名于世，其核心理念——"理性"，至今已经演化为西方人的一种精神特质，不得不承认古希腊哲学为西方文明乃至世界文明的发展做出了巨大的贡献。这种脱胎于古希腊宗教神话的哲学思想，在数百年内迅速发展成了一个完整的民族哲学体系。而古希腊人"追求真理、热爱智慧"的基本哲学精神则成为推动西方文明不断向前发展的强大动力，后继者更是秉承着自由、理性、科学、平等的精神不断追求和探索。而今，如何让古希腊哲学的内在精神在这个时代、在我们手中重新激发出活力，才是我们最应该思考的问题。

第二节
近代哲学：从宗教神学到德国古典哲学

【本节关键词】

教父哲学　"奥卡姆剃刀"原则　马基雅维利主义　启蒙运动　单子论　三大批判　马克思主义哲学

一、从教父神学到经院哲学

基督教的源头可以追溯到犹太教，在后来的希腊化时期犹太教与希腊文化相结合，产生了早期的基督教。基督教最初在罗马帝国境内传播的一二百年间，一直流行于民间，并没有为上层统治阶级所接受，因而长久以来一直被视为异端。公元313年，罗马帝国皇帝君士坦丁一世颁布《米兰敕令》，宣布基督教在罗马帝国境内获得与其他宗教一样的地位，基督教才成为罗马帝国境内的合法宗教。到公元392年，罗马帝国皇帝狄奥多西一世宣布以基督教为国教，至此，基督教的教义取得对整个社会精神生活和世俗生活的统摄地位，其信条也成为西方社会占主导地位的意识形态。在基督教的意识形态的主导之下，哲学、几何、文法、音乐等都是论证神学的工具，被称为"神学的婢女"。哲学思想自然直接或间接关系到基督教的信仰和教义，因而也染上了浓厚的宗教色彩。

以公元5世纪到公元15世纪为期，中世纪的欧洲哲学横跨1 000多年，其中以公元11世纪为界，中世纪哲学又大致可以分为教父哲学时期和经院哲学时期，奥古斯丁、托马斯·阿奎那、安瑟尔谟、罗吉尔·培根、约翰·邓斯·司各脱、威廉·奥卡姆是其主要的代表。总体来说，基督教的哲学强调信仰的核心作用，人只有无条件地信仰上帝，谦卑地匍匐在上帝的脚下，才能获得拯救。在人性论上，基督教教义虽然承认人是灵肉二元的存在，却以彼岸世界作为人存在的终极归宿，认为只有神圣的灵魂才能进入天国。这种观念在哲学上对应于唯灵主义的哲学观，在精神与物质、灵魂与肉体、天国与尘世等诸多二元对立的范畴中，精神、灵魂和天国必然处于更高的一维，这里可以明显见到柏拉图哲学“理念论”的印迹。在世俗生活和精神生活浑然一体的社会结构中，因为基督教的主导和教会对社会生活的绝对支配，上帝和天国是人追求的终极目标，灵魂的归宿成为中世纪一切观念关注的中心，哲学也不能例外。

教父哲学形成于罗马帝国早期，由于它是基督教哲学的主要形态之一，且为后世的基督教哲学奠定了基础，故而放在中世纪基督教哲学部分来论述。教父哲学反对的是古典的理性文化，又吸收了新柏拉图哲学中的诸多因素，因而其产生之初就带有超理性或反理性的特点。教父哲学，论述的焦点主要集中在上帝论、基督论和人性论等三个方面，强调神的启示和信仰的极端重要，其结论往往具有反理性和超验的神秘色彩。经院哲学承认信仰的至高无上地位，以烦琐的概念辨析和逻辑论证而知名，甚至陷于证明一个针尖上可以站多少个天使，亚当、夏娃是否有肚脐眼等极端琐碎无聊的问题。不过，正是由于这种烦琐的逻辑和概念辨析，西方哲学的理性严谨的精神才得以培养起来。经院哲学强调通过理性而非通过狂热的信仰来寻求真理，在其历史效果上反而促成了理性神学的产生，为近代理性主义哲学的兴起埋下了种子。

(一) 奥古斯丁

奥古斯丁（Aurelius Augustinus，354—430）是教父哲学家中最杰出的代表。他生于北非的塔加斯特，幼年跟随母亲加入基督教，但未受洗，17 岁时在迦太基攻读哲学和修辞学，成为摩尼教的追随者。他痴迷于西塞罗的演讲术，还悉心钻研过柏拉图和亚里士多德的哲学思想，早年一度沉迷于感官享乐，后因陷入怀疑主义而不能自拔，终于在 386 年重新皈依了大公教。回到北非后，他曾先后做过教师和神甫，并于 395 年被推选为北非希波主教。奥古斯丁致力于传播耶稣基督的福音，并与诸多异端教派论战，出版了众多的著作，其中最重要的有《忏悔录》《上帝之城》《论三位一体》和《论自由意志》等作品。

对上帝的信仰是奥古斯丁哲学的中心，他认为上帝是存在的起源和归宿，并以此建立起一套神正论的学说，其中最著名的要数他对上帝与恶关系的探讨。一个相信全知全善全能上帝的信徒，不可避免地会遭遇恶从何来的问题。但对此问题的解答却存在着不可调和的矛盾：如果恶是人类创造的，那么上帝就并非全能；如果不是由人类创造的，那上帝怎能创造罪恶？面对这一两难的问题，奥古斯丁给出的答案是，上帝创造了人类和天使，他们善良、正直并具有自由意志，具有不犯罪和永生的可能性。但是，人类在始祖亚当犯罪后，因为自由意志的滥用而使原本善良、和谐的本性败坏，因为全人类皆由亚当而出，因而于亚当里的罪恶通过某种神秘的遗传作用传给了后世，使其子孙都继承了始祖的罪恶，甚至连新生的婴儿也不例外。人类的本性既已败坏到如此地步，那么人类即使具有自由意志，也只会导向作恶，而不能为善。因此，奥古斯丁认为，“人类具有犯罪的自由，但是没有不犯罪的自由，之所以犯罪是因为自己要犯罪。始祖堕落的后果，彻底败坏了他们的动机和愿望，所以若不是神的恩典的介入，犯罪就是他所要的一切。因此，他就‘自由地’作恶”①。在这种对于原罪近乎绝望的状态中，为

① 奥尔森．基督教神学思想史．吴瑞诚，徐成德，译．北京：北京大学出版社，2003：289.

了维护救赎的终极——上帝，奥古斯丁始终突出上帝至高无上的全能，但在这一矛盾的两极之间，罪恶的最初来源却不可避免地会指向造物主——全能的上帝。如何解决这一两难的问题呢？对此，奥古斯丁亦无能为力，他认为人的理性无法解答这一问题，故而只能将其归结为难以理解的上帝之奥秘。

（二）托马斯·阿奎那

托马斯·阿奎那（Thomas Aquinas，1225—1274）生于意大利那不勒斯附近的洛卡塞卡城堡，是大封建领主郎杜尔夫公爵的第七子。阿奎那 5 岁时被父亲送入著名的卡西洛修道院当修童，15 岁时入那不勒斯大学学习，开始接触亚里士多德的哲学，20 岁时加入多明我修会，后入巴黎索邦大学神学院继续学习，1256 年获硕士学位后执教于索邦大学，并陆续出版了《箴言书注》《论存在与本质》《论自然原理》《论真理》《反异教大全》和《神学大全》等等。

传统教父哲学一直把信仰和理性视为对立的两面，阿奎那对此进行了审慎的调和，但在理性与信仰的关系上，他还是坚持了信仰为先的原则。阿奎那把哲学的任务规定为用理性来证明天启的真理。这样，哲学和神学在研究的对象上取得了一致，只是采取了不同的认识途径，前者依靠天启，后者依靠理性。阿奎那认为基督教的某些真理如上帝存在、灵魂不死等既是天启的，也可以用理性来证明，这也是理性能适用的领域。但是理性并非全能，它对诸如三位一体、原罪、道成肉身等超理性的奥秘无能为力，因而这些问题只能诉诸天启和权威。此外，阿奎那还从经验层面上提出上帝存在的五路证明，并论证了灵魂对于肉体的优先地位。总体来说，托马斯·阿奎那的神学思想恢宏广阔，无所不包，驰骋于神学、政治、经济、道德、伦理、法律等众多的领域，他用理性论证了基督教信仰，并借助亚里士多德学说和经院哲学的论证方式创建了一个庞大的神学体系，形成了有别于柏拉图—奥古斯丁的亚里士多德—阿奎那传统，并由此奠定了他在基督教神学中的权威地位。

（三）威廉·奥卡姆

威廉·奥卡姆（William Ockham，1285—1349）是晚期唯名论最重要的代表。他是英国人，早年求学于牛津大学，并加入方济各修会，1323 年因所著《箴言书注》被控为异端，被召到法国阿维农教廷接受审查，被囚禁达四年之久，后逃往神圣罗马帝国皇帝路德维希帐下接受庇护，为与教廷对抗的世俗政权效力。20 年后，当路德维希与罗马教廷和解时，奥卡姆于逃亡途中死于瘟疫。奥卡姆的重要著作有《箴言书注》和《逻辑大全》。

奥卡姆是著名的唯名论者，其最为重要的哲学思想就是“奥卡姆剃刀”原则，他认为在可以使用少数几个原则证明问题时，应用许多原理解释现象就纯属浪费时间，后人将他的理论归结为“如无必要，勿增实体”。由此，他批判了经院哲学烦琐的论证中形而上学倾向，把个别的事物当作认识和知识的起点。他把这一原则推广到共相问题上，指出在具体的事物之上推导背后的一般实体（共相）纯属多余，是对精神的浪费。奥卡姆认为只有个体是真实的存在，共相没有单独的存在基础，说共相既是实体，又存在于众多的事物之中纯属逻辑上的矛盾。在他的眼中，甚至上帝也没有永恒存在的不变本质，上帝只是作为一个个体而存在，不过他是全能的个体，可以任意妄为。奥卡姆的哲学以其锐利的锋芒，澄清了众多教会哲学和基督教神学的问题，使科学、哲学和神学相分离，对文艺复兴和宗教改革影响巨大。

二、文艺复兴与宗教改革时期的哲学

始于 14 世纪的文艺复兴是西方近代历史的开端，上帝的权威逐渐衰落，世俗的生活受到重视，作为个体的人的重要性凸显出来，现代思想对个体价值的重视亦肇始于此。16 世纪的宗教改革，一方面把对《圣经》的解释权从教士手中转移到了普通人手中；另一方面，因为宗教信仰的分裂引发了宗教的战争，这初步构造了现代欧洲的轮廓，为后来欧洲民族国家的形成奠定了基础。因此，无论是从现实还是从历史层面上来说，文艺复兴和宗教改革对现代西方社会的影响都尤为深刻。

随着生产力的发展和技术的进步，中世纪占统治地位的基督教神学意识形态面临着危机，社会世俗化的倾向愈发明显。文艺复兴高举“人文主义”的大旗，在人与上帝的关系这一问题上，站在人的一面，肯定了人的自由、价值和人自身的尊严。彼特拉克、薄伽丘、波提切利、提香、拉斐尔、米开朗基罗、皮科·米兰多拉、斐奇洛等人的作品不约而同地批判了基督教对人性的约束和限制，在他们的笔下或者艺术作品中，宗教题材中瘦削干瘪的圣徒形象已经不复存在，代之而起的是对人的感情和形体的丰盈描绘，表现了人的觉醒和解放的主题。总体来说，文艺复兴时代的思想注重感性的张扬而少理性的沉思，其特点就在于以丰富多样的人性来反对干枯死板的理性，以人的正常情欲与感官享乐反对宗教禁欲，由它所开创的对人的现世价值的重视一直为后代的哲人所继承，其现实意义一直延及当代。

宗教改革其实并非马丁·路德的首创，在路德以前就有约翰·威克里夫、扬·胡斯等发起的宗教改革运动，但历史上普遍以 1517 年路德发表的《九十五条论纲》为宗教改革的起点，其后法国、瑞士、英国及北欧诸国都发起了类似的宗教改革运动。宗教改革批判了大公教会的腐败和暴虐，倡导回归《圣经》教义，主张人和上帝建立直接的联系，反对善功得救，希望重建以信仰为中心的神学，其代表人物有马丁·路德、加尔文、梅兰希顿、茨温利等。经过宗教改革的洗礼，欧洲各国除法国、意大利和西班牙等国外，纷纷成立独立的新教教会，天主教一统天下的局势被彻底改变，统一的基督教世界图景不复存在。此外，从客观的意义上来说，宗教改革后多种基督教派的存在，为宽容精神的出现打造了温床，欧洲民族国家的兴起也和宗教改革关系密切。

文艺复兴和宗教改革打开了欧洲社会和思想进步的阀门，印刷术的引入促成文化的广泛传播，自然科学的进一步发展又增强了这一趋势，人们开始用新的视野和眼光来认识人、自然、上帝和宇宙。此时的进步思想有哥白尼的日心说、开普勒的天体运动三大规律、伽利略发现的物体自由落体定律和惯性定律、牛顿发现的万有引力定律。与上述发现相伴随的还有植物学、医学、解剖学领域的一系列发现，此外还要加上地理上新航路的开辟和由此带来的新大陆的发现。由此，人类认识世界的方法在前人的基础上得到了极大的拓展。不仅如此，有待于发现和认识的世界也在深广度上远远超越前人，新奇的世界展现在世人面前。凡此种种，使得人类认识的视野得到极大的拓展，并对人类的精神和认知产生了深远的影响。

哲学上，培根、笛卡尔、斯宾诺莎、霍布斯、洛克、莱布尼茨、休谟等都是近代哲学的著名代表，他们的学说促使人们摆脱了封建神学的统治，张扬了人类的理性力量，从而成为时代精神的强音，并为后来新的哲学和世界观样态奠定了基础。英国的弗朗西斯·培根（1561—1626）最早对经验主义的哲学做了总结，在他的《新工具》一书中还提出了“知识就是力量”的观点，主张全面改造人类的知识，使人类的学术和文化从经院哲学的桎梏中解脱出来。他重视经验科学，认为只有通过实验才能获得真正的知识。法国的笛卡尔（1596—1650）是近代欧洲另一位著名的哲学家，他生于资产阶级与封建主、科学和神学论争激烈的年代，在读书时代便发展起强烈的批判精神，坚定不移地寻找真理。他在《方法论》中提出“我思故我在”的观念，把人类认识的起点从外在世界拉回人的内心，把“我思”作为一切知识的可靠起点，甚至上帝的存在都不能先于我思，为人类的理性赢得了尊严。荷兰哲学家斯宾诺莎（1632—1677）是近代哲学史上重要的理性主义者，其代表著作有《伦理学》和《神学政治论》。他发展了泛神论的学说，关心世界存在的动力因而非目的因，认为万物都是由同样的物质构成的，把万物所包含的单一物质称为上帝，继而把上帝等同于自然界，这样便否认了超验上帝的存在，思想极为大胆。霍布斯（1588—1679）和洛克（1632—1704）都是英国的哲学家，他们继承了培根的思想，从而形成了有别于大陆理性主义的经验主义哲学派别。霍布斯在哲学上持一种功能主义的态度，认为人是具有理性的活动的物体；政治上在《利维坦》中主张人性本恶，描述了人类存在的自然状态是一种人与人之间互相为敌的状态，所以需要有一个强有力的政府对人的行为严加管束，但他也论证了人类行为不被侵犯的范围。洛克反对天赋的观念，主张人只能在经验中获得真理，所以提出“白板说”，认为人的心灵原是一块白板，后来才被经验填充；此外，洛克还是杰出的政治哲学家，他的《政府论》批判了君权神授的观念，论证了人的生命、财产等权利，是近代自由主义政治哲学的鼻祖。他的政治学说和霍布斯一道，对现代的政治观念和政治哲学影响巨大。

（一）马基雅维利

马基雅维利（Niccolò Machiavelli，1469—1527）不仅是意大利文艺复兴时期重要的思想家和历史学家，还是近代政治思想的奠基人之一。1469年马基雅维利生于意大利佛罗伦萨没落的贵族之家，1494年参加反对美第奇家族的起义，起义成功后任佛罗伦萨共和国的外交官。美第奇家族复辟后，马基雅维利一度被囚禁，出狱后隐居著述，晚年在美第奇家族被放逐后希冀得到任用无果，忧愤成疾而死。他的重要著作有《君主论》《佛罗伦萨史》和《论李维》等。

马基雅维利

马基雅维利对后世影响最大的要数他的《君主论》一书，该书历来被封为欧洲各国君主案头的必备读物。他从历史经验出发，认为国家的建立是人性的需要而非上帝的意志，这就和传统君权神授的政治观念区分开来。马基雅维利认为共和政体是最好的政体形式，却感叹共和政体无力消除意大利四分五裂的局面，故而支持君主政体，认为只有拥有无限权力的君主才能使臣民臣服。在具体的政治操作上，他认为君主要达到目的应不择手段，目的证明手段的合理，所以伦理、道德、信义等所有束缚手脚的原则都可以置之不顾，只要有助于君主的统治这一目的的行为都有其天然的正当性。他的这一思想又被后人称为“马基雅维利主义”。

（二）马丁·路德

马丁·路德（Martin Luther，1483—1546）是著名的神学家、德国宗教改革的推动者，同时也是新教路德宗的创始人。路德生于虔诚的天主教家庭，1501 年入埃尔福特大学攻读法律，后因一次神奇的雷雨经历而发愿成为隐修士，1508 年入威腾堡大学，1512 年获神学博士学位。1517 年，他因反对教皇以修建彼得大教堂的名义在德国兜售赎罪券，而在威腾堡教堂张贴著名的《九十五条论纲》，由此拉开宗教改革的序幕。路德的重要著作包括《致德意志基督教贵族公开书》《教会的巴比伦之囚》和《论基督徒的自由》等，此外，他还把《圣经》译成德语，对现代德语和德国文学的发展做出了巨大的贡献。

马丁·路德的神学思想继承了奥古斯丁主义的传统，强调信仰的核心地位，主张“因信称义”，认为人的获救在于内在的信仰，而与外在的善功、教会的中介作用毫无关系。路德神学极力突出上帝的全能和恩典，贬低人的理性和自由意志，认为人应该在受难的基督十字架面前保持绝对的谦卑和驯服，面对人世的苦难，只有身怀坚定的信仰才有获得救赎的可能。与信仰相对，希望通过善功来获救表现出人的狂妄，因为上帝的意志对于人类来说永远是不可窥测的未知之域。人类自从先祖堕落以后，其自由选择的意志便已经彻底败坏，只能自由地选择作恶，却不能自由地趋向善行，故而善功于救赎而言于事无补。路德对信仰极端重视，主张通过《圣经》建立人与上帝的直接联系，认为信徒皆为教士，这一信条使信仰成为个人的事务，有助于发展精神的自由，同时这一观念还否定了天主教会的等级制度，对教会的权威构成了威胁，为人类精神领域的进步开辟了道路。

（三）莱布尼茨

莱布尼茨（Gottfried Wilhelm Leibniz，1646—1716）是德国近代著名的哲学家，同时也是杰出的科学家和数学家。莱布尼茨 8 岁时进尼古拉学校学习希腊语、拉丁语、修辞、算术、逻辑及《圣经》等课程，15 岁入莱比锡大学，1666 年于阿尔特多夫大学获法学博士学位。获得博士学位后，莱布尼茨历经坎坷，如意时当过外交官，困顿时做过私人家庭教师，但一直没有放弃学术研究。1700 年，在他的反复奔走之下柏林科学院成立，并由他出任首任院长。莱布尼茨著述丰富，重要著作包括《形而上学论》《新系统》《神正论》《论自然与科学的原则》和《单子论》等。此外，他还非常关注中国的学术，呼吁建立新型的中西交流认识关系，为中西文明的相互了解和对话做出了杰出的贡献。

莱布尼茨

莱布尼茨思想开阔，在众多领域对人类的思想有所贡献。在数学上，他与牛顿同时创立了微积分，在逻辑上提出了充足理由律，此外他还改进了帕斯卡尔发明的加法器，发明了手摇式的计算机，提出了二进制原则，因此被后人称为现代计算机思想的先驱人物。在哲学上，他提出“单子论”的概念，认为单子是宇宙的终极实体和内在目的，单子无限多样，它们没有广延、形状和部分，所以不能再分，同时单子之间互相独立。因为单子的单纯性，所以它们的发展和变化不可能来自外部，而只能来自自身。不仅如此，单子还因其无限多样而呈现连续的等级序列，因为各单子之间的差异，整个宇宙可以被看作一个单子的等级序列，从最低级的单子到“单子的单子”——上帝。因为单子之链上相邻的单子之间差异无限小，且它们的位置因上帝的安排而和谐一致，故而其内在动因导致的运动不会破坏单子之链预定的和谐。这样，莱布尼茨以单子的等级序列取代了传统基督教哲学中从低等生物到上帝的“伟大的存在之链”。这种辩证的观点解决了机械论实体观的矛盾，莱布尼茨在论述单子时所倡导的能动性、个体性和内在性等原则还对德国古典哲学产生了深远影响。

三、从启蒙哲学到德国古典哲学

18世纪最引人注目的事件无疑是1789年的法国资产阶级大革命，而其指导思想却源于启蒙运动。关于启蒙运动，英国历史学家柯林伍德在其《历史的观念》中认为，启蒙是“使人类生活和思想的各个方面世俗化的努力”①；德国哲学家康德则将启蒙定义为“人类脱离自己所加于自己的不成熟状态”，这种不成熟状态在于不敢运用自己的理智，故康德号召要“敢于运用自己的理智”②；德国哲学史家文德尔班把启蒙时代命名为“具有人类学性质的时代”③。可以看到，不管是人类社会的世俗化、运用自己的理智，还是人类学的时代，其关注的重点都是人，人的主体性这一维成为中心。因此，在这个意义上，康德、文德尔班和柯林伍德的看法是相通的。

世俗化的指向当然是针对宗教社会而言，在启蒙时代，富有激情的法国思想家无疑是这一时代的主角。他们带着乐观的心态，尽情发表对哲学、政治、社会等问题的看法，他们的思想轻深沉的思辨，而重经验和常识，他们批判封建制度的腐朽和宗教意识形态的丑陋，意在通过破旧立新，为人类的未来设计一幅理想的蓝图。孟德斯鸠的《罗马盛衰原因论》旨在探究罗马帝国衰亡的原因，论政治制度、法律的重要性，为共和制度辩护；卢梭的《社会契约论》则意在找到理想的模式，使人类在共同体的生活中能够享有完全的自由；即使在逃亡途中的孔多塞也对人类的美好前途充满信心，发表了《人类精神进步史表纲要》，认为人类理性的觉醒不断促进人类自身的解放，在此过程中人类自由的增长自然而然，因而人类应对其未来充满信心。

启蒙也是哲学研究的重要话题，关于启蒙，法国哲学家的思想沿着两条路径展开，分别是自然神论和唯物主义的无神论。之所以可以从思想史中找到其内在的线索，是因为近代哲学的主题是自然和人，其关系在思辨哲学中呈现为思维和存在的关系。思维和存在两者在中世纪的宗教神学中可以靠神来统一，随着宗教世界观的解体，人与自然的裂痕便凸显出来，为使人和自然重新获得统一，采取的办法是使自然人化和使人自然化。前者的突出表现即莱布尼茨的单子论哲学，单子的单子是上帝，其结论是自然披上上帝的外衣，伏尔泰、孟德斯鸠、卢梭是这一脉思想的代表；后者的先驱是英国的霍布斯，其哲学取消人的特殊性，把人机械化，人和自

---

① 柯林武德．历史的观念：增补版．杜森，编；何兆武，张文杰，陈新，译．北京：北京大学出版社，2010：77.（柯林伍德，又译柯林武德、科林伍德。）

② 康德．历史理性批判文集．何兆武，译．北京：商务印书馆，1990：23.

③ 文德尔班．哲学史教程：下．罗达仁，译．北京：商务印书馆，2010：600.

然一样成为机械的物体，这一论断虽然降低了人的价值，但其积极的意义在于排除了上帝的意志而给人的理性以理解世界的可能，从而在世界观上和唯物主义相通，法国的唯物主义者正是循着这一思想路线而前进，其代表人物为狄德罗、拉美特利、爱尔维修和霍尔巴赫。

产生于18世纪末19世纪初的德国古典哲学是近代哲学的高峰，其严谨、庞大的哲学体系让后代学人叹为观止，在哲学史上，这一时期的哲学通常被称为德国唯心论哲学，马克思、恩格斯则将其称为“德国古典哲学”。德国哲学严谨的体系并非无本之木，它源于时代氛围的激荡和哲学家自身的艰苦探索，他们的理论进而又成为后代哲学家的思想资源，后代哲学家通过不断批判与解读使之对现代社会的进程产生了深刻的影响。早在19世纪中叶，德国作家海涅就提醒道：“不要轻视观念的影响。教授在沉静的研究中所培育出来的哲学概念可能摧毁一个文明。……康德的《纯粹理性批判》成了斩断德国自然神论的利刃，卢梭的著作在罗伯斯皮尔手中成了摧毁旧制度的血迹斑斑的武器。”① 德国古典哲学家覃思精深，但他们的文风佶屈聱牙，对现代人来说，若没有对德国古典哲学的充分修养，必然不能摸到哲学思考的门径，更无法对现代思想谱系做有效的把握。

1618—1648年的“三十年战争”使得德国分崩离析，到1871年俾斯麦统一德意志各邦之前，德国一直处在封建割据的状态，由大大小小的诸侯国占地而治。各诸侯国之间互设壁垒，使德意志各邦整体的发展远远落后于统一的英、法等资本主义国家。国家的分裂和不断的战争，使得德国长期不能形成一个强有力的资本主义国家，大大小小的封建主形成的容克贵族无所作为、得过且过，整个社会弥漫着封闭保守的气息。不过，封闭的封建环境毕竟也挡不住世界大潮的汹涌，到18世纪末19世纪初，由于英国的工业革命和法国大革命的影响，德国的资本主义有了缓慢的发展，德国的资产阶级也有了改变现存秩序的要求，甚至爆发了1848年的三月革命。不过，由于德国资产阶级自身力量弱小，加之法国大革命实践的惨烈，德国人对自己的前途更为动摇和犹疑，进而他们回到内心对社会和人性作更为深入的思考，这便是德国古典哲学产生的外缘氛围。在思想传统上，德国古典哲学可以说是对希腊哲学尤其是文艺复兴以来哲学的一个大综合。德国哲学自莱布尼茨—沃尔夫派哲学以来就有思辨的传统，18世纪以后，它更是吸收了英国经验主义哲学和法国启蒙哲学的营养，并将其加以创造性的综合和发展。此外，自然科学的发展如牛顿力学、细胞学说、达尔文进化论和能量转化等学说的发现，证明自然事物也在辩证丰富地发生发展，而非单纯的机械运动可以概括，这些都为德国古典哲学提供了丰富的内容。

德国古典哲学主要探讨主客体的关系问题。康德哲学一开始就提出了认识的统一性如何可能的问题。康德认为认识是主客体的统一，但主客体如何统一？康德认为客体是“自在之物”，不以人的意识为转移，因而对于人来说它始终不可探究。认识的途径只能是把客体纳入主体的视野，经由先天主体综合经验材料作为主体认识的对象，也即现象，这样才能使主客相合。康德哲学的根本问题是讨论先天综合判断如何可能，康德对它的回答是人的知性具有先天综合能力，它能经由12对范畴去自发统摄和处理杂多的经验材料形成先天综合判断，进而构建起知识的大厦。如果说康德的认识论只及于现象界，不能达到物自体的话，费希特则在其学说中取消了康德的“物自体”，进而认为世界上的一切都是“自我”的创造，在主客关系上，费希特认为客体的非我由主体的自我而来，再进一步达到自我与非我的统一。谢林创造了同一哲学，

---

① 伯林．自由论．胡传胜，译．南京：译林出版社，2003：187.

他认为主体和客体、自然和精神、存在和思维等看似相反，但都是浑然无差别的“绝对同一”的不同阶段。黑格尔则把整个现象世界视为“绝对理念”的循环演进，绝对理念自身同时包含着对立统一的两方面，它的对立统一促使自身沿着正、反、合三段论的模式发展变化，绝对理念外化为自然界，自然界的演化同时产生具有自我认识能力的人类和人类社会。人类由认识自然界出发，进而认识自身和意识的流变，最后达到绝对理念的自我认识之后回归更高一级绝对理念的起点。德国古典哲学的最后一位大师是费尔巴哈，他的思想是德国古典哲学从唯心主义向唯物主义转向的标志，并且对马克思和恩格斯的哲学有重要的影响。费尔巴哈批评黑格尔的思辨哲学没有在现实中解决思维和现实的矛盾，而只是以思维和思维自身的虚假矛盾取代了前者。费尔巴哈是一个唯物主义者，认为自然界是唯一的实在，人、神、精神都是自然的产物，但他对黑格尔的批评抛弃了黑格尔辩证法的合理内核，故而列宁批评他把洗澡水中的孩子一起倒掉了。马克思主义哲学的创立者马克思和恩格斯通过批判黑格尔的法哲学，改造黑格尔的辩证法思想，经由感性实践的观念把辩证法和唯物主义有机地结合起来，从而开创了具有实践特征的唯物主义思想，为哲学史开辟了新的篇章。马克思主义哲学立足于当时资本主义的现实，通过对全部西方哲学史的批判继承，揭示了西方哲学理论与实践、唯物论与辩证法等的缺陷，而它的锋芒在于对资本主义的批判姿态。也正因此，马克思以降，有众多的思想家发展了马克思思想的不同方面，从而形成了西方思想界蔚为壮观的西方马克思主义流派。

（一）卢梭

卢梭是法国著名启蒙思想家和文学家。他出身于日内瓦平民家庭，自 14 岁后过着流浪的生活，来到巴黎后本打算以自己发明的记谱法闯出一条生路，却久不得志。先后当过法国驻威尼斯大使秘书，在巴黎诸多贵妇门下当过食客，最后以《论科学与艺术的复兴是否有助于敦风化俗》获第戎科学院的征文奖而成名。卢梭情感丰富，但生性羞涩，不善于交际，长久厌倦上流社会的社交生活，为衣食计却又不得不忙于应付，但他终身不改其志，晚年尤因其特立独行的生活和思想遭到欧洲各界的一致声讨，浪迹于法国、瑞士、德国、英国等地，最后抑郁而终。他重要的著作包括《论人类不平等的起源和基础》《社会契约论》《爱弥儿》和《忏悔录》等。

卢梭对欧洲思想文化的影响是多方面的，他认为人来源于自然，但后天的发展却败坏了自然人的本性，故对现代文明持批判的态度。加上他的作品真诚坦率、有人情味的风格，使得他笔下所谓“高贵的野蛮人”和直抒胸臆的文学风格成为浪漫主义的先导。卢梭热烈呼唤自由，其《社会契约论》开篇就论及“人是生而自由的，但却无往不在枷锁之中”，故而他探索使共同体生活和人的自由得以调和的政治模式，“要寻找出一种结合的形式，使他能以全部共同的力量来卫护和保障每个结合者的人身和财富，并且由于这一结合而使得每一个与全体相联合的人又只不过是在服从其本人，并且仍然像以往一样自由”[①]。法国大革命的纲领即以此为依凭，不过其理论中内含的共同体生活和个人自由的矛盾并没有就此得到调和，反而在大革命的实践中暴露了出来，引发了剧烈的社会动荡和恐怖政治。有鉴于此，著名思想史家以赛亚·伯林认

① 卢梭．社会契约论．何兆武，译．北京：商务印书馆，2008：4，18.

为，卢梭虽然自称是有史以来最激越和最热烈地热爱自由的人，但他也是自由最危险和最可怕的一个敌人。[①]

（二）康德

康德

康德（Immanuel Kant，1724—1804）是德国著名的哲学家，被后人称为现代哲学的源泉。康德生于普鲁士柯尼斯堡的一个信奉路德宗虔信派教义的马鞍匠家庭，1740 年入柯尼斯堡大学哲学系，毕业后当过家庭教师，后在柯尼斯堡大学长期担任编外讲师，直到 46 岁时才正式成为柯尼斯堡大学教授，终生没有离开过柯尼斯堡。康德甘于淡泊的生活，不图名利，生活平静而有规律，以至于当地人以他散步的时间来校正家里的时钟。康德不仅是一名哲学家，还精通当时的自然科学，曾经为当地教堂设计过避雷针，提出了星云假说。不过他的主要成就还是在哲学上，重要的作品包括《纯粹理性批判》《实践理性批判》《判断力批判》《永久和平论》《纯然理性界限内的宗教》和《道德形而上学原理》等。

康德的哲学概而言之包括三大领域，也即他的三大批判囊括的范围，分别是认识论、伦理学和美学。在认识论领域，康德通过对人的先天综合判断能力的论证，尤其通过时间与空间的感知形式、原因与结果等 12 对范畴对现象进行统摄。根据康德有力的论述，人的精神是有创造力的，而不是消极被动的。正是因为精神对感觉资料进行筛选和分类，所以现象世界可以被理解，康德以此打破了洛克、霍布斯等人关于人的精神和智力只是被动地接受经验的看法，把理性从经验主义的怀疑论中解放了出来。在伦理学领域，康德认为正当有效的行为准则只能在纯粹理性中找到，而不能求之于现实经验，作为基本道德原则的“绝对律令”不可能存在于外在环境，而只能存在于道德主体之中。所以康德这样来阐述他著名的道德律令：“不论做什么，总应该做到使你的意志所遵循的准则同时能够成为一条永远普遍的立法原理。”[②] 在美学上，康德反对古典主义者的看法，认为美不是一个客体，相反，它存在于观者的心中，美的判断标准存在于人的精神之中。美源于先验理性，是我们思想中的先验部分，而不是由某种特殊的文化环境所决定。因此，美学领域是自律的，它与道德领域和科学领域一起组成考察事物的方式，但它们各自有各自的适用范围，并各自产生各自的真理。上述概括当然不能描述康德哲学的所有面向，而正是因为康德哲学中的本体论、二元论、物自体等学说，被浪漫主义者、现象学者和唯心主义者推进，所以康德哲学成为后来众多哲学流派的起点。

（三）黑格尔

黑格尔（Georg Wilhelm Friedrich Hegel，1770—1831）是德国古典哲学的集大成者，也是西方哲学史上最大哲学体系的缔造者。黑格尔出身于斯图加特的官僚家庭，中学毕业后入图宾

① 伯林．自由及其背叛．赵国新，译．北京：译林出版社，2011：46.
② 康德．实践理性批判．韩水法，译．北京：商务印书馆，1999：30.

根神学院，与后来的著名哲学家谢林和诗人荷尔德林为友。大学毕业后黑格尔时运不济，当过8年的家庭教师，在耶拿大学当过6年的编外讲师，因为普法战争，他一贫如洗，先后做过日报编辑和文科中学校长等工作。1816年终于凭着其成熟的哲学著作《精神现象学》被聘为海德堡大学哲学教授，2年后受聘于柏林大学，后来还当选为柏林大学校长。在黑格尔后期，他的哲学思想得到了广泛传播，不仅占据了德国大学的讲坛，还成为普鲁士“官方哲学”，远播海外。他的重要著作除《精神现象学》之外，还包括《逻辑学》《历史哲学》《哲学全书》《法哲学原理》《哲学史讲演录》和《美学讲演录》等。

黑格尔提倡一种恢宏的整体论历史哲学，他把宇宙看作由其自身目的推动的宏大整体，其原初即绝对精神。绝对精神乃是包罗万象的唯一整体，它通过有限的人类精神在历史中的发展而存在和展现并完成自己，其发展经历了自在的绝对精神、自为的绝对精神和自在自为的绝对精神三个辩证阶段。在黑格尔的哲学体系中，研究自在的绝对精神或者纯粹理念的科学是逻辑学，在这里他提出了质量互变、对立统一、否定之否定等辩证的逻辑思维方法，它们高于传统逻辑的静态概括；研究自然或自为的绝对精神的科学是自然哲学，在这一系统中，观念自身“异化”为自然界，使得经验科学如化学、物理等提高到哲学的层次；研究自在自为绝对精神的科学则是精神哲学，它试图解释人类的意识如何与外部社会演化的模式相联系，内心和外界的辩证互动如何在一种无限的变化过程中向上演进，具体来说就是，解释精神在人类历史中的自我实现最终导致充分的自我意识，即外部异化的物质领域如何不断地与精神遭遇，如何被精神征服和吸收。黑格尔把他对世界历史的解释纳入绝对精神演进的进程之中，把人类历史分为亚细亚阶段、古希腊罗马阶段和日耳曼欧洲国家阶段，它们的标志分别是绝对君主权力、地区性自由城邦和综合了前两者的强大国家中的自由，从而从哲学的角度赋予日耳曼民族担荷世界历史重任的使命。这一观点一方面为促进德国的统一准备了充分的思想根据，另一方面也助长了包括日耳曼民族在内的各种民族主义思潮。不过，黑格尔的政治思想远非如此简单，有人说他是保守主义者或某种保守的自由主义者，他的众多信徒却并非如此。黑格尔右派强调秩序、纪律和国家实力；中间派强调立宪政府和法治；左派则成为无神论者或共产主义者，其中最为出名的是马克思。由此也可以看出黑格尔哲学的丰富性。

（四）马克思

马克思（Karl Max，1818—1883）出身于普鲁士王国莱茵省特里尔市的一个相对富裕的律师之家，早年在波恩和柏林大学学习法律，但他的兴趣却在历史和哲学方面，并于1841年以一篇名为《德谟克利特的自然哲学和伊壁鸠鲁的自然哲学的差别》的论文获得耶拿大学哲学博士学位。其后，他办过报纸，组织过社会和政治运动，并在1848年德国革命期间和恩格斯一起从事革命，最后流亡英国。除此之外，马克思一生著述宏富，其中最重要的理论作品包括《〈黑格尔法哲学批判〉导言》《1844年经济学哲学手稿》《关于费尔巴哈的提纲》《德意志意识形态》《共产党宣言》，以及《资本论》第一卷和第二卷。

马克思主义哲学原创性主要包括三个方面：首先是马克思的实践论。马克思指出，“哲学家们只是用不同的方式解释世界，而问题在于改变世界”①，故而马克思和恩格斯把他们的哲

① 马克思恩格斯全集：第三卷．北京：人民出版社，1960：6.

学称为“实践的唯物主义”[①]。马克思的实践论立足于人的感性现实，实践是与对象世界相关的感性实践，而非像黑格尔把实践理解为绝对理念的活动。进一步，马克思恩格斯把实践理解为以生产方式为基础的人的社会活动，强调实践改造世界和社会的决定作用，从而使这种能动和革命的实践论摆脱了以往哲学理论和现实相分离的通病。其次是辩证法。马克思的辩证法在形式论上有三大规律，即量变和质变、对立统一和否定之否定。这把这些从自然科学引导出的领域规律拿来考察人类社会和历史，同时又将人的能动因素纳入其中，从而使客观的“规律”并非与人无关的物理世界，而是人与自然相统一的感性世界。这样的辩证法把唯物论和辩证法统一起来，并贯彻始终，既克服了近代英法唯物主义机械论的缺陷，也把黑格尔的辩证法从神秘主义的困境中解放出来，标志着人类认识世界、社会和自身取得的重大突破。最后是历史唯物主义。传统的历史观都没能摆脱唯心主义的束缚。马克思以人的实践活动来考察人类社会，当人的实践活动从一种形态发展为另一种更高的形态时，这种转变不同于物理世界的机械运动，而是内含着人的自由自觉的生命活动的参与，故而显出其独一性。马克思把人的实践活动与社会存在决定社会意识、经济基础决定上层建筑以及生产力和生产关系构成历史发展的内部动力的观点相结合，揭示出人类历史从原始社会、奴隶社会经由封建社会、资本主义社会到社会主义社会的必然进程，廓清了千百年来对历史和社会政治所持的混乱见解，代之以严密和科学的体系，为先进阶级和先进文明的发展指明了方向。总之，马克思主义哲学是对西方哲学的一次革命性变革，是人类哲学思想和认识的巨大飞跃，并为人类认识和改造社会开辟了新的道路。

第三节 现代哲学：理性主义与非理性主义的分野

【本节关键词】

非理性主义　科学主义　语言转向　现象学　结构主义　后现代主义　法兰克福学派

从启蒙思想到德国古典哲学全盛阶段，西方哲学界一直将“理性”作为思考的核心。这一阶段，哲学家们大多使用二元对立的研究模式和“理性至上”的终极假设。到了19世纪后半叶，社会与自然科学的发展都揭示出这种思想的局限性。新一代的哲学家开始质疑理性崇拜：“理性究竟是不是人的本质?”为了回答这一问题，有些人另辟蹊径，从非理性角度发展出了一股新思潮。可以说，现代哲学的显著特征之一便是非理性主义的崛起。还有些哲学家则沿用理性主义的方法修正了近代哲学的明显缺陷，由此开创了现代哲学的另一主流——科学主义。从19世纪下半叶到20世纪下半叶，非理性主义和科学主义成为现代哲学最重要的两大思潮，由此衍生出众多哲学流派。

---

① 马克思恩格斯全集：第三卷．北京：人民出版社，1960：48.

这种情况大致持续到20世纪60年代，西方国家迈入后工业社会，早期的现代哲学显然已经落后于时代，于是后现代哲学各流派逐渐涌现，余波影响至今。

一、现代哲学的发展阶段

具体来说，现代哲学发展可分为三个阶段。

第一阶段：近代哲学的衰落和现代哲学的兴起（1830—1890）。

自文艺复兴起，西方哲学的中心从上帝的神性转向了人类的理性，这一努力意在摆脱西方世界受控于宗教的蒙昧状态，高扬“人”的主动性，指引人类走向崭新的未来，德国古典哲学就是这种思想的集大成者。从积极的角度看，近代哲学的确引导人类运用理性（经验和思维）来认识世界，极大地推动了社会发展和科学进步。可是在方法论上，当时主流的哲学思想都把人视作理性的动物，片面追求“理性”的普世化、绝对化。启蒙思想家主张以“理性”为法度，审判世间万物。之后的康德将理性从理论领域扩展到了道德等实践领域，黑格尔在批判前人的基础上又建立起一个无所不包的理性体系。而今，我们知道人类的思维与认识并非限于理性，而是还具有情感、直觉等非理性因素。至此，近代哲学已与现实的人性渐行渐远，最后成为凌空高蹈的思辨游戏。这实际上违背了近代哲学“以人为本”的初衷。对理性的过度强调，使得人类在摆脱上帝崇拜后，又陷入理性崇拜之中。理性成为规约人类思想与行为的最高准则。尤其当西方世界进入工业社会后，理性至上的观点使得人类个体自然的、个性化的特征被忽略，人逐渐异化为生产力发展的工具，即人类的存在是为了服从工业生产、社会管理、道德责任等方面的需要。但技术主导的理性的统治并未带来幸福，接连不断的政治经济动荡乃至大规模战争让西方人意识到精神与现实已经危机重重。

上述问题早在19世纪上半叶就被一些哲学家预见。当时黑格尔体系作为理性主义的代表正在统治哲学界，以叔本华和克尔恺郭尔（Soren Aabye Kierkegaard，1813—1855）为代表的非理性主义先驱率先发难。前者提出“唯意志论”，将人类的情感与意志等非理性活动作为哲学的基础来认识世界，后者则强调非理性体验对于个人存在的决定性作用。到了19世纪80年代，尼采在叔本华思想的基础上提出了“权力意志论”，并认为“上帝已死”，因为其激烈的批判姿态，被后人视作现代哲学的开启者之一。之后德、法两国又出现了“生命哲学”，这是一种新的非理性思潮，与唯意志哲学有密切联系。创建者狄尔泰（Wilhelm Dilthey，1833—1911）主张从生命角度确立与自然科学截然不同的精神方法论。另一代表人物柏格森（Henri Bergson，1859—1941）则重点研究了直觉和意识流对于生命的意义。

非理性主义对20世纪的社会思想、文化艺术等领域具有深远影响，直接催生了后世的现象学、存在主义等学派。要说明的是，西方的“非理性主义”旨在对人类的非理性领域，比如个体的直觉、本能、个性等进行探索，以恢复人的生命活力和创造性，在研究方法上，依然延续了西方理性和思辨的传统。它与东方哲学顿悟、感觉式的“非理性”存在极大差别。

近代哲学衰落的另一个主因是自然科学的发展。无疑，近代哲学曾经帮助西方科学家摆脱神学束缚，指导他们用理性方法认识世界，牛顿力学体系的建立便是明证。这种研究采用的是静止恒定、二元对立的思维模式。但是上述研究方式逐渐被当时的新发现推翻。细胞学说、能量守恒定律等新理论说明自然科学研究已经进入整体性阶段，需要以动态和系统的观念研究事物变化。所以，静态和二元对立的思维方式被现代科学和哲学逐渐摒弃。

19世纪中期，法国人孔德（Auguste Comte，1798—1857）和英国人穆勒（John Stuart Mill，1806—1873）创立了实证主义流派，其后此派思想在欧美盛行。他们沿用理性主义的方法，认为哲学应该以自然科学为基础提供方法论。这一流派大体上延续了英国经验哲学的传统，但放弃了传统哲学过度探究世界本质的努力，以适应19世纪末以来社会与科学的新一轮发展。代表人物孔德认为，哲学与科学应定位于人类认知所及的世界，以研究不同经验间的定量关系。同时他认为实证方法并非仅可以应用于自然科学，还能够改造社会。为此他创立了社会学这一学科。其后，实证主义成为许多社会科学的哲学基础，还开创了现代哲学的科学主义思潮。其后的分析哲学、马赫主义、当代科学哲学等流派都源出于此。

美国哲学家在建立本国的现代哲学体系时兼容并蓄，创建了具有折中特点的"实用主义哲学"。它的理论框架一方面受到进化论等自然科学影响而接近实证主义，但另一方面也吸纳了心理学的成果，强调人的非理性作用。实用主义哲学的主要观点是：哲学应立足于现实生活，以确定的信念作为起点，把实践行动作为主要手段，并重视其结果。唯有如此，哲学才能指导生活。

第二阶段：现代哲学的全面发展（1890—1960）。

这一阶段，现代哲学全面取代近代哲学成为主流，非理性主义和科学主义两大思潮各自衍生出许多流派。最值得关注的是分析哲学和现象学两大并存的哲学运动。此外，由弗洛伊德创立的精神分析学说也为西方的哲学界所广泛接受。这一学说揭示了潜意识对人类精神世界的隐秘影响，有效地揭示出人格发展和人类意识、行为的内在驱动力，所以也被看作非理性哲学的一个流派。另外，西方的宗教哲学也根据时代要求发展出了新学说，在整个20世纪都保持了巨大影响力。

20世纪初，一些英、德哲学家受实证主义启发，对传统哲学的思辨方法产生怀疑，随之将哲学的对象和功能转变为语言、逻辑分析，这就是"分析哲学"运动。代表人物有罗素（Bertrand Russell，1872—1970）和维特根斯坦，他们主张将实证主义与现代逻辑分析相结合。另一代表人物G. E. 摩尔（G. E. Moore，1873—1958）则率先把分析手段应用于日常语言。由于纳粹上台，许多中、东欧分析哲学家在20世纪30年代远走英美和北欧，在其后的三四十年里，分析哲学在这些国家占据了支配性地位并不断发展。分析哲学对于日常语言和社会生活的研究持续至今。这一思潮的最大价值在于提示哲学家关注语言。因为语言不仅是表达的工具，而且是哲学反思自身传统的起点。许多哲学命题都因为语言表述的模糊而引发无效的争论。自从分析哲学问世后，哲学家们都意识到，任何一种认识都可归结为一种表达，并以语言的形态呈现。所以，哲学如果要帮助人类认识世界，就要使用精确而有效的逻辑和言语表达。这种观念上的变革，也被称作现代哲学的"语言转向"（the Linguistic Turn）。

在欧洲大陆，由德国人胡塞尔（Edmund Husserl，1859—1938）倡导的现象学运动与分析哲学并行。它并没有统一的学说，确切地说，它是一种方法。近代哲学的研究对象是理性、经验等现象之外的领域，依靠主观思维，具有随意性；而实证主义则试图用可获得的经验证据解释现象，具有片面性。胡塞尔不满于此，他主张以"现象"概念作为研究对象，并使用"现象学还原"的方法，即在认识现象时排除一切预设直接进行认知，以求达到真实的存在。简单地说，就是"回到事物本身"。这一方法有助于现代哲学改变过去二元对立的认识方法，促使哲学研究更加严谨。与分析哲学不同，现象学认为人的意识和实际的生活要比逻辑和语言形式更为深刻，因此现象学更注重对“生活世界”的研究。由于现象学的广泛影响，后来兴起的存在主义、解释学等都被归入广义的现象学范围。

第二次世界大战无疑是一场空前的人性灾难。它促使西方哲学界重新思考自由、尊严、命运等人类重大课题，由此兴起了战后哲学新思潮，在欧洲影响较大的有存在主义、法兰克福学派、结构主义等。这一时期理性主义和非理性主义两大思潮开始互相借鉴，尤其以解释学为典范，这些流派都试图在当代社会更全面地把握人与世界的关系。

美国本土由于受到二战影响较小，其哲学延续了渐进式的发展。20 世纪初，威廉·詹姆斯（William James，1842—1910）和杜威将早期的实用主义原则系统论述并传播后，实用主义迅速跻身美国思想界主流，贯穿整个 20 世纪。其中一些理念已经融入美国文化。二战时许多欧洲哲学家避难到美国，因此美国哲学界十分活跃。由于实用主义的包容性，它与欧洲的思想激发碰撞，产生了许多新学说。比如战后兴起的逻辑实用主义等。

另外，二战期间以及战后的各种危机使西方哲学界更全面地意识到了资本主义制度的缺陷，越来越多的哲学家认识到了马克思主义的巨大批判价值。早在 20 世纪 20 年代，匈牙利哲学家卢卡奇（Ceorg Lukács，1885—1971）吸收了经典马克思主义和德国的社会学思想后，开创了西方马克思主义。他重点研究资本主义社会人的异化，丰富了马克思主义中的人道主义思想。许多西方左翼哲学家把马克思主义的观点与自己的观点相结合，以批判西方的社会历史与现实，比如法国的阿尔都塞（Louis Pierre Althusser，1918—1990）提出的结构主义马克思主义、德国的法兰克福学派等。

存在主义是战后影响最大的哲学流派，它意图探索存在的意义和方式，进而探讨人与他人、人与世界的关系。存在主义的先驱是 19 世纪的丹麦宗教哲学家克尔恺郭尔，他强调非理性因素对个人存在的决定性作用。存在主义的代表人物有德国的海德格尔、雅斯贝尔斯（Karl Theodor Jaspers，1883—1969），以及法国的萨特（Jean-Paul Sartre，1905—1980）等。他们都曾受到现象学的影响。海德格尔将研究集中到了“存在”这一问题上，并由此延伸到存在与世界、人类的存在状态等课题。雅斯贝尔斯集中于“生存哲学”，即探寻人类生存的价值和历史性，并使用有神论观点表达对生存的超越。萨特则信奉无神论，其理论具有人道主义色彩。他认为“存在先于本质”，并强调行动的意义。人具有自由意志，所以要对自己的选择承担责任。萨特身体力行，广泛参与了各种重大政治活动。此外，他还写作戏剧、小说等，用文学阐释自己的思想。

20 世纪 60 年代，随着战后的复兴，西欧思想界的兴趣转向了对新方法的探索。结构主义于是取代存在主义成为显学。它被广泛应用于人类学、哲学等人文学科。这一理论认为，在语言、心理、文化等许多领域都存在一种结构。许多要素按照一定的规则组成整体，部分的变化可以引起整体的变化。研究结构可以了解各要素之间以及要素与整体的关系。其代表人物不仅限于哲学家，许多其他学者也在各自领域内使用这一方法，比如列维-斯特劳斯（Claude Lévi-Strauss，1908—2009）的结构人类学、雅克·拉康（Jacques Lacan，1901—1981）的镜像阶段论等。但发展到后期时，由于结构主义者过分突出系统和结构的作用，其片面性遭到批判。以罗兰·巴尔特（Roland Barthes，1915—1980）为代表的结构主义者转向消解结构，结构主义于是被后结构主义取代了。

法兰克福学派于 20 世纪 50 年代在战后德国逐步成熟，并在 20 世纪六七十年代产生巨大影响。这一学派首先借助马克思主义观点批判西方社会中人受到奴役的精神状态，目的是希望人类能返璞归真，回到自然，构造浪漫主义的美好世界。其次，它还受到精神分析学说的深刻影响，将心理现象作为社会研究的主要内容。代表人物有霍克海默（Max Horkheimer，1895—1973）和阿多诺（Theodor Adorno，1903—1969），两人合著《启蒙辩证法》一书，反思启蒙主义和科技理性的负面作用。最后，该学派还批判当代社会的大众文化。霍克海默认为当代的“文化工业”具有商品化、技术化、标准化、强迫化的特征。该学派早期另一重要人物瓦尔特·本雅明（Walter Benjamin，1892—1940）详细研究了古典时代与工业时代艺术的区别。这些探索遂成为后来文化研究的基础。20 世纪 70 年代起，第二代法兰克福学派的成员依然受到马克思主义的影响，研究重点转向了后工业社会中的人，代表人物有哈贝马斯。

同一时期，科学主义思潮也在发展。原有的实证主义哲学已经无法适应 20 世纪爆发式的科技进步，20 世纪早期，逻辑主义科学哲学兴起，主张用逻辑和语法分析的方法探索理性对科学研究的作用，强调人类认识的绝对作用以及科学知识的积累式发展。二战后兴起的历史主义科学哲学则主张用历史考察和案例分析的方法研究科学发展的规律和发展模式，并承认人的非理性和社会因素在科学发展中的作用。他们试图把哲学建立在科学知识和科学方法的基础上，为理解当代科学的发展提供了有效路径。代表人物卡尔·波普尔（Karl Raimund Popper，1902—1994）批判了传统哲学从有效事实到普遍原理的归纳法，提出“否证论”，即所有的科学理论原则都可以被反驳或被证明为否，没有这些特点的陈述都在科学界限之外。另一重要人物托马斯·库恩（Thomas Kuhn，1922—1996）提出了“范式论”，认为一些科学家团体在某些领域具有共同信念，即“范式”（paradigm），它们相对稳定，通常不能被单个的新成果推翻，需要有系统性的革新产生新的范式，才能取代旧有范式。新旧范式的内涵具有本质的差别。

哲学解释学又称哲学释义学，主要研究对意义的理解和解释，在方法论上，它被誉为沟通现象学和分析哲学的桥梁，现在广泛应用于人文学科研究。代表人物有德国的伽达默尔（Hans-Georg Gadamer，1900—2002）和法国的保罗·利科（Paul Ricoeur，1913—2005）。解释学本来指的是对希腊罗马文献以及《圣经》的阐释，这一概念进入哲学领域始于 19 世纪的德国，解读的对象从古代文本逐步扩展到整个世界。到了 20 世纪，海德格尔提出理解是主观认识的基础和条件，它不仅决定我们怎样思考，还决定我们怎样存在。他认为解释和理解的区别在于：解释是理解的发展，理解是解释的基础。在此基础上，伽达默尔建立了哲学解释学。他主张通过研究理解的各种条件与特点，来探索人在历史、现实中的经验以及语言的本质，以求理解并解释世界、历史和人。此外他还揭示了人类在理解现象中的许多规律，如理解的历史性等。保罗·利科在肯定伽达默尔原则之外，还复兴了解释学在日常语言和文本阐释中的重要作用。德国的解释学派将理性置于人的情感与意志之上，利科却强调要把人的理性活动与非理性活动结合起来才能理解人及其行为和历史。

第三阶段：后现代主义哲学兴起（1960— ）。

二战以后，西方国家逐步过渡到后工业社会。与这一社会形态相对应的后现代主义哲学从 20 世纪 60 年代起浮出水面，70 年代开始风行，80 年代影响波及第三世界国家。其思想特征是以批判的态度与逆向思维方式来审视当代社会在政治经济、思想文化以及生态科技等方面遇到的问题并思考解决途径，主要标志是后结构主义等流派的兴起。总体上，后现代主义哲学可以分为两类：一类主张彻底否定现代哲学，我们可以称之为激进派、解构派等，代表流派有解构主义等；另一类态度较温和，主张在批判的基础上重建新的世界观，被称为建设性的后现代哲学，代表流派是美国的新实用主义哲学等。

当结构主义发展趋于僵化时，许多哲学家便主张取消结构，由此形成了后结构主义或解构主义，代表人物是法国的福柯和德里达（Jacques Derrida，1930—2004）。这一思潮认为取消结构的根本方法是彻底颠覆传统哲学的结构主义思维方式。具体来说有两个途径：一个是批判“逻各斯中心主义”。“逻各斯”（logos）源自希腊语，在欧洲哲学史上泛指世间可理解的规律。福柯认为他的哲学首先就要排除几千年来人类固有的“本质”“同一”的幻想，揭示出事物其实没有什么固定不变的本质和规律。另一个是批判语言中心主义。传统哲学认为言语和书写都是表达思想的，三者有机统一。可德里达通过考证指出，“言”与“写”存在差异，书写是唯一保存思想的历史手段。书写的文本随着时间推移，被误读的可能性越来越大，文本逐渐脱离作者初衷，其含义会伴随每一次解读而扩展，于是“作者死了”。不过，德里达曾指出：解构主义并不是要取代结构主义或者形而上传统，也取代不了。因此，对待解构主义的最好态度不是把它当作教条，而是把它当作一种反观传统和反思人类文明的意识。后结构主义以其激进的批判态度，逐渐成为一股席卷全球的浪潮。它激发出许多挑战中心的社会思潮，如挑战男权中心的女权主义、挑战西方中心的后殖民主义等。在艺术创作上，后结构主义拒绝深度，追求平面化、零散化的种种特征，已逐渐被世人接受。但其激烈的反叛姿态容易被理解为虚无，这是它的消极影响。

后结构主义传入美国后，美国哲学家结合国内的实用主义传统，发展出了新实用主义哲学，罗蒂（Richard Rorty，1931—2007）是代表人物。他首先批判了西方哲学追求本质的传统，主张取消本质。一旦本质和现象的区别消失，传统哲学的问题也就会随之取消，原因是问题不在于人类知识是否存在基础，而在于当我们提出某种存在基础时它是否有意义。他反对把哲学作为人类知识的基础，哲学的意义不在于为现代人探索本质，而在于维持全社会的对话，摆脱过时的观念。为纠正欧洲后现代哲学颓废的倾向，罗蒂继而提出“希望哲学”。他强调后现代哲学中包含理智进步和道德进步的成分，并希望沿袭启蒙思想家对自由的追求，以求超越现代哲学。

总体而言，后现代哲学的思想内容芜杂并且仍在前行，目前很难预测它的走向，但是反思传统、批判现实以及谋划未来将永远是哲学的中心所在。

二、主要哲学家及其思想

（一）尼采

尼采（Friedrich Wilhelm Nietzsche，1844—1900），被誉为现代哲学第一人，以其激烈的批判态度开启了西方哲学从近代向现代的转型。他的写作风格汪洋恣肆，富有文学性，直接启发了许多后代哲学家。

尼采理论的起点是“重估一切价值”。他认为近代哲学强大的理性传统扼杀了人的个性和本能，人在理性万能的蛊惑下逐步丧失了人生价值，成为一部机器。为此，应该唤醒人的生命力和本能冲动，以此作为人意识和行为的起点。尼采形象地借用了希腊神话中的日神和酒神形象。在他的哲学里，日神代表理性与道德，酒神代表真实与本能。但酒神更为重要，因为它充分释放了人性。

尼采继承了叔本华对人类意志的强调，但反对后者的消极论调，进而发展出“权力意志论”。他认为生命是一种创造力，具有自我扩张的倾向，生命的本质是发挥生命力。“权力意志”就是人类释放、改善、增长生命力本身的意志。它主宰了人类的行为与意识。“权力意志”如同能量守恒一样，总体上是永恒稳定的，但具体的形式上却是流动变化的。

当时西方传统的价值观濒于崩溃，尼采提出终结基督教和希腊哲学的统治，代之以“超人哲学”。他说：上帝已死，我们现在希望超人诞生。随后，他用一系列隐喻来表达对超人的构想。大致而言，尼采的“超人”是“权力意志”在人身上的具体化和理想化，他们优于普通人，敢于冲破传统宗教和法律束缚，具有强大的创造力和充沛的激情，代表着崭新的道德和真理。

尼采以其激情的思辨唤醒了世人，对后世的哲学、艺术都产生了积极的推动作用。但因其散文化的论述和繁多的隐喻，后世学者在解读时产生诸多不同解读。尤其是“权力意志”中所包含的恃强凌弱、自我扩张的论调被后世的野心家利用，产生了极大的负面影响。

（二）杜威

杜威（John Dewey，1859—1952），是美国实用主义哲学的首席代表，也是知名的社会活动家、教育家。

19世纪70年代，实用主义在美国兴起，在皮尔士（Charles Peirce，1839—1914）发起的哲学团体中，学者们各自发展出了一些实用主义的思想。后来，詹姆斯总结了这些论述并将之系统化，实用主义逐渐为美国思想界所接纳。到了20世纪上半叶，杜威继承詹姆斯的衣钵，并发展出“工具主义”，构建出一整套以人的生活、行动和实践为核心的理论。他的基本观点是：所谓思想、理论等不过是人类为了达成某些目的而设计的工具；这些工具如果对目的有用，则是真理，反之，则为谬误。由此，实用主义瓦解了近代哲学对绝对真理的追求，转而将关注点投向了人类的实践，重点是社会领域。

杜威

在杜威的哲学体系中，有许多论述政治、教育等领域的具体理论，主要包括制定适应具体现状的社会政策、鼓励社会发展与改革、倡导民主与自由、探索“教育即生活”和“学校即社会”的教育理论等。

由于杜威的广泛宣传和有效实践，实用主义不仅成为美国的主流思想，而且借助美国的国际影响广泛传播到世界各地。在中国，胡适就曾推崇过实用主义理论。实用主义哲学的不足在于将哲学作为工具，这势必限制了其发展深度。但它强调包容性和有效性，因此一直被广泛使用在人类活动的各个领域。

（三）维特根斯坦

维特根斯坦（Ludwig Wittgenstein，1889—1951），奥地利裔英国哲学家，一生充满传奇色

维特根斯坦

彩。他出身于奥地利名门，才华横溢却饱受同性性取向困扰，因此性格怪异。赴英学习机械，遇到罗素后改习哲学。一战时自愿参军，战后任教小学，随后回到剑桥大学任研究员，晚年辞去教职隐居。

维特根斯坦是分析哲学的主要创始人之一，他的思想明显地分为前期与后期。前期思想偏于逻辑分析学派，代表作是《逻辑哲学论》。书中提出了“图像论”，核心是把哲学问题转变为语言、逻辑分析，从此开启了现代哲学的语言学转向。这一理论把事物存在的方式或者结构称为“逻辑图像”，如果用语言表述，则称为“命题”，它是“逻辑图像”在语言上的呈现，哲学的任务是通过分析“命题”进而理解“逻辑图像”，最终把握世界的整体结构。维氏也指出了语言和逻辑的有限性，对于超出的领域，他主张：“对于不可言说的东西我们必须保持沉默。”

后期的维氏理论转而批判自己先前的著作，他舍弃了逻辑分析和命题研究，代之以对日常语言用法的动态分析。这一转变促成了日常语言哲学派兴起。晚期代表作是《哲学研究》。在此书中，维氏提出了“语言游戏说”。他认为语言是一种游戏，其规则是在使用中共同遵守的。世界不存在本质，因此语言也不存在意义，哲学的任务是研究日常语言的语法规则，还有纠正语言中的错误，一旦所有的错误都被纠正了，哲学也就可以终结了。他的哲学终结说也极大地启发了后现代主义思潮。

维特根斯坦的哲学探索是天才式的，他以一己之力两次推动了哲学界转向。但他的论著晦涩难解，理论具有极强的个性特色。如今，解读维氏理论成为哲学界的一大热点。

（四）海德格尔

海德格尔（Martin Heidegger，1889—1976），德国哲学界承前启后的大师，存在主义哲学最重要的代表。他勤奋博学，青年时期便在学术界崭露头角，中年时跻身一流，晚年仍然笔耕不辍。

海德格尔在西方哲学史上，沟通了 20 世纪前期与后期的几种主流思潮。他是现象学创始人胡塞尔的学生，并与另一位存在主义哲学家雅斯贝尔斯共事，著名的思想家汉娜·阿伦特是他的学生和情人，萨特年轻时慕名投入他门下，伽达默尔是他晚年的弟子。因此，海德格尔的思想一方面受益于现象学，另一方面又深刻地影响了他的同辈与学生。但海德格尔曾与纳粹合作，这点屡遭诟病，也导致他在战后的影响力急剧衰落。

海德格尔

海德格尔思考的核心是对“存在”本身的研究。他认为自柏拉图以来的西方哲学传统犯下了一个根本性的错误：他们在研究“存在”时，并未研究“存在”本身，反而关注“存在物”，也就是说一直以来西方哲学以“存在物”代替了“存在”，以往各派别争论的其实是“存在物”是什么（比如绝对精神、物质等），但并不涉及“存在”与“无”的区别。以此为起点，海德格尔认为“存在总是存在者的存在”，意为“存在”是“存在者”确立的先决条件，但“存在”没有现实的规律性，无法定义。研究“存在”的方法，不是思考“存在”是什么，而是思考“存在”有什么意义，这种意义体现在“存在物”上。这一理念被萨特发展为“存在先于本质”。

在各种“存在物”中，能思考存在意义的只有人，因此海德格尔将人的存在称为“此在”(Dasein)。“此在”通过三种方式感知存在，分别是“工具的在”“现有的东西的在”和“世界的在”。人的存在体现于时间，传统的时间观认为时间是一个单向度的线性过程，但海德格尔却认为真正的时间是不分过去、现在、未来的一种循环。人并不是作为现成的存在者而存在，并没有事先定义本质，总是不断地选择、创造、超越着自我，故而人的本质正是他一辈子作为的总和。海德格尔赞美诗人，认为他们对世界的抒情性描述超越了二元对立的传统模式，这种描述类似于现象学方法，直接把握存在。因此他引述荷尔德林的诗“人，诗意地栖居于大地之上”来表达存在的理想状态。但是，这种乌托邦构想无法解释人类存在的全面意义，并且忽视了人的实践能力。

海德格尔对20世纪哲学的贡献无疑是多方面的。他对存在的研究彻底动摇了传统哲学的理论基础，并在胡塞尔现象学的基础上添加了对语言和思维关系的探讨，直接促成了哲学解释学的诞生。此外，他还深入研究过东方哲学，启发哲学界进行跨文明交流。

(五) 福柯

福柯 (Michel Foucault，1926—1984)，当代法国哲学家。他的论述汪洋恣肆，观点卓尔不群，生活潇洒不羁。他的思想来源庞杂，黑格尔、马克思、结构主义等都是他的养分，但其精神导师无疑是尼采。福柯继承了尼采对“权力”的关注，并揭示出权力对现代人从精神到身体的全面控制。

福柯思想有三个主题贯穿始终：权力、知识和主体性（人的主动性与身体)。在研究思想史的过程中，他首创“知识考古学”，主张用考古学的方法梳理人类知识，将目光聚焦于历史中被遮蔽的潜流，承认历史发展的断裂性，颠覆了“人类历史呈现连续性”这一哲学认识。发展到“权力系谱学”阶段，福柯进一步指出“话语权”在构建历史和人类知识谱系中的主导作用。同时，他以微观视野分析权力在现代社会的系统化渗透，比如在刑罚、医疗和性等角落，权力直接作用于人的身体，并控制人类意识，因此“人死了”。为了批判历史中内含的权力本质，福柯主张用戏仿、反讽的手段消解历史深度，这一态度深刻地影响了当今的艺术创作。为了反抗权力的规训，福柯在后期进行了“自我伦理学”探索。他主张：“人类必须把自己创造成一种艺术品。”这一观点意在摒弃以禁令和约束为框架的道德体系，仿照古希腊建立旨在达成以自由为基础、依靠实践创造自我的生存哲学。

福柯

福柯的思想极富原创性并且紧贴社会，但过分强调了批判性和自我，在现实中并不能实现对当代社会的超越，其理论的贡献在于为当代社会的发展提供了重要的反思途径。

(六) 哈贝马斯

哈贝马斯 (Jürgen Habermas，1929—)，德国当代最重要的哲学家、社会学家。他的理

哈贝马斯

论视野广博、体系精深，成为20世纪西方思想界的一座精神高峰。

哈贝马斯是法兰克福学派第二代的中坚，当代西方马克思主义的代表。他广泛采纳众多哲学思想，并且不断与其他哲学家进行论战，伽达默尔、福柯、卡尔·波普尔都曾是他的对手。他尤其善于在论辩中阐述自己的观点，并重视将自己的理论系统化。哈贝马斯还广泛参与政治实践，并将目光投向人权、生态、社会公平等热点领域，体现出知识分子对社会现实的深切关注。

哈贝马斯立足于后工业社会的现实，反思科技对当代人的操控，但他反对后现代主义的过度批判倾向，主张持建设性态度。为此，他提出了"交往行为理论"。哈贝马斯将人类行为分为"工具行为"和"交往行为"。前者指劳动，体现人与自然的关系；后者指人与人的相互作用，体现人的社会关系。人类发展的目标是求得"交往行为"的合理化，这样才能达到人的解放。而科技的高度发达却导致"工具行为"的合理化，即人类为了适应科技而发展，这导致人类被技术统治，"交往行为"于是屈从于"工具行为"的需要。要改变这一局面，可以从两个方面入手：首先是使用合适的语言进行对话，言语行为可以实现人与人之间外在现实与精神意识的直接沟通，因此需要选取双方都能接受的方式，这样才能保证对话的有效性。其次是达成并遵守共同的标准。在西方的语境下，共同标准是保持社会关系平稳发展的重要保证。共同标准应具有普遍化的特征，能代表大多数人的意志。

以上仅是对哈贝马斯"交往行为理论"最为简要的概括，他对思想界的贡献远不止于此。需要指出的是，他的许多观点带理想色彩，因此在实践中曾引起广泛争议。但他在理论上的辛勤探索，确实为全世界的学者提供了深入思考当代社会的丰富启示。

【本章小结】

早期古希腊哲学和希腊神话中关于世界本原的思考相一致，不同的哲学家和哲学流派都提出了对世界本原进行解释的学说，把世界常见的水、火等物质作为理解世界的基础。随着经济的发展和社会生活的不断丰富，希腊哲人也开始思考人类社会存在及其组织形式，探讨维系政治和社会稳定的规律。晚期希腊社会逐渐衰败，哲学家开始思考如何从人类自身更新社会问题，故而晚期希腊哲学更关注人性、道德等伦理的维度，这一把哲学和伦理相结合的向度，又进一步启发了后世的基督教哲学。

中世纪时期，基督教统摄欧洲社会精神和世俗领域，哲学思考也围绕着宗教神学展开，并与宗教神学相互交织，上帝、人与上帝的关系处在哲学讨论的中心位置。在经院哲学繁复琐碎的论证中，依然保存着理性主义的种子，并随着欧洲社会的进一步发展而萌发。文艺复兴和宗教改革揭开西方思想史上新的篇章，人文主义复兴，宗教的信仰变得个体化，社会加之于人的束缚变得更少，社会的流动性更大。启蒙主义哲学高举理性的大旗，以人的理性为准绳，对现存的思想、社会、政治等方面进行激烈的批判，其落脚点在于对人性的关怀。这一时期，哲学思考由探讨世界本原的本体论哲学转向认识的方式及认识可能性的近代认识论哲学，这也是对人的主体能力的确证；对政治和社会的思考产生的政治哲学，着力探讨如何调整人与群体生活的关系以及规定国家和个人权利的边界，其目的仍然在于维护人的价值。

现代哲学源自对近代哲学"理性崇拜"的反拨，由此发展出了非理性主义和科学主义两大思潮。在两股思潮的推动下，首先出现了叔本华、尼采等人的非理性主义哲学以及实证主义哲学；进入 20 世纪后，它们又孕育了最为重要的两种哲学运动——分析哲学和现象学。二战后西方人文社会科学界催生了结构主义哲学思潮，西方马克思主义也逐渐兴起。相对欧洲而言，美国本土的实用主义哲学依然在不断扬弃中向前发展。20 世纪六七十年代，西方国家逐步过渡到后工业社会，与之相应的是后结构主义等流派的兴起。这些思潮总体上以批判的态度与逆向思维方式来审视当代社会在政治经济、思想文化以及生态科技等方面遇到的问题并思考解决途径。

【思考与练习】

1. 在其《历史的起源与目标》一书中，德国哲学家雅斯贝尔斯把古希腊、犹太、中国等文明最初蓬勃发展的时代称为轴心时代，并认为："人类至今依然靠着那时所产生、所创造及所思考的东西生活。每值新的飞跃产生之时，人们都会带着记忆重新回归到轴心时代，并被它重燃激情。从此之后，情况就是这样：对轴心时代力量的回忆及其复苏——复兴——为我们提供精神的振奋。对这一开端的回归乃是在中国、印度和西方一再发生的事件。"请结合现今思想史或者文学史上的案例，对雅斯贝尔斯的这一说法进行分析。

2. 在思想史上，英国的霍布斯、洛克，法国的卢梭都提出过社会契约的论题，并对国家和个人权利的边界做出了规定。但是，由卢梭的思想所指导的法国大革命以其血腥和恐怖震撼了欧洲知识界，以致以赛亚·伯林称卢梭是人类自由最危险的敌人。请结合以赛亚·伯林《自由及其背叛》中的相关篇目与卢梭的《社会契约论》作对比阅读，看看卢梭思想的技巧和困境在哪里。卢梭所说的"自由"和洛克、约翰·穆勒所说的自由有何分别？

3. 五四运动是中国的启蒙运动，20 世纪 80 年代的中国知识界有关于启蒙的论争，甚至近年来哲学家邓晓芒还在提倡"第三次启蒙"。请结合中外思想家有关启蒙运动的文献，对当代中国的启蒙提出你自己的看法。

4. 请简述非理性主义思潮的特点及其代表性哲学流派。

5. 后现代哲学对近代和 20 世纪上半叶哲学的继承性与颠覆性分别体现在哪些方面？（可以从西方哲学思想的发展脉络及后工业社会的特征出发进行思考。）

【拓展阅读】

1. 罗素．西方哲学史．何兆武，李约瑟，译．北京：商务印书馆，2015.
2. 柏拉图．理想国．郭斌和，张竹明，译．北京：商务印书馆，1986.
3. 亚里士多德．形而上学．吴寿彭，译．北京：商务印书馆，1959.
4. 康德．判断力批判．宗白华，译．北京：商务印书馆，2011.
5. 海德格尔．林中路．孙周兴，译．北京：商务印书馆，2019.
6. 福柯．规训与惩罚．刘北成，杨远婴，译．北京：三联书店，2003.

扫码查看本章图片

第四章
西方宗教

【概述】

基督教是世界三大宗教之一，与西方人的宗教信仰密切相关。基督教是从犹太教中发展起来的，《圣经》是基督教的经典，基督徒建立了教会组织。在成为罗马帝国国教之后，教会日益腐化。为维护教会纯洁，虔诚信徒创立修道制度。教会为了加强思想控制，成立宗教裁判所。所以彼特拉克将欧洲从西罗马帝国灭亡到文艺复兴开始这一段时间称为“黑暗时代”。文艺复兴时期，人文主义思想兴起，基督教受到冲击。16 世纪，宗教改革运动首先在德国兴起，马丁·路德是发起者。此后，加尔文推动了瑞士的宗教改革。宗教改革也蔓延到法国、英国等国家，最后使基督教形成天主教、东正教、新教鼎足而立的格局。17 世纪，启蒙思想快速传播。自然神论作为一种强调理性精神的宗教形式最先在英国诞生，以爱德华·赫伯特勋爵、约翰·洛克、约翰·托兰德、马修·廷得尔为主要代表。法国的启蒙运动更激进、更具有批判精神，因此许多法国自然神论思想家转变成怀疑论者和唯物主义者，甚至转变为彻底的无神论者。德国神学界受到理性主义的影响，从而使人们用一种理性的态度来认识基督教信仰的合理性。理性精神在 18 世纪后期开始受到冷落和抨击，从“狂飙突进”运动开始，欧洲社会陆续产生许多脱离了 18 世纪古典主义和自然神论的思想家和艺术家，以他们为代表的思想运动被称为浪漫主义，但浪漫主义并不是彻底反对理性，而是对启蒙运动的一种反思性的扬弃。在跨入 20 世纪之后，不同派别的天主教神学家广泛参与到现代主义运动之中，提倡天主教会与 20 世纪涌现的社会新思潮进行广泛交流和对话。在同样的时代背景下，新教神学也历经了自由派神学、危机神学、日趋严重的世俗化进程和新正统派神学等改革和发展。自 20 世纪下半期开始，神学研究有了更为自由的空间，基督教神学不再强调教会在引领世界走向回归信仰之路方面的重要性，而是突出一种多元化的发展趋势，让世界自由地展示其发展规律，在共存中找出其与宗教信仰的契合点。

第一节
基督教与黑暗时代

【本节关键词】

耶稣　《圣经》　天主教　东正教　修道制度　宗教裁判所　文化影响

“黑暗时代”这个概念最早由意大利学者彼特拉克提出，指欧洲从西罗马帝国灭亡到文艺复兴开始这一段时间。虽然基督教兴起的时间要早于这个时代，但是人们在叙述文艺复兴之前的基督教历史的时候，往往将二者放在一起论述，所以我们仍采用这一约定俗成的说法。

一、基督教的兴起与发展

基督教是从犹太教中发展起来的。犹太民族是个多灾多难的民族。公元前 1 世纪中叶，巴勒斯坦被罗马帝国征服。犹太人被罗马帝国统治，但不断进行反抗。他们的反抗遭到罗马人的残酷镇压。在这种民族苦难中，犹太人渴望诞生一位“救世主”来拯救他们脱离苦难。

耶稣正是在这种背景下开始传教的。耶稣出生在以色列的伯利恒，母亲是玛利亚。处女玛利亚由圣灵感孕，之后生下耶稣，所以耶稣也被称为上帝的儿子或圣子。耶稣 30 岁时开始传教，并在信徒中挑选了 12 名门徒。他在布道时宣扬敬爱上帝和爱人如己的教义。后来他在耶路撒冷传教时因为门徒犹大出卖而被捕，之后被当时犹太行省的总督彼拉多判处死刑，被钉死在十字架上。他在死之后第三天复活，40 天后升天。

耶稣被处死之后，他的门徒继续传教。他们成立了基督徒社团，耶稣的十二门徒是早期基督徒社团的领袖。刚一开始他们依附于犹太教，在犹太教的会堂里活动和传教，后来他们逐渐和犹太教产生分歧，不希望被犹太教控制，独立的倾向越来越明显。在讲道和传教的过程中，他们逐渐形成了自己的宗教经典，即《新约全书》。《新约全书》包括福音书、历史书、使徒书信和启示录四个部分。福音书包括《马太福音》《马可福音》《路加福音》《约翰福音》，主要记录耶稣的生平事迹；历史书是指《使徒行传》，记录了耶稣门徒的传教活动；使徒书信有 21 卷，主要是那些含有讲道内容的书信，书信作者多是耶稣的著名使徒，比如保罗、彼得等人；启示录也称为“约翰启示录”，是《新约全书》的最后一章，是对世界末日的预言。《新约全书》用古希腊文写成，之所以称为“新约”，是因为在基督徒看来这是耶稣降生之后神与人新立的约。相应地，犹太教的圣经就被称为《旧约全书》，这两部书合称《新旧约全书》，简称为《圣经》。《圣经》成为基督教的经典。之后基督教脱离犹太教，成为独立的宗教。

基督徒建立了自己的组织——教会。在传教过程中，他们吸引了一些富人和大量贫民入会。随着基督教会的发展，罗马帝国多次迫害基督教徒。在公元 1 世纪到 3 世纪之间，罗马帝国对基督教既有镇压也有限制。公元 64 年罗马城发生大火，暴君尼禄声称这是基督徒放火所致，所以展开了对基督徒的迫害。这次镇压对基督教破坏很大，基督徒被迫转入地下活动。尼禄是第一个残酷迫害基督徒的罗马皇帝。而公元 303 年戴克里先发动的为期两年的迫害基督徒的活动则是罗马帝国对基督教的最后一次镇压。

基督教在传教和发展过程中也一直在寻求得到罗马帝国政府的承认。公元 4 世纪之后罗马帝国逐渐改变了镇压基督教的政策，转而承认基督教的合法性。公元 4 世纪末期，在罗马皇帝狄奥多西一世执政期间，基督教成为罗马帝国的国教。公元 476 年西罗马帝国为日耳曼民族所灭，西欧陷入四分五裂的状态，基督教会趁机发展自己的势力，逐渐传到不列颠诸岛、法兰克以及中北欧等地，成为全欧性质的宗教。由于当时的西欧缺少统一的政治组织，所以基督教会逐渐获得了一定的世俗权力。

公元 330 年，罗马帝国皇帝君士坦丁大帝将首都从罗马迁到拜占庭，将拜占庭改称君士坦丁堡。君士坦丁大帝是一位支持基督教的皇帝，他在位时曾签署有利于基督教的**《米兰敕令》**[图 1]。迁都之后，君士坦丁堡成为基督教在地中海东岸地区传教的中心，与罗马的基督教会分庭抗礼，二者的分歧也愈加明显。1054 年罗马和君士坦丁堡的基督教会在争夺教会最高领导权的斗争中彻底分裂。君士坦丁堡的教会由于地处东部，又标榜自己的“正统性”，所以被称为“东正教”。公元 1453 年君士坦丁堡被奥斯曼土耳其人征服，东正教的中心转移到莫斯科。而罗马的教会由于标榜“普世性”而自称为“罗马公教”，中国则称其为“天主教”。

二、教会的腐化

基督教的信徒本以信仰虔诚、意志坚忍著称，在罗马帝国残酷迫害基督徒的黑暗日子里他们都能坚持信仰，不为强权所动。正是教徒的这种精神吸引了一批又一批的信徒加入基督教。但是随着基督教成为罗马帝国的国教，进而成为中世纪欧洲的一股重要政治势力，基督教的腐化堕落也就开始了。

基督教会在发展过程中，逐渐获得了大量土地和钱财，同时也在不断走向腐化。为了聚敛钱财，教会向信徒出卖赎罪券和圣徒遗物，宣称这样可以抵消信徒的罪孽。赎罪券起源于第一次“十字军”战争的时候。当时的教皇乌尔班二世为了鼓励“十字军”战士英勇作战，宣称所有参加“十字军”的人都可以减免罪罚，并为每一位“十字军”人发放赎罪券。此后赎罪券逐渐流行起来，并成为教会敛财的工具。教会之所以能出售赎罪券，与其宣扬的“原罪”说密切相关。基督教认为人生下来就有“原罪”，人死之后神根据人在世间的作为决定其下地狱、进炼狱或是升入天堂。基督为人类而死，所以拥有无限的善功，殉道的圣徒也有多余的恩德，而教会则掌握了他们的“功德库”，信徒可以通过教会买到相应的“功德”，以抵消他们因为作恶而应得的惩罚。

此外，教士的生活也越来越腐化。本来基督教的修士都要独身，坚持禁欲主义。但随着教会权力的膨胀和教士道德的堕落，教士结婚已经成为教会心照不宣的秘密，一个教士拥有几个情人也成为常事。在中世纪，教士是一个令人羡慕的职业，与此相关的则是神职买卖的兴起。高级神职的教士出售低一些的教士职位，低级的教士则搜刮百姓的钱财。教会成为藏污纳垢、道德堕落的代名词。

三、修道制度与托钵修会

基督教会的腐化堕落引起了教内虔诚信徒的不满，他们希望坚守教规，坚持禁欲主义，来维护教会的纯洁。意大利天主教教士圣本笃（480—547）就是其中的典型代表。他是本笃会的创立者，也是西方修道制度的创立者。公元 529 年他制定了本笃会的会规，会规规定修道院的

圣本笃被尊为“西方隐修之祖”

修士要发下“三愿”，即绝色、绝意、绝财，修士每天要从事一定量的体力劳动，并坚持祷告。修道院还置办图书，以方便修士阅读研究。这套制度兼顾了祈祷、劳作和读书，被视为修道院制度的典范，因而在欧洲的很多修道院得到推广。

到了 9 世纪，许多修道院的会规逐渐松弛，于是到 11 世纪就出现了在圣本笃的会规基础上进行的克吕尼改革运动。但后来克吕尼修道院的纪律也开始松弛，所以 12 世纪前后西欧出现了以科伦的布鲁诺为代表的新的修道团体。1084 年布鲁诺创立加尔都西修会，坚持更严格的本笃会会规。1098 年法国人罗贝尔建立西多会，该会同样严守本笃会会规。但与本笃会兼顾祈祷、劳作和读书不同的是，该会虽然重视修士的辛勤劳作，但不重视文化教育。法国的伯尔纳对西多会的发展有较大贡献。该会发展到 13 世纪末也逐渐衰落了。

此外，当时还有一些教士由于不满教会的腐化而对罗马教会制定的法规和教义表示反对，这些教士被罗马教会视为异端，并遭到血腥镇压。这些“异端”包括阿尔诺德派、阿尔比派和韦尔多派。教会为了与这些“异端”争夺信徒，先后组织了方济各会、多明我会、奥斯定会和**加尔默罗会**［图 2］，这些修会会众均以乞讨为生，所以又被称为“托钵修会”。方济各会的创始人是意大利的弗朗西斯科（也译成“方济各”）。该会得到教皇的支持，发展很快。方济各去世之后，该会分裂成守规派和住院派。前者坚守方济各的修道原则，以乞讨为生；后者则认为以乞食为生不切实际。多明我会由西班牙神甫多米尼克（也译为“多明我”）创立。该会也要求修士以乞讨为生。与方济各会不同的是多明我会重视神学研究，经院哲学的代表托马斯·阿奎那就是该会的杰出代表。当时欧洲的很多大学中都有该会的修士任教。但该会也有不少人任职于宗教裁判所，残酷镇压异端派别和科学家。

四、宗教裁判所

基督教在发展的初期阶段，尚能进行宽容平和的教义讨论。但在成为统治欧洲的宗教之后，基督教越来越不能容忍正统教义之外的神学思想。后来为了加强思想控制，基督教会在 13 世纪上半期成立了宗教裁判所，专门用来镇压女巫、宗教异端以及科学研究者。宗教裁判所根本不按照正常的法律程序来审讯持有异见者。被关进宗教裁判所的人，要么无条件承认教会强加在自己身上的罪行，要么在严刑拷打之后被迫供认那些莫须有的罪名。

中世纪后期欧洲的科学研究有了一定的进步，但是基督教会为了维护自己的统治地位，压制科学的发展，对提出新观点的科学家进行迫害。在宇宙观方面基督教会吸纳了托勒密的地心说的观点，并以此为权威说法，凡是反对这一学说的都要遭到迫害。所以哥白尼的《天体运行论》写完之后一直到他死之前才发表。而坚持日心说的布鲁诺则被烧死在罗马鲜花广场，意大利物理学家伽利略由于坚持自己的科学主张而被宗教裁判所判处**终身监禁**［图 3］。

五、“十字军”战争

“十字军”战争是打着宗教旗号的战争，是基督教对伊斯兰教的战争。由于基督教的军队每个人都在衣服上绣了“十”字，所以这些战争也被形象地称为“十字架反对弯月”的战争。但其实“十字军”战争并不仅仅是出于宗教目的。

11 世纪时意大利一些城市的工商业发展起来，富裕起来的意大利商人迫切想从地中海东岸的阿拉伯商人和拜占庭帝国手中夺取商业利益。欧洲的封建主和骑士想要通过战争夺取钱财和奢侈品。由于欧洲实行长子继承制，所以出现了很多无地的骑士，他们渴望得到东方的财富。公元 1055 年塞尔柱突厥人占领了巴格达，1070 年势力扩张到耶路撒冷，由于他们采取较为严苛的宗教政策，欧洲的基督徒无法正常前往圣城耶路撒冷朝拜，这就给当时的欧洲人提供了一个绝好的发动战争的借口。1095 年罗马教皇乌尔班二世在意大利和法国等地鼓吹战争，并称凡是参加战争的士兵在死后都可以直接升入天堂。于是打着“圣战”旗号的“十字军”战争就开始了。

“十字军”战争从公元 1096 年开始，到 1291 年结束，历时将近 200 年，前后共出兵八次。第一次战争从 1096 年到 1099 年。“十字军”兵分五路，沿途烧杀抢掠，并于 1099 年攻占耶路撒冷。第二次战争从 1147 年到 1149 年，主要参加者是德国和法国的骑士，这次战争以失败告终。1187 年埃及苏丹萨拉丁攻克了已经被“十字军”占领 80 多年的耶路撒冷，这成为“十字军”第三次战争的导火线。第三次战争从 1189 年到 1192 年，由英国、法国、德国的君主亲自率领骑士组成。但是三国君主互怀心病，矛盾重重，先是德国“十字军”撤出，接着法国“十字军”也退出，只剩下英国“十字军”独自对抗穆斯林。1192 年交战双方签订停战协定。第四次“十字军”战争在教皇英诺森三世的组织下进行。他于 1202 年率领法国、德国、意大利的“十字军”出征，但这一次“十字军”的对象不是穆斯林，而是拜占庭。1204 年“十字军”攻占拜占庭，在这座文明古城大肆劫掠，抢夺文物和钱财，并放火烧城，使这座古城中的艺术珍品、古籍文献等毁于一旦。“十字军”彻底暴露出侵略者贪婪残暴的一面。他们在拜占庭的原有领土上成立了拉丁帝国。直到 1261 年拜占庭才复国，但国力大不如前。第五次战争从 1217 年到 1221 年，由德国、英国、荷兰和匈牙利“十字军”组成，进攻埃及，但并没有取胜。第六次战争从 1228 年到 1229 年，这次战争由德皇腓特烈二世指挥，1229 年德皇与埃及签订合约，暂时将耶路撒冷收回到基督徒手中。1244 年耶路撒冷又被埃及苏丹夺回。第七次战争从 1248 年到 1254 年，法国国王路易九世率领法国“十字军”进攻埃及，但以失败告终。第八次战争仍由法国国王路易九世率领，1270 年他率法国“十字军”进攻突尼斯，军队染上瘟疫，路易九世也因此丧命。这是最后一次“十字军”战争。1291 年耶路撒冷王国的最后据点阿克城被埃及穆斯林占领，为时近 200 年的“十字军”战争以失败告终。

将近两个世纪的“十字军”战争给近东各国人民造成了巨大灾难，严重阻碍了这些国家的历史发展进程。战争还造成了穆斯林对欧洲基督徒的仇恨，并在基督徒内部造成了分裂，第四次战争对拜占庭的掠夺加深了罗马天主教和东正教的矛盾。不过，战争客观上促进了意大利商业的繁荣，推动了东西方商业的交往，这有利于资产阶级的成长。另外战争还促进了东西方文明的交流，欧洲人在战争过程中接触到了东方文明，中国的造纸术和火药、阿拉伯的数字和医学等文明成果传入欧洲，推动了欧洲文明的发展。

六、基督教对西方文化的影响

基督教在取得统治地位之后，为了控制人民的思想而大力宣扬蒙昧主义、禁欲主义和来世主义。教会烧毁了许多古代建筑和藏有大量古代著作的图书馆，阻挠科学技术的发展，残酷地迫害异端；提倡“原罪”说，鼓励信徒逆来顺受，以求来世的幸福。中世纪前期基督教会还垄断了对民众的教育权，所有的学校都是依附于修道院和教堂而建的。当时的学校分为初级学校和中等学校两级，学生都是教士，学习的内容也都与基督教相关。这一切都使得人们将中世纪视为“黑暗时代”，基督教也被指责为造成这一现象的主要原因，但是实际情况并不这么简单，基督教对西方文化的影响表现在多个方面。

首先，基督教在成为罗马国教之后为了维护自己的统治地位，禁毁了古希腊罗马的“异教”文化，毁灭了一些典籍和艺术品。但是在日耳曼民族灭亡西罗马帝国之后，基督教会是当时欧洲唯一掌握了文化的团体。一方面，他们在教会和修道院中保存了古希腊罗马的典籍，虽然当时神学之外的知识一概被视为神学的婢女，但是这些文化却在教会和修道院中得到传抄、研习和传承；另一方面，面对野蛮的日耳曼人，基督教承担起了对他们进行教化的任务，使这些人逐渐进入文明社会。

其次，基督教实现了古希腊文明和古希伯来文明的融合。在基督教的发展过程中，教会学者为了论证各自的神学思想，纷纷从古希腊文明中汲取营养。奥古斯丁的学说吸收了新柏拉图主义的元素，而托马斯·阿奎那的理论体系则借鉴了亚里士多德逻辑学的内容。他们这种融合两希文化传统的努力塑造了新型的欧洲文化，对后来欧洲的神学、哲学思想产生了重大影响。正如有学者指出的那样：“中世纪的学者充分利用了精练的逻辑工具和推理方法，增强了思想的明晰性，培养了辩论的艺术性，使逻辑学、伦理学、形而上学达到前所未有的准确性。”“托马斯·阿奎那的体系不仅是信仰的充分表达，而且是人类运用理性建造的一个思想殿堂，至今它依然令现代人惊叹不已。”①

最后，基督教对西方高等教育也有很大的影响。1150年巴黎大学成立，1168年巴黎大学的英国学生到牛津组建了牛津大学，1209年牛津大学的一些学生又到剑桥建立了剑桥大学。欧洲的大学教育由此起步。这些大学在创建之初，都与基督教会有密切的关系。这些大学中的教授大都来自教会或修道院，大学中学习的内容也深受修道院神学的影响。教会为了控制大学教育还为大学提供了大量的经济支持。这些都使当时的大学带有浓厚的基督教色彩。②

在一般的理解中，人们通常会将宗教与科学对立起来，但实际情况也并非如此简单。基督教会虽然在中世纪迫害科学家，但是基督教同时也以其他的方式促进了科学的发展。欧洲大学的建立与基督教有密切关系，而大学为科学的发展提供了有利条件和必要的知识储备。大学培养学生的逻辑思辨能力，这对科学发现极为重要。此外，基督教认为世界是上帝创造的，科学研究就是要通过理性的方式来认识世界，进而理解上帝的伟大。如此一来，基督教的自然观就

---

① 李秋零，田薇．神光沐浴下的文化再生：文明在中世纪的艰难脚步．北京：华夏出版社，2000：403-404.

② 陈锋．外国教育史．北京：北京大学出版社，2012：157-161.

起到了促进科学研究的作用。[①]

当然，基督教也对欧洲文化的发展造成了一系列不良影响。基督教会的文化专制政策不利于欧洲文化的多元发展；教会焚毁古代典籍，破坏古希腊罗马的艺术品，不利于古典文化的传承；教会垄断了教育权，不利于文化的普及；对宗教异端的迫害和镇压不仅造成了社会恐怖，同时也不利于文化的发展；宗教裁判所对进步思想家和科学家的迫害对欧洲文化和科学的进步产生了阻碍作用。这些都是无可否认的事实。所以评价基督教对欧洲文化的影响，不能简单地全盘否定或者一概肯定，而应该具体问题具体分析，这样才能得出客观公允的结论。

第二节 文艺复兴与宗教改革

【本节关键词】

人文主义　赎罪券　马丁·路德　“因信称义”　加尔文　“预定论”　新教　耶稣会

文艺复兴是 14 世纪到 17 世纪初在欧洲发生的一场思想解放运动。该运动首先在意大利兴起，之后传播到德国、法国、英国、西班牙等国，成为一场全欧性质的文化运动。在运动中产生了一大批著名的文学家、艺术家，他们用各自的创作丰富了世界文学艺术，同时也对在中世纪占统治地位的基督教会进行批判。人文主义是文艺复兴运动的核心思想。为了对抗基督教会的蒙昧主义、禁欲主义和来世主义，新兴的资产阶级高举人文主义的大旗，用“人性”反对“神性”，以“人权”反对“神权”。人文主义者肯定人的价值和尊严，追求现世的幸福和享乐，提倡个人自由和个性解放。

一、文艺复兴时期的欧洲教会

长时间以来教会垄断了阅读和解释《圣经》的权力，到文艺复兴时期，随着印刷术的发展，普通的信徒也能够阅读到《圣经》了。这样一来，他们就对教会关于《圣经》的解释有所不满，并以此来反对教会的腐化堕落。到 14 世纪，欧洲出现了宗教改革思想的萌芽。英国的约翰·威克里夫（约 1330—1384）和捷克的约翰·胡斯（1369—1415）是其中的代表人物。威克里夫否定罗马教皇的权威，主张英国教会应该脱离罗马教廷，教士不应该占有财产。1381 年英国爆发农民起义，起义领袖都受到威克里夫的影响。所以他也被国王和教会囚禁。他去世 30 年之后被判为异端，但他影响了英国的“劳拉派”，该派一直坚持活动。约翰·胡斯深受威克里夫思想的影响，也批判教会的腐化堕落，主张简化宗教仪式，指出教会不应该占有大量财

---

① 蒋承勇．西方文学“人”的母题研究．北京：人民出版社，2005：72-75.

富。后来他被开除教籍，但他仍在布道中宣传威克里夫的思想。1415年他被判处火刑。他的死激起了捷克人民的反抗，捷克各地不断爆发农民起义。后来匈牙利、德国等地也不断爆发农民起义，这些为16世纪欧洲的宗教改革运动创造了条件。

二、宗教改革①

文艺复兴时期虽然已经有了各种反对基督教会的思想和观点，但当时的思想家、文学家、艺术家还没有和教会彻底决裂，他们的作品在内容和主题方面还与基督教有切不断的联系。他们反对教会的专横，揭露教士的腐化，批判经院哲学的烦琐，但是并没有从根本上反对基督教的教义。完全彻底地反对基督教，要到宗教改革运动开始之后才出现。宗教改革运动首先在16世纪的德国兴起，之后逐渐蔓延到瑞士、法国、英国等国家，最后使基督教形成天主教、东正教和新教三分天下的格局。

宗教改革运动的兴起有其原因和背景。首先，在经济方面，随着欧洲资本主义的发展，新兴的资产阶级要求冲破基督教会对人的精神上的束缚，为资本主义创造条件。其次，到16世纪，欧洲的民族主义思潮兴起，各民族要求摆脱基督教会的控制。再次，文艺复兴运动以来思想文化上的进步为宗教改革提供了智力支撑。复次，教会内部的争权夺利和教士的腐化堕落，使教会丧失了威信。最后，当时的德国处于四分五裂状态，罗马教皇试图加强对德国的控制，搜刮更多财富，这直接导致了宗教改革运动的发生。

（一）马丁·路德与德国宗教改革

马丁·路德是德国宗教改革的发起者。他是个德国神甫，1509年的罗马教廷之行让他见识到教会的堕落情形，由此他开始对教廷产生厌恶之情。后来他在威腾堡大学担任神学教授，并逐渐形成“因信称义”的神学思想。他认为信徒只有依靠对上帝虔诚的信仰才能得救，而不能靠圣礼和神职人员。

1515年教皇利奥十世为了筹集修缮圣彼得大教堂的资金，派人到德国发售赎罪券。被派到德国推销赎罪券的台彻尔声称只要购买赎罪券的钱币进入钱柜发出声响，死者的灵魂就可以马上从炼狱升入天堂。这种说法与路德“因信称义”的主张背道而驰，所以马丁·路德针锋相对地写了《关于赎罪券效能的辩论》（也称《九十五条论纲》），于1517年11月1日张贴在威腾堡教堂的大门上。路德在这篇文章中指出，金钱只能煽起人们贪婪的欲望，而不能让有罪的灵魂得救。信徒只有依靠虔诚的信仰和终生的悔改才能得到赦免，教会的赎罪券和“功德库”只是其聚敛钱财的工具，并不能让有罪的人脱离苦海。但这篇文章并没有反抗教皇。不过出乎路德预料的是，这篇用拉丁语写成的文章很快被翻译成各种语言，在两个星期之内传遍了德国，在四个星期之后传遍了基督教世界。这篇文章集中表达了德国信徒对罗马教廷的愤恨和不满，由此德国各个阶层纷纷反对罗马教会的统治，路德成为德国反对罗马教会的领袖。

---

① 这一章“宗教改革”部分的编写参考了孔祥民主编的《世界中古史》（北京：北京师范大学出版社，1994）和王美秀等著的《基督教史》（南京：江苏人民出版社，2006）的相关论述，特此致谢。

1520年路德写了一系列论著表达自己的宗教改革思想。该年8月路德发表《致德意志基督教贵族公开书》。这部著作是路德的政治纲领，他批判罗马教会神权至上的教条和教皇具有神圣权威的说法，并提出德意志皇帝也应该拥有和教皇一样召开宗教会议的权力。该年10月路德写成《教会的巴比伦之囚》①，用巴比伦来象征罗马，批评罗马教会用不符合《圣经》的圣礼制度俘虏了教会。罗马天主教会有七项圣礼，包括洗礼、坚信礼、圣餐礼、神职授任礼、忏悔礼、膏油礼和婚礼。路德否定了其中五个，只留下洗礼和圣餐礼。该年11月路德写了《论基督徒的自由》，论证了“因信称义”的思想，要求基督徒要虔诚地信仰上帝，宗教仪式要以信仰为前提。

路德的这些思想引起了罗马教会的恐慌和敌视，他们发出通谕，开除路德教籍。但路德并不承认错误，在1520年12月20日他公开烧毁通谕。1521年查理五世在罗马教皇的压力下组织召开沃姆斯帝国会议，试图对路德施加压力。路德勇敢赴会，并做了精彩的申辩，拒不承认自己有错。会后皇帝下令逮捕路德，但路德受到萨克森选帝侯的保护。选帝侯把他安排在瓦尔特堡。在这里路德将《圣经》翻译成德文，打破了教会对《圣经》的垄断。

在路德隐居瓦尔特堡期间，德国的宗教改革运动继续发展，威腾堡和图林根等地出现了动乱和起义。1522年3月路德从瓦尔特堡前往威腾堡，连续发表反对用暴力进行宗教改革的演说。但是起义的浪潮已经难以遏制。这时教会、皇帝、诸侯等阶层联合起来镇压起义。起义军的精神领袖闵采尔在战争中牺牲。到1526年最后一路起义军被镇压，罗马教会和各国君主、诸侯经过长期谈判和战争之后，终于在1555年签订《奥格斯堡和约》，承认了路德新教的合法地位，但其他的新教派并未取得合法地位。该和约也承认各地诸侯有权决定其属地臣民的宗教信仰。

（二）瑞士宗教改革运动

16世纪初，瑞士各州的上层市民和市政府就开始反对教皇干预瑞士事务，有的州禁止教会买卖神职，拒不缴纳什一税，禁止发售赎罪券。在这种条件下，茨温利（1484—1531）开始在瑞士进行宗教改革。茨温利反对教皇的职权，反对教皇在瑞士出售赎罪券；批判修道院制度，指出教士不应该独身，反对教会的什一税。他的这些主张得到苏黎世议会的支持，但也受到罗马教会的攻击。1523年茨温利发表《六十七条目》，全面阐述了他的宗教改革主张。在他的影响下，瑞士的苏黎世等州的宗教改革运动迅速发展。但这场改革也遭到一些州的反对，这些州结成联盟向改革运动发起进攻。茨温利联合了一些支持改革的州与之对抗，并在1529年击败了反对者。不过1531年反对派卷土重来，茨温利在战争中阵亡，宗教改革运动遭到很大打击。

在苏黎世的宗教改革遭遇挫折之后，瑞士宗教改革的中心转移到日内瓦。日内瓦宗教改革运动的领导人是加尔文（1509—1564）。加尔文是法国人，早年受到路德宗教改革的影响。1531年他被迫逃亡，离开法国。1536年逃亡中的加尔文被邀请到日内瓦主持那里的宗教改革。他制定了一些宗教道德强制市民遵守。这些强制措施引起了反对派的不满。1538年在反对派

① 公元前597年至公元前538年期间，犹太王国两次被新巴比伦王国国王尼布甲尼撒二世征服，大批犹太人被掳至巴比伦，这些人被历史学家称为巴比伦之囚。

的打击下，加尔文被迫离开日内瓦。后来日内瓦支持宗教改革的人占了上风，并于1545年请加尔文回到日内瓦组织宗教改革。在之后的二十余年里，加尔文为日内瓦的宗教改革做了大量工作。他简化了教会的组织，建立了廉价教会。天主教的七礼，他只承认洗礼和圣餐礼。他建立了“长老制”教会，长老和牧师均由选举产生，后来这种带有强烈民主色彩的教会制度在欧洲各国广泛传播。他还在1559年建立了日内瓦学院，培养了大批支持宗教改革的教士。他将这些教士派往英国、法国、德国、尼德兰、意大利等地去宣传他的宗教改革思想，促进了他的主张的传播和其他国家宗教改革运动的发展。

晚年的加尔文独断专权越来越严重，1555年用武力镇压了反对派的暴动，从此大权独揽。他还迫害了很多再洗礼派信徒。他最受人诟病的应当是处死西班牙学者塞尔维特一事。塞尔维特反对教会的三位一体说，因此受到罗马教会的迫害。后来塞尔维特在逃亡中经过日内瓦，被加尔文逮捕。加尔文试图以死刑相要挟从而迫使塞尔维特放弃自己的主张。但塞尔维特拒不认错，誓死坚持自己的观点。结果他被加尔文处以火刑。那些同情塞尔维特的人也受到加尔文的迫害。所以加尔文被称为新教的教皇，而日内瓦则被称为新教的罗马。

加尔文

加尔文最著名的作品是《基督教要义》。这部书有四部分，依次讨论圣父、圣子、圣灵和教会。加尔文最独特的神学思想是“预定论”（也被翻译为先定论、前定论）。加尔文指出上帝预先决定了哪些人会得救，哪些人受惩罚。得救的人被称为“选民”，受罚的人就是“弃民”。虽然人们无从知道自己是“选民”还是“弃民”，但是人可以依靠虔诚地信仰上帝，并在社会上取得一定的成就来证明自己就是上帝的“选民”。因为判断一个人是不是“选民”的标志就是看这个人的信仰和成就。加尔文认为，不论是从政还是经商，只要信徒坚持信仰，并取得了成就，就能显示上帝的神恩。在这种思想的影响下，加尔文教派的信徒纷纷以上帝的“选民”自居。他们要么坚持政治理想，反对那些违背《圣经》原则的世俗政权；要么勤劳节俭，努力发家致富。这些因素符合资本主义发展的需要，对欧洲后来的政治和经济产生了长远的影响。

（三）欧洲其他国家和地区的宗教改革

路德的宗教改革也影响到了法国，他的著作在法国得到广泛传播。16世纪初法国国王与罗马教会签订协议，国王成为法国教会的实际统治者。当时法国教会也很腐化堕落，法国宗教改革的呼声越来越大。茨温利和加尔文的宗教改革思想传到法国之后，很受欢迎。相比于路德的温和改革主张，法国宗教改革人士更倾向于选择加尔文的激进道路。信仰加尔文派的法国教徒被称为“胡格诺派”。当时的法国国王弗朗索瓦一世出于自己的政治利益考虑，时而支持宗教改革，时而镇压宗教改革，但总体上来说以镇压为主。1547年法国国王亨利二世登基，他对胡格诺派教徒进行了血腥镇压。但是胡格诺派教徒仍然得到迅速发展，信仰该派的人越来越多。这引起了法国旧教徒的恐慌。于是新旧教徒分别与支持自己的法国贵族联合，双方在1562年到1594年之间进行了一场长达三十余年的宗教战争。战争中的著名事件是“圣巴托罗缪之夜”。1572年8月支持胡格诺派的瓦尔纳王亨利到巴黎和法国公主玛格丽特举行婚礼。当时有很多新教徒来到巴黎出席他们的婚礼。他们的反对派趁机谋划了一场对新教徒的屠杀。8

月 24 日是圣巴托罗缪节，这一天凌晨反对新教派的人突然发动袭击，杀死了大量胡格诺派教徒。在接下来的几天之内，法国里昂、第戎等地的旧教徒也向当地的新教徒发动了突然袭击，新教徒损失惨重。之后新旧教派不断发生战争，直到 1594 年亨利四世即位才停战。1598 年亨利四世通过了《南特敕令》，这是新旧教派相互妥协的产物。旧教成为法国国教，但是新教徒享有与旧教徒同样的权利，新教徒还在法国南部保留了一定的武装力量。此后胡格诺派新教徒得到迅速发展。

16 世纪欧洲的尼德兰也爆发了宗教改革运动。那个时候的尼德兰包括现在的荷兰、比利时、卢森堡和法国东北部的一部分。16 世纪初期尼德兰人民就开始反对罗马教会。德国和瑞士的宗教改革运动开始之后，路德、茨温利和加尔文的宗教改革主张先后传入尼德兰，对尼德兰的宗教改革产生了很大的推动作用。但是西班牙皇帝查理五世对尼德兰的宗教改革派进行了残酷镇压。1555 年查理五世的儿子腓力二世即位，对尼德兰宗教改革进行了更严厉的打击。1566 年尼德兰的宗教改革教派发动反对教会和腓力二世的暴动，第二年腓力二世派兵镇压。此后经过长达十几年的战争，起义者逐渐控制了尼德兰北部。1581 年尼德兰北部城市成立“联省共和国”，拒不承认腓力二世的统治，确立加尔文教为国教。但尼德兰南部的宗教改革运动在腓力二世的镇压下失败。1588 年西班牙“无敌舰队”被英国海军击溃，1598 年干预法国宗教战争的西班牙军队被迫从法国撤出。这些都牵制了西班牙镇压尼德兰宗教改革的力量。1609 年西班牙与“联省共和国”签订休战 12 年的协议，这实际上相当于承认了“联省共和国”的独立地位。由于“联省共和国”中荷兰最强大，所以共和国也被称为荷兰共和国。到 1648 年西班牙正式承认荷兰独立。后来尼德兰的南方形成比利时和卢森堡两个国家。尼德兰的宗教改革运动是与民族独立紧密结合在一起的一场运动，而并不仅仅是新教反对旧教的运动。

进入 16 世纪之后，英国的宗教改革思想逐渐抬头。尤其是马丁·路德的宗教改革主张传入英国之后，要求改革的呼声越来越强。在这种情况下，英国国王亨利八世进行了自上而下的宗教改革运动。这也是英国的宗教改革不同于其他国家之处。亨利八世本来是反对宗教改革的，曾经因为镇压新教徒而获得教皇的嘉奖。但是后来为了加强自己的权力，摆脱罗马教皇对英国的控制，他发起了英国的宗教改革运动。改革从 1529 年开始，在此后的几年里亨利八世连续召开八次宗教会议，对英国教会进行各项改革。1534 年英国国会通过《至尊法案》，承认英国国王是英国教会的最高首脑。但亨利八世晚年因担心宗教改革会侵害国王权威，又开始迫害新教徒。亨利八世死后，英国统治者对宗教改革的态度时有变化，直到 1558 年亨利八世的女儿伊丽莎白女王即位才有所改观。伊丽莎白即位后成为英国世俗和宗教两方面的最高领袖，继续反对教皇的权威。1571 年英国国会通过《三十九条信纲》，这标志着英国宗教改革运动的完成。至此英国国教会（又称“安立甘宗”“英国圣公会”）终于确立。改革之后的英国国教会以英国国王为最高首脑，从而成为英王进行专制统治的工具。

英国国教会保留了较多罗马教会的旧制，这引起那些受到加尔文派宗教思想影响的英国新教徒的不满。这些信徒以上帝的“选民”自居，要求按照《圣经》的原则来“清洗”教会中不必要的礼仪。这些人被称为“清教徒”。“清教徒”分为温和的“长老派”和激进的“独立派”。“长老派”主张在英国国教会内部进行改革，而“独立派”则主张脱离国教会才能进行彻底的改革，还提出政教分离的要求。这些改革运动遭到伊丽莎白女王和之后的斯图亚特王朝统治者的残酷镇压。但是清教徒运动并没有因此销声匿迹，他们的活动一直持续下来，并在 17 世纪英国资产阶级革命中发挥了重大作用。

宗教改革运动也在欧洲其他国家和地区相继展开。深受加尔文神学思想影响的诺克斯和麦尔维勒先后在苏格兰组织宗教改革运动。经过长时期的斗争，加尔文宗的长老会在1592年被确立为苏格兰国教。而16世纪北欧的三个国家丹麦、挪威和瑞典则像英国那样由国王推行自上而下的宗教改革，最后都确立了路德派国家教会。

(四) 耶稣会和特兰托会议

面对欧洲各国风起云涌的宗教改革运动，罗马教会中的有识之士意识到如果不改变教会的腐化状况，教会会失去更多的权力和信徒，甚至会导致教会的毁灭。在这种情况下，一些教士主张惩治教会的腐败现象，提高神职人员的道德修养，倡导教会从事社会公益事业。耶稣会就是在这种背景下产生的。

耶稣会的创始人是西班牙人罗耀拉（1491—1556）。他是狂热的天主教徒，以维护罗马教会为己任，自称“耶稣的战士”。1540年罗马教皇保罗三世批准他成立耶稣会。次年罗耀拉被选为耶稣会第一任会长。他为耶稣会制定了严格的纪律，并设立了耶稣会的各级领导机构。会长具有绝对权威，常驻罗马，所以又被称为“黑衣教皇”。会士必须绝对服从罗马教皇，不容有丝毫违抗。为了扩大影响，耶稣会士往往走向社会，从事各种社会服务工作。他们运用简单易懂的方式向民众宣讲罗马教会的神学主张，以对抗宗教改革运动。耶稣会还注重兴办教育事业，力图把学生培养成支持罗马教会的人。此外他们还涉足政治领域，试图通过影响各国最高统治者来打压宗教改革运动。为此他们设计并实施了一系列宫廷暗杀事件，故而遭到各国政府的取缔。1773年教皇被迫解散耶稣会。但19世纪初耶稣会又被恢复。除了参与欧洲的事务，耶稣会还将活动的足迹扩大到亚洲、非洲和美洲等地。明朝万历年间来中国传教的罗明坚和利玛窦就是耶稣会士。

罗耀拉

宗教改革运动展开之后，罗马教会意识到必须对教会进行一定的改革才能维护自己的统治地位，于是教皇在1545年组织召开了特兰托会议，这次会议被罗马教会称为第十九次公会议。会议断断续续开了18年，到1563年才结束。次年罗马教皇公布了《特兰托会议信纲》。该信纲否认了新教的“因信称义”说，维护罗马教会原有的教义和仪式，甚至坚持教会买卖赎罪券的合理性。虽然该信纲被天主教会认为是教会的重要文献，但即使是欧洲信仰天主教的各个国家和地区也不能完全接受信纲的内容。

针对蓬勃兴起的宗教改革运动，罗马教会还采取了其他措施来进行遏制和镇压。当时罗马教会不断开列禁书目录，禁止一些出版商的出版活动，建立教会审察机制，以禁止新教思想的传播。此外教会还在意大利设立教廷宗教裁判所，西班牙国王也设立了宗教裁判所，他们疯狂镇压异端思想，残酷迫害宗教改革者和进步思想家。通过这些措施，罗马教会巩固了自己的地位，但新教已经在各国站稳了脚跟，并最终成为与天主教、东正教三足鼎立的宗教势力。

三、宗教改革运动对欧洲的影响

宗教改革运动是欧洲继文艺复兴运动之后的又一场思想解放运动。以马丁·路德、加尔文为代表的宗教改革家冲破了罗马教会对人们思想的禁锢，提出了“因信称义”“预定论”等全新的宗教教义。这些主张刷新了人们的思想，使信徒建立了崭新的价值观和世界观，在欧洲文化史上具有重要意义。

宗教改革运动确立了路德派、加尔文派等新教教派，打破了罗马教廷在欧洲的统治地位。这场运动不仅更新了人们的信仰，而且促使罗马教廷进行内部改革，清除教会内部的腐败状况。这些显然有利于整个基督教的发展。

宗教改革运动削弱了罗马教廷对欧洲各国的控制力，德国、瑞士、丹麦、瑞典等国不仅确立了新教的统治地位，而且摆脱了罗马教皇的束缚。英国和法国也拒绝承认教皇的绝对权威，加强了国王的权力。这些对欧洲近现代民族国家的兴起和发展有重要意义。

宗教改革运动还有利于欧洲资本主义的发展。前面已经分析过加尔文的“预定论”能够鼓励信徒辛勤劳动，发财致富。其实宗教改革促进了信徒思想的解放、推动了欧洲民族国家的建立和发展、削弱了罗马教廷的控制力，这些都有利于欧洲资本主义的发展。

第三节
自然神论与启蒙运动

【本节关键词】

启蒙运动　英国自然神论　法国自然神论　德国自然神论　卢梭　康德

一、启蒙运动产生的历史背景

启蒙运动肇始于17世纪晚期的英国，随后扩展至欧洲其他国家和地区。启蒙运动将文艺复兴与17世纪的科学发展结合，是一场包含了欧洲绝大部分国家和地区，影响并推动了欧洲在宗教、政治、科技、哲学和社会等各方面进程的文化运动。在此后100多年的历史发展中，人类的社会和思想发生了极为深远的变化。启蒙运动的核心在于理性主义和科学发展，美国历史学家威尔·杜兰将“科学和哲学”总结成启蒙运动最重要的本质特征：“启蒙运动的时间很难追记清楚，大约是随弗朗西斯·培根而起始于欧洲，志在理性、科学与哲学。就像艺术是文艺复兴的主调，宗教是宗教改革的灵魂，科学与哲学也就成为启蒙运动的神。”① 启蒙运动（法文：Siècle des

① 杜兰．世界文明史：第六卷．台湾幼狮文化公司，译．北京：东方出版社，1999：713-714.

Lumières，英文：The Enlightenment）在字面上都有“灯”的含义，启蒙运动的思想家们认为经过了中世纪漫长的黑暗之后，只有理性之灯才能照亮人类社会，从而使人类从迷信和无知之中解放出来，在一个由理性领导的社会体制下发展。康德曾这样为启蒙运动定义：“人类从自我感觉有罪的幼稚中成长起来的开端，幼稚就是一种无能力，即没有他人指导就不能应用他的理解力。如果原因不是在于缺少理智，而是在于缺少决定和勇气，没有他人的指导就没有应用理解的能力，那么自我有罪感就是幼稚。Spere aude!（大胆求知!）有勇气应用理智！这就是启蒙运动的座右铭。”[①] 启蒙运动并不是一个突发的文化运动，而是欧洲社会在经历了黑暗而漫长的中世纪之后，在宗教改革与宗教战争、文艺复兴、科学发展以及资产阶级逐渐强大等多重因素的共同影响下，于17世纪最先在英国萌芽。

启蒙运动者的沙龙

在中世纪晚期，长期混乱的教会关系、教皇和教会的无限权力以及教士的腐化堕落招致其他阶层的诸多不满，以马丁·路德和加尔文为代表的宗教神学家对传统的基督教教义提出了质疑，在他们的引领下欧洲开始了一场社会各个阶层都广泛参与的宗教改革运动，从而让基督教发生了本质的变化。这种变化主要体现在三个方面：（1）教会的权力和神学的权威被转换成宗教自主性；（2）教会和教士作为上帝和人之间沟通的中介作用被否定；（3）原初的基督教教义被重新重视和逐渐恢复。宗教改革的进程伴随着频频爆发的宗教战争，其中影响力和破坏力最大的是1618年至1648年爆发的“三十年战争”。这场战争几乎摧毁了欧洲绝大部分地区，让各参战国付出了惨痛的代价。宗教战争随着新教联盟的胜利进一步消解了教皇和教会的政治权力和思想权威，同时宗教的不宽容政策让欧洲民众产生了强烈的反基督教倾向。一些思想家和神学家开始反思基督教作为一种以怜悯和宽容为基础的信仰为何会导致如此惨痛的后果，他们开始试图探索一种避免使用暴力来推进宗教改革的社会制度形式。

中世纪的教会将人们的思想禁锢在宗教之中，因此欧洲的绝大部分民众认为真理存在于宗教的经典、上帝的启示和教士的解释之中。然而，随着文艺复兴所倡导的人文主义精神在欧洲的广泛传播，古代哲学家们敢于挑战一切权威的精神极大地启发了一批早期的启蒙运动倡导者，他们对“以神为中心”的思想以及教会权威产生了质疑和批评，同时尝试从古典模式出发探索人类文明在历史中的发展规律。

近代科学的发展和取得的成就也对启蒙运动的发展产生了不可忽视的作用，如航海指南针的发明带来的地理大发现促使人们对《圣经》和教会产生质疑；印刷术的发明打破了对思想的禁锢，在帮助人们获得古人的思想成果的同时也方便了新兴科学发展的传播。自16世纪以来，许多具有里程碑意义的欧洲科学家和思想家，如哥白尼、笛卡尔、开普勒、伽利略、牛顿和哈维等，致力于通过寻找新的方法来认识和研究自然世界，他们通过反复实验来检验理论和认识世界，从而发现了与宗教教义相悖的自然发展规律和宇宙发展规律，因而推翻了神学世界一直

① 范迪尔门．欧洲近代生活：宗教、巫术、启蒙运动．王亚平，译．北京：东方出版社，2005：238.

倡导的世界观和宇宙观，促进了近代天文学、数学、物理、哲学和生物学等自然学科的形成和发展，拉开了科学革命和思想运动的序幕。

同时，科学技术运用于实践之中提高了生产力并让国际贸易得以极速扩张，从而使资本主义经济得到迅速发展，资产阶级力量也因此逐渐壮大。许多启蒙思想家就来自资产阶级，他们致力于借助理性的力量发现自然规律和创建社会法则，并且组成了不同的思想团体，通过定期聚会和通信保持联系。他们对社会制度、国家法则、城市规划等问题发表自己独特的见解。这一批启蒙运动思想家的出现促进了启蒙思想的传播和发展。

二、自然神论在启蒙运动中的发展

启蒙思想的快速传播让当时强势的基督教开始面临最严峻的挑战和质疑。随着启蒙运动的推进，一方面各派教会和教士的权威与影响被极大削弱。以休谟和狄德罗为代表的部分启蒙运动思想家，特别是法国的启蒙运动者，对基督教大加抨击。他们认为基督教只是一种与理性相悖的迷信形式，而数世纪以来教会和神职人员利用宗教控制和压迫欧洲民众。这部分启蒙运动者从根本上拒绝基督教的观点，拒斥“原罪说”，并着力批判启示和奇迹，力图将理性精神作为武器来超越甚至彻底否定传统基督教信仰。而另一方面，启蒙运动将基督教置于危机中的同时也为其带去了重新发展的机会。相较于极端反对基督教信仰的启蒙思想家，像约翰·洛克、约翰·托兰德和莱辛等对启蒙运动产生巨大影响的思想家都是神职人员或者受过正统的神学教育，因此大部分的启蒙运动者仍力图保持在宗教之中。他们摒弃了将《圣经》当作权威的传统宗教观念，努力将新兴的理性精神与传统的基督教相融合，试图用理性的宗教来反对礼仪的宗教，希望通过建立一个更为合理的基督教来促进宗教宽容，致力于推崇一个具有理性精神和怀有仁慈的上帝，以此将基督教从一种反理性的信仰发展为一种合乎理性的信仰。

培根和笛卡尔的理论理性和经验理性是理性主义兴起的重要基础和前提。在这两种思想的影响下，新兴的理性倾向开始在英国得到传播。这种理性主义精神强调真理不再依靠《圣经》和教会的权威，而是依赖具有普遍性的理性法则。然而，当时的英国仍是一个宗教氛围浓厚的国度，绝大部分具有启蒙思想的哲学家和科学家都是虔诚的教徒，他们在推崇理性主义精神时并没有用理性来彻底否定信仰，而是力图协调新兴的理性主义与传统的宗教信仰。如何平衡理性与信仰之间的关系，成为17世纪的英国启蒙运动家们面临的最重要的挑战。在这样的背景下，自然神论作为一种强调理性精神的宗教形式最先在英国诞生。

（一）爱德华·赫伯特勋爵

自然神论兴起的开端以被誉为“自然神论之父”的爱德华·赫伯特勋爵（1583—1648）于1624年出版的著作《论真理》为标志。赫伯特在《论真理》中详尽地阐述了其认识理论，使自然神论形成了认识论的特征，这也成为贯穿自然神论始终的理论特色。

赫伯特对自然神论的理论建构所做的重要贡献是提出了五条宗教原则：“1. 存在一个至高无上的上帝。2. 他应该被崇拜。3. 神圣崇拜的主要内容是美德和虔诚。4. 我们应该为自己的罪而悔改。5. 神确实在此世和来世都施行奖惩。”[①] 这五条原则得到了当时自然神论神学界普遍的接受。

赫伯特从正面提出了他所支持的宗教原则，批驳了当时宣扬超自然的宗教信仰和宗教仪式，劝导人们过一种道德的生活。他的著作引起了诸多方面的回应并影响了自然神论的后继者们。

（二）约翰·洛克

约翰·洛克（1632—1704）是继赫伯特之后另一位对英国自然神论的发展产生了重要影响的哲学家。赫伯特在阐述自然宗教的五条原则时强调的是天赋性，因此最初的自然神论并不是建构在经验论的根基之上，而洛克对自然神论最为深远的影响是他奠定了自然宗教的经验论基础。洛克认为人类心中没有天赋的原则，思辨和道德的原则都不是天赋的，因此他否定了关于“上帝观念”的天赋性。他认为关于上帝的观念是人类所能形成的最合乎自然的观念之一，这就意味着人类只有理性观察和反思才能形成“上帝观念”。

约翰·洛克

洛克尤其强调理性的重要性，他认为理性是人类与动物的差异所在。他将事物分为合理性的、超理性的和反理性的三种。合理性的命题是可以“凭考察自己的感觉观念和反省观念来发现的真理，并且可以借自然的演绎知道它们是正确的或可靠的”；超理性的命题是指“不能凭理性由那些原则推知的真理或概然性”；反理性的命题是“与我们那些清晰而明白的观念相冲突，相矛盾的”[②]。通过对超理性的命题界定，洛克在自然理性的真理之外仍旧为超理性的启示真理留有空间。

（三）约翰·托兰德

以“洛克的信徒”自称的约翰·托兰德（1670—1722）是一位深受洛克理论影响的自然神论代表。他将自然神论建立在洛克的认识论基础上：“如果所谓认识即是对于所相信的东西的了解，那么我同意这种看法，信仰就是认识：我始终坚持这种看法，而且信仰和认识这两个词语在福音书中是交互混用的。”[③] 他赞同赫伯特勋爵所提出的自然宗教原则，否定传统基督教信仰与《圣经》中超自然和超理性的事物，他认为真正的教义并不包括这一类超自然和超理性的内容，这些都是后来混入基督教和《圣经》之中的破坏因素。他在《基督教并不神秘》中明确指出：“福音书中没有任何违背理性或超越理性的东西；而且恰当地说来，任何基督教教义都不能叫做某种神秘。”[④]

托兰德确信《圣经》与理性完全一致，他认为理性是一切确实性的唯一基础，任何启示的

---

① 奥尔．英国自然神论：起源和结果．周玄毅，译．武汉：武汉大学出版社，2008：67.

② 洛克．人类理解论：下册．关文运，译．北京：商务印书馆，1959：686.

③ 托兰德．基督教并不神秘．张继安，译．北京：商务印书馆，1982：80.

④ 同③5.

东西都同日常的自然现象一样，不能摆脱理性对其进行探究，因此若福音书的教义是上帝的言语就不可能违背理性。托兰德还否定了启示的神秘性，他认为宗教中的启示既然是“最有用和最必要的，所以必然而且可以同我们对木石、空气、水以及诸如此类的东西的认识一样易于了解，并被发现与我们的一般见解完全一致”①。

（四）马修·廷得尔

马修·廷得尔（1657—1733）在其著作《基督教与创世同龄》中将前人的各种自然神论观点融为一体，在自然神论者中引起了大量关注和诸多回应，这也让他理所当然地成为自然神论的主要代表。

他的理论以两条原则为基础。首先，他从上帝的观念出发，认为上帝是完美的、良善的、无限智慧的和永恒不变的。因此上帝赋予人类的宗教本来就是完美的，不需要进行任何改进。其次，上帝除了永恒不变还是公平的，并没有给予某些人或者种族以特权，人性总是同一的和不可改变的。因此历史上的启示不可能对这种完美的、不变的、公平的宗教添加任何东西，廷得尔也就可以将不能经受理性审查的宗教教义和宗教礼仪清除出基督教。而理性是上帝在创世之初赋予人类的了解和实践基督教的能力，是区分人类与野兽的重要标志。理性作为上帝提供给人类的能力必然是合理的，而合理的事物本身需要理性来判断，因此只有通过理性印证符合上帝的事物才能进入基督教。

（五）伏尔泰与法国自然神论

启蒙运动在18世纪的法国有了新的发展，相较于英国的温和审慎式发展，法国的启蒙运动更激进、更具有批判精神。与启蒙运动的发展类似，自然神论作为一种宗教思想运动，首先在英国开始发展到成熟状态，然后影响和扩展到法国和德国。虽然自然神论在法国远不如在英国具有理论建设性，但法国人的自由思想比英国人激进得多，因此自然神论到了法国之后发展成一种反基督教的运动，并迅速成为法国思想的典型模式。在法国模式影响下，许多自然神论思想家转变成怀疑论者和唯物主义者，甚至转变为彻底的无神论者。

伏尔泰（1694—1778）是法国最著名的自然神论家。尽管他的宗教信仰一直是学者们争论不休的问题，因为从伏尔泰的著作中可以为他属于天主教、新教和无神论派别分别找到证据，但绝大多数学者都承认这位雄踞欧洲文坛长达50年的法国思想家和文学家是一名自然神论者。

在伏尔泰早期的著作中他的思想仍以赞扬自然宗教和呼吁相互理解宽容为主。在《形而上学论》中伏尔泰力图印证上帝的存在。但在《哲学辞典》中伏尔泰抛弃了这种形而上学的论证，对上帝的存在开始产生怀疑，仅从道德的角度出发强调上帝的必要性。之后，伏尔泰开始用激烈的措辞和辛辣的讥讽批判基督教。他通过对《圣经》的科学考证来指出《圣经》中出现的诸多前后矛盾，比如福音书中对耶稣身世的记载充满矛盾，在《马太福音》中耶稣是第四十二代，而在《路加福音》中却变成了第四十九代。

伏尔泰之后，以狄德罗和赫尔巴赫为代表的后继者将法国的启蒙运动推向了无神论。他们

---

① 利文斯顿．现代基督教思想：上卷．何光沪，高师宁，译．南京：译林出版社，2014：47.

对宗教无情的批判和否定，彻底打破了教会和教士的权威地位，同时为理性主义确立了至高无上的地位。但是理性自身的片面性和对理性自身批判的短缺，导致“百科全书派”对宗教的批判和讥讽只停留在表面和感性的层面，法国启蒙运动者的无神论并没有真正终结基督教信仰。

（六）莱辛与德国自然神论

德国的启蒙运动首先承袭了英法启蒙运动的特征，也是以对基督教的批判为开端的。受到宗教改革的影响，路德教派在18世纪中期之前的德国具有巨大的影响力，许多重要的德国启蒙思想家是教士和神学家。普鲁士的腓特烈大帝对宗教信仰的宽容政策和对启蒙运动的热衷为德国启蒙运动的迅速发展提供了政治上的保障。与法国激进的无神论思想不同的是，德国的启蒙运动中的辩论总是围绕宗教问题展开。如何在新兴的理性思想和传统宗教信仰之间保持平衡同样成为德国启蒙运动者关注的重点。德国神学界受到理性主义的影响，开始以严谨的态度对《圣经》的历史进行理性考证和批判，他们坚持将理性作为判断《圣经》历史的唯一标准，试图将基督教教义中自相矛盾的虚假文字与基督教精神相分离，从而使人们用一种理性的态度来认识基督教信仰的合理性。

莱辛（1729—1781）在启蒙运动时期的德国文坛享有很高的地位，同时他对现代神学也有深远影响，因此他顺理成章地成为德国自然神论最具才华和最有影响力的代表人物。莱辛在《论精神与力量的证明》中从奇迹和预言出发批判传统神学家关于基督教不可怀疑的论证。在理论上，莱辛接受了莱布尼茨关于理性的必然真理和事实的偶然真理的划分。莱布尼茨认为，理性真理是必然的，其反面是不可能的；而事实真理是偶然的，其反面是可能的。理性真理被看作是更高层次的真理，是先验和确定的，而事实真理却是并不能证明的真理，是可以被怀疑的。基于上述理论，莱辛认为基督教中的奇迹和预言都依赖历史上的依据，都属于事实真理，而传统的神学家用奇迹和预言来论证基督教的权威是站不住脚的。

在《论人类的教育》中，莱辛将历史和理性综合起来，他认为实定的宗教终将被理性的福音取代。他从历史进程观念出发批判启示宗教，认为实定的宗教是人类从幼稚走向成熟的历程中的不同阶段，启示只是上帝对人类的一种暂时的教育手段，而启示宗教将会被一种更纯粹的理性宗教超越。

三、自然神论的衰落

理性主义崇拜在启蒙运动前期和高潮时成为欧洲主流的思潮，却又在18世纪末迅速走向衰落。启蒙运动不仅产生了许多具有理性精神的自然神论思想家，在一定程度上也促成了理性主义批判者的出现，他们以各种不同的方式对自然神论的信条提出质疑和批判，他们的出现促成自然神论的衰落。

（一）卢梭

卢梭（1712—1778）作为法国启蒙运动的代表却在宗教信仰问题上站在了理性主义的对

面。卢梭认为文明本身给人类社会带来了道德的腐化和败坏，“我们的灵魂已经堕落到的程度与我们的科学和艺术趋于完美成正比”[①]。然而，他认为正确的做法并不是抛弃文明回归原始生活，而是打开人们的眼界，唤起人们内心的良知和正义。

虽然卢梭不断改变自己的宗教派别归属，但是他始终坚持自己的宗教态度，承认上帝的存在是毋庸置疑的，宗教生活的基础是道德和情感。在《爱弥儿》第四卷“一个萨瓦牧师的信仰自由”中，他借一位牧师之口阐述了自己的宗教信仰观念，将自己的教义称作自然宗教。卢梭的自然宗教既与启蒙运动时期法国盛行的彻底否定基督教信仰的无神论不同，也不赞同传统基督教的超自然启示和将理性主义作为信仰基础的自然神论。他将宗教信仰建立在个人的道德良知和情感自由基础上，认为信仰的根源是内心的虔诚。在卢梭的宗教理念中，“一颗正直的心，就是上帝的真正殿堂”，只有真诚地用心才能与上帝沟通，任何外在的宗教仪式和对《圣经》的字面阐释都不能真正与上帝交流，“一个人应该去寻找上帝法度的地方，不是几页零散的纸张，而是人的心，在人心里”[②]。卢梭推崇内心道德、贬低理性主义宗教作用的思想，虽然与当时学术界的无神论和自然神论格格不入，却对理性神学向道德神学过渡起到很大作用，并对西方近现代神学思想产生了深远影响。

（二）大卫·休谟

英国著名哲学家大卫·休谟（David Hume，1711—1776）在自然神论的发展史上起着重要作用，他和康德的思想一起成为哲学神学历史上的分水岭。休谟反驳了从奇迹和预言出发以及从设计出发的两大有神论论证。

他对奇迹的批判与之前的自然神论者们相比影响更为深远。对于那些见诸记载的奇迹，休谟质疑其见证者的个人品质，指出了许多伪造的奇迹，进而怀疑一切的奇迹。在《自然宗教对话录》中休谟着力批判设计论。设计论认为造物主创造世界与人类建造物品是相似的，这种论证首先以神人相似为其依据。在《自然宗教对话录》中休谟从神人相似的角度出发反驳设计论，并且推导出与自然神论者正好相反的结论：（1）人类是有限的，根据类比推论，上帝也是有限的；（2）人类会有错失、谬误和矛盾，因此上帝也会犯错误；（3）人类的许多作品，比如房屋和船舶等，由多人建造，由此可以推论不是一个神而是多个神设计并创造了世界；（4）人类都会死亡，因此上帝也不会永恒；（5）人类有肉体，因此诸神也有肉体。[③] 按照这样的类比推论，神的无限性、完善性和统一性就要被否定。

休谟对神学理论所提出的批评，并非为了彻底否定基督教信仰，而是为了抨击将信仰的根基建立在理性之上的理论，将上帝排除出理性的范围，从而将宗教信仰建立在情感和道德上。

（三）康德

德国哲学家康德（1724—1804）完整地建立起道德神学体系，思辨地论证了宗教信仰中的

---

① 布洛克．西方人文主义传统．董乐山，译．北京：群言出版社，2012：70.
② 卡西尔．卢梭·康德·歌德．刘东，译．北京：三联书店，1992：45.
③ 休谟．自然宗教对话录．陈修斋，曹棉之，译．北京：商务印书馆，1962：38-39.

道德前提。在《纯粹理性批判》中康德否定了本体论证明、宇宙论证明和自然神学证明这三种从思辨理性出发证明上帝存在的方式。之后，康德对纯理性的神学提出质疑，他认为“理性在神学方面的一种纯然思辨的应用的一切尝试都是完全没有结果的，就其内部性状而言是毫无价值的，而它的自然应用的原则却根本不导致任何神学”。受卢梭的哲学和神学思想影响，康德同样强调道德并反对理性的冷酷，认为“理性的唯一正当行使就是用于道德目的”①。他提出了道德自律的概念，认为道德不是外界强加于我们的东西，而是我们作为理性存在物自愿遵从的。他摒弃了以形而上证明为基础的思辨神学，颠覆了道德以宗教为基础的传统观念，而力图证明宗教信仰需要道德理性的支持，他提出“唯一有可能的理性神学就是以道德为基础或者谋求道德律指导的神学”②。

康德既继承了休谟对自然神学的批判，又为一种新的神学理论奠定了基础。他在使神学摆脱了古典经验主义的同时，又维护了宗教信仰的合理性。他探索独立于科学与伦理之外的宗教上先验的东西，影响了施莱尔马赫等后继神学家，对现代神学产生了不可估量的影响。

第四节 宗教信仰与现代社会

【本节关键词】

浪漫主义　施莱尔马赫　现代主义运动　“梵二会议”　基督教改革　后现代神学

一、基督教与浪漫主义

法国大革命与历史上其他剧烈的社会运动一样，在爆发的初期凭借一种不可抗拒的影响力感染了欧洲民众。然而随着社会长期的动荡，之前的热情逐渐冷却下来，许多学者认识到毫无限制的理性主义终会引起争执。欧洲民众对政治的漠不关心甚至反感使宗教热情开始高涨，他们在宗教信仰中找到精神寄托，这种厌世的情绪在知识界也迅速传播开来。

理性精神在18世纪后期开始受到冷落和抨击，对启蒙运动的反思或反抗首先在德国兴起，“因为其实早在18世纪70年代的德国，一股新的反叛力量已然蓄势待发。这场被称为‘狂飙突进’（Strum und Drang）的文化运动将矛头直指启蒙运动的理性主义，后者被这场运动中的年轻人指责为让感情的自发性、人的个性，以及天才的灵感受制于冷冰冰的古典主义理性教条与虚伪趣味”③。

从“狂飙突进”运动开始，欧洲社会陆续产生许多脱离了18世纪古典主义和自然神论的

①② 罗素．西方哲学史：下卷．马元德，译．北京：商务印书馆，2007：253.

③ 布洛克．西方人文主义传统．董乐山，译．北京：群言出版社，2012：80.

思想家和艺术家，以他们为代表的思想运动被称为浪漫主义。与启蒙运动倡导的探索和发现自然规律不同的是，浪漫主义者对自然怀有一种神秘感，他们认为人与自然是息息相关的同一整体的不同表现形式，这种与自然有机统一的感觉应该靠直觉去感受，而不是从理性出发去理解。但浪漫主义并不是彻底反对理性，而是对启蒙运动的一种反思性的扬弃。雅克·巴尔松在论及浪漫主义时写道："浪漫主义不是仅仅反对或推翻启蒙时代的新古典主义的'理性'，而是力求扩大它的视野，并凭借返回一种更为宽广的传统——既是民族的、大众的、中古的和原始的传统，也是现代的、文明的和理性的传统，来弥补它的缺陷。就其整体而言，浪漫主义既珍视理性，珍视希腊罗马的遗产，也珍视中世纪的遗产；既珍视宗教，也珍视科学；既珍视形式的严谨，也珍视内容的要求；既珍视现实，也珍视理想；既珍视个人，也珍视集体；既珍视秩序，也珍视自由；既珍视人，也珍视自然。"①

德国的浪漫派将对现实社会的不满演变成一种对中世纪的恋旧情怀，中世纪的古堡、神秘的古老传说、哥特式的建筑、黑夜还有死亡等带着神秘主义和宗教色彩的主题，涉及的是他们对人类的情感和心理的体验和感悟，是理性所不能到达的感性世界。

德国民族诗人和浪漫主义代表海涅（Heinrich Heine，1797—1856）在讽刺和抨击17世纪法国启蒙运动者的宗教态度时提出："人们在德国是以纯洁严肃的态度来进行斗争的，而人们在法国却以不正经的玩笑进行斗争；人们在德国进行了一场神学的争论，人们在法国却创作了这种或那种诙谐快乐的讽刺作品。"② 他看到基督教信仰对德国的浪漫派的深刻影响，认为"不是别的，就是中世纪文艺的复活，这种文艺表现在中世纪的诗歌、绘画和建筑物里，表现在艺术和生活之中。这种文艺来自基督教，它是一朵基督的鲜血里萌生出来的苦难之花"③。他在《论浪漫派》中从罗马帝国时期详尽地追溯德国浪漫主义与基督教信仰之间的深层关系，肯定基督教自罗马帝国以来给欧洲带来的好处，并且从文学、音乐、绘画和建筑等艺术形式上论述基督教对欧洲艺术发展的影响。海涅尤其认同中世纪的艺术成就："中世纪浪漫主义的复苏同样也可以看作是对古希腊罗马艺术的冷漠的模仿的一种反动。"④ 他认为基督教力量在中世纪变成了欧洲特有的骑士制度，中世纪的史诗其实就是基督教的史诗。而在19世纪的欧洲，在类似的历史背景下中世纪的浪漫主义和基督教信仰被浪漫派发掘并再次焕发生命。

施莱尔马赫

被誉为"现代新教神学之父"的德国哲学家施莱尔马赫（Friedrich Schleiermacher，1768—1834）是浪漫主义时期最重要的新教神学理论家，他将上帝作为真理的准则，并以此建立他的知识体系，通过批判自然神学和道德神学，建立起了现代宗教的重要理论，成为基督教神学的一道分水岭。

施莱尔马赫重新论述了宗教的本质，捍卫了宗教的独立性，他认为宗教既不属于自然神论所倡导的理论理性范围，也不属于康德所建构的实践理性范围。哲学、科学和道德都不是宗教的本质，因为"它（宗教）不像形而上学那样，按照它的本性来规定和解释宇宙，它也不想像道德那样，用人的自由力量和神圣的任意性来继续

① 利文斯顿．现代基督教思想：上卷．何光沪，高师宁，译．南京：译林出版社，2014：168.
② 海涅．海涅全集：第八卷．石家庄：河北教育出版社，2003：206-207.
③ 同②13.
④ 同②37.

塑造和完成宇宙。宗教的本质既非思维也非行动，而是直观和情感。它想直观宇宙，想聚精会神地从它自身的表现和行动来观察宇宙，它想以孩子般的被动性让自身被宇宙的直接影响所抓住和充满”①。

施莱尔马赫认为直观和情感是相互作用并且依赖的：“无情感的直观什么也不是，既不会有合理的起源，也不会有正当的力量，无直观的情感也什么都不是：两者存在着并所以是某种东西，只是因为它们原始地是一个东西，是不可分离的。”② 人是直观的主体，直观是感性的、单个的、直接的感觉，宗教感受不是理性的产物，而是一种直观。他将宗教情感提升到人性的高度，认为宗教情感是人类生而赋有的，因此只要让内心的宗教情感产生作用，不要遮掩与上帝的直接沟通，那么宗教就会按照自己的样子发展。

施莱尔马赫坚持保持某种程度的个人自由和独立，在宗教信仰中个人也应该享有自由，理性神论并没有真正的宗教所蕴含的生命力和直接性，因为宗教不应该仅仅被“一般地”理解，还应该被理解成个体的、具体的和实证的。施莱尔马赫阐释下的宗教“一、不再像中世纪甚至宗教改革中那样是一种离世，一种向世界之外的、超自然的东西的过渡；二、也不像在自然神论和启蒙运动中那样遁入世界背后，成为一种形而上学的东西；三、毋宁说，在一种现代的理解下，是去亲近、直观和感受无限的东西，是无限注入有限之中”③。

施莱尔马赫对现代宗教的发展产生了深远的影响，他的著作让启蒙运动之后对宗教陌生和冷漠的一代人再次燃起对宗教信仰的热情，他的理论将基督教信仰由宗教改革的典范变成现代神学的典范，现代宗教信仰不再是国家政治和教会权威强加于人的理念，而是源自人内心的自然秉性，是个人内在的直观感受和绝对的依靠。因此德国神学家汉斯·昆将施莱尔马赫誉为“现代人的神学家”，将他的理论置于“现代性发轫之际的神学”的高度。

二、基督教与20世纪

（一）20世纪上半期的天主教发展

法国大革命和拿破仑对欧洲的征战之后，天主教在思想上和政治上彻底失去了大一统的权威地位。但是，在跨入20世纪之后，经历了两次世界大战、经济危机和各种现代新思潮影响的天主教神学却通过现代主义运动迎来了新发展的希望。

天主教现代主义运动起源于20世纪初的法国，之后发展到英国和意大利等欧洲其他地区。不同派别的天主教神学家广泛参与到现代主义运动之中，他们一致努力要让天主教的发展跟上时代的步伐，提倡天主教会与20世纪涌现的社会新思潮进行广泛交流和对话。这场改革是天主教内部为了“跟上时代”而产生的，它一方面受到了17世纪和18世纪社会和宗教思想变迁的深刻影响，另一方面也回应了启蒙运动之后充满理性精神的新教神学。

在现代派神学家的努力下，天主教神学从中世纪的“神本论”中彻底解放出来，并向现代

---

① 施莱尔马赫．论宗教．邓安庆，译．北京：人民出版社，2011：240.

② 同①243.

③ 昆．基督教大思想家．包利民，译．北京：社会科学文献出版社，2001：162－163.

文化开放而发展到“人本论”。现代主义运动的参与者们旨在维护宗教信仰上的个人自然，将主体性的信仰与客体性的科学严格区分，倡导宗教的启示与理性神学的本质区别。他们放弃教义和教会的超自然特征，把宗教信仰与纯内在等同起来，将宗教信仰列为人类自身对上帝的体验范畴，神学研究不再局限于形而上的理论探索而向时代打开了大门，关注的焦点逐步从历史扩展到现实社会。现代派神学家采用历史评断方法研究宗教理论，他们关注天主教会和教义的相对性和变化性，看到教会和教义在历史上的变更，将上帝的理想教会与历史上实际形成的教阶制度严加区别。

被誉为“现代派之父”的卢瓦奇（Alfred Loisy，1857—1940）是现代主义运动中最重要的神学家之一。在其影响最大和流传最广的著作《福音与教会》中，他认为福音的存在并不取决于我们，因此他极力推崇从福音本身理解福音，而不是根据我们的偏好和需求去解释福音。针对体制性教会，他用历史评断方法指出教会过去不断地经历变迁，并且这个变迁过程还将继续发展下去以应对新的社会和时代挑战，因此基督教的教义也应该不断发展以适应现代社会。卢瓦奇的思想遭到了教会当局的强烈谴责，然而他的《福音与教会》号召彻底改革对《圣经》的研究方法和态度，在现代主义运动中具有重要意义，是一份现代主义的纲领。

以卢瓦奇为代表的20世纪初的天主教现代主义运动遭到了当局教会的反对，罗马教廷甚至于1910年开始推行反现代主义的宣誓，然而这次天主教的内部改革却对天主教神学的现代化进程产生了潜移默化的影响，并给其提供了理论和实践支持，为梵蒂冈第二届大公会议（简称“梵二会议”）的召开打下了坚实基础。

第二次世界大战结束之后，世界局势发生了错综复杂的变化，这使天主教认识到自身的传统观念和政策与时代不相符合，同时也看到了天主教再发展的契机。天主教为重新振兴自身采取了多种形式的努力，在教会的普世背景下教会内部开始形成一种历史研究与实践运动的复兴力量。经过罗马教皇约翰二十三世数年的前期准备和倡导，在他的亲自主持下，梵蒂冈第二届大公会议于1962年10月11日在圣彼得堡大教堂正式开幕。

“梵二会议”是“当代罗马天主教具有决定意义的宗教、思想及政治事件”，它标志着天主教革新迈出了关键性的一步。首先，“梵二会议”使天主教神学在对教会和教义的理解上产生了转向。在《教会在现代世界牧职宪章》中，教会被定义为“人类超越性的标志及监护者”。除了奠定了教会的社会使命基础之外，还将维护人权划入了教会的宗教使命。“梵二会议”肯定了人在政治、经济生活中的核心地位，确定人是整个社会经济生活的创造者、中心与宗旨，“故人的尊严及整个社会福利，在社经生活上，亦应给予尊重并推崇”[①]，从传统神学将人放在被动从属地位转向维护人的基本权利和尊严。其次，天主教在宗教多元化、宗教自由和普世态度上发生重要转变。大会承认了宗教信仰在现代社会中的多元性，认识到传统教义的排他性和封闭性不利于罗马教会的发展，因此提出“普世救恩”的观点，即“基督降临乃是为了拯救人类”。大会文件《大公主义法令》力图结束罗马天主教与基督教其他派别的分裂状态，并将基督徒之间的分裂视为与基督意志相对的行为，呼吁与各教派之间持续长期对话和交流。文件《教会对非基督宗教关系宣言》则是承认其他宗教信仰的身份，试图更加正面积极地理解其他宗教信仰。大会设立非基督徒秘书处和无信仰秘书处，负责与其他宗教信仰和无神论之间的交流、理解和对话。

---

① 卓新平．当代西方天主教神学．上海：上海三联书店，1998：100.

“梵二会议”之后天主教与新教之间的分裂关系被修复，与犹太教的关系得到缓和及改善，并对东方宗教信仰持开放和开明的态度。同时，简化和改革仪式形式也成为大会对教会理解转向的一个标志。“梵二会议”颁布了《教会在现代世界牧职宪章》，提出在保持天主教基本信仰和传统的基础上，对宗教仪式进行一定程度的改革。按照《教会在现代世界牧职宪章》，宗教仪式应该“一方面按照每人的本有方式而实现圣化，一方面由耶稣基督的奥体，包括首脑及其肢体，实行完整的公开敬礼”①。为适应各民族的传统特点和在全世界范围更广泛地传教，大会肯定并提倡使用当地语言，打破过去仅仅用拉丁文作为仪式语言的惯例。

此后，天主教经历了长时间的改革，尽管在改革的过程中始终伴随着对改革的抵制，并且这两种力量之间时常发生冲突和矛盾，然而天主教开始在政治上采取灵活务实的态度，并且积极寻求自然科学、人文社会科学与宗教信仰之间的相互合作，为天主教更好地融入文化和宗教多元化的当代社会奠定了基础。

（二）20世纪上半期的新教发展

19世纪的自由主义思潮普及了个人自由和民族自由等观点，在影响到政治、经济和哲学等领域的同时也波及了宗教信仰和神学理论。在这样的背景下，新教神学中的自由派神学于19世纪末开始兴起并在20世纪初产生了重要影响。

自由派神学理论来源于康德的批判哲学、黑格尔的辩证哲学和施莱尔马赫的宗教哲学。它将关注点放在了调节上帝与人、信仰与理性之间的关系上，主张充分发挥人的自由和理智，并且相信人能够解决宗教与科学、信仰与理性之间的矛盾。自由派神学代表们认为神学可以承受住冲击，对社会和宗教的发展持乐观的态度。他们反对传统解经学对《圣经》的字面阐释，摒弃了《圣经》“毫无谬误”之说，运用历史评断方法探索对《圣经》的重新认识，将《圣经》作为信仰的记载，而不是作为实证科学去研究，力求寻找出《圣经》文献所反映的历史故事，并对某些故事的真实性提出疑问，促进了对宗教信仰的反思和理解。

随着第一次世界大战的爆发，自由派神学陷入了危机之中：一战给西方社会带去的战乱和社会危机与自由派神学家坚信的世界发展和人类进步的美好画面大相径庭。“危机神学”由此产生并引起广泛的关注，“人所谈论的不再是进步，而是危机，哲学家、历史学家、诗人和作家各以不同形式而论及同一主题，而当代占统治地位的新教神学亦自称为‘危机神学’”②。

卡尔·巴特

危机神学的代表卡尔·巴特（Karl Barth，1886—1968）从批驳自由派神学流行的历史评断方法入手，认为与其敬重和推崇历史不如重返上帝启示，因为“只有通过上帝才能认识上帝”。他强调上帝与世人之间的无限距离，神人之间是对立的两极并有“无限的本质区别”。巴特认为上帝到世人的道路是畅通无阻的，然而世人通往上帝之道却被阻断，只有依靠上帝和耶稣基督的启示才能认识上帝，因此他号召神学家重新回到《圣经》，主

① 卓新平．当代西方天主教神学．上海：上海三联书店，1998：106.
② 卓新平．当代西方新教神学．上海：上海三联书店，1998：34.

张一切神学尝试必须重新开始。巴特提出的危机神学犹如一枚炸弹，引起了神学界褒贬不一的讨论，然而他的理论却开启了现代新教的革新和重建之路。

经过第一次世界大战的洗礼，新教神学家的思想开始逐渐走向成熟，神学理论的建构主要基于对现实存在的深刻反思。随着第二次世界大战的爆发，还未从一战中恢复的西方世界又开始经历社会、政治、经济和思想的动荡和重组。随着教会的权力被一再地削弱，宗教在社会各方面的影响力不断消解，基督教教会卷入了日趋严重的世俗化进程之中，传统的宗教精神日趋减少。卡尔·巴特提出的“已经启示出来的上帝仍旧是隐匿的上帝”，让人们对“上帝的意义”是否存在产生怀疑，有一些人受黑格尔和尼采的影响甚至从神学角度开始谈论起“上帝已死”的话题。神学家们开始正视和警觉将“神圣意义”与“有限存在”彻底分开的世俗化进程，并试图探索对新教世俗化的理解和解释。

德国神学家潘霍华（Dietrich Bonhoeffer，1906—1945）的“非宗教的解释”在当代西方神学界乃至西方社会引起了广泛关注和回应。他首先提出基督耶稣怎样与一个已经成年的现代社会相互结合的疑问，并且意识到自由派神学努力在世俗化的社会中谋求一席之地最终却是失败的。“基督教一直是‘宗教’的一种形式——也许是真正的形式。可是，如果有朝一日这件事变得明白无疑，即，这个先验的前提根本不存在……如果人类因此而成了完全不要宗教……那么，对基督教来说，这意味着什么呢？”[①] 因此他需要在非宗教化的世界中找到出路。他提出，我们不应该将上帝设定为形而上的最高存在物，也不应该将上帝设想为人类在存在上的补缺，“让我们生活在这个世界上而并不利用他作为起作用的假设的上帝，也就是我们还继续站在他跟前的上帝。我们在上帝面前，与上帝一起，但不依靠他而生活”[②]。他提倡用信仰的眼光看待世界发展，对世俗化加以新的神学评价，为基督的受难精神来参与世人的磨难，让基督教信仰重新获得主动。

与激进的神学派别摒弃基督教传统相对的是，自一战之后开始兴起的新正统派神学思潮。新正统派神学家号召回到正统教义，防止神论激进化，重新用正统神学来克服当代的神学危机，希望用古典基督教正统教义和规范神学寻求对当代新教神学在理论上的提高。

英国新正统神学在20世纪30年代逐渐形成，以坎特伯雷大主教汤扑（Frederick Temple，1821—1902）的思想为集中体现。他对当时盛行的以自然派神学为代表的乐观主义和以危机神学为代表的悲观主义持批判态度。他认为自由派神学对世界发展保持乐观的时代已经结束，应该通过对上帝的敬仰来建构“价值共同体”，以此重建世界。他否定自然派神学的理性认识论和上帝存在的逻辑证明，认为上帝是先在的、已知的事实，无须再用任何科学手段证明，强调宗教信仰应与当时的政治、经济和社会等现实问题息息相关，认为神学教义不是一成不变的，而是需要灵活运用。同时，他也批判危机神学中的神人相异并存在无限距离的观念，强调当代神学的出发点是上帝在耶稣基督那里所体现的“道成肉身”，这证明了神人的重新结合，肯定上帝对世人的惠顾和怜爱，并认为教会作为其延续，目的是推行上帝的旨意。

莱因霍尔德·尼布尔（Reinhold Niebuhr，1892—1971）于1932年发表的《讲求道德的人与无道德的社会》成为美国新教正统神学兴起的标志。美国新正统神学的核心是基督教现实主义，同英国新正统神学一样反对自由派神学的乐观主义。基督教现实主义对人世持有悲观的态

① 利文斯顿．现代基督教思想：下卷．何光沪，高师宁，译．南京：译林出版社，2014：248-249.

② 同①250.

度，在对危机神学的批判上同样反对巴特的“神人隔离”，号召回到《圣经》，认为历史发展是体现着上帝的意志和安排的，因此二战爆发和经济危机都不能将基督教信仰推向社会的边缘，相反会使人们重新认识到信仰与现实社会密切关联。

（三）20世纪下半期至21世纪的发展

自20世纪下半期开始，神学研究有了更为自由的空间，学术研究氛围日益浓重，愈显宽容。基督教神学不再强调教会在引领世界走向回归信仰之路方面的重要性，而是突出一种多元化的发展趋势，让世界自由地展示其发展规律，在共存中找出其与宗教信仰的契合点。神学家们致力于探究当代社会和人类存在的具体问题，对人格和生存意义凸显关注，力求在现实世界中保持基督教信仰，使其具有社会责任感。由于相对宽容的发展氛围，不同的神学家们或神学研究派别从不同的研究角度和思考领域入手，因此各种神学思潮不断出现，各种声音并存。然而多元化的发展并没摈弃基督教的传统，而是在将传统与现实有机结合的基础上，使基督教神学的一些基本建构原则和理论框架在新时代得以保存。

20世纪50年代之后，在世界多元化和全球化发展的影响下涌现出了各种新思潮，其中占主导地位和影响范围最广的是后现代主义思潮。后现代主义世界观的兴起引起了学术界的广泛关注和讨论，同时为后现代神学提供了一种认同的语境，后现代神学通过对现代神学理论一系列的扬弃向现代世界观挑战。潘霍华提出的“宗教终结”引出了更为激进的“上帝之死”神学派别。随着潘霍华生前的作品陆续在英美出版，20世纪60年代以来英美开始兴起一场激进的世俗化神学运动，其核心就是探究“上帝死后”的基督教和教徒的存在问题。

“上帝已死”指传统基督教有神论已经终结，这个术语包含了三个不同层面：（1）上帝被世俗文化遮蔽；（2）上帝的意义危机；（3）西方的价值及道德观坍塌。这场运动的代表神学家是阿尔提泽（Thomas J. J. Altizer，1927—　）。泰勒认为上帝是一个超然和超现实性的存在，然而在创始和道成肉身的过程中，上帝呈现出具体性并且倒空了自己的神性，这个历史进程包含了矛盾和斗争，是生生不息的。因此他的“上帝之死”意味着对天堂里的超然和超现实的上帝的否定，上帝成为有限的和具象的存在。

马克·泰勒（Mark C. Taylor，1945—　）受黑格尔和德里达的影响，对神学中的核心价值观进行更彻底的批判和解构。他集中对上帝、自我和历史进行批判，并发展了一种非神学概念，这种神学假设了一种处于中间位置的状态，它既不拒绝和排斥上帝和宗教权威消失，也不臣服于上帝和宗教权威。泰勒认为，世俗化进程导致了上帝之死和上帝神性的消失，并产生了寻求自我归属感和自主感的转向，然而主体的消亡和流变性又会让归属感与自主感荡然无存。他主张“耶稣表现为话语或道，而话语或道又被解读为写作”，一切事物都是飘忽不定的，写作也是无休止的过程，因此经文是永远无法完成和并非毫无瑕疵的。

让-吕克·马里翁（Jean-Luc Marion，1946—　）从后现代的角度批判了现代形而上的神学理论。他区分了形而上学的思维方式和神学思维方式。他质疑形而上学的现代本体论神学将关注点集中在上帝的存在上，他认为“上帝最终一定能够也必须存在”，然而上帝与存在的关系决定了上帝的程度。他认为神学开始于启示，因此从启示的上帝的角度出发，上帝的爱先于存在，上帝只有具体体现自身时才存在。后现代神学对20世纪后半期的西方基督教神学产生了广泛影响，女性主义神学、美国黑人神学等神学思潮都与后现代神学有密不可分的关系。

自 20 世纪 90 年代开始，许多神学家开始对新千年的神学发展提出自己的见解和展望。教皇保罗二世在《跨越希望的门槛》中坚信基督教信仰会给世界带来希望："今天的世界，在公元 2000 年已经迫近的时候，特别感觉到需要福音。"

同时，时代末的沉思也成为当代基督教神学的主要话题之一。许多神学家认为传统神学理论已经跟不上新时代的步伐，因此他们著书立说，在发展和建构新的神学理论上不断作出尝试和努力。以孔汉思为代表的天主教神学家看到神学范式出现新的变化，认为 21 世纪的神学是由"现代范式"向"后启蒙、后现代范式"转向的时代，是对新的革新和发展的倡导。因此他们将关注的领域扩展到教会之外，突出"伦理"的意义，希望通过"伦理共识"而达到宗教共识，倡导全球"伦理运动"，希望用这种面向外部的普世主义来推动天主教的再次革新。

【本章小结】

本章共四节，第一节概述基督教的兴起与发展历程，主要包括基督教兴起的背景、《圣经》的主要内容、教会的形成与腐化、修道制度的建立与托钵修会、宗教裁判所压制"异端"思想、"十字军"战争、基督教对西方文化的影响等内容。第二节梳理宗教改革运动的发展历程，主要包括人文主义对基督教的冲击，马丁·路德与德国宗教改革，瑞士、法国、英国及欧洲其他国家和地区的宗教改革，耶稣会的创立和发展，特兰托会议的召开，宗教改革运动对欧洲的影响等内容。第三节从启蒙运动对宗教的影响出发，梳理了自然神论产生的时代背景，介绍了英国自然神论的主要代表人物、自然神论在法国和德国的不同发展特点和自然神论开始衰落的原因及后继发展。第四节首先概括了 19 世纪浪漫主义对宗教发展产生的影响，其次梳理了 20 世纪上半期基督教面临的冲击和改革，最后介绍了 20 世纪下半期和 21 世纪以来基督教顺应时代的新发展。

【思考与练习】

1. 论述基督教对西方文化的影响。
2. 总结宗教改革的原因。
3. 论述宗教改革运动对欧洲的影响。
4. 举例说明英国自然神论在启蒙运动中的主要发展和代表人物。
5. 总结自然神论在法国和德国的特点。
6. 举例说明浪漫主义对现代基督教的影响。
7. 简述基督教在现代社会中的改革和影响。

【拓展阅读】

1. 李秋零，田薇．神光沐浴下的文化再生：文明在中世纪的艰难脚步．北京：华夏出版社，2000.

2. 斯塔克，等．基督教的兴起：一个社会学家对历史的再思．黄剑波，高民贵，译．上海：上海古籍出版社，2005.

3. 林赛，等．宗教改革史：上下册．孔祥民，等译．北京：商务印书馆，2016.

4. 埃尔顿．新编剑桥世界近代史：第 2 卷：1520—1559：宗教改革．中国社会科学院世界历史研究所组，译．北京：中国社会科学出版社，2002.

5. 杜兰．世界文明史：第六卷．台湾幼狮文化公司，译．北京：东方出版社，1999.
6. 洛克．人类理解论．关文运，译．北京：商务印书馆，1959.
7. 布洛克．西方人文主义传统．董乐山，译．北京：群言出版社，2012.
8. 施莱尔马赫．论宗教．邓安庆，译．北京：人民出版社，2011.
9. 利文斯顿．现代基督教思想．何光沪，高师宁，译．南京：译林出版社，2014.

扫码查看本章图片

第五章
西方科学

【概述】

科学是人类智慧的结晶和文明的硕果，西方科学是西方文化的重要组成部分。本章以时间为线索，分古希腊罗马、中世纪、文艺复兴时期、工业化时代和20世纪科学的革新与应用五个阶段，梳理了西方科学从古代科学，到中世纪科学，再到近现代科学的发展历程和脉络。西方科学起源于古希腊时期的自然哲学，古希腊罗马不同部类的科学研究奠定了西方科学理论和实践并重的良好传统。中世纪科学虽然笼罩在基督教阴影下，但神学同科学的合作在一定程度上推动了自然科学的成长。文艺复兴时期，天文学、地理学、物理学、数学、生理学与医学等诸多领域的“科学革命”，一扫中世纪神学枷锁的束缚，近代科学观念由此萌发。18、19世纪的两次科技革命的出现和工业化时代的到来，推动科学理论和技术迅猛发展，人类进入蒸汽时代和电气时代，西方工业化和现代化进程实现巨大飞跃。20世纪以来，西方科学技术的发展日新月异，各科学学科均取得重大进展，并在物理学、原子能、航空航天技术、电子信息技术、生物技术等多个领域取得了前所未有的成就，为人类社会带来了翻天覆地的变化。

第一节
理论与实践并重的古希腊罗马科学

【本节关键词】

自然哲学　元素论　原子论　亚里士多德　古希腊科学成就　托勒密　古罗马科学成就

从概念和内容上讲，科学是关于自然、社会和思维的知识体系，是人类社会实践过程的经验总结，是社会文化的重要构成。科学有多种分类方法，现代科学一般分为五大部类，即自然科学、技术科学、数学、哲学和社会科学。但是在古代，科学的范围和概念与现代有所不同，比如古代埃及科学除了自然科学之外还包括几何学、农学等等。由于古希腊罗马学习借鉴了很多古埃及的科学成果，古希腊罗马的科学概念也借鉴了古埃及的科学概念，因此它也包含几何学、农学等内容。从西方文化传统上讲，最初的科学是包含在哲学之中的，后来才逐步分离出来与哲学并立。从词源上讲，“科学”一词在拉丁语中的意思是“学问与知识”（scire，意为学或知），所以古代的科学包含了所有知识的内容，并不仅仅包含自然科学技术。但是在英语中，科学专指自然科学。在本节和下一节，我们讨论的科学范围不包括社会科学的其他部分。

谈到古希腊的科学，我们也许可以称它为“希腊奇迹”：希腊科学的早期繁荣正好像希腊艺术和希腊文学的早期繁荣一样，是奇迹般的。①

一、求知而探索的希腊人

从城邦奴隶制到雅典时期，产生了科学和哲学融为一体的自然哲学，它既是希腊人对自然的哲学思考，又是早期自然科学的一种形态。最早的希腊哲学家同时也是自然科学家。② 很多学者如克塞诺芬尼、赫拉克利特、芝诺、德谟克利特等都有专门论述自然的著作，比较突出的如亚里士多德的《物理学》、留基伯和德谟克利特的《大宇宙秩序》《小宇宙秩序》和伊壁鸠鲁的《物理学》，他们都建立了逻辑结构严谨、比较完整的自然哲学理论体系。

希腊人热衷于探索自然界的奥秘，认为认识和了解自然是最值得人类做的事情。“求知是人类的本性”③，这是由他们的价值取向决定的。自然哲学成为整个希腊文化的主向度，也就为文艺复兴之后西方近代自然科学的兴盛奠定了基础。“西方文化起源于古希腊文化。希腊文化起源于米利都学派的自然哲学。这种哲学同时也是科学。所以说，希腊文化起源于科学。”④

（一）关于世界本原的探索

关于世界本原、世界本质的问题，不同学者、不同学派有着不同的解释。

一种是以朴素的元素论来解释自然和宇宙物质的本质问题，代表人物是泰勒斯（Thales，约前 624—约前 546），他提出万物由水组成。

在对世界本原的解释上，阿那克西曼德对泰勒斯的理论有所发展。阿那克西曼德（Anaximander，约前 610—前 545）认为万物的始祖没有一个固定的形态和确定性质的原始物质，并把这种原始物质称为“无限”，“无限”在某种不确定的原始作用力下，首先形成旋涡并分化成四种元素。由于旋涡的急速旋转，水、土、气、火分层，土是最重要的元素，所以留在宇宙的中心，形成大地，再次一层是水，水盖住了大地，再次一层是气，最轻的是火。他的哲学观点，不仅说明世界来自混沌，而且包含着最古老的层次论的思想。

后来阿那克西米尼（Anaximenes，约前 588—前 524）提出世界的本原是“气”，自然万物都是由气演变而来，并且，他还用气的运动来构造了他的宇宙论。

物质是能够无限制不断分割下去，还是有再也不能分割下去的最小单位？回答可以无限制分割的是无限分割论，回答不能再分的是原子论。

古代原子论的创立者是米利都的留基伯（Leucippus，约前 500—前 440），他认为原子是不

---

① 钮卫星，江晓原．科学史读本．上海：上海交通大学出版社，2008：109.

② 恩格斯．自然辩证法．北京：人民出版社，1984：35.

③ 亚里士多德．形而上学．北京：商务印书馆，1959：1.

④ 周昌忠．西方科学的文化精神．上海：上海人民出版社，1995：2.

可分割的粒子。雅典的阿那克萨哥拉（Anaxagoras，约前 500—前 428）认为物质可以分割成许多无限小“同类的部分”或“种子”，万物的产生或消灭都是这些“种子”的结合或分离。德谟克利特（Demokritos/Democritus，约前 460—前 370）继承和发展了前人的思想成果，认为“原子”是组成一切物质的基本单位。他认为，原子极小而硬，无色、无味、无臭，大小、形状和重量因物质的不同而各异。宇宙是一个巨大的真空，无数的原子在其中不断地做不规则的运动。这些原子的组合、分离便产生所有物体，并使之变化和流动。伊壁鸠鲁（Epicurus，约前 341—前 270）又把德谟克利特的思想向前推进了一大步。他认为原子不但形状、大小不同，重量也不同。原子不仅由于重量而直线下落，而且由于内部原因会离开直线轨道做偏斜运动，因而才有可能相互碰撞结合而生成万物。

但是，希腊哲学的主流坚持无限分割论，对原子论发起了总攻，特别是想通过否定真空的存在，集中力量摧毁原子论的基础。“自然界没有虚空”是他们的口号。亚里士多德（Aristotle，前 384—前 322）坚持认为，“在真空中所有的物体应该以同样的速度运动，然而这是不可能的。因此，真空并不存在”。原子论虽然得到了伊壁鸠鲁派的支持，但由于有亚里士多德这位权威，其后，在欧洲一直受到忽视。但是，到 17 世纪，由于托里拆利、巴斯卡、格里克等人的努力，真空被证实确实存在，原子论自此才重新抬头。①

毕达哥拉斯

毕达哥拉斯学派的“数”论也解释了世界的本原问题。毕达哥拉斯（Pythagoras，约前 580—约前 500）认为万物的始基是“一元”。从“一元”产生“二元”……从完满的“一元”与不定的“二元”中产生各种数目……于是创造出有生命的、精神的、球形的世界。毕达哥拉斯学派的基本哲学思想是他们把“数”作为万物的本原，把数的和谐与自然界的和谐联系在一起，认为世界万物的存在必须符合数的和谐。

（二）不同部类的科学成就

1. 制图学和地图学

地图是一门很古老的学问，几乎和世界最早的文化同样悠久。最初地图的萌芽，与原始人的绘画有着密切的关系。当人类脱离猿的形态以后，为了生存，在渔猎、耕作等活动中，常把环境中与生活有密切关系的事物用绘画、模型等方式描绘下来，以方便日后的生产、生活，这就是最早的地图。

希腊人生长在海边，对世界有着天然的探索欲望，他们对世界其他部分充满了好奇。希腊人关于印度的最早的知识，是由尼多斯的提西亚斯医生带回来的，他在公元前 5 世纪时在波斯宫廷中工作。可惜他的描述有过多的幻想和奇异的成分，如他的著作中载有关于“金液泉”的（由矿石炼金）、“树衣”（棉花）的资料。②

希腊的制图学始于埃拉托色尼（Eratosthenes，前 276—前 194）。他确定了地球的大小尺寸以及曲率，从而最先把坐标系统应用于地表。他在亚历山大里亚和赛伊尼进行了著名的夏至

① 市场泰男．科学史上的九十九个谜．李耕新，译．太原：山西人民出版社，1980：16－17.
② 李约瑟．中华科学文明史．罗南，改编；上海交通大学科学史系，译．上海：上海人民出版社，2010：54.

晷影测量之后，得出了地球周长为 40 225 千米这一大体准确的数字。应当指出，希腊的制图学是以球形地面为基础的。[①]埃拉托色尼测定的我们这个有人居住的世界（oikoumene）呈椭圆形，半径约为6 000千米。[②]

喜帕恰斯（Hipparcos/Hipparchus，约前 190—前 125）对埃拉托色尼的这项工作提出了批评，并引进了各种改进的方法，其中包括用“地带”这一术语表示纬线与经线之间的地区。埃拉托色尼所定的纬线是很随意的，而喜帕恰斯则使这些纬线变为均等，并用天文学方法固定下来。[③]

2. 天文学

古希腊天文学经历了一个不断发展变化的时期。泰勒斯曾提出，大地是漂浮在水面上的一个圆盘，从那时开始，科学家对天地结构进行了系统探讨，随后逐渐形成了不同的学派：米利都学派、毕达哥拉斯学派、柏拉图学派和亚历山大学派。

泰勒斯曾经准确预言了一次日食，他还发现了小熊星，确定了一个太阳年的长度约为 365 天。泰勒斯最早测定了太阳从冬至到夏至的运行。他提出了月亮的大小只有太阳的一百二十分之一的判断，同时也撰写了自然科学论文。

毕达哥拉斯学派在宇宙论和天文学方面做出了重要贡献。菲洛劳斯（Philolaus，前 480—?）提出“中心火”学说，认为宇宙系统包括地球、月亮、水星、金星、太阳、火星、木星和土星这八个天体。它们从西向东围绕中心火做圆周运动。这就是“日心说”的先导。菲洛劳斯发现了岁差，他还测量了月球与地球的半径之比。

阿里斯塔克（Aristarchus，前 315—前 230）有着“希腊化时期的哥白尼”的美称，他唯一传世的作品是《太阳、月球的大小和距离》。他最早试图测量日月与地球距离之比，以及日月与地球大小之比。他最早提出了“日心说”。

希腊科学家利用早期的记录，创编和改良了许多观测仪器，并进行了大量天文观测，在西方第一个编制了包括近 850 颗星的巨大星表。当时著名的天文学家喜帕恰斯在进行了大量科学观测和推算后，得出大量有价值的天文成果，他的主要著作《天文大全》是哥白尼以前的天文学百科全书。

3. 数学

古希腊人把古埃及人从测量土地和建造金字塔的长期实践中总结出来的一些不证自明的经验规律称为公理。比如：等腰三角形两底角相等；两个三角形的两角和它们所夹的边对应相等，则两个三角形全等；圆被任一直径平分，半圆内的圆周角是直角；等等。毕达哥拉斯和他的弟子对数学都有所发展，发现证明了著名的勾股定理。事实上，古埃及人已经知道，当一个三角形的边长分别为 3、4 和 5 的时候，一定有一个直角边存在。但是毕达哥拉斯学派的这个发现却把古埃及人的经验上升到定理的高度。把数从形中抽象出来，这是人类思维的一个巨大进步。

---

① 李约瑟．中华科学文明史．罗南，改编；上海交通大学科学史系，译．上海：上海人民出版社，2010：427.

② 同①429.

③ 同①430.

泰勒斯在数学方面划时代的重大贡献是引入了他的命题证明的思想。这一思想打破了以往认识知识从经验出发的传统，认识知识开始从经验上升到理论，这是数学史上的一次重大的飞跃，在数学中引入了逻辑证明，赋予了数学命题强大的说服力，也使数学成为一个严密的科学体系，为数学后来的发展提供了指导。

在古希腊的后期，当时的形势表明，把几何学形成一个系统而全面的知识系统已经是大势所趋。当时的学术中心已经转入了亚历山大城，此时著名的数学家欧几里得（Euclid，前330—前275）实现了一个巨大的成就——编写了古希腊时期数学上的百科全书，也是他的代表作，即《几何原本》，这也标志着欧几里得几何学的形成。《几何原本》共13卷，系统阐明了关于圆锥曲线的几何学知识，并把各种定理、命题和论证按照逻辑顺序加以排列，使初等几何学知识形成一个严谨的学科体系，它是用公理方法建立起演绎数学体系的杰出代表。直到此时，几何学第一次实现了它的理论化和系统化。欧几里得使几何学逐渐成为一门独立完整的学科，推动了人类数学史的进步。直到19世纪，《几何原本》仍然是欧洲数学的基本教材，可见它的影响力是多么巨大。

阿基米德

阿基米德（Archimedes，前287—前212）在数学方面也有很多论著，《论球和圆柱》《圆的度量》等等都是他最重要的论文。他使用"穷竭法"（逐步近似求极限的方法）求出球体和圆柱体的体积、表面积和周长。他还把圆周率精确到3.140 845 1～3.142 857 1，当时已经是西方世界对圆周率最精确的计算结果。

古希腊微积分思想的萌芽表现在阿基里斯与龟赛跑的故事。巴门尼德（Parmenides，前515—前5世纪中叶以后）和芝诺（Zeno，前490—前425）提出阿基里斯与乌龟赛跑、飞矢不动、二人论法等有关时空和数的悖论，包含着微积分思想的最早萌芽。亚历山大时期的另一个著名的数学家是阿波罗尼乌斯，他把欧几里得及其前人关于圆锥曲线的知识搜集起来加以总结提高，著有八本《圆锥曲线论》，从而把几何学大大推进了一步。阿波罗尼乌斯的圆锥曲线论，对以后的开普勒和牛顿有很大帮助。他的理论是微积分思想的来源之一。

4. 生物和医学

阿那克西曼德提出了最早的生物进化思想，他说："生物是从太阳所蒸发的湿的元素里产生的。人是从另一种动物产生的，实际上就是从鱼产生的，人在最初的时候很像鱼。"①

据说阿尔克芒（Alcmaeon，前6世纪—前5世纪）是最早从事人体解剖的科学家，他发现了视觉神经，认识到大脑是思维的器官。

古希腊早期的哲学家在生物学方面做出最大贡献的哲学家是亚里士多德，他是将生物学分门别类的第一人。亚里士多德将生物学建立在观察基础上，从而成为科学生物学的开拓者。他提出应以动物出生体的成熟程度作为分类的重要标准，并尽可能多地考察足以进行区别的特性，对生物进行了初步分类。他创造了"生物阶梯学说"，认为动物的繁殖有三种主要形式：一是自然发生，例如蚊子和虱子等；二是无性繁殖，例如贝壳、海星等；三是有性生殖，例如狗、猫等。他重视观察和解剖各种动物，从植物到动物再到人，依次作了11级分类，愈向上

① 北京大学哲学系外国哲学史教研室．古希腊罗马哲学．北京：商务印书馆，1961：10.

其完善程度越高。他综合了许多动物的构造，并注意到某些动物身体构造之间的联系。他还认识到动物之所以要呼吸是为了使空气与血液接触，但错误地认为这使血液冷却。他考察了小鸡和其他动物胚胎的发育过程，认识到鲸鱼是胎生，这一见解到近百年才被人们重新认识。

亚里士多德的学生狄奥弗拉斯图（Theophrastos，约前372—约前287）继承了老师的生物学研究方法，将其应用于植物的描述和分类。他倡导科学要和工艺结合，认为科学应参考手工艺的方式来进行研究，在自然过程和人工过程之间寻找类似之处。狄奥弗拉斯图之后的继承人斯特拉图接替主持亚里士多德创建的卢克昂学院，他不仅观察自然，还对自然进行实验，如用实验证明抽空的容器会吸进水，从而把观察和实验方法从生物学领域推广到其他自然现象的研究中去。

公元前5世纪至公元前4世纪，爱奥尼亚学派的希波克拉底（Hippocrates，前460—前377）的医学著作，是希腊最早的医学文献。在这些著作中，可以看到初步的解剖学和生理知识。这个学派注重实际观察，对许多疾病进行描述，并提出了适当的治疗方法，他们注意到环境与健康的关系，地域、气候对人体的影响，并把疾病看做一种要服从自然法则的过程，把医学看做一种技术，强调用观察和实验方法研究疾病，因而把医学从古代巫术迷信中解放出来。他提出人体有四种体液——黑胆汁、红血液、黄胆汁和白黏液，人体健康与否取决于这四种体液是否调和。著名的“希波克拉底誓言”规定了医生的职业道德，至今仍然是国际医学界的道德准则。希波克拉底时期是希腊医学发展的第一个高潮。早期的医学成就，就是以希波克拉底为代表的一个伟大的理性医疗学派，把医学从迷信中解放出来，以真正科学的态度从事医学研究和医疗行为，把人类以往的医疗知识系统化，并提出新的观念和理论，为欧洲医学奠定了基础。

5. 物理和光学

在物理学方面，第一个对物理现象进行深入系统研究的人是亚里士多德，他对物体运动的时间和空间作出了系统的探索和研究，“他把物体的一切变化称为运动，主要研究了物体空间位置的移动”。他还提出了自然运动和非自然运动的概念以及“自然界没有虚空”的假设，他的这些认识，是绝对空间和绝对运动的出发点。

阿基米德的力学是古希腊时期的又一著名科学成就。阿基米德对静力学研究做出了很大的贡献。他在科学研究中把数学、自然科学和工程技术有机地结合起来。他以实验为依据，运用数学方法和演绎推导，以精密的定量公式提出杠杆原理和浮力原理。他首先推出密度、比重、质量中心、力的平衡和液体压力等概念，推翻了前人关于物体的质量同它的体积成比例的错误观念。值得提出的是，他用静力学方法求出几何图形的面积、体积，借助求几何图形的面积去求物体重心。阿基米德解决“王冠之谜”的故事，至今脍炙人口。

古希腊时期声学也有一定的成就，对古罗马时期庞大的建筑发展起到了一定的推动作用。

在光学方面，系统提出欧几里得几何学的欧几里得写了一本出色的书。他说，物体之所以能被看见，是因为眼睛发出的光射到了物体上。但后来证明，情况正相反，人们逐渐认识到，光线是独立于眼睛而单独存在的东西，是由于光线进入眼睛刺激了视网膜，东西才被看见了。

二、实用而实际的罗马人

罗马人继承了希腊的文明，但是与希腊人也有所不同：希腊人更加喜爱探究事物的本原（抽象的本质或“形式”），而罗马人更多出于实用的目的才对科学感兴趣。“罗马人似乎只是为了完成医学、农业、建筑或工程方面的实际工作，才对科学关心。他们使用知识之流，而不培其源——为了学术而学术的源泉，结果，不到几代，源与流就一起枯竭了。”[①] 因此，与希腊人相比，罗马人在科学上的成果无论从科学家的数量上，还是从著作的数量上，都稍逊一筹。

（一）科学集大成者托勒密[②]

1. 数学

托勒密论证了四边形的特性，即有名的托勒密定理。圆的内接四边形 ABCD 的边长满足如下关系：AB·CD+AD·BC=AC·BD，即两组对边乘积的和等于对角线的乘积。

托勒密

2. 光学

托勒密对光学也作过研究，认为光线在折射时入射角与折射角成正比关系。

3. 地理学

托勒密在地理学上有出色的成就。他的重要著作《地理学指南》（8 卷）主要论述地球的形状、大小、经纬度的测定，以及地图的投影方法，是古希腊有关数理地理知识的总结。他制造了供测量经纬度用的类似中国浑天仪的仪器和角距仪；测算出月球到地球的平均距离 29.5 倍于地球直径，这个数值在古代是相当精确的。托勒密对世界的情况比他的前辈熟悉得多，埃拉托色尼的地图东面只到印度的恒河为止，但是他知道有马来半岛和“蚕丝之国”——中国。

4. 制图学

在 2 世纪时，托勒密依据从丝绸商迈厄斯·蒂蒂阿努斯的代理人那里获得的信息，对里海和中国之间的国家做出了清楚的描述，因为从公元前 5 世纪到公元 2 世纪，希腊人对中国的了

① 丹皮尔．科学史：及其与哲学和宗教的关系．李珩，译．北京：商务印书馆，1975：98-99.

② 托勒密的精确生卒年已无法详考，通常推断为公元 100—170 年之间，很可能终生都在埃及的亚历山大城生活和工作。该城当时早已在罗马帝国统治下，但仍是希腊文化的重镇。因此学术界对托勒密是希腊人还是罗马人的判断有分歧：如果仅从政治权力的转移和继承着眼，托勒密可以算作罗马帝国时代的人物；然而从文化的演进着眼，则托勒密无疑仍是希腊化时代的人物。西方著作把他或归入希腊时代，或归入罗马时代。本书在此采用托勒密是罗马人的观点。

解逐渐增多。①

托勒密所描绘的世界地图，收录于他的巨著《地理学指南》的第八卷中。遗憾的是，他所绘制的地图无一传世，因为保存至今的也只有这本著作的复制品，并且书中没有附图。但是由于书中收录了8 000个左右的地名和经纬坐标，后世的人可以依据文字记载还原出地图。这幅地图的意义重大，是西方历史上第一次将古代中国标于地图之上。由于时代的局限，这幅世界地图中有许多“错误”，诸如把斯里兰卡画得比整个印度次大陆还大，印度洋被画成一个封闭的内海等，但是瑕不掩瑜，它对后世制图学的影响仍然是巨大的。

现代学者的详细研究表明，哥伦布（Columbus，1451—1506）在开始他那改变人类历史的远航之前，至少曾细心阅读过 5 本书，其中之一就是托勒密的《地理学指南》，而其余 4 本与此不是同类著作，因此可知哥伦布的地理思想主要来自托勒密。哥伦布相信通过一条较短的渡海航线，就可以到达亚洲大陆的东海岸，结果他在他设想的亚洲东岸位置上发现了美洲新大陆——尽管他本人直到去世时仍认为他发现的正是托勒密地图上所绘的亚洲大陆。

5. 天文学

托勒密也是著名天文学家，他提出的托勒密体系曾主导欧洲天文学 1 300 多年之久。

托勒密的重要著作《大综合论》（《天文学大成》），共计 13 卷，用古希腊文写成，在 827 年译为阿拉伯文，它的阿拉伯文译本名称为《至大论》。《大综合论》概括了古希腊时代天文学的全部成就，尤其是总结了亚历山大学派天文学家的成就，以及喜帕恰斯的发现和阿波罗尼乌斯等几何学家的理论体系。

《大综合论》是天文学的百科全书，内容极为丰富。在第 13 卷中，托勒密阐释了“地心说”的理论。托勒密认为大陆为球形，“地球在世界的中央，所有的重物都朝着它运动”②，而球形的大陆本身则是静止不动的。局限于当时的客观条件，这种说法与人们的直观感觉相一致，因此被当作科学常识来传播。同时因为“地心说”的提出与基督教《圣经》中关于天堂、人间、地狱的说法刚好互相吻合，处于统治地位的教廷便竭力支持“地心说”，把“地心说”和上帝创造世界融为一体。因而“地心说”被教会奉为和《圣经》一样的经典，长期居于统治地位。

（二）其他部类的科学成就

1. 农学

罗马的农业科学非常发达，知名的农学家有三位。

老加图（Cato Maior，前 234—前 149）出身富裕农民家庭。他是罗马第一位农学家，同时也是出色的政治家、演说家和历史学家。他唯一传世的著作是《论农业》（*De Agriculture*），这本书是罗马第一部农业专著。在书中，老加图总结了生产经验，同时也提供了关于经济、日常生活以及风土人情方面的诸多资料。

① 李约瑟．中华科学文明史．罗南，改编；上海交通大学科学史系，译．上海：上海人民出版社，2010：53－54．

② 朱庭光．外国历史大事集：古代部分．重庆：重庆出版社，1986：380．

瓦罗（前 116—前 27）是一位百科全书式的学者，一生著作 74 种共 620 卷。他在晚年完成了对话体的农业专著《论农业》（*Rerom Rusticarum*），该书是对罗马农业科技成果的总结，反映了公元前 50 年前后的农业状况，对农业问题有着独到见解。

科路美拉（Lucius Junius Moderatus Columella），是一位罗马化的西班牙人。他写成 12 卷本的《论农业》（*De Re Rustica*），涉及农牧业生产技术和管理经验，同时也论述了当时社会的经济关系。

2. 医学

奥古斯都时代，罗马建立了第一所希腊医学校。古罗马人也曾进行过脑部手术的实践。

罗马最著名的、对后世影响很大的医学代表人物是盖伦。盖伦（Claudius Galenus，129—199）对解剖学、生物学、病理学、治疗学、药学均有研究，著述颇丰。据说他的著作有上百部，现存世 80 多部（篇），比较著名的有《解剖过程》《身体各部分的机能》等等。在书中，盖伦对人体结构做出了比较科学的分析。他把古希腊的解剖学与其他医学知识加以系统化，将人的神经区分为运动神经、感觉神经和混合神经三种。他还提出“三灵魂说”，认为“生长灵魂”为一切生物所共有，“感觉灵魂”为一切动物所共有，而“理性灵魂”则为人类所特有。“三灵魂说”也称“三灵气说”（分别指自然灵气、活力灵气和灵魂灵气），这是最早的关于人体的理论，曾经支配西方医学界长达 1 500 年之久。

3. 地理学

到公元前 2 世纪，罗马的地理学开始兴起，而且最早论及地理学知识的是希腊籍波利比乌斯（Polybius，前 203—前 121）的《历史》。这部著作不仅阐述了普通地理学的概念，同时也对意大利、高卢和西班牙各区的地理特征作了详细的论述。①

继波利比乌斯之后，罗马较有名的地理学家为阿尔提米多鲁斯，他写成了一部 11 卷的巨著，名为《有人居住世界的地理学》，可惜这部著作已经失传，只有一个节本保留下来。

老普林尼的《自然史》中的地理学部分是地理学发展成就的忠实记录，是研究古希腊罗马地理学的一个得天独厚的基础条件。在这本 37 卷的著作中，第 2 卷至第 6 卷讲的就是自然地理和历史地理。

当时影响比较大的还有斯特拉波（Strabo，约前 64—公元 23），他出身于本都地区阿马西亚城的一个贵族家庭，从小受到良好的文化教育。他游历了埃及许多城市，晚年，他返回罗马，完成了《地理学》一书的编纂工作。斯特拉波认为大地是一个球形状，固定在宇宙的中央；他还将天文气候同地方条件决定的自然气候相区别，认为地理条件不同，造成了位于同一纬度的各个地方气候的复杂性。他的这些论述对于文艺复兴及以后的地理学发展有很大的影响。

4. 百科全书

老普林尼（Gaius Plinius Secundus，23—79）被称为百科全书式的作家，他一生勤奋写作，留下笔记有 160 卷之多，其中最为著名的是《自然史》一书。该书囊括了当时几乎所有的知识，记录了天文地理、生物医药、绘画雕刻、动物植物等各个领域的近 2 万种事物，摘引、参

---

① 杨共乐，陈凤姑．探索古文明书系：探索古罗马文明．西安：太白文艺出版社，2012：85.

考的古代文献高达2 000多种。

三、理论和实践并重

在西方的科学研究中，理论与实践是并重的。文艺复兴以来培根等人采取的实验方法被称为科学研究的主要方式，在此基础上发展出了独立的自然科学学科。但是，古希腊罗马的科学早就有这样把理论与实践相联系的悠久而良好的传统。

在认识论层面，西方科学重视理论体系的构建，以哲学认识论作为科学研究的指导原则。早在古希腊人的哲学中已经有了科学理论的内容，为后世研究打下了坚实的基础，成为很多近代科学的始祖，例如毕达哥拉斯学派的数学、希波克拉底的医学、托勒密的地理学、亚里士多德的自然科学研究等等。

在方法论层面，西方科学追求用实验科学、数学等方法发展出严密的学科分类。古希腊罗马时代的科学研究是以直观的观察和猜测为主要形式的，加上形式逻辑的演绎。例如泰勒斯提出世界本原是水的论断，依靠的是对水的三种形态的直接观察，再用直觉加以猜测。但是古希腊罗马的科学家同时也采取实验的方法进行研究。从亚里士多德时代开始了学科分类的实践，文艺复兴后推广了实验方法。在力学上做出突出贡献的阿基米德不仅对数学和力学的贡献惊人，还把实验和逻辑论证结合在一起进行科学研究，具有划时代的重大意义。

理论结合实践最好的反映就是应用科学的发展。在应用科学方面做出贡献的除阿基米德外，还有埃拉托色尼和希罗等工程学派。埃拉托色尼是世界上第一个应用几何方法测定地球半径的人，还对亚历山大城的一个柱影进行测量，表明光线偏离了垂直方向7°2′，由于阳光近似平行直射地面，由此得知地球是一曲面。当时他认为亚历山大城和赛尼城两地位于同一条子午线上，而两地距离根据商队旅行可知，于是他利用几何方法测得地球半径长度近似于6 200千米，并测得地球圆周长为39 360千米。这两个数值同我们现在测定的结果极其近似（地球半径约为6 378千米，地球圆周长约为40 076千米）。①

现代工程学起源于亚历山大工程学派。这个学派据说是由一位理发师的儿子克达西布斯（前285—前222）创立的。他曾发明柱塞式手压水泵、水风琴、水钟等。希罗是一位数学家、物理学家，也是一位著名的机械发明家。希罗和拜占庭的斐洛主要研究三个工程项目：军事工程、科学仪器和机械玩具。罗马帝国极盛时期，土木工程十分发达。道路建筑为第一大工程，“条条道路通罗马”就是从古罗马发达的道路交通流传下来的。第二大工程是罗马引水道。第三大工程是罗马娱乐和公共工程。罗马著名工程师维特鲁威的《论建筑》是一部有价值的土木工程学著作。

把自然作为设计者的观念在希腊和罗马的思想中并不陌生，在亚里士多德的《物理学》中甚至很显著。自然完成一项设计，正像一位人类建筑师建造一栋房屋，或者一名兵器制造者制作一面盾牌一样，是有目的地完成一项计划。因为自然的工作和人类的工作都可以被当作技能，这就有进行详细比较的基础。因此可以说，对希腊人来说，技巧（这里是指技能或技术）是效仿自然。人类技术可以帮助、完善或修正自然，像在农业中一样，或者可以直截了当地模

---

① 贝尔纳．历史上的科学．北京：科学出版社，1959.

仿自然，像人类纺织者模仿蜘蛛的工作一样。①

第二节 神学阴影下成长的中世纪科学

【本节关键词】

神学与科学　基督教化　地心说　中世纪科学成就　阿拉伯人的科学贡献

要讨论中世纪的科学，“首先需要驳斥数百年来诋毁中世纪科学的人所持有的那种根深蒂固的观点，他们把中世纪看成一个在科学上长期无知和迷信的时期。这种观点得到了大量学术支持（但产生了严重误导）”②。一般人会简单地认为基督教神学压制、迫害了科学的发展，实际上在欧洲内部，神学和科学的关系非常复杂。

一方面，随着西罗马帝国的衰落，以人文精神为特征的古典文化跌入低谷，以神为中心的基督教文化取而代之。恩格斯指出，日耳曼民族的欧洲是从粗野的原始状态发展而来的。“它把古代文明、古代哲学、政治和法律一扫而光，以便一切都从头做起。它从没落了的古代世界承受下来的唯一事物就是基督教和一些残破不全而且失掉文明的城市。”③“古代留传下欧几里得几何学和托勒密太阳系，阿拉伯人留传下十进位制、代数学的发端、现代的数字和炼金术，基督教的中世纪什么也没留下。”④ 西欧在政治上处于分散状态，各国的中央政权软弱无力，根本无法控制地方势力。与此形成鲜明对照的是，基督教成为人们的精神支柱，教会发展成势力强大的跨国组织，成为名副其实的实权派。因此罗马天主教会利用其至高无上的地位和权势，使科学、哲学、文学和艺术都成为基督教神学的附庸和婢女。

另一方面，从古希腊罗马时代流传下来的理性观念与宗教神学同时发展，科学与神学有一致性的一面。托马斯·阿奎那创造性地集合了亚里士多德和其他希腊科学家的学术思想，使其适合中世纪基督教的思想，构成了介于两大思想体系之间的体系，为中世纪的“经院哲学”提供了完备的理论支撑。他的思想主要体现在两本著作之中：《神学大全》和《箴俗哲学大全》。

一、基督教对科学的迫害

（一）对知识和科学家的压迫

基督教会垄断文化，禁锢思想，正如教皇格里高利一世在《对话录》中讲到的一样，“不

① 夏平．科学革命：批判性的综合．徐国强，袁江洋，孙小淳，译．上海：上海科技教育出版社，2004：30.
② 林德伯格．西方科学的起源．2版．张卜天，译．长沙：湖南科学技术出版社，2013：395.
③ 马克思恩格斯全集：第7卷．北京：人民出版社，1961：400.
④ 马克思恩格斯全集：第20卷．北京：人民出版社，1971：363.

学无识乃信仰虔诚之母”。在教会竭力推行蒙昧主义的“黑暗时代”，“当时社会上只有神职人员能够读书和写字，能够以拉丁文写作，而普通无知的贱民只会说而已”①。文化教育被垄断在教会和修道院手中。为了达到使人“只知道一种意识形态，即宗教和神学”② 的目的，早在公元 391 年，罗马皇帝狄奥多西就曾下令禁止一切异教，禁止学习数学、天文学等知识。在当时的教会学校里，算术、几何、天文和音乐成为“四艺”，用来观察日月星辰的运转，确定时间节令，推算宗教纪念日，编纂圣歌和祈祷词，谱写圣歌的乐谱。

教会把古代科学知识视为“异端邪说”，大量损毁古代建筑、雕刻和文化典籍。这一时期，传授科学知识和科学活动的场所尽遭破坏，科学遭到有史以来最严重的打击。著名的柏拉图学园在公元 529 年被东罗马皇帝查士丁尼下令封闭，雅典的所有学校被关闭，希腊学术藏书最多的塞拉皮斯神庙也被拆毁。教皇格里高利一世曾下令焚毁图书馆，僧侣们则刮去古代羊皮纸手稿上的字迹，使得珍贵古籍散佚失传。公元 604 年，著名的亚历山大图书馆也被毁灭。中世纪晚期，亚里士多德的大量著作和阿拉伯文化的翻译和引进，在西欧起了石破天惊、振聋发聩的作用。知识的传播引起教会的恐惧和反对，1209 年的巴黎宗教会议作出了一个决定：任何人不得转录、阅读或以某种形式保存亚里士多德的著作，违者革除教籍。③

对待科学家，教会是不折不扣的刽子手。公元 415 年，希腊著名女科学家，也是世界上第一位女性数学家、天文学家希帕蒂娅（Hypatia，370？—415）因为传播科学知识而被袭击，最后被残忍地烧死。1231 年，教皇格里高利九世设立“宗教裁判所”，这个宗教法庭被用来审判科学的信仰者。凡是被控告为异端的人，将受到严刑拷打和秘密审判。1327 年，意大利科学家阿斯科里因为坚持古希腊科学家的观点，认为地球是圆形的，被判处火刑。布鲁诺（Giordano Bruno，1548—1600），意大利思想家、自然科学家、哲学家和文学家。他勇敢地捍卫和发展了哥白尼的太阳中心说，并把它传遍欧洲，被世人誉为反教会、反经院哲学的无畏战士，是捍卫真理的殉道者。由于批判经院哲学和神学，反对地心说，宣传日心说和宇宙观、宗教哲学，1592 年布鲁诺被捕入狱，最后被宗教裁判所判为“异端”烧死在罗马鲜花广场。1611 年，一个主教说，天上的彩虹是水滴反射太阳光的自然现象，最后被开除教籍并被关入牢房。巴塞罗那“异端裁判所”的托奎马达是臭名昭著的杀人机器，据说平均每天都要烧死一个“异教徒”，在他一生中一共有一万多人死于火刑。据不完全统计，从 1483 年以后 300 多年的时间里，被判处为“异端分子”的达 38 万多人，被处以火刑者达 10 万余人。

（二）科学水平的倒退

在托勒密时代之后，公元 300 年至 1300 年前后（中世纪），罗马成为西方世界的政治文化中心，宗教力量主导了政治和社会发展，神话代替了科学，欧洲文化进入了大中断时期。欧洲在制图方面倒退得如此厉害，以至令人难以相信，地图科学进入了一个漫长的黑暗时代。科学制图学几乎完全被宗教寰宇观的制图传统取代。地图不再是反映地球的地理表象，而是成为神学著作中的插图。所有用坐标的尝试都被抛弃了，世界被绘成一个圆盘，耶路撒冷在大圆盘的

---

① 哈伊．意大利文艺复兴的历史背景．李玉成，译．北京：三联书店，1988：39.

② 马克思恩格斯全集：第 21 卷．北京：人民出版社，1965：328.

③ 特拉赫坦贝尔．西欧中世纪哲学史纲．于汤山，译．上海：上海人民出版社，1960：99.

中心，圆的南部一横分别是尼罗河与顿河，中间一竖为地中海，构成丁字形水体，分隔亚、欧、非三个大陆。在大陆上杂乱无章地分布着河流和山脉。这类地图（或者用中世纪的术语称为“寰宇图”）为数并不少。这种状况一直延续到15世纪。

柯斯马斯·印第柯普勒斯特在公元535—547年间写成的《基督教徒地志》是一部引人争议的著作，作者的意图是要揭露“希腊人在地理学上的邪说和愚昧”。这本书的重要性在于，人们从中可以找到基督教统治下的欧洲在神甫们的影响下彻底抛弃希腊人在定量制图学方面全部成就的真正原因。①

二、神学同科学的合作以及中世纪科学家的成就

基督教同科学的关系并非总是水火不容的，在某种情况下，科学的发展还有赖于宗教的支持和帮助。基督教诞生于近东，它的摇篮靠近它的先辈犹太教的摇篮，并且距它的后裔伊斯兰教的摇篮不十分远。然而，圣保罗把基督教带到西方，它主要是作为西方宗教发展起来的。科学是靠宗教的翅膀而被带到了世界各处。②

基督教鼓励人们研究自然。因为世界是上帝创造的，所以研究自然就是研究上帝。“上帝的一个创造物会脱离天命的轨道而存在，一块石头会不为这造物主所知晓、未经他运筹而坠落，这是不能容忍的思想。……上至无上的苍穹，下至最低的土地，实现上帝的意志，顺应天意的渴望，是驱动世界运行的宇宙力量。”③ 中世纪以来，亚里士多德自然哲学就一直在经院哲学中发生“基督教化”，经过长时期的改造，一些“异教”观点与基督教教义之间原先可能存在的种种不协调已经被消除、调和或者悬置一旁。罗马天主教会不仅学会与古希腊和罗马的各种哲学共存，还积极地对其中一些加以改造，融入在它看来与《圣经》和各种教会学说相容的信仰体系中。基督教的各种制度是与传统的，特别是那些与亚里士多德、盖伦、托勒密相关的自然知识体系一同进化的。这意味着，对传统自然哲学的任何系统的挑战都可能被当作是对基督教自身原理的攻击。④ 人们在10世纪之后逐渐发现，知识实际是由两部分组成的：神启知识由《圣经》提供，以信仰为基础；世俗知识来源于研究自然界的成果，以理性为基础。既然世界是上帝创造的，那么搞清楚世界的结构和种种奥秘，可以看作是对上帝的赞美，因此教徒们也有比较充分的理由对自然进行研究。“人们必须研究上帝的创造物以便更好地理解上帝本身。”⑤ “设想一个人宗教色彩很浓，如果自然与上帝没有联系，那么就没有去研究它的动机。另一方面，如果自然的确与上帝有某些联系，那么就有着去研究自然的极好理由，因为这有助于深入研究自然的上帝的性质。”⑥

基督教坚信上帝创造世界，同时创造的方法遵循一定的法则，因此世界是一个和谐统一又

---

① 李约瑟．中华科学文明史．罗南，改编；上海交通大学科学史系，译．上海：上海人民出版社，2010：431.

② 钮卫星，江晓原．科学史读本．上海：上海交通大学出版社，2008：115.

③ 沃克迈斯特．科学的哲学．李德容，等译．北京：商务印书馆，1996：2-3.

④ 夏平．科学革命：批判性的综合．徐国强，袁江洋，孙小淳，译．上海：上海科技教育出版社，2004：133-134.

⑤ 杜布斯．文艺复兴时期的人与自然．陆建华，刘源，译．杭州：浙江人民出版社，1988：175.

⑥ 麦克格拉思．科学与宗教引论．王毅，译．上海：上海人民出版社，2000：61-62.

完美有序的整体。人们探寻上帝创造世界的方法的过程，就是探索自然的科学之旅。“经院哲学的代表人物采取了解释的态度；创造性的实验研究是与他们的观念不相合的。可是他们理性的唯知主义，不但保持了而且还加强了逻辑分析的精神，他们关于神与世界是人可以了解的假设，也使得聪明才智之士产生了一种即使是不自觉的也是十分可贵的信心，即相信自然界是有规律的和一致的，没有这种信心，就不会有人去进行科学研究了。”①

文艺复兴之前的大学都是教会开办的，包括日后著名的牛津大学、剑桥大学和巴黎大学等。早期的中世纪大学一般分为艺学院、神学院、法学院和医学院四个部分，其中艺学院是所有学生都必须通过的本科。只有获得艺学院的学士学位之后，学生才能开始学习神学、法学或医学。艺学院传授一切学生必需的世俗知识，这些知识与非基督教的古代文化有着天然联系。教会学校也一定程度上保留了一些课程，例如自然课也是必修课，为科学延续保存了火种。而且随着时代的进步，这些学校也被迫进行了一些改变：1209 年对亚里士多德著作的禁令被打破；1255 年，巴黎大学公然正式把亚里士多德的著作列为必读书目。社会思潮势不可挡，教会不得不变换策略，以顺应潮流。在开设的课程中，亚里士多德的著作占据了课程的中心位置。文学系的课程中，包含亚里士多德的《物理学》《论动物》《论生命的生殖与死亡》。尤其是在巴黎大学为教皇所禁止的自然哲学以及法律系中的市民法，在牛津大学可以不受约束地进行传授和研究。较之教皇控制严格和宗教神学色彩浓厚的巴黎大学而言，牛津大学在一定程度上能够摆脱教皇的直接控制，享受某种学术自由。这些学校在培养神职人员的同时，也培养了大量的“自然科学工作者”，他们中很多都是著名的科学家——培根、哥白尼和伽利略等等。

科学家们并没有停止求知的步伐，尽管中世纪整体上并没有为科学提供繁荣生长所需的沃土，但是他们还是取得了相当的成就。第一个提出“实验科学”概念的罗吉尔·培根（Roger Bacon，1214—1292）就是最重要的一位代表。他出生于英国，是牛津大学第一任校长。培根于 1236 年到巴黎大学任教，是第一批讲授被禁止的亚里士多德的《物理学》和《形而上学》的教师，因此他成为亚里士多德著作的著名评注者。因为受到教会的迫害，他的后半生大部分时间是在囚禁中度过的。培根著述很多，主要著作有《大著作》《小著作》《第三著作》等。同时，他在科学的各个领域也建树颇多：他不仅以“证明科学”的体系和方法阐释神学，而且以“实用科学”的精神全盘改造经院哲学；他对数学持有卓见，认识到数学是教育和科学的基础；他主张地球是圆的，而且估计了地球的大小，提出了环球航行的设想，哥伦布曾受到这一思想的影响；他还叙述了许多机械发明，并讨论了地理知识。他对科学的实用价值充满信心和激情，他写道：“可以制造出不用划船人的航运机器，这样最大的船只可以航行于河上或海上，只需一人管理，其速度超过满船都是水手的船只……同样地可以制造出飞行机器，一人坐在机器当中转动引擎，人工制造的机翼就会如飞的翅膀一样拍动空气。一个小小的机器也可以使人在河中、海中穿行，直至水底而不会发生危险。”②

中世纪的科学家们在不同科学领域中取得了杰出的成就。

（一）数学

意大利的斐波那契（Fibonacci，约 1175 — 1250）引进了希腊、阿拉伯和印度的数学知识，

---

① 丹皮尔．科学史：及其与哲学和宗教的关系．李珩，译．北京：商务印书馆，1975：153.

② 佩里．西方文明史．胡万里，等译．北京：商务印书馆，1993：335.

著有《计算之书》《几何实践》《平方数学》等著作。他系统地陈述了怎样解一次、二次确定或不确定方程，并深入研究了无理数。他还发明了斐波那契数列，又称黄金分割数列，指的是这样一个数列：0、1、1、2、3、5、8、13、21……这个数列从第三项开始，每一项都等于前两项之和。

法国的奥里斯姆（Oresme，约 1320—1382）则引入了分数、指数的记法和算法，还用类似坐标变化的几何方法来研究力学运动规律。

斯蒂文（Simon Steven，1548—1620）是荷兰数学家。他曾经是一名会计。在工作实践中，他发现利率为 10%的利息相对容易计算，因此在 1584 年制定并出版了一个利率为 5%～10%的利息表。一年后，他出版了《论十进》一书，虽然仅有 36 页，但是成为当时世界上第一本介绍小数及其计算方法的书。

（二）天文学

尼古拉·哥白尼［Nikolaj Kopernik（波兰语），Nicolaus Copernicus（拉丁语），1473—1543］是 15—16 世纪的波兰天文学家、数学家、教会法博士、牧师。哥白尼曾十分勤奋地钻研过托勒密的著作，看出了托勒密的错误结论和科学方法之间的矛盾，这是托勒密错误的根源，哥白尼由此终于找到了真理。经过长达 2 年的观察和计算，哥白尼完成了他的伟大著作《天体运行论》。他正确地论述了地球绕其轴心运转、月亮绕地球运转、地球和其他所有行星都绕太阳运转的事实。他观测计算所得数值的精确度是惊人的。例如，他得到恒星年的时间为 365 天 6 小时 9 分 40 秒，比精确值约多 30 秒，误差只有百万分之一。此外，哥白尼还描述了太阳、月球、三颗外行星（土星、木星和火星）和两颗内行星（金星、水星）的运动。1533 年，60 岁的哥白尼在罗马做了一系列的讲演，提出了他的学说的要点，并未遭到教皇的反对。但是他却害怕教会反对，甚至在他的书完稿后，还是迟迟不敢发表。直到他临近古稀之年才终于决定将它出版。

哥白尼的日心宇宙体系既然是时代的产物，就不能不受到时代的限制。反对神学的不彻底性，表现在哥白尼的某些观点上，所以他的体系是存在缺陷的。哥白尼所指的宇宙是局限在一个小的范围内的，具体来说，他的宇宙结构就是今天我们所熟知的太阳系，即以太阳为中心的天体系统。宇宙既然有它的中心，就必须有它的边界，哥白尼虽然否定了托勒密的“九重天”，却保留了一层恒星天，尽管他回避了宇宙是否有限这个问题，但实际上他相信恒星天球是宇宙的“外壳”，他仍然相信天体只能按照所谓完美的圆形轨道运动，所以哥白尼的宇宙体系仍然包含着不动的中心天体。但是作为近代自然科学的奠基人，哥白尼的历史功绩是伟大的。他确认地球不是宇宙的中心，而是行星之一，从而掀起了天文学上一场根本性的革命，是人类探求客观真理道路上的里程碑。哥白尼的伟大成就，不仅铺平了通向近代天文学的道路，而且开创了整个自然界科学向前迈进的新时代。从哥白尼时代起，脱离教会束缚的自然科学和哲学开始获得飞跃式发展。

意大利的伽利略（Galileo Galilei，1564—1642）被称为近代科学之父。在他之前，希腊哲学家亚里士多德的学说在学术界具有绝对权威，就连科学家也要以亚里士多德的书来衡量一件事情是否正确。伽利略反抗这种风潮，提出了以自己的观察和实验为基础进行判断的正确的科学方法。1590 年的一天，比萨大学讲师伽利略，在有名的比萨大学斜塔的七层阳台上（高 30

多米）把轻重不同的两个金属球同时抛下。[①] 实际上，1587 年曾有人证实，从二楼窗户同时下落的两个铅球是同时着地的。这个人就是荷兰的西蒙·斯蒂文。但是，伽利略并不知道这件事。伽利略进行公开实验的说法是在他晚年时的学生维维亚尼写的《伽利略传》（1654 年出版）中首次提到的，但这像是维维亚尼过于尊敬老师，有意无意地把别人的功绩算到了伽利略头上。[②]

1610 年年末到 1611 年年中的某个时刻，伽利略将新发明的望远镜瞄准太阳并观察位于太阳表面的黑子。伽利略报告说，黑子形状无规则，并且其数量和敏感程度也逐日变化。黑子的位置不固定，似乎是自西而东有规律地越过日盘。但是他没有确切宣称他知道黑子的构成。它们也许是太阳表面的物理特征，也许是类似于地球云朵的某种东西，也许“它们是从地球上升起并被太阳吸引的水蒸气”。不是伽利略对太阳黑子的观察，而是他对这些黑子的独特解释被广泛地看作是一项巨大的挑战，它挑战了从亚里士多德传承下来并被中世纪和文艺复兴时期的经院哲学家修正的传统自然哲学的基础。伽利略关于太阳黑子的观点，连同一堆其他的观察和理论，对亚里士多德学派关于天界物理和地上物理有着根本区别的观点提出了意义深远的质疑。在这个圈子里，天体的运行和天体都是完美的，按照这样的认识框架，太阳有黑子和瑕疵根本无法想象。[③]

伽利略的大量天文学和物理学研究为新的宇宙物理模式提供了可信性，然而，那个相当特殊的位置并不意味着特殊的德行。尽管人类及其地球环境被认为是犹太教与基督教所共有的上帝唯一创造，但相对于天界和天堂，地球和地上的生活被认为是苦难和堕落的，宇宙的实际中心是个地狱而已。[④]

1633 年，伽利略被传唤到了罗马宗教法庭。他的嫌疑是，他的《关于托勒密和哥白尼两大世界体系的对话》（简称《天文对话》）一书，虽然巧妙地作了掩饰，但实际上仍然是在宣传波兰天文学家哥白尼提倡的地动学说。

在此之前，人们大都相信天动学说，认为地球是宇宙的中心，一切天体都在围绕着地球转动。地动学说（正确的说法是太阳中心说）认为，太阳是宇宙的中心，地球和其他行星围绕着它转动。教会认为，地动说同《圣经》上的说法相矛盾，因此是错误、异常危险的想法。

1633 年 6 月，罗马的某修道院作出了判决，伽利略被判处无期徒刑。但是，伽利略并没有完全向教会屈服。他一直被监禁在私宅，最后双目失明。尽管如此，他仍于 1636 年完成了他最后的巨著《关于两门新科学的对话》，并于 1638 年在有出版自由的新教国家荷兰出版。这部巨著奠定了近代科学的基础，在历史上放射着不朽的光芒。

（三）力学

在力学方面，牛津的“梅登学院派”与巴黎的“冲力派”分别在运动学和动力学研究方面取得某些重要成就。14 世纪的“梅登学院派”重视对性质作量化之研究。他们不仅把光的亮

① 市场泰男．科学史上的九十九个谜．李耕新，译．太原：山西人民出版社，1980：1.

② 同①2.

③ 夏平．科学革命：批判性的综合．徐国强，袁江洋，孙小淳，译．上海：上海科技教育出版社，2004：15 - 17.

④ 同③21 - 22.

度、物体的热度等进行量化，还极端地试图把爱恨之类的性质也量化。该学派在定量研究力学运动性质时得出所谓“梅登均变速定理”，已接近近代力学中的有关公式。巴黎“冲力派”的工作更具重要意义。这是因为按亚里士多德的《物理学》，地上的无生命物体必须受到与物体相接触的推动力才能运动。而“冲力派”反对这种观点，用“倾向于物体自身运动”的观点取代了亚里士多德的强迫运动概念，从而接近了惯性原理。“冲力派”最著名的代表人物是巴黎大学校长布里丹（Buridan，1295—1358），他在一部质疑亚里士多德的《物理学》之著作中，用冲力理论解释了抛体物体和自由落体运动，并且用冲力理论统一解释天体运动，无视亚里士多德关于天上运动与地上运动存在原则差别之观点。由于当时教会对亚里士多德非常推崇，在那种历史条件下，对亚里士多德物理运动观点的批判，也就冲击着基督教神学的权威。在这一方面，巴黎“冲力派”的工作远远走在哥白尼前面。

三、阿拉伯人对中世纪科学的贡献

在讨论欧洲中世纪科学的历史的时候，阿拉伯人的贡献是不能忽略的。[①]

（一）对古代典籍的保护和传承

阿拉伯帝国的全盛时期在8世纪至11世纪。在这一时期，阿拉伯人建立了地跨欧亚非三大洲的大帝国。阿拉伯帝国版图上不但广布天文台，还有许多图书馆、出版和翻译中心。阿拉伯人的抄书（抄录古代文献）和翻译活动，对保存古代文献起了重大的作用。这些保存下来的，有被译为阿拉伯文的古代文献，后来又被翻译为拉丁文，成为近代欧洲文明起步的重要思想来源。

由于历史的原因，包括天灾人祸，很多古希腊罗马的典籍散佚了。少数流传下来的却又无人能读懂，这时对科学知识的传播作用巨大的就是中世纪的翻译家们了。由传统的观点来看，非常幸运的是，几乎所有中世纪的翻译家（不论是穆斯林、犹太教徒还是基督教徒），都有一种共同的品质——对内容的兴趣远远胜过形式。他们尊重翻译原文到迷信的程度，因此他们的翻译是逐字逐句的，好引经据典。这是十分真实的，在阿拉伯语的译文中可以轻易就看出希腊语风格，在拉丁语译文中可以轻易看出阿拉伯语风格。简单地说，如果随着时间的推移，在意外的灾难之后没有把手稿毁灭，由于中世纪翻译家们对口头和书面的传统忠实到盲从的地步，因而古代杰作就非常好地保存下来了。[②] 丹皮尔指出：“阿拉伯学派使古代希腊的学术记录得以保存下来，并且做出近代科学知识的最初贡献。”[③]

我们知道，中世纪的科学和哲学主要是用四种语言撰写的：希腊语、阿拉伯语、拉丁语和希伯来语。它们全都是重要的，但（至少在13世纪之前）没有一种比阿拉伯语更重要。因此阿拉伯文化和拉丁文化难解难分地混合在一起。这些古罗马天主教徒在阅读阿拉伯语保存下来

① 刘珺珺．科学社会学．上海：上海人民出版社，1990：112.

② 钮卫星，江晓原．科学史读本．上海：上海交通大学出版社，2008.

③ Dampier. A History of Science：and Its Relations with Philosophy and Religion. Cambridge：The Cambridge University Press，1961：95.

的古希腊科学著作的同时，也学习了阿拉伯语，同时也就从某种程度上承认了阿拉伯人的贡献和阿拉伯人的文化。萨顿不但正确地指出了阿拉伯人在沟通东西方文明、连接古代世界与当代发展中的巨大作用，而且明确指出阿拉伯文明（包括其科学的发展）本身就是西方文明的一个组成部分。①

（二）不同部类的科学成就

公元9世纪，阿拉伯帝国首先出现了以培养伊斯兰教僧侣为目的的高等学府，这就是埃兹哈尔寺院的僧侣学院。这座位于埃及的最古老的学府，肩负着传播科学、传播知识的神圣使命。

在不同的科学领域，阿拉伯科学家取得了丰硕成果。“要在一篇缩略的文章里汇集所有阿拉伯学者的丰功伟绩，简直是太难了。因为那需要很多卷本，否则不能涵盖。”②

1. 化学

阿拉伯化学家吉伯扩展了希腊人的物质是由土、气、火、水四元素构成的思想。他认为希腊人的四元素组合在一起构成了硫黄和水银。

2. 医学

艾卜白克尔或称拉齐（Rhazes，864—924），是巴格达最重要医院的主任医师。他制作了熟石膏并描述了如何使用铸型来把折断的骨头固定在恰当位置。

霍那因·本·艾萨克是一位医生，还是一位翻译家。他翻译了希腊医生希波克拉底的著作，并根据希波克拉底的理论来行医。

3. 天文

在天文学方面，阿拉伯人从古印度和古希腊人那里学到了许多知识。从公元9世纪起，他们在巴格达、大马士革、开罗等地建立了许多天文台，并研制了诸如象限仪、浑仪、日晷、星盘、地球仪等天文观测仪器。以阿尔·花剌子模、白塔尼（约858—929）、苏非（903—986）、比鲁尼（973—1048）、查尔卡利（1029—1087）等人为代表的阿拉伯天文学家们所取得的成就，代表了当时世界天文学的最高水平。如阿尔·花剌子模、白塔尼绘制过天文表，苏非绘制了星图《恒星图像》，比鲁尼曾提出地球绕太阳旋转、行星的轨道为椭圆的猜想，查尔卡利在研究水星运动时就曾取消了它的本轮，而把它的均轮改为椭圆形。现代许多行星的命名和天文学术语都源自阿拉伯人。③

4. 数学

人们使用的数字体系应当归功于阿尔·花剌子模（Al-Khwarizmi，约780—850）。他研究

---

① Sarton. Introduction to the History of Science. New York：Robert E. Krieger Pub. Co.，1952：27.

② 萨巴格．乌鸦也会记仇吗：以及其他科学奇闻．张大川，王书锋，译．上海：上海科技教育出版社，2011：267.

③ 周靖．科学技术概论．南京：南京大学出版社，2011：64.

了印度和希腊的文献，并在他的著作中使用了包括零在内的印度数字，这些著作后来被从阿拉伯语翻译成拉丁语。在大约 830 年，他撰写了一篇数学经典，后来翻译成拉丁文为《代数》。他的名字使我们有了“算法”这个词，英语单词“算法”（algorithm）一词就是来源于他的名字“al-Khwarizmi”。

三角学的建立是阿拉伯数学的另一个成就。阿尔·花剌子模运用了正弦函数，引入了正切函数。稍后的白塔尼引入了余切函数，还研究了球面三角。阿卜勒·维法（940—977）引入了正割与余割函数，提出了一些重要的三角函数公式。13 世纪的纳西尔丁（1201—1274）著有一本专门介绍三角学的著作《横截线原理书》，把三角学发展成一门独立学科。这部著作于 15 世纪传入欧洲，至此，欧洲人才把三角学看成是数学的一个分支。

5. 物理

在物理学方面，最杰出的阿拉伯物理学家是伊本·阿尔·黑森（Ibn Al-Haitham，约 965—1039?）。他的主要成就在光学方面。他使用球面和抛物面反光镜来研究球面像差、透镜的放大率和大气的折射。他用数学方法解决了几何光学问题。他的著作被罗吉尔·培根和开普勒翻译成拉丁语，对西方科学的发展产生了很大的影响。

四、对中世纪的判断

希腊的科学技术发展是有限的。究其原因，可以说主要是因为希腊科学没有作为独立的自然科学而发展，而是成为自然哲学，技术没有在实践领域与理论的合理主义相结合。自然科学越是向纯粹思维方向发展，对生产、实践领域的关心就越少；越是轻视技术，科学就越远离技术。古罗马社会延续了这一倾向。①

紧接其后的中世纪，不是一个黑暗的、没有思想的漫长时代，而是酝酿的时代。② 或许可以说，它培育了一种环境，使自然科学得以成长。③

关于中世纪的宗教传统与现代科学之间的关系，学界大多认为此时是科学停滞的黑暗世纪，例如烧死布鲁诺、审判伽利略以及《圣经》中的荒诞故事。进入 20 世纪特别是近年来，有的学者开始反思中世纪的宗教传统与科学革命之间的关系问题，认为中世纪并非像人们所想象的那样是科学停滞的黑暗世纪，其中不乏重要的科学成就及科学思想，有的学者甚至认为中世纪也是一个科学昌盛的时代。④

但是我们也不能矫枉过正，毕竟在中世纪神学还是占有统治地位，科学始终处于神学的阴影之下。丹皮尔认为，“中世纪”仍有其原来的意义——由古代学术衰落到文艺复兴时期学术兴起的 1 000 年，是人类从希腊科学文明和罗马统治的高峰跌落下来，再沿着现代知识的斜坡挣扎上去所经过的一个阴谷。正是在这个阴谷中，科学艰难地成长。

---

① 仓桥重史．技术社会学．王秋菊，陈凡，译．沈阳：辽宁人民出版社，2012：128.
② 钮卫星，江晓原．科学史读本．上海：上海交通大学出版社，2008：122.
③ 麦克格拉思．科学与宗教引论．王毅，译．上海：上海人民出版社，2000：2.
④ 安维复．科学哲学新进展：从证实到建构．上海：上海人民出版社，2012：13.

第三节
文艺复兴时期：近代科学观念的萌发

【本节关键词】

哥白尼　布鲁诺　日心说　伽利略　经典力学　牛顿　帕拉塞尔苏斯　近代科学成就

在文艺复兴时期，人文主义精神从意大利佛罗伦萨起航，遍及欧洲，不仅文学、绘画等门类蓬勃发展，更是在欧洲大地上开出了一朵朵科学之花，引发了一场前所未有的“科学革命”。恩格斯曾说：“这是一次人类从来没有经历过的最伟大的、进步的变革，是一个需要巨人而且产生了巨人——在思维能力、热情和性格方面，在多才多艺和学识渊博方面的巨人的时代。”①近代科学萌发于15世纪下半叶到17世纪初。之所以被称为近代科学，是因为它与中世纪以前的科学技术迥异，它最为突出的特点就是分门类、重实验。这场科学革命涉及天文学、数学、生理学与医学、地理学等诸多领域，一扫中世纪神学枷锁的束缚，使近代科学观念出现了真正意义上的萌芽，引起了人们的科学思想的启蒙，使西方科学实现了从中古到近代的过渡。

一、近代科学产生的条件和背景

经济基础决定上层建筑，随着欧洲社会生产力的发展，在意大利和地中海沿岸地带逐渐出现了手工工场，独立的手工业者逐渐丧失劳动资料的所有权，沦为雇佣工人，拥有资本的商人成为早期资本家。早期资本家在从事资本主义生产，实现剥削，赚取利润的同时，逐渐关注技术革新，提高生产效率、科学技术水平，从而不断发展。在文艺复兴时期，为了促进经济发展，提高国家防御能力，改善民生设施，促进国家稳定等，各国君主大多支持和倡导科学技术——修桥铺路、疏通河道、修筑城墙、开发矿藏、鼓励发明等，引发了专门科学的发展，而在大兴工程的同时，各国不仅招募本国的科学人才，同时还雇佣外籍技术力量，促进了各国各学科的交流融通。此外，文艺复兴时期的人文主义精神浇灌欧洲沃土，人们推崇古代科技著作，反对中世纪神学，倡导理性思维，开启科技之光，这种科学的精神不断激励自身对科学世界进行探索与发现。15世纪后在世界范围内掀起航海热潮：1487—1488年，葡萄牙航海家迪亚士抵达非洲最南端好望角；1492年，意大利航海家哥伦布抵达古巴、海地，发现新大陆；1498年，葡萄牙航海家达·伽马抵达印度；1519—1522年，麦哲伦等人完成了环球旅行……随着新航路的开辟，世界逐渐连成一个整体，极大地改变了各洲孤立分散的状态。航海技术的提高、航海家的实践，使得人们重视地理、水文、气象、地质、数学、力学方面的知识，有力

① 马克思恩格斯全集：第20卷．北京：人民出版社，1971：361.

地促进了科学研究朝着更广阔的领域发展。

二、天文学的伟大成就

波兰著名天文学家尼古拉·哥白尼醉心于天文学和数学的研究。在他生活的时代，托勒密的地心说仍然控制着天文学界的话语权，而经过托马斯·阿奎那肆意修改后的地心说更是成了宣传教会神学的有力工具，地球绝对不动、宇宙有限等学说用以解释上帝的创世说，为封建教会权威披上了虚假的外衣。在意大利留学期间，哥白尼研究托勒密的地心说，并接触古希腊的日心说，逐渐形成自己的理论。1505 年，哥白尼回到波兰，继续用细致的观察和计算修正自己的学说，并完成提纲《试论天体运行的假设》。1525 年开始，哥白尼耗时近 10 年，完成《天体运行论》，却因担心教会的迫害未公开发表。1543 年，哥白尼双目失明，病情恶化，在朋友的帮助下《天体运行论》最终付梓。哥白尼在《天体运行论》中阐述道：地球不是一个静止不动的天体，它也不在宇宙的中心位置上，它作为一颗普通的行星，既有自转，也和其他行星一样围绕着中心天体太阳旋转，而太阳处于宇宙的中心位置。

哥白尼

日心说的发表是近代天文学界里程碑式的贡献，标志着近代科学对抗封建神学的胜利，使科学精神更为广泛地深入人心，既为近代天文学的发展奠定了基础，也有力地推动着物理学、数学等其他学科的蓬勃发展。

布鲁诺是哥白尼日心说有力的捍卫者。哥白尼的《天体运行论》在发表之初，因用拉丁文写就，所以社会的关注度和阅读量都不高。布鲁诺在《论无限性、宇宙和世界》一书中积极发展哥白尼的日心说观点，提出了宇宙无边际、无中心，太阳只是太阳系的中心而非宇宙的中心，宇宙中也存在着无数像太阳系的天体等观点，纠正哥白尼《天体运行论》的错误观点。布鲁诺的宣告震惊世人，更为天主教会所仇视。1592 年，布鲁诺含冤入狱，在狱中他初心不改，不曾屈服，1600 年 2 月 17 日在罗马的鲜花广场被烧死。布鲁诺用生命捍卫了科学的权威，给了封建神权沉重的打击。

布鲁诺

伽利略是意大利著名的天文学家、物理学家。他积极拥护哥白尼的学说，于 1632 年出版《关于托勒密和哥白尼两大世界体系的对话》一书，详尽地阐释了哥白尼的学说，并对教会的伪科学进行了批判，招致教会的迫害，他们以鼓吹异端的罪名将其起诉、定罪，胁迫其签字认罪。

伽利略

第谷·布拉赫（Tycho Brahe，1546—1601），是丹麦著名天文学家，16 世纪天文学界的代表人物。他出身于贵族世家，也正是凭借着贵族血统和丹麦王室的庇佑，布拉赫远离纷争，并拥有最好的天文观测设备。他曾在丹麦与瑞典间的汶岛建立世界上最早的大学天文台“观天堡”，设置了四个观象台、一个图书馆、一个实验室和一个印刷厂，耗资1吨多黄金。也正是凭借精良的观测设备和求真务实的科研态度，布拉赫发现了许多天文现象。他创造性地建立了一套天象观测方法，观测精度之高在当时独一无二。为了满足修订历法和航海的需要，他编制星表，积累了大量可贵的天文资料。

开普勒

开普勒（Johannes Kepler，1571—1630），是德国杰出的天文学家。他早年丧父，其母因犯女巫罪被捕入狱。开普勒在年轻时患过天花、眼疾，他在这种困顿交加、体弱多病的情况下坚持理想，饱含强烈的求知欲，投身于天文学、数学的研究。他就读于杜宾根大学，在大学期间就成了日心说的拥护者。起初，他在迈克尔的指导下从事天文学研究，后来到第谷·布拉赫的天文台任助手，在1601年第谷·布拉赫病逝后，开普勒遵照其遗愿接管天文台。开普勒在第谷·布拉赫精确观测的基础数据上，探究行星运行的规律，发现了行星运动三定律。第一定律（也叫作椭圆定律、轨道定律）：每一个行星都沿各自的椭圆轨道环绕太阳，而太阳则处在椭圆的一个焦点上；第二定律（也称为面积定律）：在相等的时间内，太阳和运动中的行星的连线（向量半径）所扫过的面积是相等的，实际揭示了行星绕太阳公转的角动量守恒；第三定律（也称周期定律）：绕着以太阳为焦点的椭圆轨道运行的所有行星，其椭圆轨道半长轴的立方与周期的平方之比是一个常量。开普勒三定律突破了圆形轨道认知，使行星运动的不均匀性得到了合理的解释。开普勒三定律将太阳系的行星运动的动力学特征较为清晰地描述出来，也为后世牛顿万有引力定律的发现奠定了理论基础。

从哥白尼的“日心说”大胆发声，震颤封建教会神学权威，到布鲁诺、伽利略等人不顾教会疯狂迫害，誓死捍卫哥白尼“日心说”，再到第谷·布拉赫、开普勒等人的重大发现，文艺复兴时期的天文学家们饱经困难，用自己的热情、知识甚至血泪，巩固和发展了近代天文学，并为其他自然学科的发展奠定了重要基石，成为近代自然科学的先声。

三、近代物理学的产生与经典力学的发展

由哥白尼等人引发的近代天文学革命直接促使以经典力学为核心研究领域的近代物理学产生，伽利略、牛顿等著名科学家长达近百年的研究，使近代物理学得以产生和发展，并基本完成了经典力学的理论体系。

伽利略不仅在天文学领域捍卫哥白尼“日心说”的宣言，而且他对力学也有着浓厚的兴趣，大学时期被称为“新时代的阿基米德”。18岁时到教堂礼拜，他观察到钟摆摆动的幅度不同，于是根据自己的脉搏记录时间，发现钟摆一个来回摆动的时间相同，从而指出摆的周期并不取决于摆线上悬挂物的多少，而只取决于摆线长度的平方根。如果不考虑阻力的影响，悬挂在等长线上的一个软木球或一个铅球的摆动规律是相同的。这就是摆的等时性。

在离开比萨大学后，伽利略研读欧几里得、阿基米德等人的著作，于1588年发表《固体的重心》，引发了物理学界的关注。1589年，伽利略到比萨大学任教。相传在1590年，伽利略

用两个不同质量的铁球同时下落同时落地的实验，得出了质量不同的两个铁球同时下落同时着地的结论，纠正了亚里士多德“物体下落速度和质量成正比”这个延续了 1 900 多年的谬误。

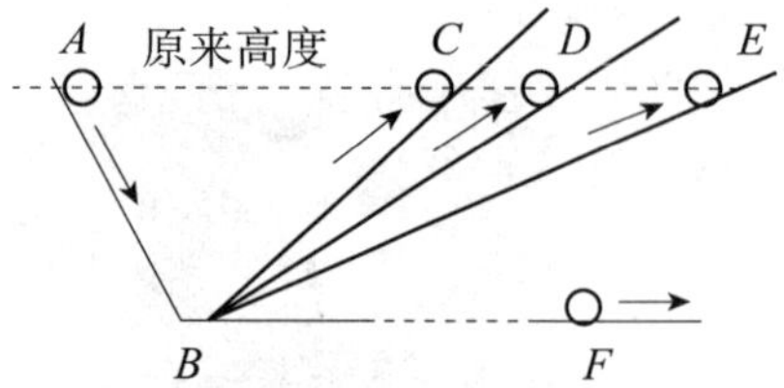

伽利略斜面实验图示

1604 年，伽利略设计出斜面实验。伽利略发现，钟摆的等时性和物体自由落体存在相关联系，它们与物体的质量有关。伽利略将单摆问题转化为斜面的直线，当斜面斜度为 90°时，则为自由落体运动。通过科学推理，伽利略提出结论：假设接触面光滑，钢珠从斜面的高度 A 处静止滚下，只受重力，没有阻力，它一定会到达另一斜面的同一高度 C；如果斜面略微平缓，也会出现同样的情况（如 D、E 位置）；若斜面变为光滑的水平面，则钢珠会一直保持一种匀速直线运动，永不停止。这些论断实际上已经包含了牛顿第一定律、第二定律的内容，只是没将相关的论断发展成普遍的自然规律。

伽利略还提出了力学上的相对性原理。他认为一个相对于惯性参照系作匀速直线运动的系统，其内部所发生的一切力学变化，都不会受到系统作为一个整体作匀速直线运动的任何影响，不可能借助任何力学实验来确定惯性参照系作匀速直线运动的速度。这后来被称为伽利略相对性原理，是经典力学的一个基本原理。

晚年，伽利略集六年的光阴写就了《关于两门新科学的对话》一书，集中展示了他在力学上的成就。伽利略在近代科学中倡导科学实验，而这些实验、证明形成于伽利略中年时期，却在其饱经苦难后出版，标志着经典力学成为一门独立的学科，为牛顿对经典力学的发展和延伸奠定了基础。爱因斯坦评价道：“伽利略的发现以及他所用的科学推理方法，是人类思想史上最伟大的成就之一，而且标志着物理学的真正开端。”

经过伽利略、开普勒、帕斯卡等前人的科学实践，牛顿站在巨人的肩膀上历经科学实践，从质量、动量、力等角度规定了一套力学基本概念，继承和发展了一套科学的力学体系，实现了人类关于自然科学的综合发现。

牛顿（Isaac Newton，1643—1727）出生于英格兰伍尔索普庄园。在这个小村庄里，少年时的牛顿并非神童，成绩一般，却喜欢读介绍简单机械模型制作方法的书，并逐渐尝试自己制作风车、木钟、折叠式提灯等小物品。相传牛顿儿时曾学习风车的机械原理，自己制造了一架磨坊模型，并利用绑在小车上的老鼠不断想要吃可望而不可即的玉米，来实现轮子的不停转动。他还制造了水钟，通过每日滴水，促其起床，并喜欢雕刻日晷，放在家里各处用以验看日影的移动。童年时的牛顿对科学充满了想象，也有着良好的动手制作与实验能力，这为其后来的发展奠定了良好的基础。

牛顿

中学时代的牛顿学习成绩突出，对自然现象充满好奇，尤其沉醉于几何学、哥白尼的“日心说”等自然科学，并利用课余时间继续完成小的发明、实验。1661 年，牛顿进入著名的剑桥大学三一学院。虽然学院以亚里士多德的学说为尊，但牛顿大量学习笛卡尔、伽利略、哥白尼、开普勒等人的学说和思想。1665 年，牛顿获得了学位，大学却因为预防伦敦瘟疫而关闭。牛顿在家中继续钻研微积分、光学和万有引力定律等学说。

牛顿于1703年成为英国皇家学会会长，1705年被安妮女王封为爵士。在其科学生涯中，他著有《自然哲学的数学原理》《光学》等著作，对力学、数学、光学等学科都有着杰出的贡献。如在数学方面，他与莱布尼茨提出微积分，证明了广义二项式定理，提出了“牛顿法”以趋近函数的零点等；在光学领域，他发现了光的三原色，制成世界上第一架反射望远镜样机，用微粒说解释光的反射、折射现象等。而牛顿最为突出的成就集中在力学领域，建立了完整的经典力学体系。

牛顿最杰出的贡献就是发现了运动三定律和万有引力定律。从1679年起，牛顿将研究方向聚焦在力学领域，在《物体在轨道中之运动》《自然哲学的数学原理》等书中对力学问题有所讨论。在《自然哲学的数学原理》中，牛顿根据伽利略等人的实验，提出了运动三定律和万有引力定律。

第一定律：任何物体都要保持匀速直线运动或静止状态，直到外力迫使它改变运动状态为止。该定律揭示了物体在受力改变的情况下，仍然保持何种运动状态，也被称为惯性定律。

第二定律：物体加速度的大小跟作用力成正比，跟物体的质量成反比，且与物体质量的倒数成正比；加速度的方向跟作用力的方向相同。

第三定律：相互作用的两个物体之间的作用力和反作用力总是大小相等，方向相反，作用在同一条直线上。

牛顿在苹果树下读书，被落下的苹果砸到头部，从而受到启发并发现万有引力的故事，广为流传。实际上，牛顿从1665年开始，就从月球入手研究引力问题。牛顿认为地球的引力，同样适用于月球，地球、月球之间的引力也就是月球沿着轨道进行圆周运动的向心力。牛顿利用伽利略的抛物体运动的设想，结合开普勒等人的研究成果，提出了万有引力定律，即任意两个质点由通过连心线方向上的力相互吸引。该引力大小与它们质量的乘积成正比，与它们距离的平方成反比，与两物体的化学组成和其间介质种类无关。

牛顿的运动三定律及万有引力定律奠定了经典力学的根基，解释了物体运动的一般规律，为天体的发现提供了科学依据，使近代天文学、物理学等领域散发出迷人的魅力。

四、近代医学、生理学的成就

早在公元前3000年，在古代埃及、古希腊和两河流域，医学就以神秘的巫术、宗教形式出现了，当时人们从植物和动物身上取材制成药物，存在不可避免的原始性。直到公元前5世纪，希腊人希波克拉底的出现，使得医学成为科学。他从丰富的行医经历中总结经验，记录几十种病症的治疗方法；与此同时，他大力倡导医德对于医生的重要性，被称为“希腊医学之父”，他向医学界发出的行业道德倡议书被后世称为“希波克拉底誓言”。

希波克拉底

在罗马时代，塞尔苏斯和盖伦在医学领域都有杰出成就。塞尔苏斯（约公元前30—公元45）的《医学大全》包括病理学、治疗学、内外科等不同门类，并对医学史进行梳理和编辑，堪称百科全书式的著作。克劳迪亚斯-盖伦（129—约 200 或 216）是古罗马时期最著名的医生、动物解剖学家，著有《解剖过程》《论医术》《身体各部分的机能》《论理想的医生》等书，建立了血液的运动理论，在发展三种灵魂学说、描述性生物学方面做出了重要贡献，集古典医学之大成，其学说统治西方医学 1 400 年。

公元 11—13 世纪，奥斯曼土耳其帝国形成，加速了东西方文化的交流和碰撞。阿拉伯著名的医学家拉齐和素有“阿拉伯医学之父”之称的阿维森纳的医学思想和理论传入西方国家。尤其是阿维森纳的著作《医典》，涉及内科、儿科、骨科、针灸等不同门类，讲述了 760 种药材的功用，被翻译成拉丁文后在 30 年内再版 15 次，风靡欧洲医学界，成为欧洲大学医学院的教材。14 世纪黑死病在欧洲大陆上的泛滥，使得欧洲大量人口丧生，从主教到平民，无一幸免。正是流行病的肆虐，一定程度上促进了治疗和防疫医学的发展，在中世纪被禁的解剖学复苏，15 世纪意大利医生尼维埃尼历经多年研究病历解剖，撰写出《关于疾病与康复原因的一些奥秘》，详细介绍了诸如慢性痢疾、胆石症、肠穿孔、梅毒等病症。

医学的不断发展，医学研究和医学手段的不断提升，尤其是黑死病之后解剖学的复苏，为文艺复兴时期现代医学的兴起奠定了基础。在文艺复兴时期，帕拉塞尔苏斯、达・芬奇、弥贵尔・塞尔维特、维萨、哈维等人在病理、医药化学、人体构造、心血、解剖等领域各有建树，构建了近代医学的基础。

帕拉塞尔苏斯（Paracelsus，1493—1541）是文艺复兴时期的医学家、化学家。他生于瑞士苏黎世，1509 年到巴塞尔大学学习，后到意大利弗拉拉大学听课，后游历欧洲、中东、俄国等地，治病救人，研究不同病症。1529 年，帕拉塞尔苏斯发表《用愈创木酚治疗梅毒》。他曾当众烧毁阿维森纳的著作，表示与中世纪传统医学分道扬镳。帕拉塞尔苏斯的核心思想是：人们生病因外部因素侵入体内，想要战胜病魔一定要吃药，而化学药物的治疗是去病治疗的关键。因其思想与当时主流医学思想相左，他遭到巴塞尔大学教授和学生的驱逐，不得不离开讲堂。在其去世后，医药化学治病的观点开始被世人接受，人们认识到帕拉塞尔苏斯思想理论的前瞻性，尊其为“近代医学之父”。

帕拉塞尔苏斯提出病理五个要素理论，认为人体生理和病理变化的要素有五种，即“五要素”：一为宇宙要素，包括天文、地理等方面；二是毒物要素，通过食用有毒的食物或是带有细菌的食物而中毒；三是体质要素，由于体质条件差，积劳成疾；四是精神要素，因精神状态不好，尤其是出现了抑郁、烦闷等症状或受到强烈的打击和刺激而致病；五是感染要素，通过接触毒粉、花粉、蚊虫叮咬等致病。通过对五要素的分析，帕拉塞尔苏斯尤其强调“辨因用药”，即了解人体在与空气、水源等自然要素接触，或是饮酒、吃饭的过程中，因何致病，找到根源性的因素，从而明确病因，对症下药。

化学家出身的帕拉塞尔苏斯大力提倡医药化学，强调研究化学药物时要注意其化学性质，在医学领域引发了深刻的革命。

达・芬奇［Leonardo da Vinci（意大利语），1452—1519］是文艺复兴时期著名的画家，其画作《蒙娜丽莎》享誉世界，价值连城。与此同时，达・芬奇也是一名工程师、科学家、生理解剖学家。他为提高绘画技巧，潜心钻研人体解剖学，并发表了大约 120 篇相关论文。无论从头部、脸部、五官的区分还是到肌肉、骨骼、肺部作用等，达・芬奇都有着深入的研究。

西班牙人文主义者、医生弥贵尔・塞尔维特（Miguel Servet，1511—1553）在解剖学上做出了突出的贡献，推动了文艺复兴时期近代医学革命的发展。弥贵尔·塞尔维特出生于西班牙，1539 年到巴黎学习医学，主攻解剖学，并通过解剖对血液循环有深入的研究。1546 年，塞尔维特出版《基督教的复兴》，详细地描述了心肺循环过程中血液的流向问题。他认为血液是经过肺动脉从右心室挤压到左心室，再输送到身体的各个部位。在《基督教的复兴》中，塞尔维特认为灵魂就是血液，并反驳了盖伦“心血潮流”的观点，其观点与天主教的主张大相径庭，因此他受到天主教会的残酷迫害，于 1553 年 10 月 27 日被处以火刑。

安德烈·维萨里（Andreas Vesalius，1514—1564）是与哥白尼齐名的近代科学的开创者。他生于布鲁塞尔，先后在卢万大学、巴黎大学、意大利帕多瓦大学学习。后在帕多瓦大学任教期间，亲自进行解剖，无论理论研究还是课堂教学，都十分杰出。在哥白尼发表《天体运行论》的同一年（1543），维萨里发表了《人体构造论》。《人体构造论》的发表基于维萨里对盖伦传统生理学、解剖学理论进行的深入研究。他对盖伦十分尊重，在肯定盖伦部分学说的同时，指出盖伦虽然也进行过解剖，但其受到当时社会的限制，仅仅解剖过猪、狗、牛、羊等，并没有解剖人的经历，而人体和动物的构造难免会有所不同。维萨里通过大量的解剖实验，证明了人的左、右心室之间并无通道，而是由密而厚的肌肉形成，血液无法通过室间隔。在《人体构造论》中，维萨里共分七章介绍了骨骼系统、肌肉系统、血液系统、神经系统、消化系统、内脏系统和脑感觉器官，也提及了维萨里自身进行解剖实验过程中的方法和经验。

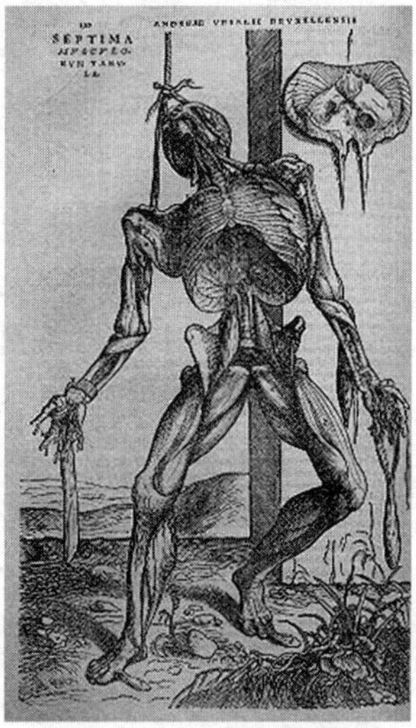
维萨里《人体构造论》一书中的解剖图

哈维（William Harvey，1578—1657）是英国著名的生理学家，儿时生活在肯特郡的富农家庭，自幼勤奋好学，每天学习 14 个小时。长大后，先后就读于剑桥大学和意大利帕多瓦大学，师从欧洲著名解剖学家法布里修斯。也正是法布里修斯教授对静脉血管和“静脉瓣”的前沿研究，激发了哈维的学术兴趣，引领了他今后的学术方向。

哈维一生最大的成就，即发现了血液循环的规律。他做了一个简单的运算，假设心脏每次跳动所生成的排血量是 56.7 克，人体心脏在正常状态下每分钟大约跳动 72 次，每小时就会有大约 245 千克的血液从心脏输送到主动脉，而 245 千克的数值超出了人体的血容量，这说明人体中的血液在不断地循环，以达到供给量。在之后的近十年，他对几十种动物进行解剖实验，将发现写成《关于动物心脏与血液运动的解剖研究》（中文版译名为《心血运动论》），书中提出心脏是人类体内血液运动的动力源，通过心肌的收缩压，血液可以在身体内不断地流动。如同水泵一样，心脏收缩把血液送入血管，血管膨胀，形成脉搏。哈维同时继承了维萨里的观点，认为左右心室在收缩和舒张的同时，不能有血液通过左右心室的室间隔。哈维的研究彻底纠正了盖伦的“生命灵气”的观点，是近代生理学上里程碑式的发现。在哈维去世后的第四年，意大利人马尔比基将伽利略发明的望远镜改良后运用到医学领域，观察到毛细血管，从而验证了哈维血液循环理论的正确性。

哈维

哈维先进的科学思想也遭到宗教的仇恨和攻击，但由于哈维担任英国国王查理一世的御医，为国王所信任，所以才幸免于难。哈维的《心血运动论》在近代科学界起到了振聋发聩的作用，标志着新的生命科学领域研究的开端。

五、数学研究领域的发展

数学作为基础科学，不仅具有自身理论，在物理、生物、航海、天文等其他的学科发展方面也做出了巨大贡献。文艺复兴时期，人们摆脱了中世纪神学理论的束缚，数学领域的研究也得以蓬勃发展。这一时期数学领域的发展主要集中于对数学符号的发展、运用方程求解、三角形的研究、解析几何及微积分的研究等相关领域，并涌现了诸如卡尔达诺、韦达、耐普尔、笛卡尔等一大批数学家。

在15世纪前，数学往往是用简单文字表示。到了16世纪初期，数学家们认识到了用文字表达数学符号的烦琐性，逐渐尝试简写。如帕乔利（Luca Pacioli，1445—1517）在《算术、几何、比及比例概要》中用 p 表示加，用 m 表示减，用 co 表示未知数 x。后来，荷兰数学家赫克将加减符号正式代入运算中使用，英国数学教育家雷科德（Robert Recorde，1510—1558）在《砺智石》中用两条相等长度且平行的横线表示等号，即"＝"，德国数学家路多尔夫在著作《求根数》中引入根号，意大利数学家邦贝利（Bombelli，1526—1572）在著作《代数学》中确定了虚根的存在性，并对代数的运算进行一定程度的改进。在16世纪，数学家用了较短的时间，分别确立了加号、减号、等号、根号、未知数 x 的符号表达，使数学的运算由繁入简，推动了数学运动的发展，为方程式、解析几何的发展奠定了基础。

在求解方程的问题上，文艺复兴时期的数学家们也不断地进行探究和拓展。意大利数学家卡尔达诺（Girolamo Cardano，1501—1576）一生写作的不同类型的著作、文章多达200种，在他1545年出版的《大术，或论代数法则》一书中，他率先明确了三次代数方程的一般解法，被称为卡尔达诺公式。他的学生费拉里在他的基础上，完成了四次代数方程的一般解法。卡尔达诺是欧洲第一个承认二次方程和三次方程负根存在的人，并首次发现了三次方程有三个（实）根。这些成果被认为是代数方程理论的早期成果。

法国数学家弗朗索瓦·韦达（François Viète，1540—1603）是16世纪最有影响的数学家之一，被尊称为"代数学之父"。在其著作《分析方法入门》中，韦达通过对希腊经典文献的分析，认为代数是一种由已知的结果求取条件的逻辑分析技巧，他用字母表示量的变化，用辅音 B、C、D 表示已知数，用元音 A、N 表示未知数，用公式表示方程。韦达区别了代数和算术的含义，将代数发展成一门研究一般类和方程的科学，是数学发展史中重要的一步。

笛卡尔是法国现代著名的数学家、哲学家、物理学家。在数学领域，笛卡尔长期致力于代数与几何相关性的问题研究，并成功地将代数与几何联系起来，创立了解析几何的学说。在其著作《几何学》中，笛卡尔通过作图的形式，创立坐标系，将几何、代数、逻辑等问题相互串联，实现了数形结合，用代数的方式去解释、证明几何问题，将几何图形用方程式的形式表达出来。

第四节
工业化时代：日新月异的现代科学

【本节关键词】

第一次科技革命 珍妮纺纱机 瓦特蒸汽机 第二次科技革命 电能 爱迪生 内燃机和汽车

从18世纪中叶到19世纪末，西方迎来了两次技术革命。第一次科技革命发生于18世纪60年代，以蒸汽机的广泛应用为标志，使人们进入了“蒸汽时代”，在化学、电学、天文学等领域继续发展，并运用到生产领域，使社会生产力得以提高，经济发展大步向前，城市化、工业化逐步开始。第二次科技革命产生于19世纪70年代，以电的广泛使用为标志，并通过电灯、电话、无线电、留声机等重大发明，使人类社会进入了电气时代，通过内燃机、火车、汽车的发明，使社会生产力水平再次大幅度提高，西方资本主义国家科技、经济实力突飞猛进，但也导致了垄断资本主义的出现。各国发展的不平衡，最终导致了一战的爆发。总的来说，在工业化时代，日新月异的现代科学不断改变着社会生活，促使人类社会不断向前发展。

一、第一次科技革命

18世纪60年代，机器大生产逐渐代替了手工技术，成为工厂制度的主流生产方式，此外机器生产客观上要求生产技术的革新，这些都为科技革命积蓄了发展的动力。在政治方面，18世纪中叶英国完成了资产阶级革命，通过废除封建制度，摆脱了阻碍资产阶级发展的不利因素。由于英国资产阶级政权实行专利制度，对技术予以保护，因而一定程度上鼓舞了科技人员的科研热情，促进了技术的革新与发展。在经济方面，农奴制解体，新兴资产阶级和新贵族利用农民土地创建农场，直接导致大量农民失去了赖以生存的土地。这场被称为“羊吃人”的圈地运动，一方面通过农场的发展为工业化建设提供大量的粮食、副食品、原料等资源，另一方面又给资本主义发展提供大量劳动力，为技术革命奠定社会基础。在国际发展方面，西方资本主义国家通过殖民扩张和海外掠夺，从亚、非、美洲掠夺来大量财物，这成为资本主义国家的原始积累；而被掠夺的亚、非、美洲又沦为资本主义国家的原料场地和世界市场。

在资产阶级经济发展领域，对动力能源的需求成为资本主义科技发展的重要趋向。18世纪，棉纺织业相继出现飞梭和珍妮纺纱机。飞梭由钟表匠约翰·凯伊发明，是安装在滑槽里带有小轮的梭子，通过将滑槽的两端装上弹簧，使飞梭飞快自如地来回穿行，用飞梭的自动穿梭代替纺织工人的手工投递，极大地提高了纺织效率。1764 年，纺织工人哈格里夫斯（James Hargreaves，1721—1778）发明了以其女儿名字命名的珍妮纺纱机。珍妮纺纱机以手摇为动力源，可以同时带动几十根纱锭，一次性纺出许多棉线，极大地提高了生产效率。随着工业不断向前发展，一直产生新技术、新发明。1769 年，理发师理查德·阿克莱特盗取了木匠赫斯的成果，发明了水力纺纱机。水力纺纱机用水力代替人力，很大程度上减轻了人力纺织的劳动力问题，降低了生产成本。由于需要寻找水源作为动力，纺织机的占地相对比家庭纺织大得多，这就需要用特定的区域进行纺纱，这一特点渐渐促进了工厂制度的发展，是工厂制度的雏形。理查德·阿克莱特利用专利收入于 1771 年创办了棉纺厂。从飞梭、珍妮纺纱机，再到水力纺纱机，虽然生产效率有所提高，但是纺出的纱线不均匀，质量难以保证。1779 年，童工出身的克隆普顿（1753—1827）将珍妮纺纱机和水力纺纱机的优点相结合，发明了骡机。经骡机纺出的纱既具有珍妮纺纱机的细，又具有水力纺纱机的结实。这正如骡子兼具马的耐力、坚忍和驴的温顺亲人一样。而纺纱机的不断发明和革新，很大程度上推动了生产技术的飞速发展。在势不可挡的科学浪潮中，虽然大量劳动者面临失业，但它也直接促使英国纺织业成为世界第一大轻工业。

随着资本主义经济的蓬勃发展，资本主义形式的工场手工业发展迅猛，并增强了对动力能源的需求和渴望。与此同时，英国采煤业、采矿业需要新的动力能源，直接促成蒸汽机的发明和推广。

蒸汽机的发展经历了不断的研发和革新。波尔塔的蒸汽压力实验、托里拆利的大气压力实验和格里克的马德堡半球实验的陆续成功，为蒸汽机的发明奠定了理论基础，人们逐渐开始认识到蒸汽与大气、真空之间的作用和关系。1674 年，法国著名物理学家丹尼斯·巴本（1647—1712）改进了波义耳的空气泵，后跟随波义耳从事气体力学研究。1679 年，巴本研制出“蒸煮器”，类似如今的高压锅，利用完全封闭的环境，使锅内蒸汽压力增高，更易煮烂食物。1690 年左右，巴本利用“蒸煮器”的原理发明了活塞蒸汽机，他在汽缸底部放少量水，利用汽缸加热时产生蒸汽为动力，使活塞到达顶端，之后移除热源，蒸汽冷凝成真空，汽缸受到压力而下落，并在下落的过程中提供动力。巴本的蒸汽机是人类历史上第一台活塞蒸汽机。

英国工程师萨弗里（1650—1715）在巴本的基础上，发明了没有活塞的蒸汽泵。蒸汽泵由汽缸和三根导管组成，一根连接热源，另两根分别连接进水管和出水管，并利用加热后冷却成真空的空气吸水的原理，完成蒸汽抽水过程。这一发明后来申请专利，并广泛运用于采矿业。萨弗里的发明引起了英国人纽可门（1663—1729）的关注。1705 年，纽可门在胡克和萨弗里等人的帮助下，改良了蒸汽机。纽可门蒸汽机保留了巴本蒸汽机和萨弗里蒸汽泵的优点，并针对两款机型热能效率低、不能作为动力机的缺点进行加工改良，使锅炉的容量大于汽缸，并分离汽缸和锅炉，在汽缸中装有冷水喷射器，从而输送更多蒸汽，提高热效率。同时，纽可门蒸汽机利用大气的压力提供动力，而非萨弗里利用蒸汽压力，这种创新在很大程度上提高了蒸汽机的安全性。纽可门蒸汽机在功用上仍然只用于采矿业完成矿山抽水的工作，不能作为普遍动力广泛应用。

瓦特（James Watt，1736—1819）生于苏格兰西部小镇，青年时代仅仅读了小学便进入了社会。瓦特幼年时聪明好学，擅长手工艺，后来到苏格兰最大的城市格拉斯哥做机械学徒。在机械车间做学徒时期，瓦特虚心求教，汲取老工匠的工作经验，机械手艺突飞猛进。由于机械

瓦特改良的蒸汽机

车间隶属于格拉斯哥大学，瓦特在机缘巧合下结识了物理学家布莱克，并师从布莱克学习热力学知识。在实践过程中，瓦特有机会亲身修理纽可门蒸汽机，并发现由于结构问题纽可门蒸汽机热量损耗巨大。经过不断的钻研和实验，瓦特在蒸汽机中的冷凝器和汽缸间安装阀门，并利用阀门的调节作用，大大降低了热损耗。1769 年，瓦特制造出一台新蒸汽机，并发明冷凝器专利。瓦特不满足于自己的成就，不断地对蒸汽机进行改良，1781 年，他改变蒸汽机只做直线运动的固有模式，将直线运动的活塞改良成做旋转运动的滚轴；之后瓦特设计双向汽缸，使蒸汽从活塞两端进入汽缸，进一步提高蒸汽机的热效率。这一改良使蒸汽机可以为一切机械提供动力，瓦特蒸汽机也逐渐代替纽可门蒸汽机，进入各个工业领域，推动了工业革命的发展，使世界进入了“蒸汽时代”。

蒸汽机的发明和革新，浸润着英国、法国、德国、意大利不同技术人员的心血，从最初巴本的蒸汽机到萨弗里的蒸汽泵，再到纽可门蒸汽机、瓦特蒸汽机，技术不断发展，蒸汽作为动力进入各个行业，代替了人们的手动劳动力，将热能转化为动能，大大地提高了工业生产的效率，是人类历史上的飞跃。

二、第二次科技革命

电气革命是第二次科技革命，其标志是电的广泛使用。第二次科技革命给社会带来了极大的实惠和福利，改变了千家万户的生活，电力的使用又一次促进了社会生产力的发展，促进了产业结构的发展和升级，电力、电子、化学、汽车等领域依托电力技术而逐步发展，人们真正地进入了电气时代。

（一）第二次科技革命产生的背景

第二次科技革命的出现亦具有深刻的政治、经济、社会等方面的原因。政治上，资本主义制度在世界范围内确立起来，资产阶级的民族解放运动、资产阶级革命浩浩荡荡，动摇了欧洲、美洲等国家的社会根基，俄国进行 1861 年改革，美国发生南北战争，德意志和意大利先后完成统一，主要资本主义国家的社会改革巩固了资本主义在世界领域的发展，为第二次科技革命提供了政治支持和保证。在 19 世纪中后期，西方国家发动对亚非拉等地区的殖民侵略，将亚非拉的被殖民国家引入资本主义的发展模式，牢牢地控制了世界发展的大脉络，资本主义制度在世界范围内形成。在经济领域，资本主义经济制度在 19 世纪中期确立，第一次工业革命从英国辐射到其他国家，所到之处硕果累累，客观上为第二次科技革命提供了丰厚的经济保障。在技术领域，基于 19 世纪以来自然科学的发展和研究领域的不断加深，电学、物理学、天文学、化学等各大领域都得以发展壮大，各学科理论体系逐渐建立，技术成果被逐渐应用，一定程度引发了第二次科技革命。从市场角度看，伴随着西方国家对亚非拉的殖民掠夺，资本主义国家逐渐将亚非拉作为自己的原料产地和商品市场。随着世界范围内交通运输的便利化，西方国家向被殖民国家掠夺原料，输出商品，进一步打破了殖民地半殖民地原先落后、封闭的经济结构。而这一过程的另一面，使第一次科技革命形成的生产与市场体系已经不能满足商品市场的需求，需要进一步提高生产力来满足资本的积累。基于上述几点原因，第二次科技革命应运而生。

（二）电能的发展和应用

创立于 19 世纪的电磁学为电能的开发与应用奠定了理论基础。1820 年，丹麦物理学家、化学家奥斯特（1777—1851）发现了电流的磁效应，1831 年，英国物理学家、化学家法拉第（1791—1867）发现了电磁感应定律，两者在电磁学领域的贡献为发电机提供了理论基础。在电力发现与应用之处，科学家们将目光聚焦于直流电。1834 年，科学家雅可比（1804—1851）发明了直流电动机。这款电动机利用电子的引力和压力，以电池组为能源，产生回转运动。1834 年，美国人戴文泡特用磁铁和电池研制出电动机，并将其作为动力发动小车在圆形轨道上做圆周运动。1832 年，随着法拉第电磁感应的发现，德国科学家西门子（Ernst Werner von Siemens，1816—1892）研发出自激式直流发电机，并逐渐形成直流电占据统治地位的供电模式。

19 世纪 80 年代之后，随着变压器的发明，交流电的发展日益兴盛。1878 年，俄国科学家亚布洛契可夫发明多相交流发电机。1886 年，意大利科学家法拉里研制出二相异步电动机。1889 年，俄国工程师发明了三相异步电动机、三相变压器和三相制。电能采用三相制，标志着电力系统的建立和电工技术的发展。

19 世纪 80 年代后，发电厂由小型规模发展成大功率中心发电厂。1891 年，高压油浸变压器的试制成功实现了远距离高压交流输电。1901 年，美国建于密西西比河流域的 50V 高压输电线大大提高了电力能源的使用强度，使电力比蒸汽能源更便利、更快捷、更有强度。电力的广泛应用带动了工业发展，并有力地推动了电话、电报、电视、无线电等以电力为基础能源的设备的发明和应用，极大地提高了人们的生活水平和生活质量。

1. 爱迪生及其重大发明

托马斯·阿尔瓦·爱迪生（Thomas Alva Edison，1847—1931）是美国历史上最为出色的发明家，被称为现代电影之父。他的发明达 2 000 多种，是美国技术革命的标志。爱迪生 1847 年 2 月 11 日出生在美国俄亥俄州，父亲是荷兰人后裔，母亲是苏格兰人。爱迪生 8 岁被老师评价为差生、低能，辍学在家。母亲作为家庭教师对其悉心教导。爱迪生 12 岁进入社会这所大学，开始在列车上卖报，并自己做生意、读书，丰富自己的社会经历和知识。爱迪生曾在火车车轨上勇救少年，后跟随该少年的父亲学习电报技术。1869 年，爱迪生因会修电报机而谋得纽约的工作，并于 10 月成立“波普—爱迪生公司”，制作电气工程的科学仪器。从 1868 年发明第一项专利（自动记录票数装置）后，爱迪生一生都在进行科学发明，并先后完成了电灯、电影、留声机等重大发明，为人类文明史留下了宝贵的财富。

爱迪生最大的成就之一是发明了电灯。爱迪生不断总结前人失败的教训，制订详细的试验方案和计划，试验了 1 600 多种不同耐热材料，并改进抽空的设备，使灯泡内部具有较高的抽空度。1879 年，爱迪生发明了人类历史上第一个真正意义上的灯泡。为了更好地找到发光体，他又进行了数以千计的试验，最终发现日本竹子经碳化后制成的灯丝可以持续燃烧1 000小时以上，性能稳定耐用。之后爱迪生将工作投入供电领域，创造了供电系统，使远程灯具可以通过中心发电站配电。1881 年，在巴黎世博会上，爱迪生展出一台重 27 吨、可供 1 200 只电灯照明的发电设备。在对电灯的研究中，爱迪生还发现了点亮灯泡时电荷从热灯丝经过空间到达冷板，他将此发现申请专利，后世将这种现象称为“爱迪生效应”。1904 年英国物理学家弗莱明根据“爱迪生效应”发明了电子管，对后世无线电和电视机等电子行业产生深远影响。

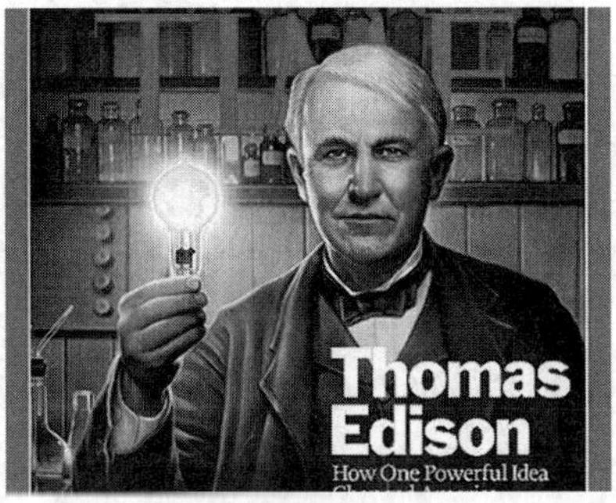

爱迪生发明了灯泡

1889 年，爱迪生发明了电影摄影机。电影摄影机利用一个尖形齿轮来带动 19 毫米宽的没打孔的胶带，带动胶带间歇移动，同时打孔。这种摄影机可以将声音记录下来，并能够完成图像的拍摄。1891 年，爱迪生发明了活动电影放映机，通过在光源前使用发动机完成高速运转带的运转，带出连续图片的电影胶片条，将胶片上的图片投射到银幕。1910 年，爱迪生将留声机和摄影机组合，在放映中播出画面时，留声机随之转动，实现了声音和图像的结合。爱迪生因在早期电影方面的贡献，被称为现代电影之父。

2. 电话、无线电的发明与应用

1664 年，胡克通过在两端拉紧的线上做传声试验，发现了声音传播的路径。1861 年，德国人累斯做出了第一部玩具电话。1876 年，美国人亚历山大 · 贝尔（Alexander Graham Bell，1847—1922）和华生经过改良，发明了人类历史上的第一部电话，标志着以电话为主要通信媒介时代的开端。

1887 年，德国物理学家赫兹发现了电磁波现象，为无线电通信带来可能。俄国物理学家波波夫和意大利物理学家马可尼对无线电的发展做出了卓越的贡献。波波夫（1859—1906）在赫兹发现电磁波后，积极寻求远距离接收电磁波的方法和途径，他将记录大气干扰的设备装置于彼得堡林学院的气象站上，通过数据分析，得出在震荡较强的情况下可以接收到人工震荡源发出的信号。1896 年，波波夫将“赫兹”一词用莫尔斯电码发出，完成了传送电磁波的实验。俄国实现了战舰与海岸的长达 50 千米的无线通信。马可尼（Guglielmo Marconi，1874—1937）从赫兹的讣告中得知电磁波技术，并利用实验对电磁波技术进行深入研究。他先后改进检波器、利用垂直的天线将信号发送的范围扩大到 1.5 英里①，并通过发射器实验使电能集聚不产生漫射和损耗。1896 年，马可尼将无线电通信的范围扩大到万米，并兴办无线电报公司，成立无线电报站，修建信号发射塔，实现不同台站通过波长区分信号。1899 年，马可尼利用无线电技术成功将“美国杯”快艇比赛的情况传递到纽约的大街小巷，引发全世界对无线电技术的高度关注。

① 1 英里约等于 1.609 千米。

三、交通运输机械的发明与进步

随着蒸汽机的发明和广泛应用，人们开始思考它如何可以作为动力驱动车子。从蒸汽三轮汽车，到蒸汽火车的发明，蒸汽机作为动力正式进入交通运输领域。然而蒸汽机通过外燃无法保证足够的利用率，热能散发使得热效率低下。科学家不断试验，内燃机应运而生，并运用于运输领域，汽车的发明，使短途交通变得更加方便快捷。

（一）火车的发明

史蒂芬孙制造的蒸汽机车

1797 年，特里维西克做出了一辆蒸汽机车模型；1802 年，制造出了世界上第一辆真正意义上的蒸汽机车。然而，早期的蒸汽机车面临着动力不足、车轴断裂、铁轨断裂、振动巨大等诸多问题。史蒂芬孙（George Stephenson，1781—1848）在英国工业博览会中了解到特里维西克的蒸汽机车，出身于煤矿家庭的史蒂芬孙对蒸汽机车充满兴趣。为改进特里维西克的蒸汽机车，史蒂芬孙在车厢下方加减轻振动的弹簧，选择熟铁作为机车路轨的材料，并试图在枕木下铺垫石头，将用于蒸汽的锅炉安装在机车头部，以减少蒸汽锅炉出现问题而造成人员伤害……经过史蒂芬孙的一系列改良，蒸汽机车日趋完善。

1823 年，史蒂芬孙作为主要负责人开始着手修建商务铁路，正式实现科研转化，将火车带入社会生活。1825 年 9 月 27 日，由史蒂芬孙设计的“旅行号”机车试车成功，这辆搭载着 6 车厢煤、20 车厢乘客的机车引起了世界的广泛关注，是世界铁路运输史上划时代的一刻。试车成功之后，史蒂芬孙继续修筑铁路，并制造出“火箭号”，时速近 30 千米，完全使用蒸汽动力。

（二）内燃机的发明

随着工业革命的狂飙突进，社会经济发展日新月异，人们对能源的要求越来越高。当蒸汽机作为主要动力投入社会生产之时，由于其本身是通过外部燃烧，将热能转化为机械能，因而不可避免地产生了热效率低的问题。1792 年，英国工程师默多克发现了可以燃烧的煤气，之后的发明家们逐渐将目光转向了煤气，并试图将它作为一种内燃的新材料。1799 年，法国工程师勒明设计了以煤气为燃料、利用电火花做点火装置的内燃机。1860 年，法国发明家勒努瓦制造出第一台内燃机。该内燃机用煤气做燃料，用电火花作为点火装置，投入使用后，无论将其装配在车上还是汽船上，都比蒸汽机的效果好。

然而早期制造的内燃机，仍然面临着体积大、燃烧量大、热能低等诸多问题。1862 年，法国工程师德罗夏提出了内燃机的四冲程循环理论，强调通过四个冲程，内燃机会在较大的限度内提高热效率。四冲程循环理论的提出，为内燃机的改良和发展提供了强有力的理论支撑。

1876年，德国工程师奥托（1832—1891）制造出以四冲程理论为技术支撑的煤气燃气机。这台燃气机每分钟转动150～180转，热能效率提高了近15%，大大地提高了内燃机的效率。奥托之后仍醉心于内燃机的革新，不断完善内燃机的性能。1880年，内燃机功率提高到20马力①。

奥托的内燃机以煤气为原料，但由于煤气只能由发生炉产生，因而内燃机就不能装载在车船等交通工具上，这使内燃机的发展有相当大的局限性。随着石油分馏法的发明，人们开始将汽油、煤油、柴油等燃油投入应用。1883年，德国发明家戴姆勒（1834—1900）成功以汽油为原料研制出内燃机。1892年，德国工程师狄赛尔制造出一台用柴油为原料的内燃机，利用高压缩自动点火，热效率提高30%左右，并在体积、质量、效率等方面消除了原有内燃机的弊病。内燃机在之后的发展中，出现了多缸制，并将质量功率比不断降低，从19世纪的30千克/马力，降低到20世纪20年代的1千克/马力，内燃机的革新不断发展。

（三）汽车的发明

1883年10月1日，卡尔·本茨（Karl Friedrich Benz，1844—1929）与其他几位商人成立燃气发动机厂，并于1884年获得生产汽油机的资质。1885年，戴姆勒在发明汽油内燃机后，以汽油内燃机为驱动，制造出两个轮子的摩托车。1886年，卡尔·本茨花费数年心血发明了以汽油内燃机为动力的三轮汽车，并获得专利权。同时，戴姆勒不断努力改进发动机的体积、功率、转速等参数，于1886年成功将马车改装成汽车，实现了每小时20千米的时速，它成为第一辆现代意义上的机车。

1888年，英国发明家邓禄普发明充气轮胎，解决了汽车在运行过程中的平稳度和舒适度问题，有效地缓解了颠簸状况。1890年，本茨对现有汽车进行改良，发明四轮汽油内燃机汽车。1892年，美国人福特（Henry Ford，1863—1947）发明了美国的第一部汽车，形成了汽车工业。汽车工业的形成一定程度上带动了包括石油业、钢铁业、橡胶轮胎业、油漆业等多个工业领域的发展，也带动了公路、高速公路的修建。汽车逐渐成为人类出行最基本、最重要、最常用的交通工具。

戴姆勒发明的两轮机车

第五节 科学技术的革新与应用：20世纪的西方科学

【本节关键词】

爱因斯坦相对论　原子弹　人造卫星　电子计算机　万维网　克隆技术　基因工程

① 1马力约等于735.5瓦。

20世纪，人类迈向现代社会，经过第三次技术革命，全世界的科学技术发生了翻天覆地的变化，各科学学科取得了重大的进展，在物理学、原子能、航空航天、电子信息技术、生物技术等多个领域取得了前所未有的成就，爱因斯坦的相对论，飞机、卫星、航天飞机、电视、电脑、克隆技术和基因工程等众多科技转化为生产力，强有力地支撑着社会经济的发展，并改变了人类社会的方方面面，极大地提高了人们的生活品质，迎来了科技发展的黄金时期。

20世纪以来，人类经历了两次世界大战，战争在给人类社会带来巨大灾难的同时，也刺激了各国经济的发展与新技术的产生。随着社会生产力的不断提高，经济发展成为社会的总趋势，新兴的学科和理论为科技的发展提供源源不断的理论支撑。20世纪是科技的时代，各国无论贫富都重视科技的发展和转化，将大量的人力、物力、财力投入经济建设和科技发展中，而新技术、新领域又以最快的速度实现科研转化，融入人们的生活中，使社会面貌发生日新月异的变化。

一、物理学的发展

20世纪的物理学，在前人的基础上研究领域更加广阔，研究成果更加具有应用价值，并迅速实现成果转化，运用到人们的生活中。伦琴发现X射线、居里夫人发现镭、爱因斯坦提出相对论理论，构成了20世纪物理学领域振聋发聩的科研成就。

（一）X射线的发现

X射线是由于原子中的电子在能量相差悬殊的两个能级之间的跃迁而产生的粒子流，是波长介于紫外线和γ射线之间的电磁辐射。其波长很短，介于0.01埃和100埃之间。X射线于1895年被德国物理学家伦琴（Wilhelm Röntgen，1845—1923）发现，所以也称为“伦琴射线”。

伦琴

1895年，德国物理学家伦琴在研究阴极射线时，在暗室中给放电管通电，发现了一米外涂有荧光物质的纸板有微弱荧光。伦琴抓住这一现象，断定微弱荧光为某种具有渗透力的射线。由于该射线未被具体实验认证，所以伦琴用未知数X将其命名为“X射线”。

伦琴发现X射线后，引起了物理学界的广泛关注。巴克拉后来发现X射线具有偏振现象，但仍然无法探究出其属性。1912年，德国物理学家劳厄发现X射线通过晶体时产生衍射现象，表明射线是具有干涉、衍射等特性的电磁波，证明X射线的波动性和晶体内部结构的周期性。之后，英国人布拉格经过反复试验，成功地证明了劳厄的实验现象，清楚地解释了X射线的形成，提出了布拉格公式。之后，X射线应用于医学成像诊断等相关领域。

（二）居里夫人与钋、镭的发现

随着伦琴发现X射线，科学家们热衷于将眼光投入新领域和新发现。法国物理学家贝克勒尔（Antoine Henri Becquerel，1852—1908）发现了天然放射性物质铀，并在报告中指出，放射性物质铀与钠的化合物可以放射出肉眼无法看到的射线。

铀的发现极大地激发了青年的玛丽·居里（Marie Curie，1867—1934）的科研热情。在测量沥青中的铀含量时，居里夫人测得沥青中含有比铀放射性更强的元素。为了证明假设，居里夫人与丈夫皮埃尔·居里日复一日进行漫长枯燥的实验。在这样极端恶劣的环境中，1898 年他们发现了新的放射性元素，为了纪念玛丽·居里的祖国波兰，她特地将新发现的放射性物质取名为“钋”，并测得其放射性是铀的 400 倍。1898 年底，两人又发现了放射性元素“镭”。1902 年，居里夫人提炼出极其纯净的氯化镭 90 毫克，测出其原子量约为 225。

居里夫人

居里夫人先后于 1903 年和 1911 年获得诺贝尔物理学奖和化学奖。更值得称颂的是，居里夫人并没有申请专利，而是将钋和镭的提取方法毫无保留地公之于众，这就意味着她将放弃高额的专利收入。居里夫人对科学的执着，对名利金钱的淡薄，值得后世科学家学习。

（三）爱因斯坦与相对论理论

阿尔伯特·爱因斯坦（Albert Einstein，1879—1955）出生于德国犹太家庭，是世界著名的物理学家。爱因斯坦在一生中创立了狭义相对论和广义相对论，开启了现代科学技术的新纪元，被公认为是伽利略、牛顿等人之后世界上最伟大的物理学家。

爱因斯坦儿时迷恋小提琴，15 岁赴瑞士苏黎世工业专科学校学习，并对数学、物理学产生了浓厚的兴趣。1895 年，爱因斯坦开始着手研究光速和相对性问题。经过长达十年的潜心研究，爱因斯坦终于创立了狭义相对论。相对论是研究时空、引力的基本理论，狭义相对论讨论在匀速直线运动的参照系中的物理规律。爱因斯坦狭义相对论中两条最基本的原理即相对性原理、光速不变原理。相对性原理揭示了物理学的相关定律在惯性系中具有相同的形式，而运动的时间比相对静止的惯性系时间走得要慢一些，通过运动产生了时间的膨胀。光速不变原理揭示了在所有的惯性系中，光在真空中的传播速度具有相同的值。狭义相对论一改之前的物理论说，认为时间、空间、物质并非相互独立，互不影响，而是紧密相连，密不可分，因而在研究空间时，要将物质和时间引入，研究物质、时间时亦然。

狭义相对论创立以来，得到了物理学界的高度关注，因其理论的前瞻性和先进性，据说当时全世界只有 12 个人能够理解狭义相对论。为了将理论继续推进，爱因斯坦借助“黎曼几何”为基本工具，又用了十年时间，于 1915 年发表了《广义相对论基础》。广义相对论将讨论推广到非惯性系测加速度参照系，以牛顿经典力学与狭义相对论为基本框架和理论支撑，应用等效原理，将引力描述为时空的一种几何属性（曲率）；而这种时空曲率与处于时空中的物质和辐射的能量直接相关，它们直接相互联系的方式是爱因斯坦提出的引力场方程。

狭义相对论和广义相对论理论改变了人们对自然和物体运动的认识，发展完善了牛顿经典力学，推动了物理学研究领域的蓬勃发展。

二、核能时代

原子核一般是由质子和中子构成的，氢原子核较为简单，只有一个质子。原子核通过裂变、聚变等反应，会释放出大量的能量，这种释放的能量叫做原子能，也称为核能。在二战后期，德国科学家奥托·哈恩和弗里兹·施塔斯采用中子攻击铀的方法，发现了比铀更轻的元素。1941 年，美国物理学家恩利克·费米（Enrico Fermi，1901—1954）辗转到芝加哥，完成了美国历史上第一个原子反应堆。该反应堆装置了可控的链式反应设备，用石墨、镉棒等来控制裂变反应速率。反应堆从 1942 年起正式运转，并实现了反应输入的正向增长，开启了核能时代。费米的原子反应堆为原子能的利用提供了大量的可靠数据，但在技术上仍存在欠缺。后来人们发现了裂变材料钚，并开始从铀 238 中提炼钚。

奥本海默

罗伯特·奥本海默（Julius Robert Oppenheimer，1904—1967）是美国著名的物理学家，犹太人，曼哈顿计划的领导者。1945 年，奥本海默和其他科学家研制出 3 颗原子弹，并于 7 月份试验爆炸了其中一颗铀原子弹。原子弹爆炸过程中火光冲天，宛如白昼，几百千米以外的人都能看到，产生的大量辐射性物质让距离稍近的工作人员瞬间失明。而这场试验所产生的爆炸力，远远超出科学家们事先的预想。奥本海默也被后世称为“原子弹之父”。

科学家们预见到原子弹将给全世界带来的巨大灾难，齐拉德·莱奥、爱因斯坦等十几位科学家建议当局政府慎重处理原子弹问题，维护世界和平。而二战期间为了满足战事需要，美国在 1945 年 8 月 6 日和 9 日先后将铀弹“小男孩”“胖子”投放到日本广岛和长崎，两座城市瞬间化为废墟，日本立即接受结束战争的《波茨坦公告》，宣布投降。

二战结束后，和平与发展成为世界的主流，原子能的放射性同位素放出的射线在食品、医疗等方面发挥着重要作用。在能源领域，科学家利用核裂变或核聚变反应所释放的能量发电，改变了传统化石能源发电的弊端，20 世纪末全世界共建造 400 多座核电站，原子能切实地为造福人类做出了贡献。

三、航空航天技术

20 世纪以前，人类历史上未曾有过飞行器离开地面，人类的主要交通工具仍然是汽车、轮船，甚至是马车。20 世纪，航空航天技术从无到有，飞机、卫星、空间站、宇宙飞船等不仅增加了人类的交通工具种类，改善人类的远途出行条件，将世界连成一体，更可以从地球飞向月球、太空，对宇宙的奥秘进行更深层次的探索与科研，具有划时代的意义。

(一) 飞机的发明

莱特兄弟是人们对威尔伯·莱特（Wilbur Wright，1867—1912）和奥维尔·莱特（Orville Wright，1871—1948）的合称，他们是美国著名的发明家、飞机的发明者，在世界飞机发展史上做出了重大的贡献。

莱特兄弟从小家境贫寒，始终没有受到高等教育，靠修理自行车而维持生活。但莱特兄弟二人执着于飞机的制造和飞行的研究，在生活中密切关注飞机研究的进程，并自学德文，阅读机械方面的书籍，积极汲取前人的经验教训。尽管1899年以来发生过数起发明者试飞重伤、丧命的事件，但莱特兄弟二人始终对飞机研究保持着浓厚的兴趣。

莱特兄弟

在飞机的具体发明和设计上，莱特兄弟二人更加花费心力。他们制造了一个小型的风洞实验室，对飞机的各部位结构做精准的数字计算，改进前人的发明，设计翼型推进器，并将主翼后缘上提，使之更具平衡力。1903年，莱特兄弟经过数以千计的飞机滑翔试验后，又改良汽油发动机，将装备在飞机上的汽油活塞发动机的重量控制在70千克，以使滑翔机能承受发动机的重量。

1903年12月17日，莱特兄弟用木质骨架的双翼飞机“飞行者”出色地完成了试飞，在12秒间飞行了36米。1908年，经过改良，莱特兄弟用“飞行者”飞行了2小时20分钟。莱特兄弟实现了人类对蓝天的征服，两人创办的“莱特飞机公司”，为飞机的推广应用做出了积极的贡献。

(二) 人造卫星等空间技术的发展

人造卫星是无人驾驶、环绕在地球空间轨道上的航天器。人造卫星按照天体力学的规律设计完成，在轨道上受到地球引力、大气阻力、太阳引力、月球引力等多种因素影响，按功用分为科学、通信、军事、气象、资源等多种卫星形式。20世纪，美国与苏联之间展开了一场激烈的竞争。

在美苏关于人造卫星的竞争中，早期一直是苏联占据优势地位。1955年，苏联成立“人造地球卫星委员会”，具体负责人造地球卫星的研发、发射工作。1957年，苏联成功研制出8 000米/秒的高速火箭，通过火箭推送人造卫星的伟大计划只欠东风。1957年10月4日，苏联用“苏联1号”三级火箭运载“斯普尼克1号”（也叫“伴侣1号”或“人造地球卫星1号”）人造卫星，成功发射了人类历史上的第一颗人造卫星。“斯普尼克1号”重83.6千克，直径57厘米，中间空心，装有发报机，可以发射电码。“斯普尼克1号”成功到达既定轨道后运行92天，绕地球飞行约1 400圈。同年12月4日，苏联又发射了重达500千克的第二颗人造卫星。

苏联同一年成功发射两颗人造卫星，激怒了拥有雄厚资金支持，科技领先，已拥有飞机、核武器等先进技术的美国政府。为摆脱困境，美国启动人造卫星计划，仅用一年的时间，便于1958年成功研制并发射利用“丘比特-C”运载的人造卫星“探险者1号”。“探险者1号”重

8.3 千克，是美国历史上的第一颗人造卫星。

在此之后，美苏之间展开了人造卫星领域的拉锯和争霸。1958 年，苏联发射 3 颗卫星，美国发射“先锋 1 号”“先驱者 1 号”“成功计划”人造卫星。1959 年，苏联发射“梦想 1 号”“梦想 2 号”，“梦想 2 号”首次在月球撞击硬着陆，成为首次到达月球的人造飞行器。1960 年，苏联发射“梦想 3 号”，该卫星成为月球的第一颗人造卫星。在美苏人造卫星的较量中，苏联在此阶段一直领跑。

人造卫星的成功发射宣告了航天时代的正式来临。人造卫星为人类提供的军事、科学、通信、气象等数据，直接改变了世界的方方面面。

（三）空间站技术

世界上第一座空间站“礼炮 1 号”

空间站，也称航天站或太空站，是一种可以在近地轨道长时间运行，为航天员提供长期的工作、生活场所的载人航天设备。在航天技术发展的过程中，人们逐渐发现卫星设备太小，难以配置大量机器，功能有限，而飞船虽然体积稍大，但无法在轨道停留较长时间，因此，空间站成为各国航天领域关注的新焦点。

1971 年，苏联在载人登月计划落后于美国时，却成功发射了世界上第一个空间站“礼炮 1 号”。“礼炮 1 号”空间站全长 14.5 米，重约 19 吨，由三个呈柱形的舱体组成。其头部、中部、尾部分别是过渡舱、工作舱和推进舱。太阳能电池板装配在过渡舱和主要发动机舱的两侧。“礼炮 1 号”在太空中顺利进入轨道，1971 年 6 月，3 名宇航员在空间站内按照计划完成观测恒星、拍摄地球图片、种植植物等相关工作，却在返回时因指令舱压力阀被打开，直接导致舱体内空气外泄，3 人因窒息而死。“礼炮 1 号”属于一代空间站，近地轨道较低，大致在 250 千米，为克服空气阻力，每年需要使用近 5 000 千克推进剂，后经过改进的二代空间站近地轨道高度为 350 千米，这样大大减少了空气阻力的影响，每年需要 600 千克推进剂即可。

苏联的“礼炮 1 号”发射成功后，美国开始加快太空实验室的计划，并于 1973 年成功发射了太空实验室。其总长 36 米，比苏联的“礼炮 1 号”更加庞大。但发射之初太空实验室就出现了诸如流星防护罩丢失、太阳能电池板无法展开等问题，经过宇航员修复后成功运行。

20 世纪 80 年代，苏联对空间站升级，研发了第三代空间站“和平号空间站”。“和平号空间站”的对接口增至 6 个，太阳能电池板面积更大，效率更高，舱体内工作空间更大，配置的科学检测仪器更多。三年后，苏联相继组装了量子 2 号、3 号、4 号，苏联空间站由此成为近地轨道上的庞然大物。

目前世界上有两个正在运行的空间站，其中一个是由美俄等 6 个西方宇航机构联合打造的国际空间站，另一个是中国独立自主打造的“天宫”系列空间站。

（四）航天飞机的发展

航天飞机，又称太空穿梭机，最大的特点是可重复利用，是往返于太空、宇宙和地面之间的航天器，并兼具飞机与航天器等多重属性，既具有火箭的起飞功能，像太空飞船一样在轨道上运行，又能够像飞机一样安全平稳地着陆。航天飞机具有经济性和可重复利用性，大大减轻了各国在航天领域的经济负担，备受世人关注。

航天飞机由轨道器、固体燃料助推火箭和外储箱三大部分组成。根据现代航天学和火箭理论的奠基人、俄国科学家齐奥尔科夫斯基（1857—1935）的质量比定律，为使航天器拥有离开地球引力的加速度，在航天器的制造过程中，其体积中燃料所占比例越大越好，当返回地球时，回来的部分越小越好。

1977 年，美国第一架航天飞机“企业号”进入太空，实现了人类历史上航天飞机的首飞。1981 年，美国第二架航天飞机“哥伦比亚号”在肯尼迪航天发射中心顺利升空。在之后的三年时间内，“哥伦比亚号”航天飞机完成了 3 次试飞，并于 1982 年开始实现商业使用，携带两颗通信卫星，并将其送入既定轨道。1983 年，美国发射第三架航天飞机“挑战者号”，并先后进行过六次轨道飞行，不仅发射了商业卫星，还完成了舱外作业。1986 年，“挑战者号”第十次发射升空时爆炸，7 名宇航员无一幸免，造成了航天史上的悲剧。时隔两年，美国于 1988 年发射“奋进号”，实现了四名宇航员出舱清理空间站。

航空航天技术的发展为坐井观天的人们带来了一双俯瞰云霄、通向宇宙的眼眸，利用航天技术实现宇宙探测考察，了解月球、火星等星体条件将成为人类未来航天研究的重点。

四、电子信息时代的到来

在第三次科技革命时期，与原子能技术、航空航天技术齐头并进的是电子信息技术。而相较于前两者，电子信息技术更具有社会性。随着电视、电脑、网络的发明和应用，电子信息技术有效地进行科研转化，并时时刻刻改变着人们的生活。

（一）电视的发明

电视的发明源于 19 世纪下半叶，当时意大利神甫卡塞利、英国电气工程师史密斯、德国人布尼科夫等人先后发明了用电报线路传输图像技术、光电效应、机械扫描型电视，前人的理论和发明为电视机的发展做出了重要贡献。

英国发明家贝克威尔在 1904 年发明了一次电传送一张照片的技术，但是由于早期技术不成熟，传送一张照片需要花费 10 分钟。1925 年，贝尔德（J. L. Baird，1888—1946）结合前人的研究成果，制造具有集束光线扫描功能的摄像机，又制造接收机，并设计了一整套机械设备，终于发明了世界上第一台具有一定实用价值的电视机。同年，苏联人维拉蒂米尔·斯福罗金也发明了电视。两者谁是电视机的发明者学界尚有争议。但维拉蒂米尔·斯福罗金发明的电视与贝尔德的发明相比，在传输和接收的原理上有很大的差别，他发明的电视被称为“电子式电视”。

贝尔德与其制造的电视机

1926 年，贝尔德展示了他研制的电视机，虽然以无线电播放电影，每秒钟只能传 30 幅画面，但足以开启电视机技术的新时代。20 世纪 30 年代，贝尔德先后建立电视广播，在德国柏林成立电视台，在美国传送罗斯福总统在世博会致开幕词的场面和纽约市长游行的节目。这一系列举措极大地促进了普通民众对电视机的关注和认可。1946 年，首款黑白电视上市，机长 25 厘米，售价 375 美元。1954 年，美国得克萨斯仪器公司研发出全晶体管的电视接收机，在美国电器市场标价 1 000 美元，很短时间内就实现了赢利。

电视在 20 世纪下半叶发展十分迅速，彩色电视取代了黑白电视，并相继出现了立体电视、数字电视、液晶电视，电视真正走进千家万户，电视节目成为社会热点话题，人们真正进入电视时代。

（二）电子计算机的发展历程

电子计算机，又称电脑，是用于高速计算的设备，是通过数值、逻辑计算，完成相应程序的智能产品。电子计算机还具有存储功能，并通过软件和硬件设备实现庞大的数据处理。

1942 年，美国科学家约翰·文森特·阿塔纳索夫（John Vincent Atanasoff，1903—1995）与他的学生克利福特·贝瑞成功测试了 1937 年设计的阿塔纳索夫—贝瑞计算机（简称 ABC），它成为世界上第一台计算机［学界另一说法是第一台计算机为埃尼阿克（ENIAC）］。阿塔纳索夫—贝瑞计算机具有四大特点：第一，它采用电能与电子元件；第二，它一改当时十进制的运算习惯，采用二进制；第三，为了避免错误，它采用电容器作为存储器；第四，它直接进行逻辑运算。然而阿塔纳索夫—贝瑞计算机不可编程，仅能用于求解线性方程组的问题。

1946 年，由美国宾夕法尼亚大学莫希利（1907—1980）主持研制的“电子数值积分计算机”埃尼阿克（ENIAC）诞生，它是世界上第一台电子多用途计算机。ENIAC 长 30.48 米，宽 6 米，高 2.4 米，占地面积约 170 平方米，重 30 英吨①，造价 48 万美元。ENIAC 每秒可以完成5 000 次加法或 400 次乘法，是人工计算的 20 万倍。

电子计算机经历了电子管、晶体管、集成电路等几大阶段，1946—1957 年生产的电子计算机，都属于第一代电子计算机。1948 年，美国公司发明了晶体管，后来菲尔克公司率先研发出第一台晶体管计算机，计算机发展进入第二代阶段，使计算速度高达每秒几万次。1964 年，IBM 公司研发 360 系列计算机，计算机发展进入第三代阶段。第三代计算机淘汰了磁芯储存器，使用了集成电路和半导体储存器。第四代电子计算机以大规模集成电路为存储器，计算机发展成微型或巨型。

1974 年，美国人比尔·盖茨（Bill Gates，1955—　）从哈佛退学，并成立微软公司，生产系列软件。微机迅速从美国向全世界辐射，走进千家万户，并广泛应用于机床、仪器、汽车、冰箱等生产和生活的各个方面，成为信息社会重要的组成部分。

（三）网络时代的到来

在计算机的术语中，网络是对信息进行传输、接收、共享的平台和媒介。计算机中的网络是虚拟的，它通过将节点相连，把信息连接起来，从而实现信息资源的共享。随着 20 世纪网

---

① 1 英吨约为 1.016 吨。

络技术的发展，网络已经成为人类文明中重要的组成部分而走进千家万户。

20 世纪，在美苏对峙过程中，美国军方担心可能爆发核战争，为保证战争中各种信息畅通无阻，进行了最初的网络研发。1968 年，英国实验室建立了计算机网络，也被称为电脑网络。同年，美国国防部建立分散式计算机网络阿帕网。阿帕网有四个节点，其用户更注重通信和信息共享，这使得用户数激增，节点数目大幅度增加。

1986 年，由美国国家科学基金会搭建的 NSFnet 网络系统成为因特网主干网络系统。1991 年，瑞士工程师蒂姆·伯纳斯·李创建了 World Wide Web（万维网），简写“WWW”。万维网搭建的网络平台更便利，吸引了大量用户，蒂姆·伯纳斯·李被称为“互联网之父”。

随着互联网领域的高速发展，20 世纪后期，西方主要国家进入了信息高速公路阶段。由光导纤维制成的光缆，对文字、声音、图像、视频有着超高的传播速度；细如发丝的光缆可以传递巨大容量的内容，真正实现了网络宽带。而信息高速公路的发展模式也给人们的工作、生活带来广阔的前景。无论是网络会议、数字图书馆、数字博物馆，还是网络视频、网上购物、网络棋牌，网络已经影响着人类的方方面面。网络极大地促进了经济发展，并且在给人们带来便利的同时，让人们以最快的方式了解最新的新闻和事物。

五、生物技术时代

在 20 世纪西方科技革新与应用的时代，生物领域的发展似乎来得更晚一些，但 20 世纪 70 年代以来，现代生物技术进入了新阶段。随着生物技术产品的不断研制开发，克隆技术、基因工程等领域的重大发现使人们对生命体的了解日益加深，改变了人类在生物领域的既定认识，促进了生命科学、医学领域的发展。

（一）克隆技术

克隆技术是通过无性繁殖的方式，对细胞某些相同的遗传特征进行提取，将细胞核移植，培育出具有相同遗传特征的个体的技术。克隆技术早早出现在小说家的科学幻想当中，20 世纪 90 年代，经过科学家们的不懈努力，终于变为现实。

克隆技术的发展经过了三个阶段。第一阶段，科学家以克隆微生物为主，在一定时间内，就能快速地将一个细菌克隆出数万个细菌，从而形成细菌群。第二阶段，科学家们主要研究生物技术领域的克隆，用 DNA 进行克隆。第三阶段，科学家进入克隆动物领域，由某一动物的细胞，成功克隆出具有相同遗传特征的动物。1996 年 7 月 5 日，苏格兰科学家们经过几百次实验，通过对母羊的乳腺细胞进行提取和发育，终于成功培育出克隆羊，并以当时胸部丰满的美国乡村音乐天后多莉·巴顿（Dolly Parton）命名，取名“多莉”（Dolly，1996—2003）。

在多莉培育过程中，并没有公羊的精子参与生殖环节，而是通过吸出绵羊卵细胞中的遗传物质，将母羊乳腺细胞中的遗传物质注入，绵羊的卵细胞空壳成为一个虽然未经受精环节，但也拥有遗传物质的卵细胞。科学家们对细胞进行分裂，增殖成胚胎，并植入第三只母羊的子宫中，在母体中进行正常的胚胎生长发育过程，直至分娩。多莉出生后于 1998 年、1999 年两年时间里生育过 4 只小羊，2003 年因患有腹部疾病而早夭。

多莉是人类历史上第一次用成年动物细胞克隆培育的新个体，翻开了生物领域的新篇章。然而多莉的诞生不但引起了科学界的关注，也引发了舆论界和媒体行业的热议，而克隆技术所应承担的社会道德伦理问题、法律问题也成为人们关注的焦点。所以，多国在研究克隆技术时，严格管制对人类克隆问题的研究，在之后的克隆技术研究中，更多地将克隆应用于培育优良畜种、生产人胚胎干细胞用于细胞和组织治疗病症、保护濒临灭绝的珍稀物种等，切实地为人类社会造福。

（二）基因工程

基因工程，是对基因进行拼接和对 DNA 进行重组的生物技术，通过将体外的杂种 DNA 分子引入活细胞中，改变该细胞原有的遗传特征，实现品种和产品的升级。

1960 年，瑞士科学家沃纳·阿尔伯研究出核酸的内切酶具有限制性作用，即对基因有剪切功能。1970 年，美国科学家发现了连接酶，可以对 DNA 进行粘贴。这样就可以在科学家找到某种具有特殊性质的基因时，将 DNA 分子中某个更小的基因找出来，进行切割和粘贴。1971 年，美国生物分子学家伯格首次运用工具酶对 DNA 进行粘贴连接，实现了基因重组。

1985 年提议、1990 年正式启动的“人类基因组计划”（Human Genome Project）由美国、英国、日本、法国、意大利和中国科学家共同承担，堪称生命科学史上的“阿波罗登月计划”。人类基因组计划通过测定组成人类染色体中的 30 亿个碱基对组成的核苷酸序列的研究，计算出人类基因组，以达到破译人类基因中的遗传物质和信息的目的。在人类基因组计划中，各国科学家承担的任务量大不相同，美国承担部分高达 54%，英国其次，为 33%，通过跨国的分工配合，于 2000 年完成基本目标，测定出人类基因数目为 3.4 万～3.5 万个。2001 年，人类基因组工作草图的发表，成为基因研究中里程碑式的成果。

随着基因领域内切酶、连接酶、工具酶的发展，基因研究的成果也被广泛运用到农牧食品、环境保护、医学等领域，为人类社会做出杰出的贡献。

在农牧食品领域，通过基因技术可以培育出更优质、更高产、更健康的农牧产品，如阿根廷培育出乳汁中含有人生长激素的转基因牛，利用黄瓜抗青枯病基因培育出转基因甜椒，利用鱼抗寒基因培育出转基因番茄、不会引起过敏的转基因大豆，利用苏云金芽孢杆菌可杀死棉铃虫的特点培育出转基因棉等等。在环境保护领域，科学家们研制出能够灵敏、高效地探测环境中病毒、细菌的 DNA 探针，甚至可以吸收和转化污染物。在医学领域，基因治疗通过用正常基因代替缺陷基因的方法来解决单基因缺陷的遗传疾病。据统计，截至 1998 年，全世界基因治疗临床案例高达 373 个，累计 3 134 人，基因治疗有着广阔的前景。在基因医疗方面，药品源于生物组织，材料稀缺，价格昂贵，如将合成胰岛素的基因导入大肠杆菌，可生产大量胰岛素；基因药物还包括人造血液、白细胞介素、乙肝疫苗……大大提高稀缺药物的生产规模，为患者带来福音。

在 20 世纪的科技革命中，以伦琴射线的发现、爱因斯坦相对论、居里夫人提炼出镭和钋为代表的物理学，以原子弹的试验成功、核能发电运用为代表的原子能，以人造卫星、空间站、航天飞机为代表的航空航天技术，以电视、计算机、网络为代表的电子技术，以克隆技术和基因工程为代表的生物技术均突飞猛进，生产力大大提高，为科学的进步、社会的发展、人民生活水平的提高做出了卓越贡献。

【本章小结】

本章分为五节，梳理了西方科学的历程与脉络，列举了西方科学发展各阶段的重大事件、重要成果及代表人物。第一节“理论与实践并重的古希腊罗马科学”分别介绍了古希腊和古罗马制图学、地理学、天文学、数学、生物和医学、物理和光学、农学等不同部类科学的成就。古希腊科学起源于自然哲学，更重视求知和探索精神，古罗马科学则更重视实用目的。总体来看，古希腊罗马科学有着理论与实践并重的特征，奠定了西方科学研究的良好传统。第二节“神学阴影下成长的中世纪科学”一方面阐述了中世纪基督教对知识和科学家的压制、迫害；另一方面也注意到中世纪神学和科学的调和与共存，梳理了中世纪科学家在数学、天文学、力学等领域的成就，以及阿拉伯人在化学、医学、天文、数学、物理等方面对中世纪科学的贡献。第三节“文艺复兴时期：近代科学观念的萌发”阐述了近代科学产生的条件和背景。文艺复兴时期，不仅文学、艺术蓬勃发展，欧洲大地上还开出了一朵朵科学之花，引发了一场前所未有的“科学革命”，近代科学观念也由此萌发。本节梳理了西方近代科学在天文学、物理学、医学、生理学、数学等领域的伟大成就，并介绍了近代科学不同领域的重要代表人物，如哥白尼、布鲁诺、开普勒、伽利略、牛顿、帕拉塞尔苏斯等。第四节“工业化时代：日新月异的现代科学”聚焦两次科技革命，分别阐述了第一次和第二次科技革命产生的背景，梳理了两次科技革命的发展历程和重要成果，包括第一次科技革命的纺纱机、蒸汽机的发明与革新，以及第二次科技革命电能的发展与应用、交通运输机械的发明等方面的成果，如电灯、电话、无线电和火车、内燃机、汽车的发明与应用等。第五节“科学技术的革新与应用：20世纪的西方科学”从物理学、核能与原子弹、航空航天技术、电子信息技术、生物技术五个方面，阐述了第三次科技革命的伟大成就。其中，X射线与钋、镭的发现，爱因斯坦相对论的提出，极大地推动了现代物理学的发展；核能的研究、原子弹的发明开启了人类的核能时代；飞机的发明、人造卫星和空间站技术的出现、航天飞机的发明，推动了航空航天技术的迅猛发展；电子计算机和万维网的发明与革新，让人类正式进入电子信息和网络时代，给人类社会带来了方方面面的改变；克隆技术和基因工程改变了人类在生物领域的既定认识，也引发了关于科技与伦理等更深层次方面的一些探讨。

【思考与练习】

1. 古希腊不同部类的科学主要有哪些成就？
2. 古罗马不同部类的科学主要有哪些成就？
3. 中世纪科学家的主要成就有哪些？
4. 西方近代天文学的代表人物有哪些？其主要成就是什么？
5. 牛顿对近代物理学发展的杰出贡献包括哪些？
6. 第一次科技革命产生的主要背景是什么？
7. 第二次科技革命产生的主要背景是什么？
8. 20世纪西方物理学的重要成就包括哪些？
9. 20世纪西方航空航天技术的发展包括哪些？
10. 简述电子计算机的发展历程。
11. 为什么说“最早的古希腊哲学家同时也是自然科学家”？
12. 如何看待中世纪神学与科学的复杂关系？

13. 如何辩证评判中世纪对科学的影响？

14. 简要阐述互联网出现给西方文化社会带来的影响。

15. 结合克隆技术与基因技术的发展，谈谈科技与伦理的关系。

【拓展阅读】

1. 阿里奥托．西方科学史．鲁旭东，等译．北京：商务印书馆，2011.

2. 贝尔纳．历史上的科学．伍况甫，等译．北京：科学出版社，1959.

3. 林德伯格．西方科学的起源．2 版．张卜天，译．长沙：湖南科学技术出版社，2013.

4. 沃克迈斯特．科学的哲学，李德容，等译．北京：商务印书馆，1996.

5. 舒斯特．科学史与科学哲学导论．安维复，译．上海：上海科技教育出版社，2013.

6. 丹皮尔．科学史：及其与哲学和宗教的关系．李珩，译．北京：商务印书馆，1975.

7. 麦克格拉思．科学与宗教引论．王毅，译．上海：上海人民出版社，2000.

8. 瓦格纳．中世纪的自由七艺．张卜天，译．长沙：湖南科学技术出版社，2016.

9. 格兰特．近代科学在中世纪的基础．张卜天，译．长沙：湖南科学技术出版社，2010.

10. 夏平．科学革命：批判性的综合．徐国强，袁江洋，孙小淳，译．上海：上海科技教育出版社，2004.

11. 杜布斯．文艺复兴时期的人与自然．陆建华，刘源，译．杭州：浙江人民出版社，1988.

12. 高克罗杰．科学文化的兴起：科学与现代性的塑造：1210—1685. 罗晖，冯翔，译．上海：上海交通大学出版社，2017.

13. 科恩．世界的重新创造：近代科学是如何产生的．张卜天，译．长沙：湖南科学技术出版社，2011.

14. 巴特菲尔德．现代科学的起源．张卜天，译．上海：上海交通大学出版社，2017.

15. 古川安．科学的社会史：从文艺复兴到 20 世纪．杨舰，梁波，译．北京：科学出版社，2011.

第六章
西方社会生活与习俗

【概述】

本章以时间为线索，分为古希腊罗马、中世纪、近代社会、现代社会四个部分介绍西方的社会生活与习俗。古希腊和罗马点亮了西方文明的光辉，无论是城邦制的希腊，还是由共和到帝制的罗马，从很久以前就有了丰富多彩的社会生活与参差多态的风俗习惯。在中世纪的星空下，封建制度下的欧洲社会尽管笼罩在一片基督教神权的氛围之下，人们的生活却也并不像现代人通常认为的那样单调。19 世纪以来，人们的生活方式和社会习俗发生了巨大的变化，工业革命和科技革命正在越来越深刻地影响西方社会的发展进程。

第一节
公共与私人：古希腊罗马的社会生活与习俗

【本节关键词】

城邦制　元老院　婚姻与家庭　服饰　建筑与饮食　教育　奥林匹克运动　角斗　节日与宴饮

一、城邦与帝国

萨拉·B. 波默罗伊在《古希腊政治、社会和文化史》中对古希腊的历史做出了如下的板块划分：

历史阶段	时间
新石器时代 (Neolithic/New Stone Age)	公元前 7000—前 3000 年
青铜时代（Bronze Age）	青铜时代早期：公元前 3000—前 2100 年 青铜时代中期：公元前 2100—前 1600 年 青铜时代晚期：公元前 1600—前 1200 年

续前表

历史阶段	时间
黑暗时代/铁器时代 (Dark Age/Iron Age)	公元前 1200—前 700 年
古风时期（Archaic Period）	公元前 700—前 480 年
古典时期（Classical Period）	公元前 480—前 323 年
希腊化时期（Hellenistic Period）	公元前 323—前 30 年

上述板块的历史分期并非绝对精确，而是经过了高度的“整数化”，是为了方便学习者了解古希腊历史而提供的一种具有“速记”特性的历史思考方法。

首先我们应当认识到，希腊并不是一个单一民族，而是由爱琴海地区的本地民族和几个从小亚细亚和欧洲大陆入侵的民族构成的复合民族。在柏拉图的《斐多篇》（*Phaedo*，1096）中，苏格拉底写道：“我们（指希腊人）就像大海边上围绕着池塘的蚂蚁或青蛙。”这些“蚂蚁或青蛙”指的就是古希腊众多的城邦。城邦制，是古代希腊特点鲜明的政治制度，公元前 8 世纪到公元前 7 世纪初，是希腊城邦社会的形成时期。“希腊人把城邦叫做‘polis’，罗马时代以前，城邦一直是古希腊特有的社会、政治组织。后世的各个民族和国家将‘城邦’看成典范，城邦制对他们具有深远的历史意义。political（意为‘国家的，政治的’）和 politics（意为‘政治’）两词的词根就是‘polis’。什么是城邦？简单定义如下：一个城市及其毗邻地区构成的共同体，是自治、自主的政治团体。”① 公元前 7 世纪初的希腊城邦大多各具特色，不同的城邦根据自己的需要和实际情况制定不同的行政手段。大的城邦一般需要较多的行政官员，小的城邦则不需要很多。而随着人口的增长，官员的具体分工也逐渐细化，但重要的行政长官人数依然很少。到了公元前 6 世纪末，由男性公民组成的公民大会逐渐在希腊城邦里获得决策权，但有些城邦规定只有达到一定的财产数量才能成为公民，这样一来很多贫困的人就失去了公民资格。早期的希腊城邦居民已经存在经济和阶级地位的差别，“基于经济地位不同，男性公民的责任和权益——如在公民大会选举或发言、担任公职、出任法官、参军打仗等——也不尽相同……在早期城邦，只有富人和贵族能够拥有完整的公民权。中等收入的非贵族公民不能担任公职，而最穷的公民连公民大会选举权也没有”②。

至于希腊城邦之间的关系，一方面，大小城邦之间冲突不断；另一方面，为了抵御共同的敌人，一些城邦彼此间还会结成同盟。最著名的同盟是公元前 6 世纪由斯巴达人创建的“伯罗奔尼撒同盟”（Peloponnesian League）和雅典主导的公元前 476 年希波战争中形成的“提洛同盟”（Delian League）。到了公元前 431 年，两大势力集团爆发了旷日持久的消耗战，这场史学家所说的“伯罗奔尼撒战争”对交战双方都产生了消极的后果。“对于居住在城外的人们来说，城邦是一个大的家，强盛的城邦使他们产生义不容辞的忠诚。这种令人瞩目的忠诚导致了城邦的人力不足，即使最大的城邦也是如此。这使它无法将隶属城邦与联盟转变成更大的政治联合体。这点不仅加剧了斯巴达的衰落，而且限制了雅典帝国的效率，终于在独裁的马其顿帝国之前沦陷了。”③

与希腊的城邦制不同，罗马经历了从王政时代到共和国时代，再到帝国时代的演进。在罗

① 波默罗伊，等．古希腊政治、社会和文化史．傅洁莹，龚萍，周平，译．上海：上海三联书店，2010：99.

② 同①114.

③ 哈里斯．古希腊生活．李广琴，译．太原：希望出版社，2006：59.

马共和国的早期，最高权力由平民大会选举产生的两名执政官掌控，两人之间可以简单地相互否决以制约对方的行动。与希腊的情况相似，罗马的公民大会也不是真正的民主机构，缺少财产的平民大多依附于富人和元老。而元老院则在公共生活中享有至高的地位。**罗马元老院**［图1］的历史极为久远，它最初是部族长老们的议事会，由最尊贵、最富有的氏族代表组成，这些氏族代表的后代逐渐形成罗马的贵族阶层。元老院通常由300名终身制成员组成（这一数目保持了长达500年左右的时间），他们在罗马的政治生活中占有决定性的地位，公民大会提出的任何方案几乎都要经过元老院的批准。

罗马从共和国到帝国的演进是一个对外扩张的历史。公元前146年，罗马军队在统帅小西庇阿（Scipio Aemilianus）的率领下击败迦太基，并将这座城市夷为平地，此后的短短十几年之内罗马就控制了几乎整个地中海周边地区。对被征服的地区，罗马实行了行省管理制度。“这种管理方法的独特性是罗马人利用意大利人的军队为行省提供军事保护，而且他们向当地人强行征税，而非要求其服兵役。行省的总督也对当地城市或部落的内部事务实施广泛监督，而且他们为了听取更重要的法律诉讼而控制法庭。原则上，当地社区的自治权很少受到限制，他们被允许保持自己的风俗、宗教和语言的使用。”①

公元前1世纪，在经历了数十年的寡头政治之后，屋大维在公元前27年的一次元老院会议上获得了元首的地位，并被赋予“奥古斯都”（Augustus）的头衔，由此开始了罗马的帝国时代。此后的几百年里，罗马历史是和一个又一个帝国皇帝的名字联系在一起的。在这些皇帝当中，既有像图拉真、哈德良、马可·奥勒留这样相对开明的君主，也有像卡里古拉、尼禄、康茂德这样的暴君。公元395年，罗马皇帝狄奥多西一世去世。他临终前将帝国的土地划分为东西两个部分分给自己的两个儿子，罗马帝国就此分裂成以君士坦丁堡为都城的东罗马帝国和以罗马为都城的西罗马帝国。公元476年，西罗马帝国在日耳曼人不断入侵下灭亡，而东罗马帝国（亦称拜占庭帝国）的历史则持续了1 000年之久，直到公元1453年为奥斯曼土耳其帝国所灭。

二、婚姻与家庭

早在《荷马史诗》所描述的时代，希腊人就确立了一夫一妻制的家庭模式。一般来说，女性在15岁左右就由父亲或媒人为其选择婚配对象出嫁，男性娶妻则要到30岁左右。在现代人看来，婚姻是个人的私事，但在古希腊，婚姻则被认为是公民为生育下一代，完成其社会责任所采用的一种必要形式。不结婚在希腊城邦是被禁止的，斯巴达甚至还有惩罚晚婚的规定。一般来说，门当户对的男女双方决定结为婚姻关系后，男方要向女方赠送一定数量的礼物，其多寡则取决于家庭条件。而女性出嫁时，娘家也要提供与其家庭地位相当的陪嫁。希腊人似乎一直都有举行隆重婚礼的传统，《荷马史诗》中的主要英雄人物阿喀琉斯的盾牌上，就镌刻着一个盛大的婚庆和宴饮场面。婚礼通常分为三个阶段，即婚礼前的准备、新娘家的祭祀和喜宴、婚礼游行和新郎家的祭祀。每一阶段都包含一些特别而又隆重的仪式。希腊人举行隆重婚礼的这一习俗一直流传至今。

在家庭生活中，男性是“家庭里的君主”，与中国古代社会的情况相似，男尊女卑的性别观念在希腊的古典时期甚为流行，人们认为男性应该统治女性，而女性则被要求忠贞、服从，

① 卡里，哈阿霍夫．希腊罗马世界的生活与思想．郭子林，曹彩霞，译．郑州：大象出版社，2012：56.

并擅长料理各种家务。在丈夫邀请朋友一起用餐的场合下，妻子不能上桌，否则有可能被客人看成是妓女或情妇。妻子对家中大小事务具有支配权，这些家庭事务包括“懂得裁缝手艺，具有处理羊毛的经验，能够恰当地安排每一个女仆去干活，并且还必须能够替丈夫理财。她自己的主要任务就是提供养料哺育孩子；她必须像蜂后一样，不仅需要布置男女仆人干活，而且还要关心他们的身体和利益；她必须教导家庭成员掌握一切该掌握的事，巧妙而又严格地管理他们那些人”①。在政治上，希腊女性不能行使公民权，不能参与城邦的公共事务，甚至户外活动都受到严格的限制。女性在婚前受到的教育也比较少，伯里克利曾提到，妇女的最大光荣就是很少被男人谈及，不管是赞扬，还是批评。② 据学者统计，古典时代雅典成年女性的平均寿命为 36.2 岁，男性为 45 岁。普通妇女平均生 4.3 个孩子，其中仅有 2.7 人能活到成年。战争以及夫妻间的年龄差距导致希腊有很多女性未到老年就开始守寡，但根据习俗，生育年龄段的寡妇可以再嫁，所以寡妇再婚的情况并不少见。

与希腊的情况相似，早期共和国时代罗马社会生活的基础也是一夫一妻婚姻制。虽然同样强调妇女在家庭中的义务，但罗马妇女享有的生活自由远远超过同时代的希腊妇女。罗马的法典规定，25 岁以上的妻子可以拥有自己的财产，尽管在形式上该项权利受到其监护人的控制。公元前 2 世纪，罗马人的婚姻已经比较自由，即使是未婚女性，实际上也可以支配自己的事务。“当时还允许妇女参加公共娱乐生活。至少在较富裕的人家，她们不仅能学习传统的持家本领，还能接受到多学科的教育。例如，大西庇阿（尊称阿非利加努斯）的女儿科尔奈里娅不仅管理自己的地产，而且还主持一个沙龙。时下，像她这样出身的妇女在政治生活中也发挥重要作用，因为她们的婚姻是连接各种政治集团的纽带。一个政治家与另一个政治家之间的重要会晤经常在她们的家里举行。”③ 到了古罗马后期，妇女逐渐获得了更多的自主权，在财产方面独立于丈夫对她们有利，于是她们都倾向于避开父权安排之下的婚姻。

在家庭生活方面，罗马女性的负担也较希腊妇女减轻了很多。她们不用下厨房，也不干家庭粗活，日常工作只是负责总管全家和教育子女。希腊妇女在结婚之后一般有自己的闺房，她们很少在女人和男性亲属之外的其他人面前抛头露面。罗马妇女则没有闺房，她们享有和丈夫同桌进餐的权利，但饮酒是绝对禁止的。有身份的罗马女性大多懂得社交的礼数，在罗马社会，身着贵妇长袍的女性进出戏院、法庭乃至参加宗教仪式都是常见的事情。很多出身富有家庭的女性有机会和男子享受同样的教育，有些妇女甚至凭借自己的才能成为罗马社会的名人，这一点是希腊女性无法比拟的。

三、古希腊罗马的物质生活

在居住方面，古希腊的私人住房往往用泥土烘焙的砖块垒成，这与他们所擅长建造的宏伟壮丽的公共建筑形成了强烈反差。根据考古学家和历史学家的考证，古希腊住宅的内部也都较为简陋，采光和通风都不充分。房屋中一般没有下水道，生活废水直接倒在街上，卫生条件很

① 利奇德．古希腊风化史．杜昌忠，薛常明，译．北京：海豚出版社，2012.

② Thucydides. History of the Peloponnesian War：Ⅱ. Harmondsworth，Middlesex：Penguin Books，1954：45.

③ 格兰特．罗马史．王乃新，郝际陶，译．上海：上海人民出版社，2008：126.

不好。富人的住宅往往会有一个开放的庭院，四周有廊柱，中间有一个水池，还有一个祭祀宙斯的祭坛。房屋大多数是四边形的，朝着方形的庭院开门。主起居室通常位于距离街道入口最远的一面，除了较大的城镇，房屋一般为一层或两层，上层或房屋的后部房间通常是留给女人的。古希腊早期，富人和穷人的房屋在结构上并没有什么大的差别，只是富人的房屋相对大一些，陈设相对多一些而已。到了公元4世纪以后，奢侈之风日盛，富人在住宅方面逐渐变得讲究起来。由于室内光线比较昏暗，希腊人通常在庭院里或到公共场所活动。由于平民阶层的空闲时间相当充裕，男人们白天经常在体育场里运动与交谈，因此体育场就成了政治生活和哲学讨论的中心。希腊女性的社会地位远远低于男性，她们参与公共生活的程度也相当低，甚至男性在家中宴请宾客的时候，她们也要退回到自己的房间从事纺织等家务劳动。把女性隔离开来的住宅布局，在希腊是非常普遍的。

在希腊人的餐桌上，食物一般都很简单、清淡，这和希腊人崇尚简朴的生活方式有关。"由于气候温和，身体需要的脂肪和蛋白质较寒带居民少，所以，希腊人通常的日常饮食是橄榄、几片烤饼、干鱼、洋葱、大蒜、橄榄油以及加水的葡萄酒。他们吃鱼，平常不吃肉，一般过节才吃肉（主要是羊肉和猪肉）。丹纳在《艺术哲学》中甚至将古希腊人的饮食定量化为1个鱼头、1个洋葱、3颗橄榄，足见其饮食的简单和清淡。"① "主食除了烤饼之外还有谷物（大麦、小麦）加工成的粥和面包，食用时掺些蜂蜜。几乎任何食物里都放橄榄油，用橄榄油煮。一般是每天两餐，多半不吃早餐。在伯里克利时代有啤酒，但受到人们的鄙视，希腊人平时饮用的葡萄酒是佐餐用的。饮用的葡萄酒一般要加3倍的水使其变成淡酒。"② 在古希腊时代，葡萄酒已经被大规模生产，甚至连最贫穷的人也可以满足自己对葡萄酒的需要。由于当时的葡萄酒不易保存，较差的葡萄酒会添加一些调料和甜料以增进口感。希腊人还有一种特殊的进食方式，他们进主餐的时候靠在沙发上，这种习惯据说是从东方传入的。进餐的时候要用一只手肘支撑身体，只有一只手是自由的，因此食物必须由仆人提前准备好。在餐具方面，穷人的盘子和杯子多为简单的陶器，而较富有的人则使用优质陶器、银器甚至是玻璃器皿。

希腊人最普通的服装材料是毛料，亚麻是土生土长的欧洲植物，它也是毛料的主要替代品。绵羊是古代地中海地区最为普通的畜牧动物，日常生活中，希腊人一般身着羊毛本色的衣服。服装的样式不多，从款式上看并没有表明性别或贫富的重大差别。古希腊男女皆穿的内衣叫做"希顿"（Chiton），意为"麻布贴身衣"，按着装方式和形态上的不同，分为多利亚式和爱奥尼亚式两种。"希玛纯"（Himation）则是男女都穿的一种披风，一般披在希顿外面。它没有固定的造型，从用途上分为有里子外用的和没里子平常用的两种，其材料按季节分别选用毛织物和麻织物。希玛纯可以包裹全身，也可以露出单肩或是简单地披挂在双肩上。"由于当地的气温较高，所以他们通常不用穿上那件外套，只要穿一件长内衣就可以到户外走动。有许多人做法正相反，他们不穿这件长内衣，而只披上外套就走出家门。苏格拉底几乎总是这身打扮；卓越的斯巴达国王阿格西劳斯也是这身打扮。"③ 希腊女性的服饰发展则相对复杂一些，在不同的历史时期经过了一些演变。克里特岛希腊遗址的一些艺术品证明，早期希腊女性的着装比较裸露，到了爱琴文明时期之后，女性的服装则变得较为简朴。总的来说，希腊人的衣服

① 丹纳．艺术哲学．傅雷，译．北京：人民文学出版社，1963：247.

② 哈里斯．古希腊生活．李广琴，译．太原：希望出版社，2006：97.

③ 利奇德．古希腊风化史．杜昌忠，薛常明，译．北京：海豚出版社，2012：85.

总是松松垮垮的，在从事体力劳动或者运动竞技时，甚至只是为了显示健美的体魄，他们随随便便就会将衣服脱掉。裸体在希腊是非常普遍的现象，这一风俗既体现了希腊人的生殖崇拜，也体现了他们对大自然朴实的崇敬之心，所以，裸露就成为很自然的行为。

古希腊人的服饰

公元 1 世纪至 2 世纪，罗马城已经发展为人口超过 100 万的巨大城市，这座城市的公共建筑以其庞大的规模、完美的设计以及肩负的使命而著称。那些气势恢宏的神殿、剧院、竞技场，华丽繁复的广场和奢华的公共浴室都反映了罗马帝国曾经的富足和强大，其中的一些著名建筑至今屹立不倒。今天我们看到的古罗马建筑使用的主要建筑材料是大理石，在大理石之前，古罗马的主要建材是砖头和木料。在民居方面，穷人住宅的建材都是砖木，因而非常容易发生火灾和倒塌。到尤利乌斯·恺撒去世的时候，罗马城的居民总数已经达到 70 万，其中平民就有 50 万，这些平民的居住条件都谈不上多么舒适。人口密集的聚居区生活环境很不理想，道路狭窄，出入困难。由于建筑质量低劣，贫穷者的居所已经完全消失在历史之中，今天我们只能描绘那些富有者的居所。庞贝遗址保留的古罗马富人居所大致是这样的：“房屋的正面朝向街道，非常醒目。临街空地可以出租，用于开设店铺。中庭（atrium）由庭院和前厅组成，四周是一个个的房间。这大概是意大利所特有的，而非源于希腊。进入中庭需要经过一个入口。中庭有棚盖，棚盖中央通常开一个天窗。家族祭坛和列祖列宗的塑像设在中庭之内。除中庭外，还有起居室和家庭活动室，其中可能包括冬夏各异的餐厅。这些房间的周围是廊柱环绕的庭院，庭院内有一个小花园。”罗马人的房屋采光比希腊人充分很多，他们较早的时候就用格子填充窗户，从奥古斯都时代开始，富有的罗马人还经常镶嵌玻璃窗格，外墙用普通灰泥或石灰粉刷，室内还装饰着水彩壁画。

相对于古希腊人的简朴作风，罗马人的饮食习俗从内容到形式都丰富得多。晚餐是古罗马人一天当中最重要的一餐，也是人们真正放松的时刻。经过一天的忙碌，人们或是在自己家里，或是去造访朋友，花上三个小时甚至更长的时间来享受一顿丰盛的晚宴，这是罗马人喜爱的生活方式。希腊人的用餐习俗传入罗马之后，也发生了很大的改变，例如妇女不仅不再被禁止到餐厅用餐，还可以自由地在餐厅里谈天说地。罗马帝国时期的富裕家庭有好几个餐厅，这些餐厅有大有小，功用各不相同，视情况（如季节和宾客身份的不同）而使用不同的餐厅。为了显示富有，罗马人的餐厅不仅讲究装饰，也讲究餐具的材质。金、银、象牙、水晶制造的饰品和餐具不仅具有使用功能，很大程度上还成为客人欣赏的对象。晚餐在浓厚的宗教和迷信气氛中进行，家神的塑像在用餐时会被请到餐桌上供奉，宾客都会恭敬地亲吻家神。古罗马人在用餐上还有一个特殊的习俗：“人们认为死者就长眠在餐桌的热土里，因此打扫餐厅被视为对死者的不敬，受到习俗的禁止。撒在地上的饭粒是亡人的食物。为了解决讲卫生又不剥夺亡人口粮这对矛盾，人们在铺地用的马赛克上设计食物图案。习俗不是一成不变的，它也在变化。打扫餐厅起初被禁止，后来被解禁，但用餐时扫地仍然不可能。剩饭不应该留在餐具里送回厨房，而应该扔到餐桌底下（这个习惯在法国一直延续到15世纪）。剩饭扔在餐桌底下，是对亡人的敬重。亡灵很愿意食用活人的残羹剩饭。饭吃完了，奴隶就来打扫餐厅，把地上的残羹剩饭小心翼翼地收起来，然后倒到屋外。”① 在古罗马，饮食被看成是一种仪式，宾客的着装需符合一定要求，其人数也很有讲究，最少是三人，与美惠三女神的数量一致，最多是九人，不能超过缪斯九女神的数量。烹饪在古罗马演进成一种艺术，食材和调料的种类之多几乎超出现代人的想象，食物的制作方法也很复杂。

在服饰方面，罗马人的穿着要比希腊人复杂一些。“最早的时候罗马人穿的是一件短袖束腰内衣（tunica）外加一件宽松的长袍（toga）；妇女则穿一件比男人穿的要长许多的短袖束腰内衣，外面穿一件叫 stola 的女式宽松长袍。后来男式宽松的外衣托加袍逐渐被一种平时和外出都更加实用的衣服，即来自希腊和其他国家的各式大氅取代。公元3世纪，妇女的外衣则被一种有袖子的束腰长外衣（delmatica）取代。”② 在罗马，一般平民穿着普通的托加，较高级的官员穿着镶紫边的托加，庆祝胜利时执政官或皇帝穿着全紫色的托加，光彩耀目。尽管托加是古罗马一种独特的民族服装，并且长期受到珍爱，但它始终是公共场合的社交礼节性服装，日常生活中人们逐渐倾向于穿着不那么沉重的披肩，一些罗马人甚至只有在死前穿上托加。无论是托加还是披肩，穿戴技巧都很讲究，一个人穿戴得体的标志在于能够将托加和披肩恰如其分地“搭配”起来。无论是希腊人还是罗马人通常都不戴帽子，乡村居民穿着结实的靴子或木底鞋，城镇居民喜欢上部带有镂空织物的鞋袜，在家里他们更喜欢光脚走动，或者穿着轻便的拖鞋。早期的希腊罗马男人留长发，蓄胡须，但在大约公元前300年，罗马人开始留短发并且养成了清理胡须的习惯。体面的罗马已婚妇女通常穿着宽松长袍，后来改穿紧身束腰长外衣。这两种服装都是用不透明的朴素的毛料制成。丝绸的衣服也已经出现，但在塞内加（Lucius Annaeus Seneca，约公元前4年—公元65年）看来，这样的衣服因为太过轻薄透明而显得太过有伤风化。希腊女性的发式往往很简单，只是用梳子、布条或网状物将头发束起来而已。罗马女性的发式则复杂得多，她们喜欢花样翻新的发型，染发和戴假发也已经出现，富有阶层的女性还佩戴镶嵌各种宝石的发夹。化妆品和香水也成为较为富有的罗马女性的日常用品。

大理石塑像《妇女像》
反映出罗马时期女性的发式

四、教育

在荷马时代，古希腊儿童主要是通过观察周围的世界以及模仿德高望重的长者来学习的。

① 罗伯特．古罗马人的欢娱．王长明，田禾，李变香，译．桂林：广西师范大学出版社，2005：95.
② 基弗．古罗马风化史．姜瑞璋，译．北京：海豚出版社，2012：162.

大多数男孩不上学，也很少有女孩上学，因为早期的希腊城邦没有真正意义上的公立学校，所谓正式的教育，只涉及倾听和背诵。上层社会的父母会为子女付钱学习弹奏竖琴，并在竖琴的伴奏下吟唱诗歌，从本质上来讲，这是一种艺术教育。从公元前6世纪开始，越来越多的希腊儿童学习读写，这在公元前6世纪到公元前5世纪的花瓶图案上可以得到一些证明。希腊儿童接受的第一项教育来自家庭，男孩由父亲来教导，通过父亲的言传身教学习祖先和他人的优良品行。父亲还有义务教儿子一些谋生的技能。雅典的立法者梭伦（Solon，约前640年—约前558年）规定，如果父亲不能让儿子学到一种谋生的技术，那么儿子就可以不赡养他。女孩的教育则由母亲负责，她们向自己的母亲学习做一个受人尊敬的妇女所需的德行以及纺织等技术。女孩出嫁之后，她们所接受的教育，有时会来自年长的亲戚，有时来自育儿经验丰富的奴隶，有时丈夫也会亲自对妻子进行家政管理的教育。

公元前6世纪左右，青少年男性主要是通过向年长的导师学习来获得教育，这些导师往往扮演行为模范的角色。尽管早期的希腊教育大多是非正式的，但这种教育会贯穿人的一生。"大体而言，希腊教育的目的是灌输信仰与社会化的融合，以促使传统的价值观经久不衰，永传于世。诗歌更可能被背诵，而不是被分析，尽管希腊人恰如其分地赋予诗歌原创性，但希腊文化在整体上并不重视创新。传授给希腊青年人的，首要的是模仿公认的典范。"① 但是公元前5世纪后期，这样的情况随着诡辩家（Sophists）的出现发生了改变。诡辩家主动向人们传授演讲与说理的技能，人们学习这些技能，目的是使自己在公民大会和法庭上更有说服力。众所周知，希腊是由众多的城邦构成的，这些城邦之间在教育方式上也有着显著的不同，这种区别在斯巴达和雅典的教育方式上可见一斑。

斯巴达人［图2］的教育是一种极为严格的军事教育，其目的是培养遵纪守法、勇敢坚毅、忠诚谦恭的良好公民和优秀军人。斯巴达儿童从7岁起就必须离开家庭开始集体生活，他们需要接受包括角力、赛跑、掷标枪、掷铁饼等在内的体育训练。为了锻炼耐力，儿童和青年被命令终年赤脚走路，穿粗鄙的衣服，吃简陋的食物，睡在自己编成的草垫上。女孩接受的教育和男孩几乎相同，只不过是在家里进行。她们的训练包括跑步、游泳、掷标枪、摔跤等等，这样的锻炼使斯巴达女子在希腊的历史上获得了勇敢顽强的名声。为了获得军人应当具备的简练恰当、谈吐有力的语言能力，她们也会接受读书写字的教育，不过这种教育所占的地位极为次要。斯巴达在强调军事训练的同时也强调道德训练，其重心是培养青少年绝对服从和效忠城邦的精神。在斯巴达人的教育中，文化和科学知识的学习是被忽略的，他们对历史、地理、天文学几乎一无所知，修辞学则受到鄙视。

与斯巴达的军事化教育不同，雅典教育的目的在于培养德、智、体、美各方面和谐发展的人才，使其能够为巩固城邦制度、发展城邦的经济和文化做出贡献。

雅典人强调一种"心灵教育"，这种教育包括文字、文学和文化教育，也包括音乐教育，而宗教、道德教育则贯穿始终。雅典男孩从7岁开始进入文法学校或弦琴学校学习文法和音乐，书写是初等教育的重要科目。13岁以上家境比较富裕的孩子可以进入体操学校学习各种体育运动，之后他们还有机会学习骑马和驾车，此外还学习修辞学和哲学等学科，这些学科为他们日后从事政治活动打下基础。"雅典人认为教育是国家的事业，教育应该由国家来管理，国家应该确立统一的教育制度。由于雅典人特别崇尚人的理性，视理性为人的心灵最高部分，

---

① 波默罗伊，等．古希腊政治、社会和文化史．傅洁莹，龚萍，周平，译．上海：上海三联书店，2010：300.

因此，雅典教育的本质突出表现在训练人的‘心灵’，使之具有理性，以节制情欲，主持正义。这一理性教育的思想观点，一直为后世教育家所注重，尤其是近代和现代的许多教育家都将理性看作普通学校教育的核心。”① 从上述斯巴达和雅典教育制度的对比可以看出，斯巴达教育具有很大的强制性，而雅典的教育则富于自觉性；斯巴达的教育比较单一，而雅典的教育内容则广泛得多。这也解释了为什么雅典历史上不仅出现过很多的运动家和勇士，也出现过众多的政治家、思想家、诗人和艺术家。

早期罗马的教育也是在家庭中完成的，与斯巴达一样，罗马的教育目的也是培养公民，但不像斯巴达那样过分强调军事训练。收费学校大约在公元前3世纪开始出现，但是教师大多是奴隶和自由民，身处社会底层，一般收入都很低。到了公元1世纪，罗马皇帝为希腊语和拉丁语修辞学教师设立了国家职务，从而大大提高了教师的收入。后来，不同时期的罗马皇帝逐渐免除了教师的税务和兵役。“公元3世纪，学校通常由皇帝控制，戴克里先确定了各个科目需要支付的费用。公元4世纪，颂歌撰写者和《狄奥多西法典》表明了教师是怎样变得完全依赖皇帝的。随着罗马帝国的不断发展，公元425年颁布的一条法令确定政府为唯一的教育权威，未经允许就开设学校是要追究刑事责任的。然而，虽然有证据表明读写能力已经普及，但受教育仍然是社会上层的权利。”②

早期的罗马社会在教育方面以道德教育为中心，这样的思想受家庭观念影响很大，严厉而认真的家庭教育是早期罗马教育的特征。跟希腊的情况有些类似，男孩在家庭里的教育由父亲负责，正如普林尼（Plinius，约61—约113）所说，“孩子的父亲就是孩子的老师”。在节日和宗教仪式上，男孩都要与父亲一起参加活动，歌唱赞颂著名祖先的歌谣，通过这样的仪式来树立男孩的道德观念。当时人们认同一句古老的格言：“罗马人的美德在于遵守古老的道德。”西塞罗（Cicero，前106—前43）在对比希腊和罗马文明时，就曾用品德来表达罗马的贡献，用智力来表达希腊的贡献。

无论是在家庭中还是在学校里，罗马人的教育都以纪律严格著称。罗马人强调权力意志，培养儿童的方法也在很大程度上受到权力意志的影响。孩子的意志如果转向别的目标，必定会受到压制。如果温和的劝诫起不到作用，罗马人会采用严厉甚至有些野蛮的方式对孩子进行惩罚。古罗马的父亲有权鞭打儿子，学校里的体罚也是常见的事情。这样以惩罚为手段的教育还有另外一层意思：锻炼儿童的意志。因为国家需要坚定勇敢的斗士和农民。贺拉斯在《歌集》第3卷第2章里这样说：

> 年轻人必须在战争中锻炼四肢，像对待朋友一样忍受艰难困苦，学会袭击野蛮的帕提亚人，叫他做你的刀下鬼。
>
> 你要在苍天之下危难之中生活下去。

罗马人的高等教育课程是一种“百科全书式课程”，其内容包括修辞学、文学、绘画、几何、光学、算术、历史、哲学、音乐、医学、法律和天文学等等。他们的教育还有一个显著标志：使用双语，即强调对希腊语的学习。希腊语在学校中具有优势地位，成绩出色的学生会受到表扬和嘉奖。从公元前2世纪起，罗马家庭中的希腊语教师起到了重要作用，他们非常有效

---

① 哈里斯．古希腊生活．李广琴，译．太原：希望出版社，2006：168.

② 卡里，哈阿霍夫．希腊罗马世界的生活与思想．郭子林，曹彩霞，译．郑州：大象出版社，2012：283.

地帮助罗马上层成为掌握双语的人。

五、运动与竞技

希腊体育运动的起源可以追溯到史前时代的克里特文明。在黑暗时代，城邦产生之初就把体育运动当成一项全国性的运动。希腊人对体育运动的热爱源于一种全民训练，这种训练能够确保公民拥有强健的体魄与其他城邦斗争。从公元前8世纪开始，希腊的每一个城邦都建造体育馆，组织本城邦的比赛。体育馆是希腊城邦非常重要的公共运动场所，也是所有男人最常光顾的地方。在体育馆里，人们可以学习体操、跑步、跳跃和其他体育竞技项目。

早在公元前6世纪初，希腊就出现了各种各样的运动赛事：每两年一次在科林斯举行的伊斯米亚运动会、每两年一次在阿哥斯附近的克里欧尼举行的尼米亚运动会、每四年一次在德尔斐举行的皮提亚运动会等等。其中历史最悠久的，是创建于公元前776年、每四年举办一次的奥林匹克运动会，一直持续到公元396年。开始于1896年的现代奥林匹克运动正是发源于此。

从希腊瓶画中看到的古代奥林匹克运动会

古希腊的奥林匹克运动会在一年中最热的季节进行，持续5天。在比赛开始的前几周，奥林匹亚山的归属地伊里斯城派出使者向所有希腊城邦发出参赛邀请，并且吸引观众参与。为了确保出席代表的安全，伊里斯还派出传令官向全希腊地区所有城邦宣布“神圣休战”的建议，提议大家在奥林匹克运动会的几个星期里遵守停战协议，以确保参赛者和观众可以通过希腊境内的不同城邦到达奥林匹亚参与赛事。最初的竞技项目只有200码[①]赛跑一项，后来增加了摔跤、跳远、投掷标枪、掷铁饼、拳击、赛马、赛车等等项目。古希腊所有的运动员都是赤身裸体参赛的，他们身上涂满橄榄油以体现力量与美的完美结合。根据文献记载，古希腊人不允许女人进入体操馆和体育场，更不允许女人作为观众观看奥林匹克运动会。曾经有一位母亲冒充教练员观看自己儿子的比赛，在庆祝儿子夺冠时暴露了自己的身份，也许是因为她的母爱，更可能是考虑到她的家族曾培养出多个获奖运动员，这位母亲才没有受到处罚；但从那以后，所有的教练员也都必须裸体入场。在运动会上，获得冠军的运动员并没有任何经济回报，唯一的奖励只是一个花环，这个花环由一束从奥林匹亚神殿前的橄榄树上剪下的橄榄枝编织而成。在授奖完毕后，运动员会开始游行仪式接受观众的欢呼和抛撒的鲜花。“竞技大会的闭幕式上，还要举行‘国宴’，款待优秀运动员们。其间，最著名的诗人向他们奉献赞美诗，第一流的艺术家为他们在奥林匹亚建造纪念雕像。他们的名字很快传遍了整个希腊，有的时候还要通过各种方式向国外传扬。优胜者的家乡把他们当作出征凯旋的英雄来欢迎。有的城市还要把城墙打开一个缺口，让他们像征服者那样进城。如果优胜者是雅典人，还可以得到500枚银币的奖励。”[②] 值得一提的是，由于对荣誉过分追求和各个城邦物质奖

① 1码约为0.914米。

② 哈里斯．古希腊生活．李广琴，译．太原：希望出版社，2006：118.

励的刺激，古希腊的奥运会往往具有一些暴力成分。竞赛的阴暗面在那个时代就已经引起人们的注意。伟大的抒情诗人品达（Pindar，约前 518—约前 438）就曾经指出："如果体育和金钱联系在一起，希腊的伟大荣光就会过去。"他的话对今天的体育运动仍然具有警示意义。

尽管罗马人从很早以前就了解了希腊的体育运动，但他们并没有表现出效仿希腊人的渴望，他们不像希腊人那样把体育运动当成日常生活的重要组成部分，而是更加看重体育表演中所包含的娱乐价值。从公元前 2 世纪起，罗马人发展了源于希腊的战车竞赛，并使之成为一种广受大众喜爱的竞技运动。参赛的战车一般分为两马战车和四马战车，一般有四支战车队伍参加，每支队伍都有自己不同颜色的战旗，不同的颜色还有不同的象征意义。这样的战车竞赛持续一整天的时间。到了公元 4 世纪，这项运动受到人们的疯狂追捧，一年中有 64 天都是为这种比赛预留的。获胜的战车队伍不仅能获得崇高的荣誉，还能得到大笔金钱作为奖励，但前提是要战胜极大的危险，因为战车在转弯的时候有可能会因为速度过快翻车或者和其他战车相撞。事实上，在古罗马的战车竞技场里，人仰马翻的场面经常出现。

画在公元前 500 年一只希腊花瓶上的战车比赛

另一种在古罗马大受欢迎的"运动"是角斗比赛。这是一种血腥的带有表演性质的活动，称之为"运动"或许并不恰当，因为这项活动的起源可能是原始习俗，而且并没有体育锻炼的功能。历史学家提到的最早的角斗表演发生在公元前 264 年，起初是在葬礼上举行的。花费大量金钱在葬礼上举行角斗表演被认为可以给死者带来荣耀。后来角斗比赛逐渐成了一种娱乐活动，每逢节日或庆典，罗马广场就会搭建临时的角斗表演台，到共和末期，角斗表演从广场转入了竞技场。根据古罗马的历史文献记载，恺撒曾经举办过 300 人参加的角斗表演，奥古斯都举办的角斗表演规模更大，角斗士有 600 人之众。角斗比赛除了有人与人之间的角斗，还有人与猛兽之间的厮杀。古罗马最大的圆形竞技场始建于公元 72 年，当时的罗马皇帝动用数万奴隶历经 8 年时间建成。这座竞技场上下 4 层，能够容纳的观众达到 9 万人，它被认为是古罗马建筑艺术的典范和奇迹。公元 107 年罗马皇帝图拉真征服达契亚之后在这里举行的角斗比赛持续了 4 个月，有超过10 000人参加。参加角斗的人部分是战俘，部分是犯人，除了杀人或被杀之外，他们别无选择。除了战俘和犯人，古罗马也有出身奴隶经过专门培训的角斗士，除了极少数角斗士通过角斗比赛的胜利获得自由民身份，绝大多数人都会丧命在竞技场上。到公元 405 年被西罗马帝国皇帝霍诺留废除为止，古罗马的角斗比赛持续了 600 年之久，据研究者估算，大约有 70 万人在角斗场上丧生。

六、节日与宴饮

古希腊的宗教仪式常常和劳动生产、体育活动、文艺表演结合在一起，由此产生了很多节日庆典，其中很多是由城邦政府主持的，是公共生活中的大事。每逢重大的节日，希腊人都会准备各种献礼祭祀众神，同时举办各种音乐、竞技、舞蹈、戏剧等活动。古希腊的体育、戏剧等文化艺术活动就是因宗教目的而产生的。在希腊人看来，宗教庆祝是人与神相互沟通的时机，人们在节庆中向神献祭以求得神的庇佑，从而获得心灵的慰藉。同时，节庆活动还体现在泛希腊的节日里，来自各地的人们相聚在一起，举行歌舞或竞技活动，这也是一个彼此之间思想文化交流的机会。这些宗教节庆活动，表达了城邦公民的自豪感和乐观情绪，也增强了城邦的凝聚力和城邦间的联系。

在公元前8世纪以后，希腊世界除了向宙斯和阿波罗表达尊崇的包括奥林匹克在内的运动竞技会之外，各个城邦还有自己单独举行的节庆。以雅典为例，一年当中为了祭祀众神而设立的节日有50个之多。其中最重要的是“泛雅典娜节”和“酒神节”。从公元566年起，雅典每4年举行一届泛雅典娜节，节庆活动包括各种竞技、朗诵、舞蹈、音乐比赛。人们还会传递圣火，迎接雅典娜神像并向其奉献各种祭品来表达对这位雅典守护神的崇拜。酒神节和希腊神话中的酒神狄俄尼索斯崇拜有关，人们在浓烈的宗教气氛中开始盛大的游行活动，游行的队伍中由歌手高唱酒神赞歌，舞者表演优美的舞蹈，以此祭祀酒神。值得一提的是，希腊城邦的酒神节一般都会上演戏剧，并进行戏剧比赛，因此酒神节也被称为“戏剧节”。

在古罗马统治初期，人们过着艰苦的农耕生活，只有到了祭神节，才得以休息几天。但随着罗马帝国国力和社会财富的上升，节日的数量也比以前增加了很多，到公元4世纪初，节庆日超过了175天。在古罗马人的众多节日里，农神节是最受重视的节日之一。在12月开始的农神节里，只有头一天用来敬神，其余几天人们都可以纵情欢乐，甚至奴隶也获得了暂时和主人平等的地位，可以喝同样的葡萄酒，吃同样的饭菜，一起享受欢快的节日气氛。农神节期间，人们还会互赠礼物，最常见的礼品是蜡烛，因为蜡烛在冬去春来时象征光明和阳光。罗马的农神节逐渐有了一种狂欢化倾向，以至于塞内加曾经说，“不要总过农神节”。

宴饮是希腊人日常生活中一件重要的事情。早在6 000年前希腊就有了酿酒工艺，人们将葡萄酒视为“人类智慧的源泉”并且相信葡萄酒营养丰富，是极好的保健饮品。古希腊的酒类十分廉价，连奴隶和干体力活的人也可以开怀畅饮。人们一般会在晚上举行宴会，饮酒要在每一道菜都吃完之后才开始。人们摇骰子选出一位主持人来决定酒和水的比例，大家都要服从他的安排。酒宴开始之后，通常的享乐方式包括唱歌、诵诗、猜谜语、讲笑话等，有时还会有男女舞蹈演员、杂技演员和歌手出场表演。在希腊语中，这样的宴会有一个正式的名字，叫做“会饮”（Symposium）。著名哲学家柏拉图就在《会饮篇》中记录了苏格拉底等希腊哲人在酒宴上的讨论。和希腊类似，古罗马人也习惯在晚餐之后举行宴饮活动，有些嗜酒的人还会喝很多，一直喝到天亮。这期间也会有音乐、唱歌、舞蹈和各种娱乐节目助兴，有人要是明显喝多了，偶尔也会做出一些不文雅的举动。总的来说，罗马人的宴饮要比希腊人的宴饮奢侈、放荡许多。

第二节
宗教与世俗：中世纪的社会生活与习俗

【本节关键词】

骑士制度　婚姻与家庭　中世纪教育　大学　基督教节日　饮食　居住与服饰

一、骑士之风

骑士制度作为一个术语，对应的英文单词是Chivalry，其最基本的词义是指“一群骑兵”，后来产生了更广泛的意义，即指中世纪时期的整个骑士制度，包括与之相关的宗教、道德、社会规范与风俗等等。我们今天经常使用的Knight，作为一个可数名词，通常仅用于指作为个人的“骑士”。这个源于盎格鲁-撒克逊语的单词起初仅仅指一个年轻人，后来被用来指领主的仆人，最后它专指那些拥有小块土地，附属于某个领主并在其指挥下进行战斗的人。西方很多学者认为，骑士制度起源于公元8世纪法兰克王国的军事制度改革。墨洛温王朝的创建者克洛维（Clovis I，466—511）把王国的土地作为礼物赠送给其手下的将领以换取他们的效忠，这些将领又组织起自己的私人武装并把一部分土地分给手下的武士，以土地收入作为手下武士们衣食装备的来源。中世纪此起彼伏的战乱使得领主们的私人武装人数越来越多，这样的私人武装为骑士制度的产生准备了条件。可以说，骑士之风是中世纪最具特色的产物之一，它伴随着欧洲中世纪封建制度产生并与之密不可分。

在11世纪之前，成为骑士并没有什么严格的条件限制，只要能置办齐盔甲和战马并宣誓向领主效忠，任何人都可以成为骑士。晋封骑士的仪式也非常简单、随意，任何领主都有权赋予年轻的武士骑士头衔。最初的骑士也远没有我们今天所说的“骑士风度”，其中的很多人都举止粗野、恃强凌弱，掠夺和滥用武力对他们来说是家常便饭。随着基督教的影响覆盖欧洲大部分地区，教会开始树立其至高无上的权威，并对骑士进行改造。此类改造的具体行动包括教会在10世纪发起的“上帝的和平”运动（the Peace of God）和11世纪的“上帝的休战”运动（the Truce of God）。在“上帝的和平”运动中，教会宣布对滥用暴力的骑士，特别是对教会和神职人员动用暴力的人进行精神制裁，“如果有骑士抢劫或违背教会，攻击手无寸铁的牧师，或劫掠农民、商人和穷人，那么教会将会开除其教籍”[①]。“上帝的休战”运动则禁止骑士在星期日、圣徒日和其他宗教节日进行战争或实施暴力行为。这两项运动都是为了限制骑士滥用武力。

教会对骑士制度的改造还体现在一系列神圣而又复杂的仪式上。11世纪以后的骑士授予仪式基本上都在教堂里进行，其内容大致包括：（1）沐浴，象征着洁身；（2）白外套、红袍、黑色上衣等在内的衣物，分别代表着纯洁、自我牺牲和死亡；（3）24小时的斋戒；（4）在小教堂里整晚守夜；（5）忏悔、参加弥撒与布道；（6）对剑祝祷；（7）发誓愿；（8）盔甲、踢马刺与剑的颁授；（9）爵位的授予；（10）戴上头盔，骑上战马，表演武功。[②] 在这样的一套仪式完毕之后，新册封的骑士往往会策马穿过市镇以显示荣耀，其中有些富有者还会大宴宾客，为与会者准备礼物和佳肴。以上仪式的某些环节甚至一直流传至今，某些保留君主制的欧洲国家（例如英国）册封骑士的仪式上，这些环节仍然会上演。

中世纪的骑士之所以从最开始的冷血嗜杀、粗鲁残暴变得举止文明、彬彬有礼，还和受教育的方式转变有关。大约从12世纪开始，欧洲发展出了一整套基本相似的骑士教育制度。按

① Gies. The Knight in History. New York：HarPer Perennial，1987：18.

② 普雷斯蒂奇．骑士制度．林中泽，梁铁祥，林诗维，注译．上海：上海三联书店，2010：26.

照这套制度，7 岁之前的贵族男孩由父母进行最基本的教育。7 岁以后就被送到父亲领主的城堡里去做侍童，给城堡中的贵妇人们充当各种杂役，在这个过程中学习服务他人的技巧并逐渐获得谦恭有礼的举止。贵妇们一般都会教导自己的侍童学会基督教提倡的道德品质，例如七德、十戒、十二信条等等。到了 14 岁以后，侍童开始晋升为领主的扈从，他们开始接受系统的军事训练，学习如何摔跤、骑马、使用武器，参加狩猎活动，以提高自己的军事技能。除此之外，他们还要学习音乐、诗歌等艺术，以取悦城堡中的贵妇们。到了 21 岁的时候，扈从们就有资格成为骑士了。理论上，任何骑士都可以封授另外一个骑士，因为在骑士制度之内，任何人都是平等的。但实际上，国王和教会更倾向于把骑士的授予权控制在自己手中。在某些紧迫的情况下，例如在战场上，简单地佩上剑就可以成为骑士了，但大多数人还要经过上文提到的那些神圣而复杂的仪式。在此，有必要引述一下成为骑士的誓言，其内容大致是："敬畏上帝，坚守基督教信仰；虔诚和勇敢地服侍上帝；保护弱者与毫无抵抗力的人；不随意冒犯别人；为荣誉而活，对金钱不屑一顾；为全人类的利益而战斗；服从权威人士；捍卫骑士团的荣誉；避免不公正、卑鄙和欺骗；坚持信仰，讲真话；做事有恒心，坚持到底；尊重妇女；敢于接受来自同等地位的人的挑战，绝不临阵脱逃。"① 这些誓言体现了一种高贵的理想，不仅对中世纪骑士品质的塑造起到了很大作用，也提供了一个至今仍对欧洲人产生影响的道德标准。

中世纪骑士制度的鼎盛期基本上是 1100 年至 1300 年的两个世纪。1095 年 11 月，教宗乌尔班二世（Urban Ⅱ，1042—1099）在克莱蒙特会议上号召欧洲的骑士参加"十字军"战争。很多骑士团在这一时期成立，并对中世纪的历史产生了很大影响。著名的骑士团包括以下一些。

1. 医院骑士团（the Hospitallers）

最初成立于 1050 年，一些意大利的商人为去巴勒斯坦朝圣的人在耶路撒冷建立的一所医院，在此基础上发展为一个骑士团。"他们在东方和西方都建立了很多新的医院，这些医院在当时来说确实是非常典范的医疗机构。当时的教宗们和各地的王侯都支持他们，所以他们产生了很大的影响力，拥有很多财产。"② 后来，这个骑士团除了慈善工作之外，其活动还加入了军事内容，致力于捍卫耶路撒冷的基督教王国。医院骑士团的成员由骑士、役众和教士构成，分别从事军事活动、医院服务和宗教事务。医院骑士团平时身着带白色"十"字的黑色长袍，战场上的骑士则穿着带白色十字架的红色外套。由这个骑士团演变而来的马耳他骑士团，现在作为一个宗教和慈善性质的机构仍然存在。

2. 条顿骑士团（the Teutonic Knights）

这个骑士团最初由一些来自德国的商人大约在 1128 年创立，最初的性质和医院骑士团类似，都是兼具医护和军事的双重职能，后来才转变成一个纯粹的军事组织。条顿骑士团的特点是其早期的成员全部是德意志人。从 1226 年开始，条顿骑士团征服并教化了普鲁士地区的外教人民，他们的这种军事—传教—殖民的行动曾被称为广义的"十字军"战争。到了 16 世纪，这个骑士团在路德新教思想的影响下逐渐放弃了其军事任务而转为一个宗教组织。条顿骑士团

---

① 普雷斯蒂奇．骑士制度．林中泽，梁铁祥，林诗维，注译．上海：上海三联书店，2010：26.

② 毕尔麦尔，等．中世纪教会史．雷立柏，译．北京：宗教文化出版社，2010：206.

的标志是带着黑色十字架的白色斗篷。今天的条顿骑士团已经改名为德意志骑士团，成为一个从事慈善事业的宗教性组织。

3. 圣殿骑士团（the Templars）

圣殿骑士团是中世纪三大骑士团中最具有战斗力，也是最富传奇色彩的一个。据说这个骑士团最初创建在耶路撒冷城所罗门圣殿的旧址之上，全称叫做“基督和所罗门圣殿的贫苦骑士团”。如其名称所示，初期的圣殿骑士确实很穷，因为神圣贫苦是他们誓愿的一部分（另外两个誓愿是贞洁和服从圣愿）。和上述的两个骑士团不同，圣殿骑士团从一开始就是一个纯粹的军事集团，他们发誓为保卫圣地和前往圣地的朝圣者而战。早期的圣殿骑士人数不多，但战斗力极强，在战场上往往以一当十。后来，他们从教会手中获得很多特权，逐渐积累了大量财富，成为欧洲最富有的骑士团。到了 14 世纪初，其掌控的巨额财富受到了法国国王腓力四世的觊觎，在他的压力下，教皇克莱门五世宣布解散圣殿骑士团。随后这个组织在法国遭受重创，并就此瓦解。圣殿骑士团在着装上的特点是白色外衣上面画红色十字。今天，很多影视作品中出现的中世纪骑士形象，都以他们的形象为蓝本。

骑士之风对中世纪社会生活的影响还体现在**比武大会**（Tournament）［图 3］上面。比武大会不仅是骑士们在和平时期最好的战争技能训练场，也是中世纪盛大的社交活动，具有某种节日的性质。它把来自多国的骑士聚拢在一起，骑士们在这里找到了其尚武精神的发泄途径。同时，这也是一个获得荣誉乃至财富的好机会。最早的时候参加比武大会没有什么身份限制，到了 13 世纪末，为了限制参会者的身份，一般只有获得骑士身份的人才能参加。比武大赛有两种形式，一种是一对一的马上枪术对战，另一种是模拟战争的多人骑马互斗。尽管为了减少伤亡，只允许使用钝矛、钝剑等杀伤力较弱的武器，但死亡和流血仍经常发生。比武大会吸引的不仅是骑士，也有中世纪社会其他阶层，例如信使、游吟诗人、商贩等等。19 世纪英国著名小说家沃尔特・司各特在其历史小说《艾凡赫》（*Ivanhoe*）中对中世纪的比武大会进行了非常生动的描写。

13 世纪以后，欧洲的骑士制度逐渐衰落，原因是多方面的。其一，随着城市人口的增长，封建制生产关系的基础开始动摇，富农、市民和商人等新兴阶层不断涌现，他们对骑士构成了越来越大的威胁；其二，中世纪的骑士缺乏秩序和纪律性，他们所追求的往往是个人的荣誉而非集体的胜利，在战场上他们的地位逐渐被长矛手、弓箭手和常规骑兵组成的职业化军队取代；其三，火药武器的出现，对中世纪骑士来说是个灭顶之灾，骑士们沉重的铁甲在炮弹横飞的战场上不但没有用处，而且几乎成为他们无法逃脱的累赘。综上所述，骑士作为一种军事制度到 14 世纪和 15 世纪基本上在实际的战争中消失，但骑士精神却给欧洲留下了广泛而深远的影响。时至今日，欧洲男性仍将具备骑士风度视为巨大的褒奖。

二、婚姻与家庭

和古希腊、罗马的单一配偶制不同，中世纪早期的日耳曼人、斯堪的纳维亚人和其他一些欧洲民族中还普遍存在着多配偶制的残存。例如，日耳曼人在中世纪早期经常以简单同居的形式掩饰多配偶制，而斯堪的纳维亚世界中军事首领同时拥有几个妻子的现象也很普遍。这种多配偶制存在的根源大概在于对各种原因导致的高死亡率的应对，反映了当时这些种族对多子多孙的期望。单一配偶制在西欧社会的广泛确立，一方面在于基督教的影响和改造；另一方面与婚姻、财产的移交和继承有关。中世纪基督教会关于婚姻的基本观念还体现在其设置的一系列关于婚姻关系的律令当中。

首先，近亲结婚是被禁止的。"从早期中世纪开始，它就延伸到了第七级亲属关系，也就是说同一高祖父母或外高祖父母的所有后代。11 世纪的民法或教会法重申了这些要求。这样，高度集中的贵族家族就几乎不得不强迫它的战士到他们所居住王国以外的地方去寻找妻子。否则就要面对个人被逐出教会；被禁止踏足他们的领地；需要的时候，还要被流放。"① 在教会的观念中，近亲结婚等同于犯罪，这样的婚姻关系不仅必须解体，而且还会受到惩罚。不过反过来，近亲结婚可能成为离婚的一个极佳的借口。一个有趣和荒诞的例子是，法国国王路易七世为了和妻子离婚，竟用了 15 年的时间来寻找两人之间的血缘关系并请求取消婚姻。

其次，基督教会认为婚姻是神圣的，一旦缔结，除非婚姻双方中有一方死亡，否则是不可以解除的。在中世纪的教会法中，没有"离婚"的概念，虽然在现实生活中确实存在着解除婚约的情况。到 11 世纪末，宗教改革者在解除婚约这个问题上基本一致的看法是：只有通奸，有血缘、姻亲、教亲关系以及进修道院才能成为分居或解除婚约的合法理由，再婚的条件则只有血缘、姻亲或教亲关系，以及假定一方已死而留下了另一方。②

最后，如上文所述，中世纪基督教奉行一夫一妻制。如果一个人身上同时出现了两个婚约，或者已经有了一宗婚约的情况下又准备缔结另一宗婚约，就必须否定其中的一宗，由教会判定其中的一宗为合法。如果出现了两宗婚约皆合法的情况，就以先订立婚约的一方为准。

除此之外，教会还规定婚姻必须公开并禁止教徒私下订立婚约。这个规定的理由在于：年轻人私下缔结的婚约很可能会违背父母的意愿，这在中世纪婚姻普遍包办的背景下是"大逆不道"的；没有见证人在场的秘密婚姻可能会造成婚姻的随意性；秘密婚姻产生的子女得不到教会的祝福，被认为对其成长不利。因此，后来宗教会议还规定，在缔结婚约之前，当事人双方必须在教士的见证之下，对婚姻进行公告，由公众来监督双方的婚约。中世纪基督教会关于婚姻的这一规定，其影响一直持续至今。

包办婚姻的情况在中世纪是比较普遍的，父母为子女寻找结婚对象很多是出于有利可图的经济或政治方面的考虑。结婚对象的社会地位一般来说倾向于平等，嫁女的一方也许更倾向于找地位相对低一些的。父母们经过一番商谈之后，给子女订下婚约，在订婚的仪式上（或之前）让未婚夫妻见面。订婚仪式跟正式的婚礼相隔一段时间（有时候是几个月）。在婚礼之前，两个家庭会尽可能广泛地将婚礼的消息通知给各自的亲友，然后在教堂里进行婚姻公告。中世纪的婚礼场面是热烈的："亲友们大量到来、展示礼物、嫁妆；找来乐师，还有江湖艺人；宴会和节日，这可以让 14 世纪的一个热那亚商人损失六个月的收益。在过度铺张浪费的意大利，市政府不得不限定仪式的奢侈程度。"③ **婚礼**［图 4］仪式上每个人都身着最体面的衣服，"新

① 福西耶．这些中世纪的人：中世纪的日常生活．周娵，译．上海：上海社会科学院出版社，2011：78.

② 刘新成．西欧中世纪社会史研究．北京：人民出版社，2006：103.

③ 同①76.

婚夫妻俩都戴着头巾，只是女方穿得五颜六色，最经常的是红色，而绝对不会是白色。犹太习俗中，人们在他们头上铺上薄纱，也就是新婚纱巾。在罗马习俗中，是新娘的父亲牵起女儿的手交到新郎手中：就这样，他将手——对于女性的权威，转交给了她的丈夫。在罗马和日耳曼习俗中，新婚夫妇选读‘当下的词语’，一种等于是允诺的最后许诺……夫妻相互在手指上套上作为他们彼此承诺的戒指。这一古代象征却不一定要戴在左手无名指上。古代人相信这个手指通过血管和神经直接与心脏相连。两个或更多的证人会在场。其中一个可能是教会人士，另一个是公证人”①。教堂的婚礼仪式结束之后，一场盛大的宴会即将开始，人们还会在去宴会的途中抛撒谷粒，象征多子多孙。

中世纪的“家庭”概念比我们今天所说的“家庭”要大一些。其中最核心的部分是夫妻和具有直接血缘的成员，此外还包括血缘关系相近的旁系亲属，朋友、仆人、客人乃至同一部落的成员构成“家庭”结构的外围。基督教对人们的影响从婴儿的出生就开始，出生婴儿的洗礼象征着“与基督共同出生”。新生儿的命名也多采用基督教圣徒的名字，人们普遍认为圣徒的名字能够赋予一种保护和力量。因此，从中世纪开始，彼得、保罗、雅各布、约翰、玛利亚、安娜等等《圣经》中人物的名字成为日常生活中随处可见的普通人的名字。

父亲在中世纪家庭中的统治地位是不可动摇的，他有权对陪嫁财产进行管理和监督、选择继承人和进行家族财富以及权力的交接。在中世纪的家庭中，通常只有长子才有财产的继承权，这种长子继承制甚至被写进了法典。这一制度造成的后果是，在家庭中弟弟妹妹的地位很低，尤其是兄弟之间，关系常常是恶劣的。上层社会中，没有财产继承权的非长子，其命运往往比较悲惨。他们中很多人不仅在家庭里受到排挤，甚至不能结婚，因为这样会分割父亲的财产。于是这些非长子只能远离父亲的城堡和领地四处流浪或跟随领主打仗，以此寻找获得财富和家庭的机会。直到 13 世纪末期，这些人才被许可在祖先的土地上娶妻。在参加历次“十字军”战争的队伍里，那些没有财产继承权的骑士为数都不少。相比非长子的男性，那些没有出嫁的女性命运也好不到哪里。出于各种原因而没有结婚的女性，要么进入修道院孤独终老，要么在自己父兄的家里做家务，或者从事纺织等较轻的体力劳动，英文当中的 spinster 这个词，既有“纺织女工”又有“老姑娘、老处女”的意思，这个词在中世纪不无侮辱的色彩。

三、教育

从西罗马帝国的灭亡开始，到中世纪最初的几百年间，整个欧洲在文化方面用“黑暗”这样的词来形容不是没有根据的。日耳曼人之所以在很长一段时间内被称为“蛮族”，正是因为他们既没有形成自己的文字，也不会读写拉丁文，在文化方面远远落后于被其征服的罗马人。正如恩格斯所说：“中世纪是从粗野的原始状态发展而来的。它把古代文明、古代哲学、政治和法律一扫而光，以便一切都从头做起。它从没落了的古代世界承受下来的唯一事物就是基督教和一些残破不全而且失掉文明的城市。”② 到了公元 8 世纪，日耳曼人武装迁徙造成的动荡基

① 福西耶．这些中世纪的人：中世纪的日常生活．周嫄，译．上海：上海社会科学院出版社，2011：76.

② 马克思恩格斯全集：第 7 卷．北京：人民出版社，1959：400.

本平复之后，教会开始发挥其越来越重要的社会和政治影响，西欧各地出现了兴建修道院的高潮，为数众多的修道院成为中世纪早期社会教育的重要场所。

这一时期，一些开明的君主对教育和文化传播也起到了促进作用。例如：加洛林王朝的查理大帝（Charlemagne，742—814）推行基督教教育，招募各地有声望的教会学者在各地建立学校，并且采取法令的形式规定修道院讲授的课程内容；英格兰盎格鲁-撒克逊时期的国王**阿尔弗雷德**（Alfred the Great，849—899）［图 5］同样重视教育，他不但鼓励学术的发展，开办贵族子弟学校，还主持将很多拉丁文著作翻译成盎格鲁-撒克逊语，大大促进了当时英格兰文化教育的进步。

公元 8 世纪到 9 世纪宫廷学校和修道院里的教育制度和古罗马晚期的教育制度一脉相承。学生先学习最基本的知识，接着研究“自由七艺（the seven liberal arts)”。它们分为两块：先有三个语言科，即语法、逻辑学和修辞学；然后是四个和数学有关的学科，即算术学、几何学、天文学和音乐。第一个学科（语文学、语法）包括阅读一些古典著作和神甫的著作。当时神学教育的主要目标是理解《圣经》，并掌握具体教会工作所需要的知识。[①] 在这一时期，教会学校和经院哲学主导着知识领域。但是到了 11 世纪以后，随着城市的兴起，农业和手工业开始分离，资本主义生产方式开始出现，人口、物质和资本逐渐向城市聚集，知识分子作为新兴的社会阶层开始出现。在这样的背景之下，文化和教育有了很大的发展。以下，我们就分城市学校、行会学校、大学三个方面对中世纪晚期的教育做一个概括性的介绍。

城市学校（Urban School）不同于教会学校，它是为适应新兴市民阶级的需要而设立的世俗性学校，它的出现打破了教会对文化教育的垄断。城市学校由城市当局管理，属于初等或中等教育的范畴。到了 15 世纪，在西欧已经遍布各大城市，这和国家政策的支持促进有关。英国 1406 年的法律规定，凡是能够支付学费的父母，都应送子女入学。1410 年的法律又规定，教会不得垄断教育，任何个人或团体经过政府批准备案都有权建立学校，家长也有权为子女自由选择学校。[②] 城市学校分为三种：第一种是拉丁文法学校（Latin Grammar School），专门学习拉丁文这种当时唯一的国际通用语言，宗教、外交、商业等社会事务都需要使用拉丁语。第二种是读写学校（Writing and Reading School），这种学校是为提高普通世俗民众的读写水平而建的，使用本民族的语言进行授课。第三种是私立学校（Private School），顾名思义，这是一种私人设立的世俗学校，教学也是使用本族语，除了读写方面的教育，这里也传授有关计算方面的知识。

行会学校（Guild School）类似于我们今天的职业技术学校。由于中世纪城市的兴起，大量的行会涌现出来，随着生产的扩大，专门针对职业技术从业者的培训成为一种客观的需要，于是很多行会就自筹资金，开办自己的行会学校。行会学校和城市学校不同，知识传播的对象限定在行会子弟的范围内，内容也不像世俗的城市学校那样宽泛，一般是以传授专门的职业技术知识为主。例如，出版学校主要传授出版印刷方面的知识，商业学校传授记账方式和业务知识等等。行会学校的教师也不一定是学者，多数都是有某些专门知识的人或者有经验的技师。英国、法国、德国的各种行会等都举办过这样的职业技术学校。

大学的兴起，是中世纪的一件大事。随着文化和知识追求的普遍提高，一些学者独立地选

---

① 毕尔麦尔，等．中世纪教会史．雷立柏，译．北京：宗教文化出版社，2010：64.

② 滕大春，姜文闵．外国教育通史：第二卷．济南：山东教育出版社，1989：153.

择“当教师”为自己一生的职责。这些教师非常能干，而且他们使用新的逻辑方法来处理哲学和神学问题。因此，很多学生来向这些老师求教，由此推动了学术和教育的崛起。这些“自由的学校”在开始阶段没有规律，也没有稳定性，但大约在公元1200年前后它们完成了关键的发展并形成一些高等学府。这种发展意味着，一些新型的高级教育机构形成了。这些高等学府的主要学科是神学、医学、法学以及这些学科的基础科目，即语法、修辞学、逻辑学、数学、几何、天文学、音乐。中世纪最著名的大学有以下几所。

1. 巴黎大学

关于巴黎大学确切的建校时间，有很多不同的说法。很多学者认为，12世纪后期圣母院（Notre Dame）总教堂学校是巴黎大学的雏形，它位于塞纳河中的一个岛上。12世纪早期，这所学校和巴黎其他两所学校在神学研究方面的声誉吸引了大量学生来到此地学习。后来，罗马教皇和法国国王先后多次给予巴黎大学师生某些特权，从而使这所学校获得了自治的权力，保证了教师授课和学生学习的自由。在这样的背景之下，巴黎很快成为一座学生城，来自欧洲各地的学生按照民族分四馆：诺曼馆、英格兰馆（包括德意志）、毕伽迪馆（包括尼德兰地区）和高卢馆（包括法、意和西班牙）。[①] 1231年，罗马教皇格列高利九世（Pope Gregory IX）发布谕旨，同意巴黎大学拥有结盟权和罢课权，具有学士、硕士和博士的学位授予权等。之后，法国国王圣路易（Louis IX）确认巴黎大学的法人资格。至此，巴黎大学作为一个独立的团体正式成立。1261年，“巴黎大学”这个固定名称被确立。[②] 到13世纪末，巴黎大学形成了包括文学院、神学院、法学院和医学院在内的四个学院的综合性大学。其中索邦神学院的影响最大。

2. 萨勒诺大学

萨勒诺大学是中世纪大学中的第一所医科大学。英国学者大卫·瑙尔斯（David Knowles）认为，意大利南方在整个“黑暗年代”曾一直与更为文明的东罗马帝国有联系，希腊、拉丁、犹太和阿拉伯四条文明之流在那里汇合。很可能希腊的医学实践传统在萨勒诺地区就从未完全消失过，而且该地区以气候温和而著名。因此这里名医云集，从中渐渐孕育出一种教学的传统。[③] 在11世纪，萨勒诺城由于会聚了很多医学方面的专门人才，医学理论获得了深入的研究，医疗事业也有了很大发展，从而获得了“希波克拉底之城”（The City of Hippocrates）的美誉。由于这一时期恰逢“十字军”战争，所以很多战场上的伤员被送到这里并得到救治。尽管13世纪以后萨勒诺大学逐渐衰落，但作为中世纪第一所医学研究和教学并重的学校，它被后世称为医科大学的“原型大学”是当之无愧的。

3. 博洛尼亚大学

西方学术界普遍认为，建于1088年的博洛尼亚（Bologna）大学应是意大利、西欧乃至世界上的第一所大学。[④] 博洛尼亚大学以法学著称，它的前身是博洛尼亚法学院，其形成的

---

① 胡玉堂．胡玉堂世界史文集：西欧古代中世纪研究．杭州：浙江大学出版社，2012：77.

② 刘新成．西欧中世纪社会史研究．北京：人民出版社，2006：473.

③ 瑙尔斯．中世纪思想的演化．杨选，译．北京：商务印书馆，2012：212.

④ 同②470.

直接原因与德意志皇帝和罗马教会围绕“君权至上”与“神权至上”展开的争论有关。罗马法强调皇帝的权威，因此德意志皇帝大力支持博洛尼亚的教士研究罗马法并给予他们一些特许权，这里聚集的大批教会学者逐渐组成了类似于行会性质的研究社团，从而构成了中世纪欧洲大学的最初形态。值得注意的是，博洛尼亚大学不仅研究罗马法，也研究教会法。12世纪初期的学者艾纳鲁斯（Irnerius），因为对罗马法律汇编《民法大全》的注释而广受赞誉；另一位稍晚一些的学者格拉提安（Gratian），从1140年开始，用了10年的时间撰写了欧洲第一部系统论述教会法规的著作——《教会法律丛书》，他的研究为博洛尼亚大学宗教法学的教学与研究奠定了基础。11世纪以来，博洛尼亚大学以其法学研究在全世界都享有崇高的声誉。

四、节日与娱乐

（一）节日

中世纪是一个宗教氛围弥漫的时代，生活的各个方面都布满了宗教图像。没有任何事物和行为不是放进其与基督信仰的关系里去对待的。[①] 中世纪的节日也体现了这种浓郁的宗教氛围。首先，中世纪的社会生活并不像很多人想象的那样黑暗和单调，农民和市民也并非日复一日工作不停，得不到任何休息。事实上，中世纪的节庆日特别多，一年至少有五六十天，这还不算星期日（安息日）这一雷打不动的假日。平均下来，庄园里的农民每周工作五天左右。还有一点值得注意的是，基督教有宗教节期和宗教节日的区别。“宗教节期与耶稣基督在尘世的生活密切相关，因而显得更为重要，宗教节期持续时间长，通常是几天甚至几十天。宗教节期中的复活节每年的日期不固定，随着季节的变换而变化。宗教节日是为耶稣的众多使徒以及群体数量更为庞大的圣徒设立的纪念日，持续时间通常为一天，而且每年的日期固定。与宗教节期相比，宗教节日的重要性稍逊。”[②] 基督教最重要的宗教节期有两个：圣诞节和复活节。

1. 圣诞节

圣诞节期分为耶稣降临节（Advent）和圣诞节（Christmas Day）两部分。耶稣降临节从圣诞节前四周开始，一直持续到圣诞节前夜（Christmas Eve）。设立耶稣降临节的目的主要是为即将到来的圣诞节做准备。公元4世纪，罗马教会把圣诞节确定为12月25日，这一天是罗马历法的冬至日，也是罗马文化中太阳神的诞辰，基督教认为耶稣就是永恒的太阳，因此将圣诞节确定在这一天。中世纪的圣诞节庆祝方式和仪式在欧洲各国之间存在一些差别，但从历史记录来看，领圣餐、弥撒和夜晚的宴会这些活动是基本一致的。至于圣诞卡、圣诞老人和互赠礼物的习俗，则是近代以后才逐渐发展出来的。

---

① 赫伊津哈．中世纪的秋天．何道宽，译．桂林：广西师范大学出版社，2008：161.

② 刘城．中世纪西欧基督教文化环境中“人”的生存状态研究．北京：北京师范大学出版社，2012：136.

2. 复活节

复活节的日期并不固定，这是因为第一次尼西亚宗教会议把复活节定在 3 月 21 日春分日之后第一个月圆日后的第一个礼拜日，时间大约是在 3 月 22 日至 4 月 25 日之间的某一天。复活节期是比较漫长的，因为这一节期在中世纪要有为期 40 天的“封斋期”，这是为了纪念耶稣基督曾在旷野中斋戒 40 天。40 天的“封斋期”也叫“四旬期”，在这 40 天里，信徒们每天仅仅吃一次或者说在下午 3 点之前不吃任何食物。同时，禁止打猎、婚礼、娱乐活动和法庭审理。希腊教会还规定在四旬期内不允许吃肉、鸡蛋和奶制品。复活节期最重要的时刻是复活节前夜（Easter Eve），在这一晚教堂门外会燃起火堆，点燃巨大的蜡烛，象征点燃世界的光亮，同时信徒们点燃手中的蜡烛，唱起圣歌，表达对耶稣复活的喜悦。

中世纪的宗教节日非常多，因为几乎所有圣徒、使徒和福音书的作者都有其纪念日。一些比较重要的教会节日有 11 月 1 日（诸圣节）、11 月 11 日（圣马丁节）、5 月 3 日（圣十字架被重新发现的纪念日）、9 月 29 日（圣米迦勒天使节）等等。供奉有圣徒遗迹的圣殿在这些重要的教会节日会举行礼拜仪式等宗教活动。很多中世纪的宗教节日都和世俗活动有关，例如，复活节期是春天的节日，象征着大自然在春天复苏。宗教节期或节日在教堂里举行的宗教仪式是严肃和隆重的，但对普通民众来说伴随一种集体性的欢乐。不同的节日人们准备不同的食物：猪肉、烘饼、煎饼、羔羊肉等等。人们在节日期间唱歌跳舞、饮酒狂欢的场面在中世纪的历史文献和艺术作品中是随处可见的。

（二）娱乐

说到中世纪的娱乐活动，首先应该讲到的是戏剧的复兴。10 世纪，反映宗教内容的仪式剧产生并发展起来，以教堂或修道院为表演场所，演员和观众都是教会人员。到了 13 世纪，随着剧本内容的扩大，演员和观众的人数越来越多，教堂或修道院已经无法容纳，因此仪式剧逐渐开始在户外上演，最初的仪式剧也逐渐演变成各种不同的宗教戏剧。这些宗教戏剧主要包括耶稣受难剧（Passion play）、圣徒剧（Saints’ play）、神迹剧（Miracle play），其内容一般表现耶稣基督的受难和人们所崇拜的圣徒们的事迹。12 世纪还出现了道德剧（Morality play），采用象征、寓言、拟人等方式表现善恶是非的基督教道德观念。中世纪晚期还出现了包括“闹剧”“滑稽剧”在内的世俗戏剧，“表演是免费的，到每一个城市巡回，每个地方待上几天，随巡演中聚集起来的演员的高兴而更换主题。通常涉及的是对权威的嘲笑，然而也有对社会道德价值的宣扬”①。从某种意义上讲，中世纪后期出现的诸多戏剧形式，为文艺复兴时代伟大戏剧的出现奠定了基础。

除了戏剧演出之外，中世纪其他的娱乐活动也很多，例如西欧各地都十分流行的比武大会，白天吸引各种各样的观众、游吟诗人、商贩，夜晚则会举行宴会和舞会。中世纪的小酒馆也很多，人们除了在这里饮酒作乐之外，赌博也很常见。某些球类运动的雏形已经出现；8 世纪开始，象棋开始在欧洲广泛流行；15 世纪末，纸牌游戏被引入欧洲。除此之外，还有射箭、九柱戏、骨牌等等。这些娱乐活动无论是在城市还是在乡村都是广泛存在的。

① 福西耶．这些中世纪的人：中世纪的日常生活．周嫄，译．上海：上海社会科学院出版社，2011：189.

五、饮食、居住与服饰

除了自然灾害和恶劣天气造成的饥馑之外，中世纪欧洲的人们在一般情况下并不缺少食物，但他们的饮食习惯和食物质量在今天的营养学家看来却并不好。面包是中世纪餐桌上的主食，其他的主食还有燕麦和大麦制成的粥以及各种谷物制作的面条和通心粉。这类碳水化合物在所有的食物中所占比重非常之大。在糖类方面，甘蔗是稀少而昂贵的，人们偶尔会食用蜂蜜。蛋白质在食物中所占的比重不大，肉类相对于今天是缺乏的，因此当时的人们几乎各种肉都吃，甚至包括马肉和狗肉，这在今天的欧洲是难以想象的。鱼类也不是人们餐桌上的常见食物，更不用说其他海产品。奶制品以乳酪为主，食用油包括黄油、猪油、菜油和橄榄油，欧洲北部的人们还食用核桃油和亚麻油。

在普通的中世纪家庭，食物制作方法以煮制和烤制比较常见，餐具有用木头或金属制成的盆或碗，人们使用勺子盛汤，面包片或者木片也会充当餐具的角色，很多时候人们甚至直接用手。餐叉到15世纪才出现，而且是用贵重金属制成的，只有君主和富人才用得起。从中世纪晚期开始，宫廷、贵族和富人当中在饮食方面出现了一种奢靡之风。宫廷里的盛宴甚至会有几百人参加，一般会上三轮菜，先是水果，然后是饮料和饼干或者奶制品，最后是香料比较重的肉类和禽类菜肴。这样的一顿饭要好几个小时的时间，到场的宾客往往会暴饮暴食。

葡萄酒的品质相对古希腊罗马时代有了一些提高。其消耗量是惊人的，根据有些文献，当时的人们每天要喝两到三升葡萄酒，这样的记载也许有些夸张，但也说明当时的酒类和现在相比酒精度要低得多。在法国，波尔多的红色葡萄酒已经开始出名，意大利的麝香酒、葡萄牙的紫葡萄酒也不是一般家庭能买得起的。在德国，8世纪的文献里就有了啤酒的记录，“啤酒不仅是一种饮料而已，人们也用它来烹煮食物，用啤酒煮汤或是稀饭。穷人也喝淡啤酒，在祭典时则喝上等啤酒。由此看来，中世纪时，啤酒是日常生活食材，同时也是一种嗜好品，啤酒的酿造尤其是都市居民的重要工作”①。

中世纪的国王和大领主们居住在城堡里，我们今天在欧洲各地看到的很多古堡，都是那个时代建成的。城堡大多建在地势险要、易守难攻的地方，其中一些依山而建，建在平原上的大多四周有护城河。10世纪之前的城堡一般比较简陋，有很多仅以木制的围墙保护里面的建筑。“十字军”战争开始之后，受到拜占庭帝国那些高大的城墙和加固的要塞启发，欧洲的城堡逐渐使用坚固的石块建造，结构上也越来越复杂。城堡的最底层是地窖、储藏粮食的地方、蓄水池或者水井，马匹和佣人们都安置在这里。第二层是大厅，国王或领主们的亲戚以及下属们居住在这里，人们在这里处理各种事务、娱乐、吃喝。第三层是私人空间，包括主人的卧室，隐藏着财宝，是家族的核心。再上一层是女孩子们，她们由女佣陪伴着，人们不应该在“下属们”睡觉的大厅里见到她们。最后，在最高层是小教堂，尽可能地靠近上帝。② 依附于国王和领主们的骑士、农民居住在城堡周围。骑士的宅邸一般也有围墙防护，围墙里面有骑士的寓所、仆人的房间、谷仓、奶牛场、面包房、猪圈等等，有些还设有小教堂。底层农民的房屋要

① 阿部谨也．中世纪星空下．李玉满，陈娴若，译．北京：三联书店，2011：163.

② 福西耶．这些中世纪的人：中世纪的日常生活．周嫄，译．上海：上海社会科学院出版社，2011：88.

简陋得多，建筑材料一般是木板、泥炭块、黏土、砖和石头，地面夯实，屋顶覆盖茅草、石板或者圆瓦，没有或者很少有窗户。

在服装方面，中世纪早期日耳曼人的穿着十分简陋，为了活动方便采用窄小紧身的样式，分为上衣和下衣两部分，材质以动物的皮毛和皮革为主，后来才出现了粗糙的毛织物和麻织物。8世纪以后，随着和罗马人的交流与接触，日耳曼人在服装方面受到了罗马人的影响，他们开始穿着长大的外衣和斗篷。到了12世纪和13世纪，受到基督教文化的影响，人们的穿着打扮出现了“哥特式”的风格。例如妇女们头戴的高高的尖顶帽和男人们脚上的尖头鞋，这些都和当时的建筑艺术风格相呼应，同时，收腰的剪裁和立体化的服装风格也得到彰显。服装的材质上，人们开始使用贵重的材料，如天鹅绒、织锦、丝绸、高档的毛织物等。14世纪以后，贵族们对身份和门第越来越看重，他们开始在衣服上添加家徽和纹章作为装饰。总的来说，中世纪的服装作为“社会标记”的角色比今天还要重要些，人们把刺绣品、装饰豪华的腰带和围巾收藏在箱子里，只有在节日等重要场合才会穿戴出来。服装方面的支出，在家庭经济中的位置是突出的，因为中世纪服装的价值比现在要贵重很多。

第三节 城市化的近代社会生活与习俗

【本节关键词】

近代欧洲社会　工业革命　婚姻家庭　服饰　饮食习俗　社交礼仪　节日

19世纪自然科学的发展与生产应用密切地结合起来。尤其是19世纪下半叶，以爱迪生为代表的发明家，积极借助自然科学新成就，推出新产品，使社会生产效率大大提高，西方社会的景观也因此发生很大变化，顺利地从蒸汽时代进入电气时代，由农业社会进入工业化社会。工业化社会明显的特征是集中化程度提高。表现之一是人们纷纷集中到城市里。虽然农村人口大规模涌入城市是20世纪的事情，但城市化速度最快的是在19世纪，大小不一的城市如雨后春笋般同时出现在欧洲大陆，19世纪素有“城市世纪”之称。城市化是社会经济发展的必然产物。西方各国在城市化过程中，都形成了以城市为基地的工业体系。从此，城市不再仅仅是政府和商业所在地，也成为制造业和工业发展的中心。

随着科技水平的日新月异和社会经济的飞速发展，在社会发展中科学技术的作用越来越大。科技的革新，能进一步提高劳动生产率，生产出更多的产品，从而增加社会财富；同时，伴随着科技发明在生产领域的广泛运用，生产的社会化程度也越来越高，并有将全社会的生产部门连成一体的趋势。随着劳动生产效率和生产社会化程度的提高，社会的文明进步程度也就越来越高，从而吸引着人们去改变旧的生活习俗，建立新的生活方式，以适应社会的发展。

一、工业革命与社会革命双重影响下的欧洲近代习俗

近代欧洲社会的工业革命分成两个阶段，第一阶段从1760年至1860年，第二阶段从1860年至1914年。工业革命第一阶段后半期和第二阶段前半期发生在1814年至1870年之间。在这一历史时期，工业革命深刻地影响着欧洲社会的进程。欧洲资产阶级的兴起及其财富的增加，使他们有更多的资金投入到制造业当中；而全球范围内殖民地的扩张和人口的显著增长，又扩大了对工业品的需要。这样，在工业领域内开始了一场技术变革的革命。在棉纺织业中，陆续发明了珍妮纺纱机、水力纺纱机和轧棉机，手工作坊也被机器大工厂代替。随着蒸汽机的发明和改良，煤和铁的重要性被提高到了显著位置，钢铁业因此得到了巨大发展，并且运输业的革命成为现实。1825年，在英国，世界上第一台蒸汽火车运行成功，速度达到每小时15英里。1830年，英国的公路设施普遍得到了改善；主要的河流也被长达2 500英里的运河连接。在1860年以前，全世界的铁路总长不超过3万英里。而到19世纪晚期，仅英国铁路的总长就达到2万英里，德国达到2.6万英里。在通信方面，1820年法国人安培发明了电报通信。1866年，第一条横贯大西洋的海底电缆被铺设。工业革命的成果也反映在农业方面，在19世纪最初的60年里尤为明显，其中包括良种牲畜的繁殖，新型农作物的培植，以及人工化肥的生产和农业机械的出现。在工业革命的直接影响下，欧洲社会的生产力水平得到了迅速提高，超过了以往任何一个时期。

这一时期的社会革命也深刻地影响着欧洲社会的进程，腐朽陈旧的封建制度摇摇欲坠。继法国大革命之后，在1820—1831年之间，希腊、意大利、西班牙、法国、比利时、波兰等国都发生了打击封建专制制度和王权的革命。

1848年前后，欧洲各地又爆发了反对封建旧制度的革命。社会革命一次次宣扬和扩大着资本主义和自由主义的影响，对旧制度和旧传统的打击也一次比一次沉重。革命打击了专制君主制度，国王们不敢再宣称拥有无限的权力；革命又摧毁了大部分的封建主义残余，包括农奴制和贵族们的封建特权。社会革命使一般农民拥有了自己的土地，建立了社会保险和救济制度，也改革了财政和税收制度，完成了教育和法律的改革。由此，近代意义上的社会制度得到了确立，并向着现代的社会制度发展。

在工业革命和社会革命的影响冲击下，欧洲社会的城市人口开始增多。以英国伦敦为例，到19世纪后半叶，这座城市集中了全国1/6的人口。城市里人满为患，工人只能住在没有照明和排水设施的地下室，这使得传染病很容易扩散。飞速发展的城市缺少完善的基础设施，如卫生设施、下水道网，也没有专门清扫街道的机构。诸多问题使政府意识到必须改善城市状况，否则将威胁到城市乃至国家的安全。在政府所做的改善中，比较重要的是充分供应洁净的水、改善集中式排水系统和垃圾处理。

在改善城市状况的过程中，公共卫生和预防医学有了真正的发展。在欧洲工业革命时期，由于城市里居住密集、饮水污染、垃圾堆积如山、蚊蝇滋生，造成伤寒、霍乱、痢疾等疾病流行，居民健康状况下降。为了解决这些问题，欧洲各国政府普遍实施了改善环境卫生的措施，例如整治上下水道、饮水净化消毒、垃圾处理、控制蚊蝇滋生、改善居住和营养条件等等。

1842年，《关于英国工人阶级的卫生状况报告》的发表促使英国政府制定了最早的《公共卫生法》。英国又在1866年的卫生法中明确规定，没有足以排污的下水道的住房、过于拥挤的住房和没有保持清洁和良好通风状况的工厂，都将被处罚。这些法律的颁布都促进了近代公共卫生事业的发展。同时，人们力图摆脱单调平凡的社会生活，追求生活内容的丰富和生活节奏的时代感。人们的生活习俗与以往已有很大不同，带上了近代社会的色彩。但在经济较为落后的偏远地区，人们的生活仍处在传统习俗的支配和影响下。

二、婚姻与家庭

近代以来，西方的婚姻模式发生了很大的变化。欧洲贵族的婚姻多有联姻的性质，爱情不被认为是婚姻的先决条件。婚姻往往被看作是精明的安排，贵族可以在婚姻之外继续他们的爱情生活，而几乎不影响各自婚姻的持久性。在不考虑爱情方面，下层民众与贵族相似，但经常需要考虑劳作等方面的实用性需要。这就导致了如下两种现象：一是结婚很晚。除了爱尔兰、中欧、俄国等地区外，男女为了经济上自立往往不得不晚结婚。16世纪末至18世纪末的英国，20～24岁的已婚男子和女子的比例分别为16%和18%，25～29岁的比例分别为45%和50%。女子的初婚年龄大多在26岁以上，男子则大多为27～28岁。18世纪早期，法国的平均结婚年龄约为30岁。一些人从未结过婚。当然，晚婚和不结婚还有其他原因，比如雇农想要结婚，惯例上需要获得地主的允许；有的国家甚至立法限制仆人和打零工者的婚姻。二是再结婚现象比较多。为了解决丧偶所带来的生产生活上的不便，多数人选择再婚甚至三婚，从而使得婚侣之间年龄相差很大，有时可以相差几十岁。一般都是丈夫比妻子年长，反过来的情况比较罕见。

工业革命对家庭也产生了重要影响。工业的发展使得收入来源不再局限于土地，子女离开家庭经济上也可以独立。由于越来越多的人成为雇佣劳动者，儿童已经需要额外的开支，而不再为家庭提供劳动力。工人阶级生活困苦，不愿意生育，或者把子女抛向社会。城市工业社会的发展增加了分娩的成本，而生养一个孩子要等他到相当大的年龄他才能成为独立自主、自食其力的劳动者，这需要更多的投资，同时还剥夺了母亲的工作机会。这些都导致家庭规模的缩小。18世纪中后期，随着经济条件的改善，婚姻更加自由，在择偶上，爱情的因素增加了，夫妻双方的年龄更加接近，老夫少妻的情况减少。婚后，夫妻双方更为注重教育子女，并且与其他家族成员的关系比较融洽，在疾病、事故等方面相互照料。但在中产阶级里，婚姻还多由父母安排。待出嫁的女儿向父母索取丰厚的嫁妆，而父母则需要考虑男方的经济条件等因素。在法国和欧洲的其他一些地方，中产阶级的男子结婚一般比较晚，而且倾向于挑选比较年轻的伴侣。而无产阶级的子女有选择对象的绝对自由。由于婚姻约束减少，婚前怀孕成为普遍现象。16世纪、17世纪，婚前怀孕者在20%以下，而到18世纪上升到40%，并且出现了性解放倾向。有人主张把性的快乐和妊娠功能分开，公开颂扬性的快乐，黄色书刊充斥伦敦的书店。同时，婚礼也趋于简单化。

随着西方社会城市化进程的发展，欧洲的家庭规模比中世纪缩小许多，仅包括父母与子女的核心家庭成为家庭的主要形式，以前三世同堂的主干家庭、家族等开始衰落。家庭规模的缩小与生活条件的改善、独身之家的增加、出生率下降的趋势是一致的。家庭规模缩小，一方面改变了家庭内部成员的传统关系，但另一方面也让家庭在面临风险时更加脆弱。在核心家庭中，权力属于第一代。第一代男性在家庭中的地位与其经济地位有关。但在工业革命后，在妻子、子女可以单独谋生的情况下，父权逐渐减弱，家庭成员的关系也趋于平等化。

15—19 世纪，家庭承担着重要的教育职能。贵族家庭的男孩一般聘请家庭教师，学习拉丁文、文法、修辞、历史等。体育受到重视，剑术、骑马、打猎、网球、跳舞成为日常的训练科目。女孩子则在家中学习如何成为贵妇人，母亲教她们针线技艺以及持家之道，另外一名教师教她们音乐和舞蹈。有些女孩还会在修道院里生活两三年，以便体验家庭之外的生活。贵族子弟的最后一课往往是在全欧进行的“大旅行”，他们携带一位仆人及指导他们行为和学业的家庭教师，由父母送往国外旅行一两年，目的是学习新语言，发现新习俗，特别是熟悉美食和礼节。下层民众中那些没有继承权的子女很早就离开家庭到其他地方接受训练。留在家中的则由老一代将知识和技能传授给年轻人。服役是所有年轻男子都要承担的教育形式：贵族子弟去做侍从，做雇工和学徒学手艺或经商，做农业雇工在农场干活，学神学的到教堂或修道院。家庭是主要的教育场所，虽然当时也有学校，但直到 18 世纪，儿童无论出身如何都很少去上学，贵族子弟只有少量去中学或大学学习，在大多数国家里，大学并不受重视。17 世纪，新教诸国开始实行义务教育，并逐渐向天主教国家传播。义务教育的发展，逐渐淡化了家庭的教育职能。

三、服饰

服饰是文明的标志之一，服饰习俗体现着民族文化特色，反映着一个时代人们的生活状态和心理特点。进入近代以来，文艺复兴所倡导的人文主义、反宗教思想，在服饰的变化中得到了充分的体现。这一时期奢华绮丽的服装风格，在欧洲各国都产生了很大的影响。到 18 世纪，受巴洛克和洛可可风格的影响，男子服装讲究更多的装饰，比如披肩和假发。有人曾引用评论当时假发的话说：“某君的假发十分之大，足够一只骆驼驮的了。他用在假发上的化妆粉，至少也有 1 蒲式耳（每蒲式耳约合 36 升）”，“这些化妆粉使他长长的针织领带从头到尾都变了颜色”[①]。上述评论说明了一点，那就是男子戴假发的趋势越来越走向极端。法国大革命后，贫民阶层开始流行肥大长裤。女子服装则出现了衬裙，有时女士们会穿两套精美衬裙，以衬裙的颜色和质料来显示自己不落俗套。国王路易十五的秘书兼情妇蓬巴杜夫人对 18 世纪的女性服装有重要影响，她的丝质长袍、宽大的皱褶、纤细的腰身等都成为被追逐的对象。17 世纪末到 18 世纪，英国的服装形成了自己的鲜明特色，其影响仅次于法国服装。与服装配套的各种装饰品也备受人们重视，手提包和雨伞在 18 世纪末已成为一个着装考究的人的“必需品”。

工业革命开辟了高效率、高节奏的时代。人们的传统穿着发生了较大的变化，尤以法国和英国最为明显。而在欧洲的其他地区，人们的穿着打扮仍深受传统的影响。工业革命后，生活节奏以及现实工作的需要，使人们的审美观念发生变化。工人和农民需要穿戴更适合工作需

---

① 华梅，王鹤．华梅看世界服饰：4：玫瑰法兰西．北京：中国时代经济出版社，2008：52.

要、结实的服装，许多新兴资产阶级领导了服装改革的潮流。法国大革命中，长仅到膝盖的套裤被看作是贵族的象征，平民开始将裤管加长至小腿，后又加长至脚踝，长裤出现了。当时的宫廷服装主要沿用了18世纪末的式样：白色开司米的短裤配以同样色调的长筒袜，服装的区别仅在颜色、徽章和刺绣花纹的不同。但外套、无边帽或两角帽是必不可少的。通常，绅士们的衣服上还饰以皱领。那些没有官方头衔的人士进宫时，一般都身着缀有金属纽扣的法国式服装且腰间佩剑。

这一时期，男子除出入宫廷、参加仪式或是出席晚宴时要穿大礼服及上述服饰外，其日常的服饰为高翻领的男上衣（燕尾服），下窄上宽，而且很短，配以紧身的长裤或短裤，裤料可以是皮的、针织的或人字斜纹布的。19世纪晚期，妇女们依然被包裹在皮毛、绸缎、丝绒、轻纱之中，被丝带、花边簇拥着。所不同的是，这一时期的女装突出在长裙的后面加一个高高隆起的腰垫，用以表现妇女的婀娜多姿，楚楚动人。

在整个19世纪，英国男子衣橱中必备的衣着，一般是一套晨礼服（即白天礼服）、一套晚礼服、一件海军蓝的上衣和三四条灰色裤子。礼服是不经常穿的，常穿的是海军蓝上衣和灰裤。至于女子，她们经常穿的是一套深色的衣裙，再加上一套或两套晚礼服。在政府或企业上班的职员，一般穿一身“公务套服”，以灰暗的颜色为主，白衬衣，打领带，所以这些人又被称为“白领阶层”。与此相反，工厂工人上班时，多穿蓝色工作服，因而被称为“蓝领阶层”。当时的英国，大致可凭人们的服装看出其所属的社会阶层。总体上来说，英国人对服装要求美观，如男要平肩，女要束腰，衣服平整，裤线笔挺，既要突出优美的线条，还要掩盖身体的缺陷。某些特殊正式的场合，人们还沿用着不少在18世纪时已遭淘汰的传统服饰。19世纪末，随着妇女地位的提高，少数妇女像男子一样开始穿长裤。为了适应上流社会妇女参加体育活动的需要，轻便实用的款式丰富起来。缝纫机开始广泛用于服装制作，服装工厂在欧美大量出现，促使服装更进一步地简洁化。

近代的童装基本上是成人服装的微缩型，没有儿童的特点。小女孩长到十来岁，就要穿上紧身胸衣，小男孩的服装与成年男子基本一样。水手服已在孩子中流行起来，虽然它在童装中占有相当比重，但也只是当时水兵军装的翻版，改动不大，也没有多少儿童化趋向。

四、饮食习俗

近代以来，随着时代的变迁，欧美的饮食观念发生了很大变化。欧洲大陆各国，以法国和意大利为代表，其传统社会大多讲究烹调技艺，有着许多著名的美酒珍馐。法国饮食源远流长，以烹调精致、用料讲究、色香味俱佳而著称，更以多种不同的烹调方式享誉世界。从路易十四开始，法国形成了重要而又不断发展的宴会外交。这些在重要的场合精心安排的珍馐佳肴被世人称为法式宴会，餐桌上一次可上200道菜。法国大革命后许多贵族的私人厨师因主人流亡国外而失去工作，纷纷“下海”开餐馆，高级烹饪从此走向社会。

法国人对饮食持十分严肃的态度。在法国，人人都听说过瓦泰勒的故事。瓦泰勒是一个城堡的主人，在一次宴请法王路易十四的宴会上，瓦泰勒因准备的烤肉和鱼未能满足客人的需要而羞愧难当，当即拔剑自杀。

法国人十分注重菜肴原料的质地、鲜度，用料多选鲜活食材。法国菜讲究烹调汤及酱汁调配，同时讲究营养的合理组合和色彩的巧妙搭配，菜肴装盘时，呈现出各种使人赏心悦目的图案。法国菜常把酒当作必需的调料，做不同的菜用不同的酒，香味诱人。葡萄酒、啤酒是法国菜单中不可缺少的部分。法国菜上菜程序多为开胃菜、汤、主菜、生菜沙拉、甜点及各种餐间饮用的酒类。

法国人对酒的嗜好除了主要以酒作为佐餐饮料外，还表现为一般法国成年人可以一天不喝茶、咖啡，但绝不可以不饮酒。被称作“皮斯托”的小酒馆，在法国各地星罗棋布，随处可见。有些法国人不仅午餐、晚餐时饮酒，早餐时也要饮一杯。法国人的人均酒精消费量一直居世界第一位。

工业革命对食品工业的发展产生了重要影响，同时也改变了普通家庭的饮食结构。城市化的发展，人口的大量聚集，使传统的食物供应模式难以适应大量的、集中的城市食物供应要求。人们生活节奏的加快，也导致精挑细选的烹饪方式显得过于浪费时间。军事上的要求鼓励人们建造那种大规模、流水线生产的食品工厂，第一个硬面包厂正是为了军事需要而建立的。工业化还为食品工业的发展提供了技术条件。1842 年，第一种化肥诞生，高产量、大批量的工业农场出现；工业化的养殖场出现了，并开始使用饲料。在食品的制造上，人们对传统食品的生产流程、工艺、规模及品质进行改造，并发明了新的食品种类。例如，拿破仑三世为了解决海军军需和下层民众的食用黄油问题，下令鼓励人们寻找能代替黄油的产品，从而促成 1869 年人造黄油的发明并首先应用在法国海军当中。19 世纪冷冻机的发明与应用，解决了食品的储藏和运输中的保质保鲜问题。脱水食品、罐头食品、冷冻食品不断增多，在英国，工业化的食品已经成了烹饪的重要组成部分，以至于人们自嘲说，“英国人只会开罐头”。工业化食品虽然带来了种种便捷，但也导致了食品口味单一，同时也引发了很多的食品安全问题。工业化也加剧了社会的两极分化，下层贫民的饮食较差。在伦敦，工人每周的工资只有 9～10 先令[①]，其中一半用来购买必需的面包，剩下的或用于买奶酪和肉，或用于付房租，购衣服、蜡烛和燃料。工人喝不起葡萄酒、啤酒，只能喝劣质的稞麦酒。农村雇工的饮食比城市贫民略好，他们吃小麦面包多于吃稞麦或大麦面包，每天喝 2～4 品脱[②]啤酒，甚至每周还能吃上两餐烤肉。

在饮品上，欧洲人很早就喝葡萄酒，但很少喝牛奶和水。他们认为牛奶只适合老年人和儿童饮用，而水是致病的根源，能不喝就不喝。1651 年咖啡传入英国，1657 年巧克力从法国抵达英国。起初英国人把咖啡说得一无是处，认为它既不合营养之需，“又无助放纵之兴”；可是到 18 世纪初，伦敦已开设了 500 多家咖啡馆，人人都有自己特别欣赏、喜欢光顾的咖啡馆。时髦人士爱去圣詹姆士街的怀特号喝咖啡；诗人爱去威尔号，在那里高唱低吟，谱写得意之作；学者们则欣赏希腊号的格调、氛围；商人们到罗德号填写海运保险单；而股票掮客们则在乔纳森号谈交易。咖啡馆成为伦敦人一个重要的交际场所。中国的茶叶自 17 世纪中叶传入英国后，很快就为消费者所接受。到 18 世纪中叶，上自王公贵族，下至贩夫走卒，都要喝茶，有的人甚至到了“宁可不吃饭，不可不饮茶”的程度。时髦女郎在上午 10 点至 11 点和晚上 10 点至 11 点之间，要喝武夷茶一盅，龙井、熙春茶也颇受欢迎。英国逐渐成为世界上进口茶叶最多的国家，最高时曾达到每年 24 万吨，人均消费量 3 千克，形成了以红茶为特色的英国茶文化。

---

① 先令为英国旧制货币单位，1 英镑等于 20 先令，1 先令为 0.7～0.8 元人民币。

② 1 品脱约为 568 毫升。

五、社交礼仪

（一）法国男子的“骑士风度”

欧洲社会流行的许多礼仪都出自法国。其中最为典型的，便是从中世纪流传下来的尊重妇女的风尚，即所谓“骑士风度”。在中世纪的法国，“骑士风度”是贵族的处世要诀和文明标准。人们把贵妇置于很高的地位并在她们面前竭力表示谦恭与顺从。这种“骑士风度”提高了妇女的社会地位，使男子养成了尊重妇女的习惯。这种做法最初只局限于对宫廷中的贵妇们，19 世纪以后逐渐扩大到绅士和资产阶级的太太。在社交场合相互介绍时，应先把男子介绍给女方，然后再把女子介绍给男方。在做客或是其他社交场合，妇女入室时，男子必须起立。参加舞会时，男子若是带有女伴，应该先带她去见女主人，然后与女伴跳第一场舞。舞会期间，男子应处处照顾女伴，最后还应该请女伴跳末场舞，然后领她一起去向女主人告辞，并将她送回家。陪伴女士同行于街道时，应该让女士走在人行道内侧靠橱窗的一边。在上下楼梯的情况下，上楼梯时由女子先走，下楼梯时，则男子先行。如楼梯很窄，男女双方迎面相遇，男子应该主动停下来，闪身让女士走过。去饭店，进门时，男子应走在前面为女士打开大门；如果需要自行寻找座位，男子应该主动上前为女士找好座位并帮女士把椅子挪好。坐定后，一般先由女士点菜。餐毕，男子应该照顾女士穿戴整齐，然后，为女士打开大门，请女士先行。在剧院里看戏，也是女士先行，男子跟在女士后面。

（二）英国社会的拜会礼节

在 19 世纪的英国，拜会是交际应酬中很重要的一环，人们迁居到一个新区，要拜会左邻右舍，新结婚的嫁娘则要等邻居来访；吃过人家的宴请，要在三四周之内拜谢女主人，因故未能接受人家的宴请，也要相机前去拜谢；亲友有丧事，葬礼前要去吊唁；至亲近友生病、订婚等等，也要去慰问或祝贺。被拜会的人，一般要在十天之内回拜。拜会一般按照事先约定的时间前往，迟到或早到都不合适。如果情况变化不能按约前去，一定要尽快通知对方，说明具体原因，表示歉意。初次拜会属于礼节性拜会，客人一般不宜停留过久，以 20 分钟左右为宜。

（三）欧洲各国的交谈礼节

19 世纪，在欧洲各国，人们有一种奇特的礼节，即在相互交谈时要保持固定的距离。其距离的远近是很有讲究的。在一般情况下，地处北欧的瑞典人、丹麦人、挪威人和冰岛人认为谈话时双方相距 1.2 米左右是合乎传统的。在中欧地区和不列颠岛上，人们交谈时则保持 1 米的间隔。而意大利人谈话时几乎靠在一起，双方的间隔仅 30～40 厘米。一般来说，越往欧洲南部，谈话者之间的距离越近；而越往欧洲北部，谈话者之间的距离则越远。

六、节日

节日从一个特定的层面反映了人们的饮食、服饰及信仰等习俗。某些节日的形成经历了长期的历史积淀，年年沿袭，代代相传，具有一定的传承性和稳定性。在西方近代城市化过程中，各民族都有许多自己的传统节日。这些节日或与基督教有关，或源自久远的民间风俗；有全国性的，也有地域性的，还有的则仅限于一村一镇。随着资本主义的发展，基督教成为欧美的精神支柱。基督教的信仰、传统和礼仪形式，逐渐融汇到西方各国的政治、经济、文化、风土人情和社交礼仪中。与基督教有关的节日，在欧洲大陆各地都有，内容也大同小异。宗教节日一般是一种以节日形式表现出来的宗教礼仪活动。把崇拜、纪念和娱乐综合为一体的宗教节日，其活动内容主要是纪念耶稣降世和升天，歌颂耶稣成道和传经事迹。经常化、民族化、生活化的宗教节日逐渐成为大众生活中不可或缺的部分。

（一）圣诞节

近代以来，圣诞节作为西方的一个重要节日，已经越来越具有世俗化色彩，成为人们生活中一个不可或缺的节日。在 19 世纪，每年从 12 月初起，人们就要为欢庆这一节日而开始忙碌，采购火鸡、马铃薯、蔬菜、蜜饯、水果饼、葡萄干等，以便全家人过一个丰盛、愉快的节日。圣诞节还被人看作是家人团聚、互赠礼品的节日，因而除了办年货之外，还要把房间装饰一番，在室内竖起一棵挂满银纸片和用棉花制成雪花的圣诞树。房内还置有冬青和槲寄生的枝子。西方人以红、绿、白三色为圣诞色：红色的有圣诞花和圣诞蜡烛；绿色的是圣诞树，它是圣诞节的主要装饰品；红色与白色相映成趣的是圣诞老人，他是圣诞节活动中最受欢迎的人物。

欧洲各国都有自己独特的圣诞节庆祝方式，比如英国人过圣诞节有一个习俗，就是他们一般认为平安夜午夜过后，朝屋里迈进第一只脚的人，将预示着新的一年的运气。如果来者是个快乐、幸福、有钱的人，主人将全年吉利；如果来者是个忧伤、不幸、贫穷的人，主人在新的一年里就会困难、倒霉。尽管各地习俗差别很大，但宗旨都是一样的，都是为大家带来圣诞节和新年的祝福。

（二）复活节

与圣诞节一样，进入近代以后，复活节的宗教色彩逐渐淡化，世俗化色彩越来越浓烈，成为人们表达美好祝愿、迎接新生活的一个节日。

据说复活节（Easter）一词源于盎格鲁-撒克逊民族神话中黎明女神的名字 Eostre。它的原义是指冬日逝去后，春天的太阳从东方升起，把新生命带回。由于该词寓意为新生，于是被基督教教徒借用过来表示生命、光明、欢乐的恩赐者耶稣再次回到人间。按照习俗，复活节的日期是 3 月 21 日起月圆后的第一个星期日。如果月圆正值星期日，则要顺延至下一个星期日。在多数西方国家里，复活节一般要举行盛大的宗教游行。游行者身穿长袍，手持十字架，赤足前进。他们打扮成基督教历史人物，唱着颂歌欢庆耶稣复活。基督教教徒会在节前去教堂行洗礼，然后穿上自己的新衣，庆祝基督的新生。穿戴一新的习俗保留至今，因为人们认为在这个节日里不穿新衣是要倒运的。复活节期间，人们还喜欢彻底打扫自己的住处，表示新生活从此开始。鸡蛋在西方象征着死后又复苏的生命，因此被作为耶稣复活的标志。后来人们还把鸡蛋染成五颜六色，以增加喜庆气氛。复活节当天，家庭主妇们会把煮熟的“复活节彩蛋”藏在树穴、草丛或山石后，让孩子们四处寻找。

（三）万圣节

万圣节（Halloween），每年10月31日的一个庆典，是一个古老的爱尔兰人凯尔特民族仪式、罗马天主教仪式和欧洲民间传统混合在一起组成的节日。凯尔特人崇拜祭司神（Druid）。据凯尔特人的宗教信仰记载：每年的10月31日，死亡之神和黑夜之神要将天下亡灵驱赶到祭司神面前。又一传说是罗马人认为祭司神的新年是11月1日。这天，祭司神召集天上的神灵以安抚有罪的亡灵。在秋冬交接季，生命源泉缺乏、死亡线接近，因此万圣节那天一直被认为死去的人可以返回人间，古老的凯尔特人会点起篝火，穿上服装来抵御这些到处漫游的鬼魂。

万圣节前夕的许多活动都与迷信有关。万圣节的前一星期，孩子们在家长的帮助下开始准备鬼怪面具和令人望而生畏的服饰。入夜（万圣节夜），当打扮得狰狞可怕的孩子们出现在家长面前时，家长要表示害怕，这样孩子们会感到很快活。有的孩子用扫帚柄将头戴尖顶帽、身披黑长纱裙的“女巫”送到邻家的屋顶上；有的孩子把被单裹在身上，扮成鬼怪精灵；有的孩子则拿着或戴着令人恐惧的骷髅画到处吓人。在英国的切斯郡和施洛郡，许多人在万圣节夜要外出“招魂”。

大部分小孩子在这天晚上打扮得奇形怪状，背上小布袋，挨家挨户地去乞讨。他们按响邻居门铃，有人开门时，他们就高喊：“捉弄或款待！”（Trick or treat!）成年人也喜欢这些“行乞”的孩子。他们摸摸孩子们随身的小布袋，然后在布袋里装些糖果、糕饼和水果等。所以，这天晚上大部分西方家庭都要备些供上门“行乞”的食品。如果有人拒绝孩子们的要求，他们就要被捉弄。孩子们会将肥皂涂在人家的玻璃窗上，会把人家修剪花草的工具搬到让人不易找到的地方。

19世纪的西方传统节日中除宗教节日外，世俗节日的内容也绚丽多彩。如法国1月5日的“三王来朝”节时，人们习惯吃一种烙饼；2月2日圣蜡节时，吃薄饼；3月狂欢节时，穿滑稽可笑的衣服；4月1日愚人节时，设想出种种荒谬离奇的玩笑，戏弄亲戚朋友；6月彩车节时，则在街上举行彩车游行。瑞士日内瓦的登城节在每年12月11日前后，市民要举行为期一周的庆祝活动，欢度这一传统的爱国节日。瑞典人最具民族特色的节日是仲夏节、露茜亚节和五朔节。西班牙人的“法耶节”，还有其他富有地域色彩、民族特色的节日不胜枚举。

第四节
多样化的现代社会生活与习俗

【本节关键词】

现代西方社会　演变与发展　节日　饮食　服饰　娱乐与休闲

20 世纪是全球剧烈动荡的时代，尤其在前 50 年间，战争与革命、进步与反动、文明与野蛮、创造与破坏……反反复复交织在一起，不断地发生变动。科学与技术也以前所未有的速度与规模突飞猛进，日新月异的创造发明层出不穷，迅速改变着人们的生产和生活方式，从而促使人们的思想观念不断地发生变化。

在这一个世纪里，因循守旧几乎已经没有立足的余地。人们不停地追求“新”与“奇”，尤其表现在各个艺术领域内。人们的进取精神大为发扬。然而，20 世纪以来经济领域却不断出现危机与萧条。战争阴云不时笼罩大地，人们经历了两次世界大战，时时处于恐慌不安之中，因此人们的精神领域也常常处于乐观与悲观、入世与厌世的矛盾交织之中。

随着西方现代社会的来临，人的作用、主体性和能动性都被无限夸大，人逐渐变成了“宇宙的中心”。在这种背景下，自然的地位一落千丈，开始沦为人类征服、改造的对象，甚至还成为人的力量的“确证”。这样，人与自然的关系就发生了根本性的变化，二者之间的平衡已经不复存在，天平急剧向人的一方倾斜，人与自然之间的冲突、矛盾和对立被置于前台。随着自然及其价值的衰落，传统的伦理关系、血缘关系、家庭关系、亲情、友情等也失去了赖以存在的土壤，它们或被排斥，或被破坏，或被弃如敝屣。传统的伦理关系被商业目的、经济利益、政治集团和意识形态利用，丧失了其初始的作用。詹姆逊形象地说明了现代性所导致的社会变化：现代性的巨变把传统的结构和生活方式打成了碎片，扫除了神圣，破坏了古老的习惯和继承下来的语言，使世界变成了一系列原始物质材料。必须理性地对它们加以重构并使之服务于商业利益，以工业资本主义的形式对它们加以控制和利用。①

这一时期，社会生活与习俗的变化表现在新习俗的产生、旧习俗的衰落和中断、传统习俗的演变中。1918—1945 年期间科学技术的发展是令人瞩目的。1923 年，英国哲学家罗素曾这样写道：“说到最后，使我们的时代和过去有所不同的，就是科学，科学可以把人类带进一个欢乐的境地，那是过去的人难以想象得到的。”② 可以说，科学技术主宰着 20 世纪，它像希腊神话中的巨神阿特拉斯那样，把整个世界扛在自己的双肩上。到了 20 世纪 20 年代，科学技术和普通人的关系越来越密切，它直接影响到社会生活领域，人们的生活习俗发生了巨大的改变。新的习俗迅速产生，饮食、娱乐、家庭模式等方面有了意想不到的突破；与此同时，传统习俗在内容、定义、方式等方面又有了极大的改变。20 世纪 20 年代，西方世界的道德习俗革命虽然是观念转变和社会心理变化的产物，但新的科学技术为其产生、推行提供了物质前提，科学技术正以空前的速度改善着人们的日常生活。同时，越来越多的人开始采用相同的科学技术，使他们的生活方式越来越相似，以科学技术为基础的新习俗在有些方面是具有世界性的。商贸活动、战争使生活习俗打破了国界，促进了生活习俗在空间范围上的传播与流行。

一、新习俗的形成

西方现代早期，适应各地各国历史发展的特征，在一些国家和地区产生了一些新的习俗。

① 詹姆逊．时间的种子．王逢振，译．北京：中国人民大学出版社，2018：88.

② 余楠．世界现代后期生活习俗史．北京：中国国际广播出版社，1996：3.

这些新习俗与经济发展密切相关，反映了人们物质生活的种种变化，这最明显地表现在各国、各地交通和通信新习俗的产生上。道路设施的改变，电车、汽车、飞机等新运输工具的出现，使人们的交通习惯大为改观。电报、电话的发展，则加速了信息传播。有的新习俗则是社会政治生活的反映，例如一些新政治节日的诞生，像“五一”国际劳动节、苏联的“十月革命节”和一些国家的民族独立节等等。而一些娱乐习俗的产生，也直接或间接地反映了人们社会经济、政治和文化生活的变化。例如美国“烤架”俱乐部的出现、现代篮球的诞生、邮购商店的兴起等等。当然也有一些纯属偶然的事件，或为了社会的需要，或为了迎合人们的心理，也因流行而成为一种新习俗。例如“热狗”食品的出现、“剪彩”习俗的流行、美国芝加哥湖滨节的诞生等等。

二、旧陋习俗的衰落和中断

旧陋习俗的衰落和中断如新习俗的产生一样，是社会经济和政治制度、人们的物质生活和文化生活改变的结果。我们知道，习俗的产生和流行依赖一定的社会环境和条件，一旦失去了这种环境和条件，习俗的衰落和中断就可能发生。因而，社会制度发生大变革的时代，就必然造成某些习俗的衰落、中断，甚至绝迹。例如意大利的水城威尼斯“刚朵拉”之花的凋谢，又如大洋洲某些民族的食人风俗也因西方文化的传入而被禁止。这些都说明，某些习俗的衰落、中断和绝迹是历史发展的一种必然结果。当然，某些历史事件突然发生，造成对人们社会生活的强烈干扰和刺激时，也会引起某些习俗的中断。慕尼黑啤酒节在第一次世界大战中一度中断便是其中一例。第二次世界大战爆发使经济进一步衰落也造成一些原有习俗的简化或消失。在英国，维多利亚时代遗留下来的许多约定俗成的东西已经消失。小说家约翰·高尔斯华绥(John Galsworthy)这样评价这个时代的现实：“现在一切都是相对的，因而对自由贸易、婚姻、领事、煤炭或社会阶层都不可绝对地依赖。”① 传统似乎在大多数人心目中已成为陈规旧习，而新的生活规范还未完全建立，正是这个间隙使人们获得如此多的自由与解放，人们可以尽情地去拥有现代工业技术，尽可能地去享受生活中的赏心乐事。

三、传统习俗的演变和发展

传统习俗可分为两类：一类是随人类社会的产生而一直流传下来的，例如衣食住行、婚丧嫁娶等方面的习俗；另一类是在人类社会发展的过程中出现并已有或长或短的历史演变过程的习俗，例如某些节日、社会礼仪、宗教信仰等等。这些传统习俗的演变，在西方现代早期具有的特点是：随着经济的迅速发展，人们社会生活节奏的加快，传统习俗出现了更为实际、舒适和快捷的趋向。例如英美快餐食品的兴起，一直为欧洲人所崇尚的法国华丽时装向简单易穿的变化，自来水的出现，电灯照明、电报、电话的使用等等都是这一特点的证明。再有，各国习俗的变化更加符合本国的国情。同时，伴随欧洲资本主义的扩张，出现了欧式习俗向世界各地

---

① 余楠．世界现代后期生活习俗史．北京：中国国际广播出版社，1996：27.

扩展的趋势。这可从西服在世界各地的流行、基督教在世界各地的传播中得到体现。但在许多落后的地区，落后的传统习俗仍然很盛行。例如非洲残酷的成年礼，某些民族中的一夫多妻制，大洋洲、印度某些民族的猎取人头传统等等。

随着现代早期经济的迅速发展，科学技术水平的迅速提高，政治斗争的风云变幻，宗教习俗向世俗习俗的转变也日趋明显，转变的形式随着各国国情的不同而不同。这也表现在传统习俗的演变和发展上。

四、传统节日

（一）宗教节日

19世纪末到20世纪初，传统的基督教节日仍是欧洲主要的宗教节日，其中重要的有圣诞节、复活节、基督受难日、基督显现节、基督圣灵降临节、万圣节、万灵节、圣徒节、圣女节等等。

欧洲国家多数属于基督教国家，因而它们有共同的宗教节日，节日的内容和过节的方式也大致相同，但也因各国的国情不同，形成了具有各自特色的节日习俗。

1. 圣诞节

由于历史的变迁，圣诞节已大大世俗化，成为西方国家全民性的一个节日。19世纪末至20世纪初期，圣诞节的节日习俗已与现在相差不多，它既是一个宗教节日，又是一个社会节日，更是一个家庭节日。圣诞节的这种世俗化，在刘锡鸿的《日耳曼纪事》中所描述的德国人的节前准备中清楚地表现出来："先期十余日，饴糖果饵、玩物器具，纷罗街市。家家筐篚相遗，如中国之贺新岁。"[①] 圣诞节浓浓的社会生活气息还表现在对圣诞树的装饰、丰富的圣诞食品、圣诞礼物和圣诞节期间的民间游戏上。

装饰圣诞树是圣诞节最重要的活动之一。据说圣诞树最早起源于德国。圣诞树上点蜡烛的习俗，有了电灯以后便改用电灯了。但在英国，从19世纪中叶起，点蜡烛的习惯一直没有改变。

到19世纪末，节日食品也随时代的发展变得更为丰富。16世纪以前，圣诞午餐以野猪头、烤孔雀为主，新大陆发现后，烤火鸡已成为英国餐桌上的传统食品。另外，各式各样的以葡萄干、果皮饯、苹果、梅子等作馅的圣诞饼，补充了单纯肉馅饼的不足。刘锡鸿也提到了圣诞筵席："筵席即开，男女杂坐，嘉肴毕陈献，节糕斯呈。其糕以百果和合糖霜花露而成，味绝甘美，香溢唇颊。"[②] 圣诞礼物更充满了人间的欢乐和友谊。19世纪中叶，产生了一种新的圣诞礼物——圣诞贺卡。送这种贺卡既经济又方便，还表达了送卡人祝贺节日的心情。到了19世纪末，这种小礼品已流行了起来。张德彝在《随使英俄记》中描述了这种贺卡礼物："平行者

---

① 谢飘云．中外文化交流与岭南近代散文风格之嬗变//刘琦，杨萍．中国近代文学研究：中国近代文学国际学术研讨会暨第十三届年会论文集．长春：吉林人民出版社，2006：132.

② 刘锡鸿，张德彝．英轺私记　随使英俄记．长沙：岳麓书社，1986：224.

彼此送一花帖，帖印五彩花鸟，中横金字一行，云：‘埃美立克里斯麻’，译即慈悲思德圣诞也。铺中售帖，大者宽三寸长二寸，小者与名刺同，不书本人名姓，惟以信函封寄而已。”[①]节日的游戏，更充满了人间情趣。以上的记载只是19世纪末至20世纪初西方圣诞节之点滴，却足以看出这个宗教节日的世俗化。

2. 复活节

复活节是西方各国的传统宗教节。20世纪后也有了不少新特点。

每当节日来临，人们便以不同的方式举行纪念活动。在匈牙利，小伙子追逐姑娘们，用水泼之。意大利则有谚语："复活节想和谁在一起就和谁在一起。"在西班牙，则有苦行僧赤着脚，戴着脚镣，穿着露出两只眼睛的紫袍或黑袍，背负十字架，进行长达2～3千米的赎罪游行。在俄国，则要举行圣餐礼、洗脚式、配制圣油、绕教堂跑圈、鸣钟、燃蜡烛、吻十字架、滚鸡蛋等活动。在英国，民间的活动为滚彩蛋。鸡蛋和小兔在西方人的意识中是新生命和兴旺发达的象征，因此各国的复活节食品中都少不了鸡蛋。

在英国，彩蛋不仅是节日食品，还有一系列关于彩蛋的民间游戏。其中包括"藏蛋""撞蛋"和"滚蛋"。游戏往往先由"藏蛋"开始。家里人把彩蛋藏在花园里，让孩子们去找。孩子们找到蛋后，便三五成群地聚集在一起或玩"撞蛋"，或玩"滚蛋"。撞蛋即两蛋相撞，破者败，蛋归胜者。"滚蛋"即找一个斜坡，将鸡蛋滚下去，蛋滚得最快、最远，且屡滚不破的为胜，输者的蛋全部归胜者所有。据说这只屡滚不破的蛋预示着主人的好运气。在英国阿盖尔郡的农村，男女青年分组进行滚蛋赛，赢者可在这一群人中挑选意中人。

这种彩蛋游戏在19世纪末依然如故。同时英国又增添了一种关于"彩蛋"的新习俗：用各种材料制成复活节礼品蛋，这种"蛋"内装有各种礼物。这个习俗开始于1870年。这一年，巴黎从普鲁士军队的围困中解围，送往英国的一种儿童玩具就是一批复活节礼品蛋，蛋中装有各种礼物。蛋中藏物的习俗从此流行。

（二）世俗节日

现代早期，欧洲主要的世俗节日有情人节、愚人节。

1. 情人节

2月14日是西方国家的情人节，因源于教会为纪念早期教会的两位圣瓦伦丁，也称圣瓦伦丁节。情人节于19世纪中后期开始风靡欧美大陆，并成为规模仅次于圣诞节的世俗民间节日。节日期间，各国的青年男女以不同的方式表达出自己的情感。

在意大利，未婚女子黎明即起，在窗下静候第一位来到她窗前的男子，他将是她命中注定的情人；在丹麦，男子常常以密码给女子写信开玩笑，如密码被猜出，那么他必须在下一个情人节送她一份礼物；在荷兰，青年男女互赠鲜花以致情意；在英国，男女青年的礼物则是"圣瓦伦丁图片"。张德彝在《随使英俄记》中就提到了英国过圣瓦伦丁节的情景："通国少年子女，各戏所爱。其法有二。……今法：届期各择所爱者寄柬。虽以微词挑之，而言颇雅驯。此

---

① 刘锡鸿，张德彝．英轺私记 随使英俄记．长沙：岳麓书社，1986：512.

等信纸亦由铺中出售，上画人物，隐含情意：有女摘花而男夺取者，有日午而男子送扇与女者。如以夺花纸写，则云：‘卿所摘花，实不如我。不信，请试留之，久而自知其香。’以送扇纸写，则云‘天热，无扇无风。倘蒙录用，何乐如之’等语。虽云赠芍遗风，仍不失为香草美人之意也。”① 从张德彝的描述中，我们可以看出，赠送“圣瓦伦丁图片”在19世纪末已成为英国情人节的习俗。

2. 愚人节

1564年，法国率先采用了新纪年法，以1月1日为一年之始。但是一些因循守旧的人却反对这种历法改革，他们依然固执地按照旧历，在4月1日（旧历新年）这一天互送礼品，庆祝新年。改革派的人对这些守旧者的做法很不以为然，便想办法对他们大加嘲弄。一些聪明、爱搞恶作剧的人便在4月1日给那些守旧者送去假礼品，或邀请他们参加假招待会。看到守旧者被愚弄，他们就哈哈大笑，并把上当受骗的保守分子称为“四月傻瓜”或“上钩的鱼”。久而久之，人们在每年的4月1日便有了搞恶作剧、互相愚弄的习惯，并逐渐成为法国流行的民俗，被称为愚人节。18世纪初，愚人节从法国传到英国，又被英国移民带到了美国，最终成为西方的传统节日之一。

愚人节最典型的活动还是大家互相开玩笑，用假话捉弄对方。总之，在这一天，人们可以任意开玩笑，搞恶作剧，甚至报纸、电台也可以报道假新闻。西方人还喜欢在愚人节这天组织家庭聚会，主人把房间整理一新，待客人来后则祝他们“新年快乐”或“圣诞快乐”，以此互相打趣。愚人节聚会上一贯有“做假”的风俗，比如用蟹肉做伪装的烧鸡、西红柿色拉下面藏着冰激凌、把糖果放在药盒里给客人食用等。

五、饮食

在现代，虽然意大利菜、法国菜仍然兴盛繁荣，但让人耳目一新、感受到强烈震撼的却是英国菜和美国菜。它们或多或少地受到意大利菜和法国菜的影响，但最终与当地的固有特点有机结合，使传统的烹饪方式、烹饪工具发生质的变化，拥有了自己的烹饪风格，因此成为现代西方饮食最重要的代表之一。其中，美国菜更是在20世纪中叶时逐渐与意大利菜和法国菜抗衡而部分地成为西餐潮流的领导者，可以说是真正的新贵。

西方人在饮食的制作上十分注重精益求精、追求完美，无论是馔肴还是茶酒的制作，都表现出了精湛的技艺。由于自然条件、物产、人们生活习惯、经济文化发展状况的不同，西方各国又形成了众多的风味流派，其中，最著名和最具代表性的有意大利菜、法国菜、英国菜、美国菜、德国菜、俄罗斯菜等。这些著名的风味菜大都有各自独特的发展历史、精湛的烹饪技艺，甚至还有种种优美动人的传说或典故。而在各个国家中，不同的地区、不同的历史阶段也有不同的地方风味菜，并且大多具有浓郁的地方特色和不同的烹饪艺术风格。

在饮品方面，主要有酒和咖啡。仅以酒为例，西方的酒品类众多，可以按照生产工艺、生产原料分，也可以按产地、颜色、含糖量、状态、饮用方式进行不同的分类。如果按照生产工

① 刘锡鸿，张德彝．英轺私记 随使英俄记．长沙：岳麓书社，1986：531.

艺则分为酿造酒、蒸馏酒、混配酒等。其中，酿造酒的著名品种有葡萄酒、啤酒等，蒸馏酒的著名品种有白兰地、朗姆酒、威士忌、金酒、伏特加等，混配酒的著名品种有开胃酒、甜食酒、利口酒等。此外，鸡尾酒也是凸显西方特色的酒品。

20 世纪以后，现代快餐业出现，西方饮食进入了快餐时代。现代快餐业起源于美国，肯德基、麦当劳是其代表。简单、方便、快捷是快餐的特点。如今，快餐已经遍布全球，肯德基所属的百盛集团（下辖肯德基、必胜客、Taco Bell 三大快餐品牌）和麦当劳均已在全球 100 多个国家和地区开设了超过 3 万家餐厅。快餐已成为很多人日常饮食不可缺少的一部分。20 世纪末，美国的快餐经营者已有 12.8 万家。但快餐脂肪总量多、蔬菜含量少，属于高热量、高糖分、高胆固醇的食品。

快餐时代也带来社会生活的变迁，家庭厨房的作用日渐降低，与家人共同品味美食成为奢侈，人们也越来越不愿意在饮食上多花精力和金钱，餐桌已经失去了昔日家庭生活焦点的位置。

六、服饰

19 世纪末 20 世纪初，时装化的服饰成为潮流。宫廷一向引导着服装的潮流，但 19 世纪后期，宫廷衰微，君王没落，服装潮流的引导者转移到新崛起的中产阶级，时装更新速度增快。被称作“现代时装之父”和“女式时新服装之王”的英国人查尔斯·沃思向宫廷服装提出挑战，他为自己的妻子设计服装，并开设了专门的服装店。到 1864 年，他的服装店和工场已有百余名工匠，开始使用缝纫机。从服装的意义上说，19 世纪可称作“沃思时代”。随着女权运动的发展，女子更多地参与社会工作，如何把女性从束缚身体的紧身胸衣中解放出来，如何排除服装上的社会性差别，纠正古典式的阶级和性别的偏见，成为 20 世纪服装设计的重要课题。与此同时，男装依旧延续 19 世纪基本样本，西装套装、短背心、领结、领带、西装裤组合，这种挺拔方正的形象一直延续到 20 世纪下半叶。1910 年，巴黎服装设计师保罗·波烈设计的霍布尔裙顺应了人们对于东方文化的特殊审美需求而一度风靡欧美，一战前的 1910—1914 年间，也被称为“霍布尔裙时代”。1910 年，可可·香奈儿（Coco Chanel）在巴黎开设了一家女装帽店（millinery shop），凭着非凡的针线技巧，缝制出一顶又一顶款式简洁耐看的帽子。当时女士们已厌倦了花巧的饰边，所以香奈儿简洁、舒适的帽子对她们来说犹如甘泉一般清凉。1914 年爆发的第一次世界大战是女性近现代服装的分界点。

第一次世界大战是一场全民动员的战争，男人在前线打仗，女人也加入支援前线的各种后勤部队以及家乡的建设工作中。女装发生了划时代的变革，女子开始穿裤装和短裙，烦琐的装饰被去掉，出现了男装化的女服，发型上也流行男式短发。新女性服装抛弃紧身胸衣，尽量使女性的胸部从束缚中解放出来。由于英国当时时兴午后饮茶，于是有了专门的饮茶女袍。女装紧身适体，但不便于安置口袋，于是手提包盛行。步入 20 世纪 20 年代，香奈儿设计了不少创新的款式，例如针织水手裙（tricot sailor dress）、黑色迷你裙（little black dress）、樽领套衣等。而且，香奈儿从男装上取得灵感，为女装添上一点男儿味道，一改当年女装过分艳丽的绮靡风尚。例如，将西装褛（Blazer）加入女装系列中，又推出女装裤子。香奈儿这一连串的创作为现代时装史带来重大革命。

20 世纪，出现了新艺术派、野兽派、超现实主义派、雷特罗派、俄国服装派、日本服装派、立体派、古典派、未来派、视幻艺术派、波普艺术派、浪漫派、极少数主义派、构成派、后现代派等一系列时装设计流派，巴黎、纽约、米兰、伦敦、东京是著名的时装设计中心。1929 年纽约突然发生股票暴跌，欧洲市场处于极度萧条的境地。许多名师开设了售成衣的时装店，渡过了经济恐慌。在这样经济萧条的情况下，发布全新时装款式，以引起社会的重视则是一个办法。此时，让·帕图推出了长裙子，据说获得 40 亿法郎的销售额。此外，马德林·维奥（维奥内）发布了斜裁晚礼服，这种新的手法在整个 20 世纪 30 年代很流行。于是，进入 20 世纪 30 年代，从整体上看裙子变长，腰身恢复到自然的位置，其基本轮廓是细长。

20 世纪 60 年代，出现了一股“年轻风暴”。在这场风暴中，男的蓄长发，留胡子，穿夹克、牛仔装，不打领带；女的穿黑色紧身衣、喇叭裤，不涂口红，不戴胸罩。这种反传统的模式开始于美国，随着嬉皮士运动和学生运动而风行于西欧各国。年轻消费群体的崛起以及后现代思潮的蔓延发展，彻底改变了 20 世纪的时装潮流和方向。东西方文化相互碰撞与融合，高级时装一统天下的时代宣告结束，服装开始了民主化、大众化、多样化、国际化的年代。

七、娱乐休闲

资本主义初期，上层社会和下层社会的娱乐休闲方式有很大的区别。下层民众的主要娱乐是去小酒馆喝酒。到 19 世纪，下层民众开始去音乐间和大篷剧场，在那里一边喝酒一边唱歌。这些价格便宜的大篷剧场，能容纳很多观众，成为下层民众常去的地方。1900 年，仅伦敦一地，就有这种剧场 50 多个。20 世纪初，餐馆和小酒馆仍是群众生活的中心。在杂耍场、音乐馆、小酒馆里，有“一分钱游戏场”，内设各种一分钱一次的机器，如留声机、自动算卦机等。

上层人士在休闲之余经常打猎、赛马、看喜剧、举办社交舞会等。他们喜欢各种体育运动。有些体育活动往往具有很强的贵族色彩，不对下层民众开放。人们喜欢在体育比赛中赌博，赛马是当时重要的赌博项目之一。拳击则是赛马和足球比赛的副产物，比赛时因赌博、舞弊而常常引发骚乱，组织者禁止观众携带棍棒、武器入场，徒手搏斗成为唯一被认可的解决手段，并在此基础上发展为拳击。19 世纪初，英国率先掀起了户外运动的高潮，足球、橄榄球、曲棍球、水球、网球、板球、钓鱼、登山、游泳、滑冰、滑雪、田径是人们常常参与的运动形式。特别是足球和田径比赛不但吸引了许多参加者，而且吸引了更多的观众，成了各阶层人士喜爱的消遣方式。1896 年，现代奥林匹克运动的诞生，极大地推动了体育事业的发展，体育已成为一种生活方式。

20 世纪初，大众娱乐出现，不再是群众自己创造娱乐，而是欣赏别人的作品，这是大众娱乐与以前娱乐的区别。娱乐的质量得到大大提升，一切科技成就都用来为公众娱乐服务。电影的发明，为大批下层民众提供了新的廉价休闲方式。1915 年美国的大卫·格里菲斯制作了一部长达三小时的影片《一个国家的诞生》，表明电影的制作技术已臻成熟。有声电影的兴起，录音技术的改进，也提高了电影的娱乐性，电影业得到了迅速发展。20 世纪前半期，受到两次世界大战和经济危机的影响，电影院成为人们逃避现实的地方，电影扮演着解除现实生活苦闷的良药的角色。随着一大批著名影片传遍世界，电影成为人见人爱的娱乐项目。人们的生活方式、思想内容，甚至人们的一言一行等，都受电影事业的影响而发生了变化。

20世纪初，人类的通信设施大为改进，发明于19世纪晚期的电话、电报、无线电迅速推广，使得人们能够非常迅速地获得来自远方的信息，重要信息很快就能传遍世界，人们获得的信息与知识大大增加。尤其是20世纪20年代无线电广播事业发展起来以后，无线电和电视出现，人们的娱乐中增添了新内容。许多西方人的家庭生活习惯也发生了改变。普通人家的家庭娱乐以听广播为最普遍，晚间往往一家人围坐在收音机旁消磨时光。20世纪三四十年代，“收音机往往是起居室里最显眼的一种设备”①。收音机最初的节目有肥皂剧、情景喜剧、歌曲、体育节目等。其中歌曲、体育、新闻等节目受到广泛欢迎，这种便于移动的娱乐方式，为人们所喜爱。由于大部分欧美人开车上下班，在或长或短的旅途中，收音机成为他们消磨时间和获取资讯的方式。

电视机的发明是人类娱乐史上的重大革命。20世纪20年代出现的电视，在40年代末还很罕见，但在50年代已开始普及。1972年的英国，75%的家庭拥有电视。电视剧是最主要的娱乐节目，肥皂剧就是其中一种。这类节目主要是描述人世间的兴衰成败、酸甜苦辣，因而十分受家庭主妇的欢迎。电视对重大体育赛事的直播，不仅为广大的体育运动爱好者和体育迷们提供了一种新的休闲和生活方式，而且也大大促进了电视事业本身的发展。

现代传媒的发展，极大地改变了欧美人的生活，尤其是普通家庭的生活。这些家庭没有更多的精力和财力去参加社交和文娱活动，但一家人一起听听收音机、看看电视，就可以了解世界上所发生的事情。

【本章小结】

本章分为四节：第一节“公共与私人：希腊罗马的社会生活与习俗”首先简要介绍了古希腊的城邦制和古罗马从共和到帝国的历史演变。在婚姻与家庭方面，早在《荷马史诗》的时代，希腊人就确立了一夫一妻制的家庭模式，与希腊比较，罗马女性的家庭生活负担减轻了许多。在物质生活方面，希腊人较为简朴，罗马人则较为丰富。在教育方面，古希腊的斯巴达强调军事教育，雅典则崇尚心灵教育。罗马人的教育以道德教育为中心并深受家庭观念的影响。奥林匹克运动是古希腊留给现代社会的重要遗产，而罗马人的体育运动则更看重表演中所包含的娱乐性。节日与宴饮是希腊与罗马社会生活的重要组成部分，希腊的酒神节和罗马的农神节是重要的节庆。第二节“宗教与世俗：中世纪的社会生活与习俗”首先介绍了中世纪骑士制度的产生和发展以及著名的三大骑士团。在婚姻与家庭生活方面，基督教的影响极为深刻，父权占据绝对的统治地位。随着资本主义生产方式的出现，文化和教育有了很大的发展，城市学校和行会学校是世俗教育的主要场所。大学的兴起，是中世纪的一件大事，当今欧洲很多知名学府的建立都能追溯到中世纪时代。中世纪的宗教性节日非常多，娱乐活动也较为丰富，食物中碳水化合物和肉类所占比重较大，服饰方面在基督教的影响下出现了“哥特式”的风格。第三节“城市化的近代社会生活与习俗”主要介绍了工业革命和社会革命对西方近代习俗的影响。近代以来，西方的婚姻和家庭生活发生了很大的变化，中产阶级男性的结婚年龄一般比较晚，家庭成员的关系趋向平等化。物质生活方面，在18世纪，受人文主义的影响，人们的服饰风

---

① 曼彻斯特．光荣与梦想：1932—1972年美国实录：第一册．广州外国语学院美英问题研究室翻译组，译．北京：商务印书馆，1978：89.

格趋于华丽，19 世纪服饰风格则较为简洁。随着时代的变迁，宫廷贵族的高级烹饪逐渐走向民间，饮用茶和咖啡成为风尚。这一时期，欧洲的社交礼仪逐步形成，节日的庆祝方式也逐渐固定下来。第四节“多样化的现代社会生活与习俗”介绍了 20 世纪以来日新月异的西方社会生活。在剧烈变革的背景下，人与自然的关系、人与人的关系发生了巨大的变化，新的习俗不断形成，旧陋习俗不断衰落与中断，人们对饮食、服饰、娱乐的品质追求也更为丰富多样。

【思考与练习】

1. 古希腊城邦制有哪些特征？
2. 什么是元老院？
3. 古希腊奥林匹克运动有哪些特征？
4. 古罗马的农神节有哪些活动？
5. 骑士授予仪式的基本程序有哪些？
6. 中世纪三大骑士团各自有哪些特征？
7. 中世纪家庭财产继承的基本特征是什么？
8. 欧洲最早建立的大学有哪些？
9. 19 世纪欧洲社会基本的社交礼节有哪些？
10. 试论述古希腊与罗马婚姻与家庭生活方面的异同。
11. 请比较雅典与斯巴达教育制度。
12. 试论述骑士制度的历史及其影响。
13. 请阐述中世纪晚期欧洲教育制度的概况。
14. 试论述 19 世纪工业革命对欧洲社会的影响。

【拓展阅读】

1. 加亚尔，德尚，阿尔德伯特，等．欧洲史．蔡鸿宾，桂裕芳，译．北京：人民出版社，2010.

2. 伯里．希腊史．晏绍祥，导读．北京：北京大学出版社，2009.

3. 格兰特．罗马史．王乃新，郝际陶，译．上海：上海人民出版社，2008.

4. 本内特，霍利斯特．欧洲中世纪史．杨宁，李韵，译．上海：上海社会科学院出版社，2007.

5. 温克勒．西方通史：第一卷：从古代源头到 20 世纪．丁娜，译．北京：社会科学文献出版社，2019.

6. 布罗代尔．十五至十八世纪的物质文明、经济和资本主义．顾良，施康强，译．北京：商务印书馆，2018.

扫码查看本章图片

余论

中西文化比较

文化是什么？文化是一个历程，一个整体，是一个或几个人群全体的生活，是“发生史”。一个人的生活，不能称为文化，文化是全体的一个立体式的系统。文化涵盖的范围很广，包括语言、艺术、宗教、科学以及人类社会的各种活动（如政治、经济、教育等）。人类以自己独特的生活方式和生活工具创造了文化，在此过程中，同时也实现了人类自身的价值。文化是群体生活的内容，因此，除了物质文化之外，还有思想文化和精神文化。文化分为主观/客观和主动/被动两项。文化和文明的不同之处也就在于此。人类在生活过程中不断地进行思考，势必产生成果，这些能感知到的人类思考活动的成果就是文明，而这些成果可能是艺术品，也可能是城市建设。文明是看得见的，是可以作客观分析研究的，而文化却是看不见的，是生活的主题。因此，文化和文明是密不可分的，没有文化就没有文明可言，过去文化的成果就是文明。

当今世界有三大文化体系，一个是中国，一个是西方，还有一个是印度。西方文化最早来源于三个方面，一是希腊人的个人主义，二是罗马人的群体组织（法律、军事、政治），三是希伯来的宗教信仰，再加上现代科学，就是今天的西方文化。希腊文化、希伯来宗教和伦理以及现代工业主义构成了西方人的主要精神生活。西方文化相对于中国文化来说是复杂的，孰优孰劣不可一概而论。文化的比较古已有之，只是比较的支点不一样，这样反倒是将这个本来就不易言明的问题悬置起来了。到了20世纪，这个问题被重新提出来。文化比较的兴起跟人类在现代化进程中的交流与合作、价值多元化有关。随着后殖民时代的到来与边缘文明的崛起，西方的霸权文化濒临崩溃，平等与对话成为时代的主流。在中国，文化比较研究的兴起则与20世纪西方文化的批量传入，以及西方文化对中国古老传统的冲击相关。中西方文化的差异与冲突不可回避，但是，在人类文明发展的大背景下，在全球文化多元共生的大视野中，如何重新审视和发展中华民族的传统文化，寻求异质文化间的对话与沟通，实现不同文化间的借鉴与融合，促进世界优秀文化的传承，是我们的当务之急。

一、中西文化寻根

文化是人类社会的产物，它是人类在与自然环境的长期斗争中不断创造的成果，同时也是人类征服自然走向文明的标志。世界上每一种形态的文化都有其赖以生存的土壤和环境。在人们早期的生产生活中，自然环境的影响极大，尤其是在一种文化开始形成的阶段，大海、沙漠、草原、大陆、河流等不同的地理地貌和气候条件，以及某一地域与周边环境的联系，都会形成各不相同的生产生活方式，从而直接影响到某一文化的发展方向。自然与人文地理环境的差异是造成人类群体不同的民族性格和文化精神的重要因素。但是，当文化发展到一定的阶段，人的因素可能就会凸显，在文化中日趋成熟的人的心理因素可能会逐渐形成自觉的文化选择。即便如此，文化的成长在无形之中仍会受到特定自然环境的某种程度的制约。

中国文化与西方文化产生的自然地理基础是各不相同的。世界上的古老文明均发端于大河流域，埃及文明发端于尼罗河，印度文明发端于恒河，古巴比伦文明发端于幼发拉底河和底格里斯河，印第安文明发端于亚马孙河和密西西比河。和其他古老文明一样，中华文明同样发端于河流，黄河与长江是中华民族的生命之河，是中华民族众多古老文化的发祥地。在两河中，黄河对中国人来说有着举足轻重的地位和不同凡响的意义，它被誉为中华民族的母亲河，中华民族的文化祖先黄帝和炎帝正是居住在黄河流域的大部落的首领，他们是靠着黄河水养育长大的。在漫长的历史发展长河中，由于种种原因，古埃及、古巴比伦、古印度这些发端于大河流域的文明大多消亡了，而中华文明却吸纳了许多异族文明生生不息直到今天，不仅如此，还形成了以农业为主导的文明体系。

形成中华文化的自然条件有四个：一是幅员辽阔、腹地纵深；二是地形地貌复杂多样；三是气候温暖湿润；四是半封闭的边缘地形。中华民族西面有黄土高原，东面则面临大海，北面有茫茫沙漠，南有炎炎烈日，而喜马拉雅山脉高耸入云，太平洋广阔无垠。气候地理条件的限制，使得中华民族生存在一个大而封闭的环境当中。封闭的环境使得中华民族免于遭受外来民族的入侵，而广阔的地域又为生物的多样性生长提供了条件，使得农业能够发展，同时它也为众多中国人提供了足够大的生存空间。中华民族形成农业文明还有一个至关重要的条件，那就是中国历代的统治者对农业的极度重视。这种以农业文明为主导的自闭的文化形式对中国的民族性有着相当大的影响：一方面，中华文化能够独立发展，保持自成一体的延续性；另一方面也养成了中国人自我封闭的保守意识和妄自尊大的大国心态。

西方文化得以产生的自然地理条件与中国有着很大的差异。中华民族是被江河滋润的陆地文化，西方则是诞生于蓝色波涛中的海洋文化。西方文明起源于欧洲。这里的欧洲和今天地域意义上的欧洲不同，而是指亚欧大陆西侧的欧洲。它三面环海，东面与亚洲接壤，整个大陆轮廓是一个巨大的半岛。欧洲半岛离海很近，海陆交接，港湾林立。在欧洲的自然环境中，海洋是一个至关重要的因素。古希腊罗马文明就是在这种环境中产生的。

海洋地理与东亚大河流域的差异主要表现在三个方面：一是多山且陆地狭窄，加上地中海地区的气候干燥炎热，不利于农作物的生长，因此很难形成完全自足的农业经济。二是地中海地区特殊的海洋地理和周边环境。这样的条件和环境不但为西方人提供了取之不竭、用之不尽的生活资源，而且更利于从事航海事业。地中海不仅孕育了一半以上的人类古代文明，而且很大程度上激发了西方人征服大海的勇气，形成了他们狂放好战的民族性格。三是欧洲大陆的全境被各种天然障碍分割成若干孤立的区域，有小岛、河谷，还有盆地与丘陵。这样的地理环境，造就了希腊独特的城邦制社会结构和富于变化的文化类型以及希腊民族崇尚自由和个性独立的民族性格。

地中海沿岸，西方文明起源并向北发展，地中海岛屿星罗棋布，农业不像东方的大河流域那样发达，在人口稠密的城邦如雅典等，要从黑海沿岸和埃及等地进口谷物等生活资料。于是，西方文明发展成为商业文明。商业文明产生于市场交换，交换要遵循自由平等的原则，所以，西方人个性自由，追求人与人之间的平等。由于地域的不同，形成的中西文明是中西方文化差异中最基本的差异，由此也形成了人的思维方式、文化导向、宇宙观、世界观等种种差异。

中西民族不同的生存环境造就了各不相同的生产方式和经济模式。在此基础上，又产生了各民族最初的生活方式与社会结构，所有这些既构成了特定的文化形态，又是两种文化传统风格各异的深层结构以及民族精神形成的重要基础。中国是农耕文明，西方是商业文明；中国是以血缘家庭为纽带的传统社会，西方则是以地缘政治为基础的希腊城邦制国家。

二、中西文化基本精神比较

文化的基本精神就是一种能够被大众接受且具有广泛影响力的，可促进人的思维活动和推动社会发展的内在动力。中西文化不同的自然条件与经济基础以及巨大差异的社会结构，导致形成了两种不同的文化核心价值观和文化基本精神。正如本尼迪克特所说："一种文化就像一个人，或多或少有一种思想与行为的一致模式。每一种文化之内，总有一些特别的，没必要为其他类型的社会分享的目的。在对这些目的的服从过程中，每一民族越来越深入地强化着它的经验，并且与这些内驱力的紧迫性相适应，行为的异质项就会采取愈来愈一致的形式。当那些最不协调的行为被完全整合的文化接受后，它们常常通过最不可能的变化而使它们自己代表了该文化的具体目标。我们只有先理解那个社会情感与理智的主要动机，我们才能理解这些行为所采取的形式。"①

尽管每一种文化在不同的历史进程中都会展现出不同的面貌，发生变迁，有时甚至展现出新的面貌和气质，但是不管怎样变化，其核心价值或基本个性是不会轻易改变的，这些核心精神或基本个性使它在诸如经济、道德、法律、审美价值方面表现出连贯性和一致性，所以，在历史进程中每一种文化的基本个性不会发生大的变化。

那么，中西文化各自的基本精神究竟是什么呢？它们的差异表现在哪里？这个问题近百年以来一直是中西思想界探讨的热门话题。

关于这一问题的讨论，中国思想界前有古人，后有来者。戊戌维新时期有康有为、梁启超、严复等，五四时期有胡适、陈独秀、李大钊、梁漱溟、张岱年等，还有我国台湾学者张萌龄等人。在这些人当中，对中国文化的基本精神论述较精准的是严复、陈独秀和李大钊。

严复在其著作中说："中之人好古而忽今，西之人力今以胜古；中之人以一治一乱，一盛一衰为天行人事的自然，西之人以日进无疆，既盛不可复衰，既治不可复乱，为学术政化之极则。……中国最重三纲，而西人首明平等；中国亲亲，西人尚贤；中国以孝治天下，而西人以公治天下；中国尊主，而西人隆民；中国贵一道而同风，而西人喜党居而州处；中国多忌讳，而西人重讥评。其于财用也，中国重节流，而西人重开源；中国追淳朴，而西人求欢虞；其于接物也，中国美谦屈，而西人务发舒；中国尚节文，而西人乐简易。其于为学也，中国夸多识，而西人尊新知；其于祸实也，中国委天数，而西人恃人力……"②

1915 年，陈独秀在《青年杂志》上发文《东西民族根本思想之差异》对该问题作进一步

① 本尼迪克．文化模式．何锡章，黄欢，译．北京：华夏出版社，1987：36. 本尼迪克特，又译为本尼迪克。

② 严复．论世变之函//汪澍白．文化冲突的抉择．长沙：湖南人民出版社，1989：222－223.

探讨，他在文章中将其总结为三个方面：（1）西洋民族以战争为本位，东洋民族以安息为本位。（2）西洋民族以个人为本位，东洋民族以家族为本位。（3）西洋民族以法治为本位，以实力为本位；东洋民族以感情为本位，以虚文为本位。①

李大钊对中西文明的不同特征有全面的论述，他指出："一为自然的，一为人为的；一为安息的，一为战争的；一为消极的，一为积极的；一为依赖的，一为独立的；一为苟安的，一为突进的；一为因袭的，一为创造的；一为保守的，一为进步的；一为直觉的，一为理智的；一为空想的，一为体验的；一为艺术的，一为科学的；一为精神的，一为物质的；一为灵的，一为肉的；一为向天的，一为立地的；一为自然支配人间的，一为人间征服自然的。"② 李大钊的总结可谓中国五四时期关于中西文化基本精神差异探讨各种观点之大融合，以后的学者们，或取其一二观点进行阐述，或依据其观点扬西抑中，或以国粹主义的立场对中国传统文化进行全面的赞颂，但都不出其右。

西方学者对中西文化基本精神差异的探讨始于 17 世纪，随着传教士将中国文化译介传播到西方，西方学者对中国文化产生了浓厚的兴趣。其中法国哲学家马勒伯朗士和德国学者莱布尼茨都对中西文化进行过深入的比较研究。在《中国近况》中，莱布尼茨认为中西文化的基本精神的不同在于，技术与经验科学，中西不相上下，各有所长；西方的逻辑学、形而上学较中国发达，所以西方的无形的知识处于优势地位，例如数学等；在军事领域，中国不如西方，是因为中国人厌恶战争，追求和平。

到了 18 世纪，启蒙运动的思想家们更是对中西文化的精神进行研究，如法国学者沃尔夫、孟德斯鸠、魁奈等，他们对中国文化的精神价值给予了极高的评价。孟德斯鸠在《论法的精神》中认为中国没有宗教，礼教是人们的行为规范。魁奈在《中国专制政治论》中说中国的自然科学不如人文科学发达。

19 世纪之后，以黑格尔为代表的一些西方学者对中国文化的基本精神却和上述思想家持相反的观点，黑格尔对中国精神的代表人孔子的评价是："孔子是一个实际的世间智者，在他那里思辨哲学是一点也没有的——只有一些善良的、老练的、道德的教训，从里边我们不能获得什么特殊的东西。"③

20 世纪的英国哲学家罗素和科学家李约瑟博士，德国社会学家马克斯·韦伯等人，均从不同的角度对中西文化的基本精神做过分析研究。

综合看来，中西文化的基本精神差异主要集中在四个方面：首先是人文传统与科学精神；其次是群体认同与个人本位；再次是中庸和平与崇力尚争；最后是内向与开放。

三、中西哲学比较

文化是人类在生存实践中创造的精神与物质财富的总和，思维认识现象既是人类最宝贵的财富，又是一切财富的基础。文化是人类生活的全部内容，除了物质文化之外，还包括思想和

① 陈独秀．东西民族根本思想之差异//苏丁．中西文化文学比较研究论集．重庆：重庆出版社，1988：1，2.
② 李大钊．东西文明根本之异点//张岱年，程宜山．中国文化与文化论争．北京：中国人民大学出版社，1990：24.
③ 黑格尔．哲学史讲演录：第一卷．贺麟，王太庆，等译．上海：上海人民出版社，2013：119.

精神的文化，这种思想的与精神的文化就是哲学，所以说，哲学是人类“思想的文化”，是心灵的创造，是对世界的认识和价值的把握，以及对人本身的理想的实现。中国哲学是“天人合一”的整体思维，西方哲学是二元对立的思维模式；中国哲学讲主观联系的直觉思维，西方哲学讲剖析精准的逻辑推理；中国哲学讲直观实用的思维原则，西方哲学讲纯粹思辨的抽象理性。

中国哲学中的“天人”关系是指天与人、天道与人道、自然与人的关系。这是中国哲学最基本也是最重要的一个问题。中国古代的“天”涵盖的意思很多，而且随着时空的不同，它的含义不断发生着变化。有时候是上天的意思，有时候则表示最高的神，天命就是最高神的命令，有时候又认为天就是“最高原理”。孟子所谓的天就是最高原理。哲学家们对天的释义是模糊不清的，有时候甚至是相互矛盾的。

从战国时代起，以荀子为代表的思想家们所谓的“天”就表示整个自然界。和“天”一样，“天人合一”的命题也有一个发展过程。汉代的儒学大师董仲舒在《春秋繁露·深察名号》中说“天人之间合而为一”，他讲天人的关系是合而为一的。宋代的张载是明确提出“天人合一”这个命题的人，他的这个命题主要是为反对佛教而提出的。张载认为，人由自然孕育，是自然界的一部分，自然界中的生物与人同时存在。

中国古代的思想家有很多人在自己的著作中提到过“天人合一”的观点。他们认为，世界上的一切事物都是自然的有机组成部分，天与人是相互统一的，天地万物和人具有相同的生命起源。中国古人的“天”不是上帝，人是天生的，人服从于自然界的普遍规律，自然界的普遍规律与人类道德的最高准则是统一的。人生命的意义在于认识、顺应、推进宇宙进化的过程。天不但是人的价值源头，也是人的价值归宿。中国古代思想家从人生问题出发去探讨自然，形成了“天人合一”的审美追求。这种“天人合一”的思想直接影响了中国古代知识分子的思想、创作以及世界观。

孔子认为“五十而知天命”，老子认为“人法地，地法天，天法道，道法自然”，孟子认为“万物皆备于我”。佛家的“心即物，物即心”，道家庄子的“与天和者，谓之天乐”也是对“天人合一”的追求。苏轼在《赤壁赋》中写道：“哀吾生之须臾，羡长江之无穷，挟飞仙以遨游，抱明月而长终。”这是对生命永恒的向往。刘勰“登山则情满于山，观海则意溢于海”，是对人类的深情关怀。“天人合一”的思想也影响到了普通的中国民众，如“自强不息”“厚德载物”，是对个人道德和民族精神的摹写，还有像“尽人事，听天命”“谋事在人，成事在天”等等。总之，“天人合一”的观念已经深入到了中国文化的方方面面。

“天”是万物的本源，是认识的对象与客体，是人格化的实体，是社会的法则与价值的来源；“人”是天造之物，是认识的主体。“天人合一”就是人与自然的整一、协调、有机的联系，是主客体相互依存、相互包容的关系，是天道法则与社会法则的统一，它们是共运的关系。古人“天人合一”的思想还包含爱护自然、维护生态和谐的意义。

西方人对人与自然关系的认识，和中国人也很相似，经历了一个发展变化的过程：从最初的混沌一体，到物我相通，再到主客对立的二元世界。在人与自然关系的认识中，西方人一开始就表现出强烈的征服与控制自然的欲望。这在希腊神话、戏剧以及哲学中都有所体现。宇宙观是西方文化的核心，西方的宇宙观是建立在主客二分和抽象逻辑思维基础之上的。在人与物二者的关系中，人占绝对的主导位置，自然服务于人而存在。在物质与精神的关系上，强调两者的对立，是一种物我二分的关系。

西方文化以人为本，以人为中心，是个人主义价值观念。这种价值观认为，人是社会的基础和出发点，社会的每个人都为自己的利益而奋斗，从而回馈自己的社会。他们认为有个人才有社会整体，个人高于社会整体，每个人都应该表现出自己的个性，强调“自我”，信奉个人崇拜。西方个人价值至上论可以追溯到个人自由主义哲学，该哲学的理论基础是，每个人都是理性的。因此，西方人放任个性自由发展，自我肯定，强调外在的、个人的、功利的东西，认为社会要服从个人，个人的利益高于社会的利益，努力体现个性化的自我。

西方哲学始终遵循两个认知原则，一是逻辑分析，二是理性思辨。西方人在对自然的认识过程中，始终崇尚理性，注重知识，强调对事物本质的把握，然后对事物经逻辑分析，去伪存真，从现象中认识事物的本质和终极价值。自古希腊时代开始，西方人就把求知、思辨当作生活的乐趣所在。

苏格拉底认为，沉思是人类高尚与完美的象征。求知精神是西方近代科学产生的内在动力。理性原则也就是主体性原则，即人作为理性的存在者，必须服从理性的召唤，按照理性的要求看待世界并付诸行动。主体性原则要求自由与必然的统一。理性原则的建立对整个欧洲来说意义重大，它意味着一场思想界的革命，在这场革命之下人们看待世界的基本态度发生了从理念本体论向理性本体论的转变。从此，西方人承认了理性至上的地位。

西方哲学的主体性原则的发展过程说明：（1）主客二分，是达到自我意识的关键；（2）发现人与自然就是发现主体与客体，两者相互为用，互相促进；（3）重视知识，是发现与尊重客体的结果；（4）民主与科学紧密相连。

笛卡尔是西方近代思想的开端。近代的文化、哲学的思维都是从他开始的。在这个时期，哲学的原则是从自身出发的内在性思维，这种内在性在基督教的教义里面有着具体的表现。按照这个内在性原则，独立思维是人类最内在的东西，是最纯粹的内在顶峰。笛卡尔认为这种独立自由的思维应该充分地发挥其作用与价值，而且这种思维应当得到承认，因为这种思维是全世界每一个人的共同原则。他还认为这一点，只有通过自我的自由式思考，才能被证实。笛卡尔的具体方法是：按照顺序，从最简单、最容易认识的对象开始，逐渐地上升到复杂对象的认识，决不接受主体没有确定为本真的东西。“我思故我在”是他哲学观的完整体现。

四、中西宗教比较

宗教是人类在历史演变过程中形成的一种古老、神秘而又非常普遍的文化现象。“人的宗教观念的产生和发展，以及它们对人的活动所产生的影响则是人类历史中的一个重要组成部分，是必不可少和核心的一部分。”[①] 正如韦尔斯所言，作为人类思想意识的一部分，宗教至今仍是各民族文化的一个不可或缺的部分。

由于历史、民族等诸多原因，中西方文明在长期发展过程中形成的宗教体系和教派也不一样。美国神学家保罗·蒂利希认为，宗教区别于人类其他精神形态的主要标志就在于，它能

① 韦尔斯．世界史纲：上卷．曼叶平，李敏，译．北京：北京燕山出版社，2004：89.

够满足人的“终极关怀”的需要。从这个意义上来看，中西宗教是类似的，它们在精神实质上是相通的，但是在具体形式上却有着很大的不同。中国的宗教，面向现世人生，是在人间获得这种需要，如道教追求长生不老，佛教追求佛法在人间，儒教则追求立功、立德、立言；西方宗教（主要是基督教）却把“终极关怀”归于彼岸的、超验的上帝，基督教教义宣扬把人的一切寄托于上帝。中西方宗教在终极关怀问题上的差异直接导致了中西宗教本质上的不同。

中国哲学很少谈论彼岸与来世，很少论证上帝的存在，更没有主观树立一个主宰世界的人格化的神。由于中国人没有对彼岸的信仰，个人的价值与尊严没有精神信念的支撑，所以，个体的地位在哲学观念中就得不到承认和尊重，陌生的个体与个体之间缺乏基本的信任感。宗法家族是维系社会的纽带，人与人之间的信任很难逾越家庭的局限，这使得中国成为福山所说的“低度信任的社会”。在对待宗教的态度上，中国文化体现为对现实世界的热爱，具有人本的价值尺度，是“非宗教的人生”。严格意义上来讲，中国人对待宗教的这种宽容态度，是缺乏真正意义上的超越现世的精神与终极关怀的。其核心是一种自为的存在，而不是宗教信仰的他律意识。因此，所谓的信仰，在现实中也就变得相当功利。

在中国上古文化中，中国人心目中的神没有一个固定的概念，所以其崇拜的对象也很模糊，比如有对天地鬼神的崇拜，有对祖先的崇拜，也有对五岳山川的崇拜，还有对龙凤的崇拜等等。唐宋以后，中国文化出现了儒、释、道三教合流的情形，合流后的中国文化是以儒家的传统价值观和人生理想为核心，并融入了三教的特点，在宗教信仰方面形成了一种多元化和泛神化的天人一体的体系。这样，中国的宗教崇拜对象又增加了，除了上述提到过的之外，道教的三清、四御、八仙，佛教的三世佛、四大菩萨、四大金刚、罗汉都成为中国人膜拜的对象。在中国民间，只要能保佑平安、消灾祛病、发财降福，不管是观音菩萨、城隍大仙，还是土地、财神，老百姓都供奉香火，顶礼膜拜，有些人甚至供奉和崇拜一些圣人和名人。中国的宗教还与各种节庆和仪式密不可分，在这些日子，中国人都要供奉祭祀。因此，中国的宗教是功利的、世俗的、泛神化的多元信仰。

西方的宗教经历了从非理性到理性、从多神信仰到一神崇拜的发展过程。起初，西方人对“神”的信仰因其文化与地域的不同而有所不同，如神有神像、天神、上帝等含义。这些原始朴素的宗教观念，加上古希腊日神与酒神传统以及柏拉图的“理式论”，古希腊的宗教观念彻底得以发展升华，到公元1世纪左右，地中海沿岸兴起了基督教这种普世性的宗教观。

基督教来源于古希腊哲学和犹太教，乃是希腊文明和希伯来文明的结晶。希腊文明为基督教神学提供了素材，希伯来文明则为犹太教的救赎思想提供了理论源泉。基督教将人看成灵魂与肉体的结合体，其中灵魂归属上帝，肉体属于自己。西方人把人生的意义寄托于上帝，把现世人生视为一种痛苦。他们认为，人生的痛苦是“原罪的苦果”，人只有通过体验世间的痛苦，克己禁欲，才能最终回归上帝得以解脱。为达此目的，中世纪的修士经常采用绝对缄默、鞭挞甚至自残的方法。这种宗教精神对西方社会的进步起了很大的推动作用。后来的宗教改革讲求勤俭节约和刻苦工作，使近代资本主义精神得以产生。在基督教发展的过程中，产生了三种主要的宗派，有天主教、东正教和新教，各教派之间斗争不断，但是三种教派在基本的宗教观念上都是相同的。《圣经》是基督教的经典，它告诫人们，上帝万能，人生原罪，来世幸福，上帝是人的一切尺度。

五、中西传统价值观比较

中国传统价值观念是整体主义的。在中国人的眼中，整体高于一切。中华民族独特的以农耕为主的小农经济生产方式和中国人几乎固定不变的群体意识，形成了中华民族的整体本位观念。“家”“家族”“族群”等观念，使中国人不仅在任何场合下都隶属于相似的群体结构，而且增强了他们的整体本位意识。在个体与整体的关系中，个人没有独立存在的价值，个体作为整体的部分依附于整体且无条件地服从整体。儒家传统中人的观念不是孤立的个人与孤立的实体，而是家庭或者国家。所以，中国的整体主义集中体现为国家本位，即个人对国家尽忠、个人对家庭（父母）尽孝这两个方面，并强调个人对家族和国家的责任。无论在何时何地，每一个社会成员必须履行自己的伦理义务：“父慈，子孝；兄良，弟悌；夫义，妇听；长惠，幼顺；君仁，臣忠。”（《礼记·礼运》）

对群体的责任感和义务感则是整个中华民族共通的社会心理结构。在中国，人被视为一种道德的存在，分辨善恶被视为人的本性。而德性与私欲是相互对立的，为了德性，必须压制个体的自然欲求、功利欲望。中国传统社会以农业为基础，生产力发展水平较低，受小农经济影响而产生的“小富即安”的观念也极大地弱化和抑制着人们，血缘关系更使人与人之间笼上了一层温情的面纱，它们使中国人普遍淡泊名利、知足常乐、随遇而安。

中国人常常把利放在义的对立面，强调义重于利，主张清心寡欲。显然，中国传统文化中的道德优先论在价值指向上是超功利的。古代中国，道德学是显学，其他学科往往以其为起点和终结。政治学被归结为善恶与正邪之争，君子与小人之辨；自然科学也被赋予了伦理色彩，自然灾害被视作上天对人恶行的惩罚；文学强调“文以载道”；教育强调“德育为上”；哲学则实实在在是“道德哲学”。

中华民族进入近现代后，人与人之间的血缘关系并未瓦解，宗法制社会长期延续。在宗法社会，血统联盟构成生活制度的基础，而血统联盟得以运转，不是依靠法治，而是遵循以血亲意识为主体的礼俗习惯。中国社会的主要基础是家庭、家族。在家族性的社会结构中，人与人之间的关系是靠情感维系的。社会的治理，虽也用法律，但伦理道德占有极重要的地位，礼俗和礼教变成了社会实际上的法律。在宗法社会，礼制最终被演化为人治。

在以自给自足的血缘关系为基础建立起来的社会，以个体家庭之间的契约关系组成的国家，形成家国同构的局面，家长制充当了专制国家的人治的模式。在中国宗法社会，君主主宰一切，拥有统治天下的无限权力，所谓“普天之下，莫非王土，率土之滨，莫非王臣”“一言兴邦，一言丧邦”，说的就是这个道理。如果说中国古代社会还有法律的话，那么君王就是法律。法律是不同时期的君王亲自制定的，如战国的《法经六篇》、秦国的《秦律》、汉朝的《九章之律》。中国古代的法典，自秦代以来一直到清末，所有的成文法几乎都是刑法。中国古代的“刑”就是法律规范，就是“法”，“法”即“刑”。“法律”与“刑罚”几乎成了同义词。

个人主义作为西方价值观的思想基础，体现了其根本性质。其一，就个人来看，个人主义提倡个人本位。西方价值观念突出个人自由与权利，宣扬个性解放，提倡个人独立，追求个人享受。这种土壤使得西方人有认识自我、完善自我、实现自我和超越自我的强烈要求。其二，就个人和整体的关系来看，个人主义价值观强调个人大于整体，个人的价值高于一切。西方社会普遍注重个体的发展，主张主体精神的高扬与个体的独立发展。他们认为社会只是个人的集合，社会只为个人而存在；个人的价值是社会价值的基础，是社会真正的实体。

对幸福的追求是每一个民族生产生活的目标，但是世界古代民族中没有哪个民族像希腊民族那样执着地追求个人幸福。古希腊的快乐主义主张快乐就是幸福，快乐是衡量一切价值的尺度。他们认为现实的快乐才是真实的快乐，人们应充分享受现世的快乐与幸福，即便是基督教的禁欲主义者也认为人最终能够得到幸福。文艺复兴时期以人性反对神性，以享乐主义反对禁欲主义。薄伽丘的《十日谈》是一个典型的例证，作品极力宣扬幸福在人间，提倡人的现世价值，反对禁欲主义。

近代西方人把对个人利益的追求看作是人的权利，认为是人活动的根本动力，因此强调追求个人利益的合理性和正当性。哲学家洛克认为，人总是逃避使人痛苦的事物，追求使人快乐的事物与最大的幸福。霍布斯认为人生的幸福在于不断地满足各种欲求，追求感官的快乐与逃避各种痛苦，人生就是一个不断追逐个人欲望满足的过程。在 18 世纪的西方，人们执着于对个人幸福、对满足自己需要和利益的追求。伏尔泰说，人的快乐无疑都来自身外的物质，享受物质快乐的人才是世界上最幸福的人。狄德罗认为，人是自然的产物，自然情感是人一切快乐的源泉。

西方文化是以科学为基础的“智性文化”，人们坚持科学化的理性分析的原则。西方人的价值目标需要科学技术的保证，所以西方人崇尚理性，重视知识，热爱真理，弘扬科学。西方文化的科学特质来自古希腊传统。古希腊人重理性，有“爱智”的训诫，他们把以知性活动求得最终真理视为人的最高幸福。柏拉图认为，人由理性、灵魂和肉体三部分组成，而理性是其中最高贵的部分。中世纪也有理性的位置，只是理性被无限制地压制了，文艺复兴是以理性为武器向传统的宗教神权宣战的时代，启蒙时代，理性具有至高无上的地位，近代西方有“知识就是力量”的理念。理性精神在近代西方的统治地位是笛卡尔确立的，从他开始，近代哲学把理性看成是宇宙之本源和世界之灵魂的本体论意义上的实体。德国古典哲学家都是理性的崇拜者。康德认为理性是人的本质，黑格尔把人的理性客观化、绝对化，变成整个宇宙的创造者，理性至上的观点在其哲学中得到了最大的发挥。

六、中西艺术比较

艺术是借助具体形象来反映现实生活，但比现实更具有典型性的社会意识形态，它包括文学、书法、绘画、建筑、雕塑、音乐、舞蹈、电影、戏剧等。由于中西文化的不同，艺术家们在作品中追求的东西也不尽相同，从总体上来讲，中国艺术体现出强烈的写意性与整体感，追求内容与形式的高度和谐，西方艺术则体现出浓郁的写实性、真实感和科学性，在追求内容与形式的和谐的同时，表现出偏重形式的倾向。

中国人的思维方式与哲学思考对艺术中写意特征的形成和影响巨大。在古代中国，对宇宙本原的认识最具影响力的是关于“道”的本原说。《老子·四十二章》讲：“道生一，一生二，二生三，三生万物”，这显然是对宇宙的本原的探索，但这里给出的宇宙本原却是看不见、听不到与不可触及的，是没有办法用我们的感官所把握的。对于这样一个感知对象，人们只有通过静观的过程才能够得以体验和理解。《老子·四十章》说“大音无声，大象无形”，庄子在《知北游》中说“天地，有大美而不言”，表达了相似的观点，所以在老庄看来，包括艺术美在内的任何事物都无法用固定的形式加以表现，只有返璞归真，才能获得永恒。这里，中国哲学中的本原论与艺术美得到了和谐统一。

再从“天人合一”的观点来看，人的心灵是和宇宙共在的，宇宙之外没有独立的人的主体，人之外也没有独立的宇宙，人一旦达到虚静之境，便可感知宇宙的真实存在。中国艺术家用直观形象表达情感的艺术领域，是一个被意念重新构造出来的艺术世界。中国艺术的写意，是用不同的艺术形式描绘客观事物在心中的投影，不求形似，但见气韵以主观表现为出发点的艺术表现方式。这样，艺术便实现了“意与境谐的交融转换”，艺术的最高境界“意趣”“意象”乃至“意境”也就自然而然地达到了。

儒家的中庸思想对中国艺术的形成和影响是潜移默化的。从艺术作品的美学风格上看，中国艺术家始终追求艺术作品中情感表现的委婉与节制，向往怨而不怒、哀而不伤的温婉柔情和温柔敦厚的含蓄一致。这就是中国艺术的最高境界——“中和”之美。它强调和谐统一，追求人与自然、主体与客体、主观与客观、感性与理性的和谐，要求按照文化法则把艺术的多样性或者相反的因素构建成一个和谐的整体。

中国艺术门类众多，作品表现出来的风格也千差万别，如怀素的书法奔放无羁，王实甫的戏剧清丽缠绵，虽然审美不同、形态各异，但是中国艺术作品却从不同的侧面透射出中和婉约的总体审美特点，透露出艺术家淡泊宁静的逸致闲情。但是，整个中国社会都偏重艺术的教化功能，追求艺术的使用价值，也就相对忽视了对形式因素所具有的特殊审美价值的探讨。

写意是中国艺术特有的形式和技法，其典型的标志是“用线造型”。所谓的“用线造型”就是在艺术创作中用线条表达创作者的意图、思想、情感等，线条能表现动态之美，不同的线条会即时令动感增加或消失。中国艺术讲究传神、气韵和笔势，正是在形象的动态之美中显示出事物的内在之真。欣赏并着意表现事物的动态美，不仅在艺术实践上，而且在理论上成为中国美学的一项重要原则。

线条造型的技法起源于绘画，中西绘画都是从这种技法开始的，并非中国艺术所独有，只是中国艺术将这种技法发展到了极致。中国线条造型的艺术技法，可以追溯到原始彩陶那里，并一直延续到明清的绘画、雕塑、建筑、音乐、文艺等各种艺术创作中。中国绘画的线条融合了书法的美学原则和用笔规律，能够充分体现线条自身的美感和力度，画家通过不同的线条体现笔墨的动态、气势、性格、意趣之美，以写神、写性、写心、写意为最终目的。

中国画派倾向于用抽象的笔墨表达人物心情与意境。文人绘画以自然写本心，不仅追求自然之美，更追求借物抒怀，以求情与景的交融。如，顾恺之在画论中提出以形写神的主张，把传神写照作为人物画的最高境界。欧阳修提出古画画意不画形。沈括主张书画之妙，当以神会。线条技法对中国音乐的影响，主要表现在独奏与旋律在时间上所画出的线条。

中国音乐以单声部为主，多采用线性结构，由段落的连缀形成以线为基础的一体化，缺少复调与和声，故中国有很多单声乐器。中国书法是最为典型的线条艺术，线条技法在中国书法中表现得淋漓尽致。中国书法由点画线条构成，能够充分表现动态美。中国艺术重神不重形，使书法的局限性在一定意义上反而成为一种有利因素，实际上等于把不求形似的特点推到了极致。书法艺术把形的因素减少到接近零，彻底摆脱了景物形体的纠缠，书法家内心的情感以最纯粹的形态体现了中国美学的特点和精髓。

中国的宫廷建筑、宗教建筑为实现其现实功能而呈现出统一的高大森严的审美特征，而园林艺术则追求前者所不能顾及的意境的交融转换。作为中国园林艺术代表的苏州园林，无不体现出对自然情趣的追求。亭台楼阁的审美价值，不在其本身，而在于欣赏者对空间美的感受。中国的戏剧，把无限的空间融化在演员的表演里，又利用分场、连场、套场，使故事连贯，一气呵成，时间和空间在线条中达到和谐统一。传统的中国文学重视诗人主观情感的表达，以抒情表现为中心。

受其哲学观的影响，西方艺术更加注重写实性，强调真实之美。西方艺术导向外部形象世界的美学思维，使西方艺术更注重对外在客观世界的摹写与追求。这种对写实的追求，在西方传统的雕塑与绘画中表现得最为突出。从古希腊的神庙浮雕《命运三女神》，到《米洛的维纳斯》、米开朗基罗的《大卫》，再到罗丹的《思想者》，在雕塑艺术中写实的传统经久不衰。同样，绘画中的写实性也是和雕塑艺术的技艺一脉相承的。从文艺复兴时期的米开朗基罗到浪漫主义的德拉克罗瓦，再到现代主义的马奈等巨匠，不论作品的风格如何演变，反映客观注重写实的原则始终不变。西方艺术总体上选择了科学化的道路，呈现出渗透着主体色彩的忠实于自然的风格。这一点与中国艺术依靠人文科学的进展和艺术家的悟“道”的深入程度大不相同。

从艺术作品的美学风格上来看，西方艺术始终崇尚刚性之美，倡导英雄主义与悲剧精神。在艺术作品中充满率性的铺张、浪漫的激情以及灵肉冲突的生命体验，表现天人分离、以苦为乐、自我否定与宗教的救赎思想。西方艺术所呈现的激扬奔放的总体风格与快速变化的节奏，表现为艺术家深刻的生命体验。古希腊悲剧《普罗米修斯》，主人公普罗米修斯作为天神与命运抗争的英雄人物所表现出来的崇高和悲剧结果，叫人深切地感受到西方人灵肉煎熬的痛苦。贝多芬的《命运交响曲》，不仅表现了主人公与命运的抗争，还表达了作者“要同命运抗争，决不被它征服”的决心。海明威的《老人与海》一方面表现了人与自然的斗争，另一方面表达了人在和自然斗争的过程中可能会失败，但是人的精神永远不会被打垮的内涵。

不同的哲学基础、美学观念，不仅孕育出不同的艺术风格，同时也造就了中西特色鲜明、面貌迥异的艺术形态以及与之相应的形式与技法。从总体的发展趋势看，西方艺术的形式构成，大致走过了从崇尚逼真的具象作品到强调抒写印象再到重视形式与精神的抽象艺术的探索历程。

古希腊以后，物我二分的哲学与以科学方法把握世界的思维方式主导了西方人的思想，对自然具象的描摹构成了西方艺术的传统。虽然西方艺术也有各种各样的风格流派，如刻意追求诡奇华丽、形式不规则的“巴洛克风格”，柔和优雅的“洛可可风格”，重情感、色彩与夸张的浪漫主义风格，但客观写实一直处于中心位置。为了达到再现客观真实的艺术理念，西方艺术将各种科学手段和数学原则广泛应用到美术创作中，以便在平面的画布上达到立体空间的真实感。达·芬奇的《最后的晚餐》，能以窗户亮光映衬基督的头部，得益于画家对科学技术（物理新技术）的研究利用。科技的进步不但加速了西方艺术具象形式的发展，而且成为西方艺术构成形式向印象与抽象转移的诱因。

印象主义的绘画使西方绘画摆脱题材、情节以及造型手段的束缚，注重色彩与外光表现力的发挥。抽象主义艺术家从不同时期、不同文化中吸收养分，形成了不同于传统的新风格，如原始艺术、中世纪宗教艺术、东方艺术以及中国的书法艺术。抽象主义绘画作品，主观思维取代客观物象，以平面、立体和色彩构成的方法，创造具有四度空间的作品，以表现抽象的情感，如波洛克的《秋天的旋律》，以类似泼墨的手法，表现出一种较为接近中国书法的艺术趣味和美感。西方传统艺术中的音乐、文学均是如此。西方音乐遵循逻辑化手段，西方古典文学内容注重反映客观现实，引导人认识自己生活中的真善美，以及探索人类的内心世界与生存状态。

参考文献

阿部谨也．中世纪星空下．李玉满，陈婀若，译．北京：三联书店，2011.

普雷斯蒂奇．骑士制度．林中泽，梁铁祥，杜诗维，注译．上海：上海三联书店，2010.

艾略特．基督教与文化．杨民生，陈常锦，译．成都：四川人民出版社，1989.

杜布斯．文学复兴时期的人与自然．陆建华，刘源，译．杭州：浙江人民出版社，1988.

肯尼．牛津西方哲学史．韩东晖，译．北京：中国人民大学出版社，2006.

奥尔森．基督教神学思想史．吴瑞诚，徐成德，译．北京：北京大学出版社，2003.

基弗．古罗马风化史．姜瑞璋，译．北京：海豚出版社，2012.

毕尔麦尔，等．中世纪教会史．雷立柏，译．北京：宗教文化出版社，2010.

曹顺庆．跨越异质文化．济南：山东友谊出版社，2007.

曹顺庆．西方文化．重庆：重庆大学出版社，2001.

哈斯金斯．12 世纪文艺复兴．夏继果，译．上海：上海人民出版社，2005.

陈文斌．品读世界科学史．北京：北京工业大学出版社，2007.

瑙尔斯．中世纪思想的演化．杨选，译．北京：商务印书馆，2012.

德比奇，等．西方艺术史．徐庆平，译．海口：海南出版社，2000.

策勒尔．古希腊哲学史纲．翁绍军，译．上海：上海人民出版社，2007.

邓晓芒，赵林．西方哲学史．北京：高等教育出版社，2005.

方汉文．西方文化概论．北京：中国人民大学出版社，2006.

冯承柏，等．西方文化精义．武汉：华中理工大学出版社，1998.

拉尔夫，等．世界文明史．赵丰，等译．北京：商务印书馆，1998.

詹姆逊．时间的种子．王逢振，译．北京：中国人民大学出版社，2018.

高宣扬．当代法国哲学导论．上海：同济大学出版社，2004.

高达声，汪广仁．近现代科学史简编．北京：中国科学技术出版社，1994.

冯广宜，郭继荣．西方文化渊源．西安：西安交通大学出版社，2008.

韩亚辉．西方文化评析．上海：同济大学出版社，2012.

何亚平，张钢．文化的基频：科技文化史论稿．北京：东方出版社，1996.

胡玉堂．胡玉堂世界史文集：西欧古代中世纪研究．杭州：浙江大学出版社，2012.

纪德尚．人类智慧的轨迹：科学·技术·哲学．郑州：河南人民出版社，1988.

姜守明，洪霞．西方文化史．北京：科学出版社，2004.

江晓原．科学史十五讲．北京：北京大学出版社，2006.

蒋承勇．西方文学“人”的母题研究．北京：人民出版社，2005.

康德．历史理性批判文集．何兆武，译．北京：商务印书馆，1990.

康德．实践理性批判．韩水法，译．北京：商务印书馆，2000.

康天意．文明的狂飙疾进时代．北京：华夏出版社，2000.

柯林武德．历史的观念：增补版．杜森，编；何兆武，张文杰，陈新，译．北京：北京大学出版社，2010.

孔祥民．世界中古史．北京：北京师范大学出版社，1994.

雷海宗．西方文化史纲要．上海：上海古籍出版社，2001.

李兆友，高茜．科学技术发展概论．沈阳：东北大学出版社，2006.

利奇德．古希腊风化史．杜昌忠，薛常明，译．北京：海豚出版社，2012.

梁漱溟．东西文化及其哲学．北京：商务印书馆，1987.

刘城．中世纪西欧基督教文化环境中“人”的生存状态研究．北京：北京师范大学出版社，2012.

刘放桐，等．新编现代西方哲学．上海：复旦大学出版社，2009.

刘明翰，朱龙华，李长林．欧洲文艺复兴史．北京：人民出版社，2010.

刘新成．西欧中世纪社会史研究．北京：人民出版社，2006.

卢梭．社会契约论．何兆武，译．北京：商务印书馆，2008.

本尼迪克特．文化模式．王炜，译．北京：三联书店，1988.

福西耶．这些中世纪的人：中世纪的日常生活．周嫄，译．上海：上海社会科学院出版社，2011.

斯塔克．基督教的兴起：一个社会学家对历史的再思．黄剑波，高民贵，译．上海：上海古籍出版社，2005.

斯特龙伯格．西方现代思想史．刘北成，赵国新，译．北京：金城出版社，2012.

罗素．西方哲学史．何兆武，李约瑟，译．北京：商务印书馆，1963.

吕大吉．西方宗教学说史．北京：中国社会科学出版社，1994.

罗斯托夫采夫．罗马．邹芝，译．上海：格致出版社，上海人民出版社，2014.

卡里，哈阿霍夫．希腊罗马世界的生活与思想．郭子林，曹彩霞，译．郑州：大象出版社，2012.

韦伯．新教伦理与资本主义精神．于晓，陈维纲，等译．西安：陕西师范大学出版社，2006.

马克思恩格斯选集．2 版．北京：人民出版社，1995.

格兰特，等．罗马史．王乃新，郝际陶，译．上海：上海人民出版社，2008.

米特罗尔，西德尔．欧洲家庭史．赵世玲，等译．北京：华夏出版社，1987.

闽惠泉．科技文学．北京：华夏出版社，2000.

钮卫星，江晓原．科学史读本．上海：上海交通大学出版社，2008.

普鲁塔克．希腊罗马名人传．陆永庭，吴彭鹏，译．北京：商务印书馆，1990.

钱穆．中国文化史导论．北京：商务印书馆，1994.

钱兆华．西方文化精讲．北京：华龄出版社，2007.

萨顿．科学的历史研究．刘兵，陈恒六，仲维光，编译．上海：上海交通大学出版社，2007.

罗伯特．古罗马人的欢娱．王长明，田禾，李变香，译．桂林：广西师范大学出版社，2005.

韦尔东．中世纪之夜．刘华，译．北京：中国人民大学出版社，2007.

波默罗伊，等．古希腊政治、社会和文化史．傅洁莹，龚萍，周平，译．上海：上海三联书店，2010.

桑达克．西方文化史略．台北：华岗出版社，1986.

夏平．科学革命：批判性的综合．徐国强，袁江洋，孙小淳，译．上海：上海科技教育出版社，2004.

市场泰男．科学史上的九十九个谜．李耕新，译．太原：山西人民出版社，1980.

沈之兴，张幼香．西方文化史．广州：中山大学出版社，1999.

苏丁．中西文化、文学比较研究论集．重庆：重庆出版社，1988.

孙晶晶．古希腊的社会文化与城邦同盟．上海：上海三联书店，2011.

汤姆逊．古代哲学家．何子恒，译．北京：三联出版社，1963.

梯利，伍德．西方哲学史．葛力，译．北京：商务印书馆，2006.
丹皮尔．科学史：及其与哲学和宗教的关系．李珩，译．北京：商务印书馆，1975.
王仓玉．科学技术史．北京：中国人民大学出版社，2005.
王美秀，等．基督教史．南京：江苏人民出版社，2006.
王亚平．西欧中世纪社会中的基督教教会．北京：中央编译出版社，2011.
王渝生．改变人类的科学活动．上海：上海科学技术文献出版社，2004.
王曾才．西方文化要义．南京：江苏教育出版社，2006.
王佐良，等．欧洲文化入门．北京：外语教学与研究出版社，1992.
文德尔班．哲学史教程．罗达仁，译．北京：商务印书馆，2010.
文聘元．中世纪的故事．上海：上海社会科学院出版社，2009.
吴义生．科学技术史纲．昆明：云南科学技术出版社，1988.
希尔贝克，伊耶．西方哲学史．童世骏，郁振华，刘进，译．上海：上海译文出版社，2004.
希罗多德．历史．王以铸，译．北京：商务印书馆，1959.
徐行言．中西文化比较．北京：北京大学出版社，2004.
晏绍祥．荷马社会研究．上海：上海三联书店，2006.
严群．古希腊哲学探研及其他．北京：商务印书馆，2011.
杨共乐．罗马社会经济研究．北京：北京师范大学出版社，2010.
叶胜年．西方文化史鉴．上海：上海外语教育出版社，2002.
汉密尔顿．希腊方式：通向西方文明的源流．徐齐平，译．杭州：浙江人民出版社，1988.
伯林．自由及其背叛．赵国新，译．北京：译林出版社，2011.
远德玉．自然科学发展概述．沈阳：辽宁人民出版社，1991.
远德玉，丁云龙．科学技术发展简史．沈阳：东北大学出版社，2000.
赫伊津哈．中世纪的秋天．何道宽，译．桂林：广西师范大学出版社，2008.
曾志．西方哲学导论．北京：中国人民大学出版社，2001.
张汝伦．德国哲学十论．上海：复旦大学出版社，2004.
张卫东．西方文化要略（英文）．哈尔滨：哈尔滨工业大学出版社，2008.
赵光武，黄书进．后现代哲学概论．北京：首都师范大学出版社，2013.
赵林．西方文化概论．北京：高等教育出版社，2008.
周平，傅洁莹．西方文化源流．上海：上海大学出版社，2008.
庄锡昌．西方文化史．北京：高等教育出版社，1999.
钟叔河．走向世界丛书．长沙：岳麓出版社，1986.

附录　西方文化大事记

公元前约 6500 年	希腊和爱琴海开始出现农业
公元前约 3200—前 2000 年	爱琴海早期基克拉底文明
公元前约 1600 年	希腊迈锡尼文化开始
公元前约 1500 年	克里特和希腊使用线形文字
公元前约 1400—前 1200 年	希腊荷马史诗的神话时代
公元前约 1200 年	犹太教开始形成
公元前约 1150 年	墨西哥奥尔梅克文化开始形成
公元前约 1100 年	腓尼基人发明字母书写体
公元前约 776 年	希腊第一次举行奥林匹克运动会
公元前约 750 年	荷马的《伊利亚特》、赫西俄德的诗第一次被记述下来
公元前约 650 年	吕底亚国和希腊发行第一批硬币；希腊抒情诗产生
公元前 594 年	雅典的梭伦改革
公元前约 585 年	米利都的泰勒斯预言日月食；希腊理性主义哲学开始
公元前约 571—前 497 年	毕达哥拉斯学派活动，希腊数学确立
公元前约 505 年	克里斯提尼建立雅典民主政体
公元前约 500 年	墨西哥出现最早的象形文字
公元前 451—前 450 年	古罗马《十二铜表法》公布
公元前约 447—前 438 年	希腊雅典帕特农神庙建成
公元前 443—前 429 年	雅典伯里克利时代
公元前 419—前 338 年	希腊古典文化时期
公元前 386 年	柏拉图创雅典学园
公元前 327 年	亚历山大东征
公元前 312—前 64 年	塞琉古王朝时期：出现首个连续的历史纪年系统
公元前约 290 年	亚历山大图书馆建立
公元前 46 年	恺撒创“儒略历”
公元前 31—公元 14 年	罗马的“奥古斯都时期”，罗马文化黄金时代
30 年	基督教创始人耶稣在耶路撒冷被钉死在十字架上
46—57 年	圣保罗到各地传教
70 年	罗马人毁灭耶路撒冷犹太庙宇
150 年	托勒密提倡天动说，著《天论》
约 200 年	犹太法典《米希那》完成
约 200—250 年	基督教神学发展时期
212 年	罗马帝国授予所有自由居民以罗马公民权
274 年	“不可征服的太阳”被宣布为罗马帝国的神

约 300 年	中美洲玛雅文明兴起
313 年	《米兰敕令》：罗马帝国允许基督徒有信仰自由
375 年	日耳曼人开始大迁移，加速了古代文化的没落
395 年	罗马帝国分裂为东西两部分，拜占庭文化兴起
404 年	拉丁文圣经 Vulgate 完成
426 年	奥古斯丁完成《上帝之城》
476 年	西罗马帝国灭亡
497 年	法兰克人皈依基督教
529 年	圣本笃规定西方寺院生活准则
534 年	查士丁尼颁布法典，拜占庭艺术高潮
538 年	君士坦丁堡圣索菲亚教堂献祭
约 542 年	淋巴结鼠疫肆虐欧洲
约 600 年	玛雅文明鼎盛时期
692 年	以色列建筑的第一个伟大纪念物——耶路撒冷圆顶石屋完成
725 年	比德采用公元纪年
782 年	“卡洛林文艺复兴”开始
约 850 年	玛雅文明衰落
863 年	创造东欧西里尔字母
865 年	保加利亚和塞尔维亚接受基督教
910 年	克吕尼隐修院建立
1054 年	基督教东西两派教会分裂
1096—1291 年	“十字军”战争
1099—1291 年	耶路撒冷王国
1154 年	卡尔特大教堂开始兴建；哥特式建筑传入西欧
1200 年前后	欧洲第一批大学：萨勒诺大学、博洛尼亚大学、巴黎大学、牛津大学建立
1215 年	英国制定《大宪章》
1274 年	托马斯·阿奎那卒，他的《神学大全》规定了基督教教义
1318 年	但丁完成《神曲》
约 1320 年	意大利文艺复兴开始
1378 年	教会大分裂，两位教皇分庭抗礼（到 1417 年）
1383 年	威克里夫将《圣经》翻译成英文
1387 年	立陶宛皈依基督教
1400 年	英国第一个伟大诗人乔叟卒
1445 年	德国约翰·古登堡用活字印刷法印刷欧洲第一本书《42 行拉丁文圣经》
1453 年	东罗马帝国灭亡
1480 年	西班牙建立宗教裁判所
1492 年	哥伦布到达美洲，发现“新大陆”
1498 年	瓦斯科·达·伽马成为远航印度并返回的第一个欧洲航海家
1500 年前后	意大利文艺复兴达到鼎盛：拉斐尔、米开朗基罗、达·芬奇
1517 年	马丁·路德发表《九十五条论纲》，提倡宗教改革

1519 年	麦哲伦横渡太平洋
约 1522 年	马铃薯从南美传入欧洲
1532 年	加尔文提倡宗教改革
1534 年	天主教耶稣会成立
1543 年	哥白尼出版《天体运行论》
1558—1603 年	英国伊丽莎白时代文化：莎士比亚、培根、斯宾塞
1559 年	烟草首次传入欧洲
约 1560 年	葡萄牙人在巴西培植甘蔗
1600 年	布鲁诺由于“异端思想”被烧死
1600 年前后	巴洛克建筑盛行
1607 年	蒙泰韦尔迪的《奥尔菲奥的故事》，使歌剧成为一种艺术形式
1609 年	荷兰发明望远镜
1610 年	欧洲科学革命开始
1620 年	弗朗西斯·培根发表《新工具》，确立科学方法论
1630 年前后	荷兰艺术进入繁荣时期
1636 年	北美第一所大学哈佛学院建立
1642 年	伽利略卒（1564 年生），牛顿诞生（1727 年卒）
1656 年	罗马的圣彼得教堂完成
1660 年前后	法国文化古典时期：高乃依、莫里哀、拉辛、拉·封丹等
1662 年	英国皇家学会在伦敦成立
1666 年	法国科学院在巴黎建立
1687 年	艾萨克·牛顿提出地球引力定理
1688 年	英国“光荣革命”
1690 年	约翰·洛克发表《人类悟性论》
1700 年前后	德国巴洛克派音乐的伟大时期
1709 年	亚伯拉罕·达比发现生产生铁的焦炭冶炼技术
1725 年	维柯发表《新科学》
1730 年	卫斯理兄弟创立卫理公会
1760 年前后	欧洲启蒙运动开始
1762 年	卢梭发表《社会契约论》；哈理逊发明航行表
1769 年	瓦特发明蒸汽机；阿克莱特发明水力精纺机
1770 年前后	欧洲工业革命开始
1772 年	《法国大百科全书》共 21 卷完成，推动了启蒙运动
1776 年	亚当·斯密《国富论》、托马斯·潘恩《常识》出版；美国《独立宣言》发表
1781 年	伊曼努尔·康德出版《纯粹理性批判》
1785 年	卡特莱特发明水力织布机
1789 年	法国资产阶级革命开始，《人权宣言》发表
1790 年前后	欧洲管弦乐的伟大时期
1798 年	马尔萨斯发表《人口论》
1800 年前后	德国新人文主义教育思潮：赫尔德、洪堡等
1804—1814 年	拿破仑第一帝国时期

1807年	黑格尔发表《精神现象学》，成为德国浪漫主义哲学的代表
1812年	赛林德发明印刷机，被《泰晤士报》采用
1814年	英国史蒂芬孙发明火车头，试车成功
1820年前后	欧洲文学和艺术的浪漫主义时期
1825年	第一条客车铁路：英国斯托克顿到达林顿（Darlington）
1831年	英国科学家法拉第发现电磁现象
1831年	歌德完成《浮士德》
1833年	英国制定第一部工厂法
1836年	普鲁士发明后膛枪
1837年	英国人皮特曼发明速记
1838年	英国发明第一部电报机
1840年	英国出现第一张邮票
1848年	马克思和恩格斯发表《共产党宣言》
1849年	浪漫主义音乐达到顶峰
1851年	伦敦举办世界博览会
1853年	豪斯曼开始重建巴黎
1859年	达尔文出版《物种起源》；第一口油井在美国宾夕法尼亚开钻
1860年前后	欧洲小说的伟大时期
1861年	帕斯特发展病菌原理；妇女首次获得选举权
1863年	第一条地下铁路在伦敦开通；林肯颁布《解放黑奴宣言》
1867年	马克思出版《资本论》第一卷
1869年	苏伊士运河竣工
1871年	教皇“一贯正确”宣言发表
1874年	第一部电车在纽约诞生；法国首次举办印象派画展
1876年	美国人贝尔取得电话专利权
1878年	伦敦出现第一盏街灯
1882年	第一个水电站在美国威斯康星建立
约1885年	德国人戴姆勒和本茨最先制造汽车
1888年	英国兽医邓禄普发明充气轮胎
1890年前后	欧洲现实主义戏剧高峰
1895年	德国科学家伦琴发现X射线；意大利发明家马可尼发明无线电；法国第一次放映电影
1896年	赫茨尔出版《犹太国家》，号召建立犹太民族家园；近代第一次奥运会在雅典举行
1898年	居里夫人发现放射现象和镭
1898年	英国建筑学家霍华德出版《明日的田园城市》，首次提出现代化城市计划
1900年	德国物理学家普朗克提出量子论；奥地利精神病学家弗洛伊德发表《梦的解析》，开创心理分析方法
1901年	诺贝尔奖设立
1903年	汽油动力飞机第一次飞行成功
1905年	爱因斯坦提出狭义相对论

1907 年	立体派艺术家在巴黎举办画展；塑料发明
1910 年	抽象派绘画发展期
1913 年	亨利·福特发展了生产 T 型汽车的生产流水线
1914—1918 年	第一次世界大战
1916 年	第一个节育顾问中心在纽约建立
1917 年	俄国十月社会主义革命
1919 年	拉瑟福德发现原子分裂；魏玛以格罗皮乌斯为领袖的鲍豪斯设计学院派创立；阿尔科克和布朗首次飞渡大西洋
1920 年	美国匹兹堡 KDKA 台开始无线电广播
1920 年前后	美国爵士乐出现
1927 年	有声电影出现
1928 年	英国科学家弗莱明最早发现青霉素
1929—1933 年	世界经济大危机
1936 年	凯恩斯出版《就业、利息和货币通论》；英国第一次向公众传播电视
1937 年	英国第一次试验喷气引擎
1939—1945 年	第二次世界大战
1942 年	费米在美国建造第一个核反应堆
1945 年	原子弹第一次爆炸；联合国建立
1946 年	第一部电子计算机在美国制成
1948 年	美国发明晶体管
1954 年	苏联建成世界上第一座核电站
1954 年	美国生物学家发明世界上第一种有效口服避孕药
1956 年	摇摆舞音乐在美国出现
1957 年	苏联发射第一颗造地球卫星
1961 年	苏联第一艘载人宇宙飞船“东方一号”发射并返回成功；脱氧核糖核酸分子（DNA）构造被认定
1962 年	第二届梵蒂冈会议，天主教礼拜仪式和教义改革
1963 年	美国宇航员戈登·库珀环绕地球飞行 22 圈
1966 年	美国民权运动高涨
1967 年	美国、日本、加拿大等 46 国正式签署《关税及贸易总协定》，达成降税协议
1968 年	马丁·路德·金被暗杀；巴黎工人、学生“五月风暴”
1969 年	美国宇宙飞船“阿波罗 11 号”登陆月球成功
1970 年	苏联发射不载人宇宙飞船“金星 7 号”，并成功着陆金星表面
1971 年	美苏签订《美苏关于减少爆发核战争危险的措施的协定》
1973 年	石油输出国组织宣布实行石油禁运，使西欧和美国经历了一场严重的石油和燃料危机
1975 年	欧安会通过《赫尔辛基最终法案》；美苏飞船“联盟号”和“阿波罗号”在太空对接成功
1976 年	美国“海盗 1 号”“海盗 2 号”两艘不载人宇宙飞船在火星表面软着陆
1977 年	喜剧泰斗、电影演员卓别林卒（1889 年生）
1979 年	美国自行车运动员艾伦驾驶脚踩驱动人力飞机“飘忽的信天翁”号成

	功飞越英吉利海峡
1979 年	世界旅游组织正式将 9 月 27 日定为“世界旅游日”
1982 年	苏联宇航员别列扎沃伊和列别杰夫创造在宇宙中连续飞行 211 天的宇宙飞行世界纪录
1983 年	世界上第一个靠人造心脏维持生命 112 天的人克拉克卒
1984 年	宇航员成功地在太空行走；美国正式退出联合国教科文组织
1986 年	苏共中央总书记戈尔巴乔夫提出“星球和平”，以对抗美国的“星球大战”
1988 年	来自世界各国的诺贝尔奖获得者首次会聚巴黎，举行以“21 世纪的威胁和希望”为主题的会议；苏联宇航员季托夫和马纳罗夫创造人类在宇宙空间连续飞行 1 年的最新纪录
1990 年	英吉利海底隧道凿通；7 月 9 日被联合国定为“世界人口日”
1991 年	海湾战争爆发；苏联解体
1992 年	美国“哈勃”太空望远镜在椭圆星系 NGC382 的中心探测到一个长度达 750 光年的光气流，为至今发现的第六个最高星系
1993 年	意大利黑手党制造佛罗伦萨大爆炸，乌菲齐美术馆不少艺术珍品被焚毁；比萨斜塔维护工作初见成效，长达 800 年的缓慢倾斜已停止
1994 年	欧洲经济区成立；联合国教科文组织首次指出，贫富差距就是知识差距
1995 年	世界贸易组织成立
1996 年	英国法院判王储查尔斯和王妃戴安娜离婚
1998 年	美国斯坦福大学学生拉里·佩奇和谢尔盖·布林在加利福尼亚州门洛帕克创立 Google（谷歌）公司
1999 年	欧元诞生；世界人口达 60 亿
2000 年	科学家公布人类基因“工作框架图”
2001 年	俄罗斯“和平号”空间站坠落于南太平洋；美国发生“9·11”恐怖袭击事件
2003 年	美国“哥伦比亚”号航天飞机在返航途中解体，7 名宇航员遇难
2004 年	索尼电脑娱乐的最新家用便携式游戏机 Play Station Portable 发售
2005 年	抑制温室效应气体排放的《京都协议书》生效，有 140 国签署；英国伦敦受到恐怖袭击
2006 年	白鳍豚被宣布“功能性灭绝”
2007 年	美国弗吉尼亚理工学院发生枪击事件，是美国历史上死亡人数最多的校园枪击案，亦是美国历史上最严重的针对平民的枪击案；欧盟 27 个成员国的领导人正式签署《里斯本条约》以取代旧有的《欧盟宪法条约》
2008 年	英国皇家属地、位于英吉利海峡的萨克岛举行首次民主的议会选举，意味着该岛持续 443 年的封建制度宣告结束
2009 年	梵蒂冈正式废除《拉特兰条约》，不再自动采纳意大利议会通过的法律；美国流行音乐歌手迈克尔·杰克逊在洛杉矶逝世，终年 50 岁

后　记

基于现今高校开展通识教育的需要，很多专家学者或业内同行都编写了有关西方文化的教材。重庆大学出版社在2011年也曾出版过由我主编的一部教材《西方文化》。这些教材大致可分为西方文化史、西方文化概述及西方文化导论等三类，这三类教材各有侧重，或介绍具体史实，或勾勒发展脉络，或探讨文化理论等，但能将三者相结合的教材却不多见。针对这一现象，我借中国人民大学出版社邀我编写《西方文化概论》一书之机，尝试兼顾各家之长，以理论为铺垫，以发展为轴线，以史实为依据，在使学生了解西方文化概貌的同时，激发其对该课题进一步深入学习和探讨的兴趣，从而达到高校开设西方文化这门课“宏观概说西方文化，提高学生人文素养”的通识教育的目的。

按照最初编写设想，本教材的特色和优势应体现在以下几个方面：

（1）结合西方文化发展的历史，对西方文化进行理论概述的同时，又以附录“西方文化大事记”对其具体史实进行梳理，夹叙夹议、活泼生动。

（2）依据西方主要历史分期，从文学与艺术、哲学与科学、生活与习俗等方面对西方文化做一总体上的宏观概说，线索明晰、繁简适宜。

（3）旨在通过提纲挈领的史实介绍和理论剖析，使学生在有限的课时内对西方文化的概貌有一初步了解，重点突出、易于讲授。

本教材是否已达到以上要求，还要广大师生在对这部教材的具体讲授与学习中进行检验。

本教材的编写集合著名综合类、文科类或理工科类院校的多位一线教师，参编人员均具有高学历、高职称，并长期从事西方文化、文学专业的研究与教学。具体分工如下：教材大纲及编写思路由我拟定；李安光负责撰写绪论；欧阳凤、杜萍及禹秀玲负责撰写第一章；刘延超、庄佩娜及杨一铎负责撰写第二章；郝鑫、杨明强及张峻巍负责撰写第三章；范利伟、唐雪及周蕾负责撰写第四章；张占军、滕光及禹秀玲负责撰写第五章；常亮、成铭及曹漪那负责撰写第六章；余论由韩晓清撰写；参考文献和附录由禹秀玲整理；书中插图由周蕾等人搜集。杨一铎、曹漪那还负责编写组的召集、联络以及对本教材的修改和校对工作。教材在最后由我通读定稿。

另外，中国人民大学出版社编辑黄海飞对于本教材的编写给予了很大的关注和帮助，在此一并表示感谢！

曹顺庆

2015 年于成都

再版后记

根据出版社的反馈，这本《西方文化概论》教材内容翔实，可读性强，很受老师们的欢迎。受欢迎的原因主要有如下几点：

首先，作为一部有针对性、有特色的教材，《西方文化概论》富于创新性地将西方文化史、西方文化概述及西方文化导论相结合，立足于通识教育对当代大学生价值引领、文化熏陶的目标和追求，力求达到高校开设西方文化这门课程“宏观概说西方文化，提高学生人文素养”的通识教育目的。作为高校“西方文化”课程的专业或通识教材，该教材既充分考虑到汉语言文学、英语语言文学、比较文学及其他相关专业本科学生的知识背景、思维特点，又可以作为西方文化爱好者的基本读物，在教材内容选择和文本解析方面通专融合，极具针对性。

其次，该教材借鉴了我主编的《中国文化》（复旦大学出版社，2007）的教材体例，打破了传统时间为序的模式，以西方文化的门类为章节来叙述，以六个章节的篇幅，分别从文学、艺术、哲学、宗教、科学、社会生活与习俗等方面对西方文化进行了宏观概括和简要介绍，旨在通过提纲挈领的史实介绍和理论剖析，使学生在有限的课时内得以一窥西方文化的整体风貌，对西方文化的概貌有一个初步了解，也避免了因时间轴而导致的破碎，使其系统性和脉络更为明晰，繁简适宜。为了避免空洞的讲授，该教材简明扼要、通俗易懂，图片配置丰富、活泼生动，易于教师讲授和学生学习，以充分调动学生学习的兴趣和积极性。

最后，与同类教材相比，《西方文化概论》尝试兼顾各家之长，以理论诠释为铺垫、以历史发展为轴线、以文化史实为依据，夹叙夹议、线索明晰，使学生在一览西方文化概貌的同时，激发其对该课题进一步深入学习和探讨的兴趣，培养其潜在的学术创新力、自主创新力。同时，在概述西方文化之余，又辅以中西文化比较以及西方文化大事记等内容，以培养学生审视不同文化、进行文明对话的自觉；在纵观西方文化发展之际，促进对中华传统文化批判性的思考，在继承传统的基础上“返本开新”。由此可见，这已远远地超越了某一类别课程的意义，而指向了学生内在文化素质的发展和今后一流人才培养的远景目标。

当然，本教材还有一些有待改进之处，根据部分使用这本教材的老师的使用体验，归纳起来主要有三点：（1）教材内容有点多，一学期讲完有点困难。（2）教材涉及的时空范围广，知识点众多，建议每章归纳重点、难点，方便教师讲授和学生学习。（3）许多内容如果配上音频、视频展示，会更生动。综合老师们的使用体验和编辑调研的思考，本教材的这次修订将重点放在完善教材形态和配套资源上。我们在每章章前设置【概述】，概要介绍本章重点内容。在每小节开头设置本节关键词，列出本节重要知识点。在每章末设置【本章小结】梳理本章脉络。另外在每章章后设置【思考与练习】和【拓展阅读】。前者设计可帮助学生巩固知识的问答题，带动学生深入思考的论述题，促使学生课下自主学习的研究课题；后者列出了推荐阅读文献的篇目。在中国人民大学出版社的官方网站还上传了我们授课的音视频展示课件或教学PPT 等资源。希望这部教材能够更上一层楼。

非常令人惋惜的是，副主编杨一铎于2019年因病去世，年纪轻轻就这样走了。他是我培养的优秀博士生，他的英年早逝，令我这位老师痛心疾首！我们只有努力工作，将此教材修订得更好，来告慰一铎。

这次修订工作分工如下：第一章由广东财经大学杜萍教授修订；第二章由四川大学庄佩娜副教授修订；第三章由德国哥廷根大学杨明强博士修订；第四章由中国社会科学院范利伟博士、西南大学唐雪博士修订；第五章由四川大学研究生夏甜、北京第二外国语学院张占军副教授修订；第六章由河北民族师范学院常亮副教授修订。最后由副主编曹漪那博士通读修改，由主编曹顺庆审阅修订。

曹顺庆

2021年9月于成都锦丽园寓所

图书在版编目（CIP）数据

西方文化概论/曹顺庆主编；杨一铎，曹漪那副主编. -- 2 版. -- 北京：中国人民大学出版社，2024.7

新编 21 世纪中国语言文学系列教材

ISBN 978-7-300-32572-9

Ⅰ.①西… Ⅱ.①曹… ②杨… ③曹… Ⅲ.①西方文化一文化史一高等学校一教材 Ⅳ.①K500.3

中国国家版本馆 CIP 数据核字（2024）第 041349 号

新编 21 世纪中国语言文学系列教材

西方文化概论（第二版）

主　编　曹顺庆

副主编　杨一铎　曹漪那

Xifang Wenhua Gailun

出版发行	中国人民大学出版社		
社　　址	北京中关村大街 31 号	**邮政编码**	100080
电　　话	010－62511242（总编室）		010－62511770（质管部）
	010－82501766（邮购部）		010－62514148（门市部）
	010－62511173（发行公司）		010－62515275（盗版举报）
网　　址	http://www.crup.com.cn		
经　　销	新华书店		
印　　刷	北京七色印务有限公司	**版　　次**	2016 年 1 月第 1 版
开　　本	787 mm×1092 mm　1/16		2024 年 7 月第 2 版
印　　张	16.5 插页 1	**印　　次**	2025 年 8 月第 2 次印刷
字　　数	414 000	**定　　价**	49.90 元

关联课程教材推荐

ISBN	书名	作者	定价（元）
978-7-300-33108-9	中国文化概论（第五版）	金元浦	59.80
978-7-300-33036-5	中国传统文化概要（第四版）	冯希哲	49.90
978-7-300-31388-7	中国现当代文学（第四版·数字教材版）	刘勇　李春雨	79.00
978-7-300-29661-6	中国民间文学概论（第四版·数字教材版）	黄涛	59.90
978-7-300-29638-8	中文学科论文写作（第三版）	卢卓群　普丽华	49.00
978-7-300-32019-9	国际中文教育概论	蔡永强	59.00
978-7-300-33253-6	唐诗宋词鉴赏（第三版）	张明非　等	49.00
978-7-300-32869-0	美学概论	程相占	39.00
978-7-300-15457-2	世界文学名著赏析	钱谷融　刘洪涛	59.00
978-7-300-27838-4	中华传统文化导读	王霁	55.00

配套教学资源下载说明

尊敬的老师：

衷心感谢您选择人大版教材！相关的配套教学资源，请到中国人民大学出版社官网（www.crup.com.cn）下载。部分教学资源需要验证教师身份后下载。请您登录出版社官网，点右上角“注册”，填写“会员中心”的“我的教师认证”项目，等待后台审核。我们将尽快为您开通下载权限。

如您急需教学资源或教材样书，也可以直接与我们的编辑联系。

联系人：刘静　　　电话：010-62513587　　　电子邮箱：12918646@qq.com

欢迎您加入全国汉语言文学教师群，开展学术讨论，交流教学心得。（QQ群号：1062057602）